中国近现代
身体研究读本

Chinese Modern Body Studies: A Reader

李蓉 编著

培文读本
——
文艺学—美学读本丛书

北京大学出版社

图书在版编目（CIP）数据

中国近现代身体研究读本/李蓉编著.—北京：北京大学出版社，2014.6
（文艺学－美学读本）
ISBN 978-7-301-23900-1

I.①中… II.①李… III.①人学－研究－中国－近现代 IV.① C912.1

中国版本图书馆CIP数据核字（2014）第024552号

书　　　名：中国近现代身体研究读本
著作责任者：李　蓉　编著
责　任　编　辑：于海冰
标　准　书　号：ISBN 978-7-301-23900-1/I·2710
出　版　发　行：北京大学出版社
地　　　址：北京市海淀区成府路205号　100871
网　　　址：http://www.pup.cn　新浪官方微博：@北京大学出版社 @培文图书
电　子　信　箱：pw@pup.pku.edu.cn
电　　　话：邮购部 62752015　发行部 62750672　编辑部 62750883
　　　　　　出版部 62754962
印　刷　者：三河市腾飞印务有限公司
经　销　者：新华书店
　　　　　　650毫米×980毫米　16开本　27.75印张　395千字
　　　　　　2014年6月第1版　2014年6月第1次印刷
定　　　价：56.00元

未经许可，不得以任何方式复制或抄袭本书之部分或全部内容。
版权所有，侵权必究
举报电话：010-62752024　电子信箱：fd@pup.pku.edu.cn

目 录

导　论　中国近现代身体研究：背景、对象和方法 …………（1）

第一编　晚清到民国的身体改造　15

第一节　尚武………………………………………………（17）
　　选文一　军国民教育与身体………………黄金麟（19）
　　选文二　论辛亥革命时期新知识阶层的尚武意识
　　　　　　………………………………忻平　赵泉民（30）

第二节　头发………………………………………………（44）
　　选文一　革命与革发——清末民初的发式改造……张德安（46）
　　选文二　近代中国女子剪发运动初探（1903—1927）
　　　　　　——以"身体"为视角的分析……………姚　霏（62）

第三节　足…………………………………………………（77）
　　选文一　从科学话语到国家控制——对女子缠足由
　　　　　　"美"变"丑"历史进程的多元分析………杨念群（79）
　　选文二　观念与社会：女子小脚的美丑与近代
　　　　　　中国的两个世界……………………………杨兴梅（110）

第四节　服装………………………………………………（138）
　　选文一　身体政治：国家权力与民国中山装
　　　　　　的流行……………………………………陈蕴茜（140）
　　选文二　论民国时期影响女性服饰演变的
　　　　　　诸因素………………………郑永福　吕美颐（159）

第二编　思想启蒙和革命时代的身体言说　173

第一节　五四启蒙和身体解放……………………………………（175）
　　　选文一　五四新文化运动关于"道德主义"的对话…陈方竞（177）
　　　选文二　性启蒙与自我的解放
　　　　　　　——"性博士"张竞生与五四的色欲小说…彭小妍（198）

第二节　革命・文学・身体……………………………………（212）
　　　选文一　革命・性・长篇小说
　　　　　　　——以茅盾的创作为例　………………黄子平（214）
　　　选文二　女性身体与民族主义话语：《生死场》……刘　禾（231）

第三编　都市文化中的身体想象和身体消费　247

第一节　女性身体与都市的文学想象……………………………（249）
　　　选文一　"乳房"的都市与革命乌托邦想象　………陈建华（251）
　　　选文二　脸、身体和城市：
　　　　　　　刘呐鸥和穆时英的小说…………………李欧梵（268）

第二节　商业文化与女性身体的艺术消费………………………（282）
　　　选文一　艺术形象的社会构造：以20世纪
　　　　　　　二三十年代上海女性身体形象为例………苏　滨（284）
　　　选文二　中国早期画报对女性身体的
　　　　　　　表现与消费…………………………………张英进（303）
　　　选文三　《申报》广告中的都市享乐主义：
　　　　　　　美食、佳酿、香烟…………………………王儒年（321）

第三节　娼妓问题…………………………………………………（335）
　　　选文一　20世纪上海的娼妓问题与现代性：
　　　　　　　分类与统计…………………………………贺　萧（337）
　　　选文二　清末民国时期北京的"救娼"与"废娼"…王　娟（369）

第四编　身体与审美　383

选文一　《野草》中的身体语言 ……………………郜元宝（386）
选文二　沈从文《看虹录》研读 ……………………贺桂梅（401）
选文三　穆旦诗歌写作的身体维度 …………………李俏梅（408）

附录　其他相关书籍及论文选目………………………………（422）
后记……………………………………………………………………（435）

导　论

中国近现代身体研究：背景、对象和方法

一

近些年来，"身体"已逐渐成为各人文学科研究的关键词，产生这种现象的原因是多方面的，但总体来说，以下三方面的因素起着主要的作用：

首先是西方19世纪以来以尼采、福柯等为代表的现代和后现代身体哲学对我们的身体认知所形成的影响。

西方古典思想时期，灵魂统治肉体的传统是漫长的。柏拉图思想就认为，灵魂和肉体是自我的两极，在人们追求知识、真理的过程中，身体总会从中作梗，身体带给我们的感性经验往往具有欺骗性，而只有纯粹的理性思考才能获得知识和真理，因此身体必须从人类认识世界的王国中驱逐出去。柏拉图的身体思想奠定了灵魂主宰身体的西方思想传统。这一思想在基督教中得到了进一步的强调，在基督教思想中，充满欲望的身体是阻碍人靠近上帝的罪魁祸首，而基督教对身体的控制是通过修行、独身、斋戒、忏悔等一系列的手段实现的。柏拉图和基督教思想确立了西方身体思想的传统，即：身体是低级、邪恶、不可信任的；灵魂则是高尚、纯洁、值得信赖的。

文艺复兴以后，身体从宗教神学的桎梏下解放出来，但是，作为对宗教蒙昧的反抗，尽管启蒙主义高扬科学理性的旗帜，但它却构成了对身体新的压制，这尤其以笛卡尔主义为代表。笛卡尔的精神与肉体的"二元论"确立了近现代以来精神对身体的长期统治，他同样认为心灵与身体是世界的两极，前者是精神的，后者是物质的，因而前者远远高于后者，因此，笛卡尔

对身体和灵魂的看法与柏拉图仍然相去不远。在"灵肉二分"的思维中，精神的至高无上主宰着肉体的世俗性、享乐性，身体只是一个被动的客体，是一个被解释、被利用的对象。这种"身心二元论"后来成为20世纪从思想文化到日常生活起着主导作用却又不断被质疑的困扰着人类的问题。

从19世纪开始，西方思想界对"身心二元论"进行了明确的反抗。尼采说："身体乃是比陈旧的灵魂更令人惊异的思想"，"对身体的信仰始终胜于对精神的信仰"，因此，要"以身体为准绳"。①尼采眼中的身体即生命本体，在尼采看来，人的存在本质上就是身体的存在。在与世界的联系中，诠释意义的不是人的意识，而是身体，作为生命意志的身体主动而非被动地诠释着世界的意义。尼采为形而下的身体正名是希望以此反叛西方形而上的思想传统。从尼采开始，在西方思想领域，一条自觉地凸现身体独立意义的思想传统出现了。

在现代众多的拒绝"二元论"的身体哲学中，最具本体思考的是梅洛－庞蒂的身体哲学，他继承了胡塞尔现象学的哲学基础和方法论，同时进一步抛弃了其先验的成分，并吸收了海德格尔存在主义哲学对"人在世界中的存在"的关注，把现象学的意义和人的身体存在联系起来，并通过知觉建立自我与外在环境的联系，这就是他著名的知觉现象学。作为现象学的集大成者，梅洛－庞蒂构筑了一个"身心一元"的哲学体系。与身体与心灵的二分相对立，他认为，人是通过身体而不是纯粹的意识来进行知觉活动的，于是他用"身体－主体"的概念取代了身体与心灵的二元对立，"身体－主体被揭示为意义给予行为的前提条件和机体。没有身体－主体，我们就会不再存在，并且也不再有人类的经验、生活、知识和意义。"②对于梅洛－庞蒂来说，离开了身体和心灵的统一来谈身体或者心灵都是荒谬的。身体于是成为了一个包含着主体对世界的感知和认识的概念，它摆脱了人们对其简单的物的定位，而被赋予了精神化的意义。梅洛－庞蒂关于身心问题的一个重要结论是：人的身体和心灵总是辩证地结合在一起的，"心灵和身体之间并不

---

① 尼采著，贺骥译《权力意志》，中央编译出版社，2000年，第37、38页。
② [美]普里莫兹克著，关群德译《梅洛－庞蒂》，中华书局，2003年，第20页。

存在清楚的区分。身体的生命承载有心灵的存在，心灵存在于身体之中。"①在这样一种理论前提下，重新审视我们所拥有的身体和世界，就会发现身体和我们通过身体所看到和认识到的世界图景会发生很大的改变：身体不再是一个被动的受大脑支使的客体，人的思想、人的意识的建构和身体的知觉紧密相连，身体成为无时无刻不在积极地建构着我们对世界的认知的主体，它赋予我们经验的世界以意义。

此外，福柯的知识权力话语理论、柏格森的生命哲学、弗洛伊德的精神分析学、存在主义哲学，也包括女性主义思想等都从不同的层面参与了我们对身体的认知，正是由于尼采、梅洛-庞蒂、福柯等西方哲学家、思想家的身体思想的引入，才使当下我们的身体研究可以站在新的理论起点上，对身体予以重新的观照和思考。

其次，身体作为感性本能的体现者具有零碎性、差异性、多变性、偶然性、边缘性等特征，在当下语境下，身体的这种流动性和非本质性与后现代思想有着高度的契合，因此，"身体"被关注与后现代文化语境的触发有极大的关系。

受后现代思想的影响，在我们的身体研究中，身体不仅仅是研究对象，也是研究方法和研究思维，我们可以把这种思维叫做"身体思维"。在对理性主义的质疑、对现代性的反思中，身体担当了重要的角色，这主要是在谱系学的研究方法中体现的。

福柯对我们最具启发意义的是他继承的尼采的身体谱系学的研究方法。谱系学作为一种新的史学方法显示了它对形而上学的挑战，"谱系学就是要抛弃形而上学的连续性，它看重断层、裂缝和偶然性，他不试图寻求种的进化之类的东西，相反，它要确定细微偏差，确定错误，确定细节知识，它要将异质性的东西聚拢，将纷繁的事件集结，将统一的东西打碎，将禁忌的东西触动，将稳定的东西搅毁，将历史插曲和散落的东西重新收拾起来。谱系学反对连续性的起源论，它也反对观念、价值、和沉思的优先性。"②与形而

---

① [美]普里莫兹克著，关群德译《梅洛－庞蒂》，中华书局，2003年，第8页。
② 汪民安：《福柯的界限》，中国社会科学出版社，2002年，第164页。

上学历史观对主体、意识的信赖相反，作为一种历史方法，谱系学对充满着偶然性和可变性的身体投以关注的眼光，"历史的变迁可以在身体上找到痕迹，它在身体上刻下烙印，身体即是对'我思'、'意识'的消解，又是对历史事件的铭写。历史和身体的环接正是谱系学家的致力之处。"①

在后现代主义的身体思想中，除了福柯执著于身体与权力的关系的探讨外，还有罗兰·巴特对阅读和身体的关系的探讨，巴塔耶对色情文化的身体解读，德勒兹对欲望的生产性的论述、布尔迪厄对身体与社会结构和秩序的关系的讨论，以及鲍德里亚对身体的符号性与消费主义关系的阐释等，它们都对我们具有启示意义。

最后，在当下现实生活中，身体问题本来就已经成为突出的问题。保健、美容、娱乐、休闲等这些在当下城市生活中具有广泛性的生活方式无不是以"身体"为核心的，身体在我们这个时代似乎得到了从未有过的宠爱。然而，价值观的变化、科技的发达、时尚的运作、对年轻健康和享乐主义无止境的追求，使得身体又经历着新一轮的考验，身体是在被尊重和重视，还是在被蹂躏和践踏，是值得我们慎重反思的问题。身体不是一个单纯的生物学事实，而是承载了历史、文化、政治的生命存在，从人性关怀出发，显然并不是身体的某些方面得到了某种程度的渲染和凸现，就意味着身体获得了理解和尊重，正像"性"的泛滥并不意味着对"性"的尊重，而意味着对"性"的抛弃一样，在商业化、物质化的时代，"身体"在很多时候只是表达现代人的虚荣和欲望满足的一个出口。

不过，反过来看，也正是由于消费语境的催发，我们才有了重新理解和反思身体的契机，我们不仅可以在生命关怀的层面思考身体的一系列现实问题，也可以进一步对身体的一些本体问题进行思考，如身心关系、身体与社会、身体与思想、身体与性别、身体与权力等内容都是需要我们重新思考和认识的问题。

总之，正是以上所说的西方哲学和思想文化的影响、全球化的后现代的文化语境以及当下人们的生活现实等因素的共同作用才使得我们有机会重

---

① 汪民安：《福柯的界限》，中国社会科学出版社，2002年，第171页。

新反思和面对与我们朝夕相伴的"身体",也才有了从学术的角度重新审视历史中的身体现象和身体问题的可能。

二

当下,国内的身体研究遍及各个学科:哲学、宗教、思想、文化、人类学、民俗学、社会学、女性学以及历史、文学、艺术等,这些学科的身体研究从不同的面向提供了中国人对"身体"认知的状况和"身体"自身在中国传统和现代社会的境遇和发展状况,而以身体为核心也形成了具有各学科特点的身体研究类型,如身体社会学、身体政治学、身体文化学、文学身体学等,此外,在一些学科领域内部也形成了一些身体专门史的研究,如历史学科的医疗史、疾病史研究等。当下,我们所看到的人文学科的身体研究的成果来自大陆、台湾地区和海外学者的共同努力,或许这些学者在身体研究的思路和方法上并不相同,但正是这种不同会给彼此带来启发和借鉴。

而"近现代"是近些年身体研究相对比较密集的一个历史时段,这显然是因为20世纪上半段是中国从传统走向现代的转型时期,也是国家民族颠簸动荡的时期,既有外来的侵略,也有内部的纷争,在这样的历史背景下,身体被推到了十分突出的位置上。编选本读本的主要目的是为了对近些年来学术界对这一历史时期的身体研究成果有一个较为全面的回顾、梳理、总结和认识。本书定位于"读本",是为了给那些对"身体研究"感兴趣的读者提供一个窗口和桥梁,并试图为这一研究在未来的发展提供一个较为有益的总结和参考。

身体是人在世的存在形式,它的意义并不体现为单纯的肉体,而是体现为个人的、生物的肉体和社会、文化的因素的融合,也正是因为身体的这种精神性特征,各种抽象的问题才会通过身体予以呈现。这样,我们也就可以通过"身体"把各种抽象的问题场景化、具体化。可以看到,近代以来,中国人改变国力衰弱的民族状况的第一步便是改变我们的身体,梁启超等人对"尚武"的提倡,就是要铸造国民健康的体魄,而针对女性的"不缠足"和"不束胸"运动,以及针对男性的"剪发易服"运动等,都是对身体的改造和重塑；五四新文化运动则从反封建文化的时代精神出发，把晚清身体的外在改造转化为改造我们对身体的认知上，可以说，封建伦理文化对人性的禁锢是通过塑造人们的身体认知开始的，因此，人性的解放首先就应该是身体观念的解放。这样看来，从晚清到五四这样的社会、文化转型期，身体的自然性和社会性都得到了不同程度的重视。而在此之后，身体与革命、身体与都市的各种关联也都显示出"身体"在中国走向"现代"过程中的原初形态和发展变化过程。在这个过程中，"身体"被置于一个纷繁复杂的历史场域之中，和政治、文化等产生着各种各样的纠葛，这些纠葛都会在"身体"上"呈现"出来，个人的身体已不是一己之身，而是构成"国体"的基本单位。因此，考察和厘清近代以来中国人的"身体"呈现、变化及其内在的动因，对于任何一个人文学科来说都具有举足轻重的意义，但这在以往却是被长期忽视的。

不过，由于特殊的时代语境，"身体"在近代以来的被言说很多关乎的都是其隐喻层面的意义，并非真实的身体本身。在晚清的很多政治家的论说中，个人的身体和国家"大体"是同构的，这些政治家都采取了"健康/疾病"这种二元对立的言说方式，身体的改造是和国家民族话语一致的；而近现代以来发辫的"蓄"、"剪"的风波，妇女的"放足"运动等虽波及切实的肉身，但这些身体改造的政治功能和象征意义可以说比身体的解放本身更为重要；五四反封建伦理对人性解放的宣扬，理论上来说是以身体的解放为核心的，但是，启蒙最终是为了民族的救亡和富强，而不是个体生命的解放和张扬，因此，五四时期的"身体解放"也远远没有和具体的人性结合起来，时代话语覆盖了个人的身体话语；在革命战争年代，身体的牺牲和受难是信仰和理想的体现，个人生活的方方面面都必须接受意识形态的统一规划；而在都市文化中，"身体"则受着享乐和消费的支配……可以看到，在从传统走向现代的半个世纪的历史发展中，身体处于各种话语的纠缠中，回到自主状态的"身体"似乎难以看到。尽管从人性的立场来说，让身体回到自然、自在的状态是人类努力的方向，但同样不能否认的是，身体是生理的身体，也是社会的身体，没有脱离历史时空的"身体"，因此上述身体的存在状态也反映了一种历史真实。实际上，我们所寻找的那种感性的、个人的、经验的"身体",也正存在于这种"缠绕"之中,若是把个人感性的身体从中剥离出来进行考察,那么,就远离了历史的现场感,所论说的也非真实的身体。

毫无疑问,无论是在古代还是现代,身体均是权力关心的焦点问题。中国古代儒家"修身"的传统,近代以来国家民族话语对身体的改造等,都表明了中国文化和政治对身体控制的看重,即通过控制身体而控制精神是一个基本的思路,因此,现代与传统在身体意识上的区别,不在于是否重视身体,而在于如何理解和对待身体。具有现代意识的身体观念的关键在于能否真正理解具有身体性的人性是什么,而不是只在抽象的意义上谈论"人性"。

基于以上思考,本书大致按照中国近现代时期身体发展的历史时序进行编排,并根据"身体"在每个不同历史时期最突出的特征及相应的研究成果进行了主题分类,从章节的目录来看,涉及的身体研究类型有身体器官史、身体与性别、身体与政治、身体与文化、身体与艺术、身体与语言(叙事、抒情)等多方面的研究成果,而从学科类别来看,又涉及历史、文学、社会学、文化学、艺术学等多个学科,这些研究成果从不同的路向提供了"身体"在中国近现代各个时段的历史处境、基本特征和发展线索。通过这样一种编排,试图使读者在了解身体发展的历史脉络的同时,也进一步思考我们今天的身体何以如此。

本"读本"中的选文是在收集了大量对于中国近现代身体研究资料的基础上,经过对这些资料的仔细阅读和反复掂量后精选而得,且在编选思路上,由于涉及诸多学科,在编选时不仅要考虑身体研究覆盖面的问题,而且从今后研究的发展考虑,也考虑到了尽可能反映当下身体研究在方法上的多样性的问题。以这样一些编选原则为指导,希望通过精心编排一些具有启发性的文章,在使读者对中国近现代"身体"的发展线索有一个大致的了解的同时,也使读者对身体研究在方法上的一些特点有所认识。在结构上,除了这一部分内容放在选文前作为全书导读外,本读本的每一节的开始也都安排有导读,主要介绍每一节所关注的基本问题以及所选文章的基本内容。作为对读本"局限"的弥补,本书每一部分内容的后面还将提供一些相应研究的书目和文章篇目,以便于有兴趣的读者进一步阅读,同时,编者也根据每一部分篇目的内容的具体情况,提出一些问题,供读者和编者进一步思考。最后,编者还列举了一些相应时期重要的文章和作品,供读者在阅读每一节内容的同时也可以进一步熟悉相关的历史材料。

由于篇幅所限,"读本"中的选文只能是有选择的,由于有些选文的原文过长,编选时还对有些选文进行了适当的删节,所以挂一漏万或者点到即止的情况在所难免,况且由于当下对很多身体问题的研究并没有完全展开,有些内容也只能暂时空缺。虽然存在上述种种困难,但在编选的过程中,编者仍然以尽量全面、系统地反映对于中国近现代时期的政治、文化、文学、艺术等领域的身体问题研究所取得的成果和当下研究状况为目标。

需要说明的是,所谓"身体研究",并非"身体"本身就是研究对象和目的,在很多研究中,身体常常只是切入问题的一种视角,当进入具体的问题语境中后,我们所面对的就不单单是"身体"的问题。除了哲学对身体的本体研究之外,大多数人文学科研究的都是具体的、历史中的"身体",受特定语境的制约,没有离开具体情境的"身体",也就没有抽象的身体研究,但随着具体的"身体"的展开,很多抽象的问题也得到了揭示。可以看到,在对这一时期身体研究的过程中,现代性过程中的一些问题都浮出水面,如国家政治与个人经验的关系问题;现代性发展过程中的性别身份的处境问题;传统伦理道德的现代转换的问题;都市和商业文化的特征问题;人存在的肉身和精神的关系问题;语言与身体的关系问题;艺术家的审美追求和艺术表达的问题等等,这些由身体视角所思考的问题都是现代性过程中非常关键的问题,因此,身体研究并非像许多人认为的那样是一种"边缘性"研究。通过身体的视角对它们进行研究,可以说是在已有的研究上开辟出了一条新的道路,同时,由于身体视角本身所具有的解构性和反思性,这一研究也可以给过去已有的研究带来反思和启发。

如果说在进入每个具体学科的身体研究之前,研究者最好能对于身体与精神的本体性关系有所认识,那么,在具体的研究中,如何处理二者之间的关系,则因学科性质、研究对象和研究者自身的身体观念等因素的不同,而导致不同的研究者在研究时对身体和精神二者之间关系的处理上各有侧重。通过选文可以看到,有重视身体现象本身的研究,有重视身体的社会性即身体的文化、政治隐喻的研究,还有重视身体表象所具有的个人心理特征的研究等,而我认为,真正兼具科学性和人文性的身体研究既不是在身体的精神化过程中逐渐脱离身体,也不是摆脱文化、社会对身体的制约,而是应该以身心一元论为理论前提,把身体的感觉性和肉身性放在第一位,并在研究的过程中,注重身体与精神的互动,这样的身体研究才是符合现代身体哲学对身体的认知的。

三

经过多年的研究实践和此次选文的编选,笔者认为,近些年的身体研究在取得长足的发展和进步的同时,在研究上主要存在以下几方面的局限和问题:

第一,很多身体研究并非由研究者自觉的身体意识所带动,而是由研究对象本身的身体特征而带动。由于近代以来"身体"的突出地位,即使研究者并没有自觉的身体意识,也可以因近现代历史中本然存在许多"身体"现象而相应产生许多身体研究成果,如对近代以来的尚武、废缠足、不束胸、剪发易服等围绕身体开展的社会改革运动的研究等,尽管这些研究在很大程度上改变了以往的研究状况,丰富了学术研究的内容,但是,从身体本体出发,具有自觉意识的身体研究,还在于改变既有的研究范式,真正发现身体所具有的反思现代性的功能,当然,这都建立在研究主体对诸如身心关系问题、身体与世界的关系等本体问题的认识的基础上,以这样一种思想作为研究背景,在面对具体的研究对象和问题语境时,研究者才能够洞察到身体所具有的感性、微妙的存在方式对于研究所具有的意义,才能够发现身体研究对于我们认识历史、政治、社会和人性的价值。

正是由于对"身体研究"缺乏充分的认识,在一些学科的研究中才会出现将"身体研究"狭窄化的倾向,如在当下文学创作中的大量的"下半身"写作热潮之后,很多人容易把"身体研究"狭窄地等同于"下半身"研究,文学的身体研究当然不是"下半身"和"性"文学研究,而是更宽泛意义上的对人存在的基本形式的"身体"的研究,"身体"首先是人的感性、日常的存在的呈现物,这是身体研究的起点。

除了必须具备理论上的准备之外，这种自觉的身体意识还体现为注重身体的感性主动性的特征。由于近代以来，中国社会在从传统到现代的转型过程中，国民的"身体"发生了极大的变化，这种"变化"不仅包括身体外形的变化，也包括因精神、文化因素的作用而使人们的身体观念发生的变化，然而，身体一方面在被时代的政治、文化重新塑造，另一方面身体主体的自我感知、认识能力也时时越过各种话语的控制而呈现着人的感性本能，可以说，在揭示了身体被政治、文化控制和塑造的一面之后，对身体的主体性的回归才是发现"身体"所具有的真正学术价值之根本。很明显的是，现今许多学术创新都与这种注重"身体主体"的研究方式有着联系，因注重身体主体而带来的学术创新是层出不穷的，这当然缘于身体本身的多变性和不稳定性，这些创新无论对于该学科的诸多问题的重新认识，还是对于从近代到现代"身体"发展状况的认识，都具有重要的意义。

此外，对身体的主体性的重视不仅仅体现为对研究对象的身体主体性的发掘，还体现为对研究主体的身体主体性的发掘。对于研究主体来说，仅有理论的认识仍然是远远不够的，作为研究主体，还需要在感性层面对研究对象的身体感性进行想象、体味和理解，只有这样，身体的个人体验性特征才会在研究中真正生发出具有个性的光芒来。可以看到，在近些年的身体研究中，杨念群对女性"缠"、"放"足问题的研究、贺萧对娼妓问题的重新思考都表达了在面对历史时对身体的个人经验性的看重，在这样一种后现代的身体思维的影响下，历史才展露出它长期被遮蔽的一面。

第二，西方哲学的身体思想如福柯的权力话语理论在近些年的人文学科的身体研究中得到了广泛的借鉴和运用，不过，每个学科在借鉴福柯等西方理论的时候，不仅要考虑到理论本身的局限，也要考虑到这种理论对本学科的身体研究的局限。如福柯的身体话语理论关注的是知识权力话语对身体控制和规训的过程，但它只看到了身体被控制、规定的一面，而具有主体经验性的身体则被遮蔽了。相对来说，福柯的理论适用于宏观层面的个人与政治、文化关系的考察，而不太适用于对身体的个体经验性、微观性一面的呈现。实际上，对于权力与个人的关系而言，压迫、控制、解放这些判断都难以全面体现身体的复杂性，如果仅从宏观上着眼于身体的研究，会认为宏观政治和个人身体之间是一方压倒另一方的对立关系,但如果从个人的身体细节反观现代政治,就会发现,那种单一的"覆盖"和"控制"话语在这里会变得支离破碎,"身体"冲破历史烟尘的存在会使我们看到更复杂多变的历史,而这之中的任何一种存在也都并非主导和排他,它们以并立、抗衡的模式存在。可以说,因为对历史中的"身体"细节的挖掘,我们的历史观会发生深刻的改变。

同时,由于如何处理"话语的身体"和"经验的身体"两种不同的身体研究方式是人文学科普遍面临的问题,因此如何从自身的学科特点出发面对这一问题就显得至关重要。如对于文学研究来说,仅仅在宏观层面关注"身体"是远远不够的,除了注重身体书写对思想内涵的表达意义之外,也必须重视身体书写对审美感性经验表达的意义,对于人文学科的很多研究来说,感性本能才是"身体"最重要的内涵。因此,如果说福柯关于身体的研究是立足于社会思想层面,那么这种理论对于文学、艺术等学科的作用就是有限的,我们在文学的身体研究中,必须既重视政治文化层面的话语的身体,也重视个人感性层面的经验的身体。

第三,身体研究具有跨学科的特点,在研究时需要多个学科知识的渗透和交叉,研究者就必须具备多个学科的知识储备,这一点在当下研究中并没有引起足够的重视。作为人存在的形式的身体是生活在特定时空下的,各种人文因素对身体的作用也就只能是共时性的,而不可能是分离的,尽管我们只能在所属的学科内进行研究,但毫无疑问,任何"身体"都不会因为人为学科的划分而变成某一种学科性质的"身体"。因此,我们既要了解身体作为人的存在的本体意义和内涵,也要了解身体在历史的发展过程中的种种特点和成因,还要了解身体作为我们想象世界的起点对于文学艺术的意义,了解身体在社会生活中呈现的各种形态,人类如何对待身体等。可以说,只有在这样的知识背景下,某一学科意义上的身体研究才是可信可靠的。这也是本"读本"只有时间限制,却并无学科限制的编选方式的意义所在。

第四,由于身体研究在很大程度上受到的是西方现代和后现代身体思想的影响,同时,也由于五四以来的中国现代文化的反传统和西化倾向,因而在我们的研究中,更多考虑的是西方思想文化对身体的历史形成构成的影响，这样，中国传统文化所包含的丰富的身体哲学思想对近现代以来中国人的身体意识的影响就未进入我们的视野，这当然是不应该的。既然中国传统思想的精髓渗入了现代思想文化的各个层面，而中国传统哲学和文化中包含着丰富的身体思想，那么，这种身体思想的传统就不会不对现代人的生活构成影响。近些年，国内及海外学者在中国古代身体思想方面的丰硕的研究成果可以为我们把握古代思想中的身体观念提供参考，不过，这些研究基本上只局限在古代的范围内，并没有延伸到现代来，因此，在我们的研究中，不仅要从中西关系的层面来思考五四启蒙运动以来西方文化对我们的身体观念形成的影响，同时也要从现代与传统的关系的层面思考传统身体思想和文化在现代文化、文学、社会生活中的延续和转换，而这一直是被学术界忽视和遗忘的问题。

第五，身体的内涵不清楚导致身体研究的边界模糊。可以看到，人文学科身体研究的范围是很宽泛的，除了直接与身体相关的研究，如身体形象、身体形态、器官史、疾病史、医疗史等的研究外，还有很多研究都属于身体的外围或者说衍生性研究，如在文学中对感性、欲望、个人体验的研究，在思想文化和政治史中对身体的象征功能的研究等都是由"身体"衍生出来的，所以才形成了每个学科身体研究的对象和范围并不相同的现象，对此也没有必要强求一致，需要从每个学科的学科特点出发。不过，也正是由于"身体"在人文学科的研究中并无确定的内涵和外延，因而造成了身体研究边界模糊的现象。在很多时候，我们只能根据"身体"出现的语境来判断身体在某个研究中的意旨内涵，这当然也无可非议，因为这是由身体的特征所产生的现象，即人文学科所研究的"身体"本来就不是纯粹的肉体，而是一个与精神、意识、情感等紧密相连的一个概念，但是，也正因为这样，才更应该加强对"身体"所具有的核心性内涵的认识，并在研究的过程中有意识地强化"身体"的核心部分，只有这样，本来活生生的"身体"才不会失之于空泛与抽象，身体研究所具有的优势和价值才能被真正发掘和体现出来。

总之，"身体研究"无论是对于中国近现代时期的社会生活、政治思想、文学艺术等的研究，还是对于其他历史时段的研究都是一个值得关注的话题。然而，"身体"毕竟不是万能的，"身体"的特点与后现代的文化语境高度契合，它零碎而感性，难以归类，因此，理解身体研究的优势，就是理解身体研究的限度。另外，身体并不必然与解放、自由这样的命题相连，尽管是身体感性确定了个体自我的唯一性，但是并不是所有的身体感性都必然具有这种唯一性，身体感性的不可重复性仍然在于身体与精神如何相遇，因而，身体对于学术研究来说不仅只具有解构的功能，也应该具有建构的功能。否则，当身体成为了一种"感性"的神话被放在解构宏大叙事的万能的位置上，就会形成一种新的遮蔽。

第一编 晚清到民国的身体改造

第一节 尚 武

导 读

中国古代文化追求"达则兼济天下，穷则独善其身"，因此有重视个人道德完善的一面，所谓"修身"所修仍是一己之身。而中国近现代以来的"身体"已不能有这种完全属于个人的时刻，民族的危亡和社会的急剧变化把"身体"推到了前台，个人的身体与国家、民族的命运息息相关。可以看到，中国近现代政治和文化对"身体"的重新塑造充满了明显的政治目的，这是个人身体的国家化过程，它隶属于寻求富国强民之路的民族主义话语。而在对身体的重塑中，首当其冲的就是武力意义上的国民体魄的重造，自强运动、军国民运动、新民运动等都是试图通过国民体力的增强和身体的军事化来达到改变民族命运的目的，这一过程意味着中国人的身体从传统道德文化的系统进入到了现代国家民族政治的系统。

在晚清的身体话语中，对身体强健之于民族存亡重要性的强调使得身体受到了从未有过的重视，但是，这样一种重视仍然不具有对人的真实身体重视的性质，因为在这种言说中，身体只是为国家、民族话语提供了一种言说方式，并表现为与真实的身体感无涉的喻指符号，同时，身体的强健或是衰弱也只有在民族国家话语中才具有意义。但仍必须强调的是，在这一历史时期，尽管个人意义上的身体并未得到重视，但因对身体素质的强调而导致的对身体的重视，仍为"现代身体"的发生和发展提供了一个良好的开端。

同时应该注意的是，晚清的思想家们并非仅仅是看到了身体作为肉体存在的意义和功能，而忘却了精神。作为"尚武精神"的提倡者，梁启超要求从心力、胆力、体力三方面共同打造尚武之精神，也就是说，身体的强健必须融合精神的强健，强健的体魄最终带来的是勇敢、坚韧、顽强、进取等国民素质，由此可以重新塑造具有生存和竞争能力的民族品格。只不过在对待身体与精神这二元项上，军国民运动、新民运动和后来的五四运动相比，由于不同的历史条件，在具体的话语表达上，所侧重的层面不一样，晚清时期更注重的是体格，五四时期更注重的是精神，这也体现了人们的身体观念所显示出来的时代差异。实质上，晚清开辟出的这条以民族主义话语为主的身体话语，也暗含着反传统文化的身体话语的支流，这意味着它们为五四个性解放性质的身体话语已经打开了一道闸门。

本节所选黄金麟《军国民教育与身体》一文展示了军国民教育的历史动因和具体的实施手段，也对军国民教育和新文化运动在对待国民身体与精神关系问题上的差异和偏向进行了比较。另外一篇选文是忻平、赵泉民的《论辛亥革命时期新知识阶层的尚武意识》，该文对二十世纪初在新知识阶层兴起的"尚武意识"进行了分析，认为其与当时正在兴起的反清潮流相契合，推动了革命思潮的高涨，但也导致了后来军阀混战的社会态势。

选文一
军国民教育与身体

黄金麟

以清末民初的三个重要身体论述而言,我们可以清楚发现,儒家的思维模式在其间并不具有明显的单一决定作用。即便儒家对人的存在一直有着一份忠实的关怀,但这并不足以掩盖在实际的行动上,以及在相关的论说内容上,军国民运动等学说有着以西方和日本为师法起源或对象的这个事实存在。儒家对"修身"的讲究,对"内圣外王"在个人身体上的表现的强调,和对"天理"必须高过"人欲"的要求,容或与军国民运动等所要求的纪律与规训效果没有明显的冲突,但在具体的内容上,儒家对身体的期待和军国民运动、新民与公民运动对身体的要求,实有着重大的歧异。这种对立性的差别也存在于道家对静柔和贱武等的身体主张上。以一个较为极端的立场来说,我们甚至可以做这样声称,即军国民、新民和公民的身体诉求,事实上是对儒家和道家在身体上的一种不满与反动的结果。在这些新起的议论中,我们可以清楚发现这类对立与否定的存在。而这些也是它们所以能够具备时代意义,并且号召群众跟随其左右的根本原因。因此,在分析军国民、新民和稍后的公民论述时,我们除了必须留意其各自在身体规训上的要求外,也必须留意这些论述与时代演变的关联,以及它们和儒家、道家身体的对话性发展关系。

以军国民运动的开展而言,这个在1902年由奋融生(蔡锷笔名)在《新民丛报》署名发动的国民改造运动,不但开启一场为时将近二十年(1902—1919)的身体改造运动,同时也将"国家"这个概念塑造成为身体忠诚的惟一对象。这个同步的发展并不是一种随意的偶合,它实际体现中国的知识分子在意识到国权的丧失不能经由政府的行动来加以挽救后，所作成的一个具体改革主张。这个由蔡锷领头，梁启超、蒋百里、杨度、张謇、蔡元培和贾丰臻等重要知识分子呼应在后的思潮发展，不但使严复的"鼓民力、开民智、新民德"主张获得一个更具体的方向，同时也使得"尚武"成为这个时代最具有号召力的符号。这个盛极一时的努力，在蔡锷看来，是中国解救自身危亡的惟一方法："居今日而不以军国民主义普及四万万，则中国其真亡矣。"①因此，欲改善今日"国力孱弱，生气销沉，扶之不能止其颠，肩之不能止其堕"的情况，最重要的就是要陶铸国魂，培养国民具有军人干城卫国的能力。这种直接诉求于人民身体和精神的改造，而不诉求于政府体制或军备竞争能力的加强的作为，是这场运动不同于维新或洋务运动的重要地方。

这个由蔡锷在日本开端的运动，它最终的目的就是要达到"全民皆兵"的状态，希望通过军事化国民身体、精神与生活方式的形式，来重振中国的世界竞争力，使亡国不再成为现实的梦魇。然而，在蔡锷的文章中并没有提到要如何进行这项重要的改革工程。这个工作一直等到蒋百里在《新民丛报》上译刊一篇介绍日本军国民教育的实施方法后，才算完成。虽然蒋氏的文章只是一篇译著，但是对于正在亟思如何改变中国命运的知识分子而言，不啻为是一篇极具采用价值的文章，而其中所提及的实施项目，到后来也的确成为中国实施军国民教育时的主要项目。按该文的说法，军国民教育主要是要培养人民具有爱国、公德、名誉心、质素和忍耐力，以使军人和国民的意志在平时就能混合为一，蓄藏于每一个国民的身体之中。而为了要达到这个目标，整个社会空间都必须予以军事化的整备：

> 凡社会上一切之组织，皆当以军事的法律布置之；凡国防上一切之机关，皆当以军事的眼光建设之；社会之精神之风俗之习惯，皆当以军人之精神贯注之。军人形质之在于外者，国家赖之以安宁，军人精神之在于内者，则国之所由立也，民之所由生也……军人耶，国民耶，则一而已矣，则一而已矣。②

---

① 奋翮生：《军国民篇》，《新民丛报》1（1902），第80页。
② 蒋百里：《军国民之教育》，《新民丛报》22（1902），第34—35页。

在个体的层次上，这个企图以身体的改造来达到国权的维护的目标，可以透过学校、社会与家庭等三方面的合作来进行。以学校的教育而言，它除了必须对智育与德育有所要求外，对过去一直偏废的体育活动也要有所矫正。举凡徒手体操和体操之外的游戏活动，如行军、野外演习、射击、击剑、游泳、旅行、竞舟和登山等活动，都要依学生的年龄和智识程度分层举行，以振起尚武的精神。除此以外，军事智识的普及，如兵役为国民之义务、海陆防要务、军事战史，以及名将勇士的传记等，也都应列入学生学习的讲演范围。如此习之，国民的体魄自然会有增长。而在社会的层面上，则可以透过在公众场域建立勇士的铜像，雕刻激战的场面，奖励击剑、柔术、相扑、山猎、和竞舟等活动，以及利用新闻、演剧、文学、美术和歌艺的方式，在不自觉中提升人民的爱国意识与身体能力。至于在家庭方面，则应仿效昔年斯巴达的经世策略，实施优生学政策，使儿童能在体格和独立能力的养育上，获得良好的开端。这些扩及不同面向的陈述，使"尚武"思想在中国获得一个清楚的图像。这些论点在透过留日学生所创办的期刊，如《游学译编》《湖北学生界》《浙江潮》和国内的报纸，如《时报》《大公报》和《顺天时报》等的相继呼应后，逐渐成为教育场域中一股不可遏抑的潮流。1906年学部上奏的奏折中，明显反映这种焦虑与认识，以及军国民思潮的已然普遍流行：

> 惟中国当列强雄视之时，必造就何等之国民，方足为图存之具，此不可不审者也……今朝廷锐意武备，以练兵为第一要务。然欲薄海之民，咸知捐一生以赴万死，则犹恐有不能深恃者，何也？饷糈之心厚而忠义之气薄，性命之虑重而国家之念轻也。欲救其弊，必以教育为挽回风气之具。凡中小学堂各种教科书，必寓军国民主义，俾儿童熟见而习闻之。国文历史地理等科，宜详述海陆战争之事迹，绘画炮台兵舰旗帜之图形，叙列戍穷边使绝域之勋业。于音乐一科，则恭辑国家之武功战事，演为诗歌，其后先死绥诸臣，尤宜鼓吹荟扬，以励其百折不回视死如归之志。体操一科，幼稚者以游戏体操发育其身体，稍长者以兵式体操严整

其纪律，而尤时时勖以守秩序，养威重，以造成完全之人格……中国如采取此义，极力仿行，日月渐染，习与性成，我三代以前人尽知兵之义，庶几可复乎①。

上述的情形说明，这个由国内外知识界所推动、引介，并为清廷政府所最终采纳的改造身体的政策，事实上有着非常浓厚的以日本为师的成分存在。它并不是一个儒家身体论述的简单再版，也不是一个儒家思考模式的简单翻制。它的出现深刻反映一个时代的生存条件对知识生产的刺激与范限，以及个体身体在期间所经历的责任变化。以传种的责任为例，这个在过去被视为是属于"传宗接代"的议题，一个属于家族和个人性事的问题，在此刻变成一个非常严肃的国族问题，一个必须以民律条文——"男未满十八，女未满十六岁者，不得成婚"——来加以约束的生物性和社会性问题。梁启超的为文挞伐早婚的行径，认为早婚有害于养生、传种、养蒙、修学和国计民生等，就是从国族生存的角度来思辨这个问题。梁氏对斯巴达优生教育的高度赞颂，并认为中国应学斯巴达，以避免"恶种相传，每下愈况，人数虽多，半奄奄无生气，不待敌国之蹙之，而已萎黄憔悴，凋凛零落，不能自存"的情况发生，也是以国族竞存的立场来评估性和身体应该受到的节制②。这种事事以国族生存为出发的判断，是这个时代最为特出的现象。

当然，以军国民思想的开展而言，它的所向披靡并不单单来自知识分子的鼓吹和中国的情势使然，这只是一些必要的条件。军国民思潮在古斯巴达所表现出来的"剽悍勇侠之风"，以及在19世纪时期表现在德意志的铁血政策和雄飞气势，表现在俄罗斯的斯拉夫精神和西驰东突能力，以及表现在日本的举国好武精神与"取威定霸"地位，都使当时的知识分子不得不凛然觉决尚武对一个国家"驰骋中原、屹立地球"的重要。这些以铁血建立世界竞争能力的事例，以及其最终所表现出来的强势气势，不但使中国的知识界深感相形见绌，自此抛却一切自大的矫饰，甚至深藏只要学得其一，即可再

---

① 荣庆等：《奏请宣示教育宗旨摺》，《光绪朝东华录》，第5494—5495页。
② 有关梁启超对传种议题的探讨，见梁启超，《斯巴达小志》，《新民丛报》13（1902），第28页；《禁早婚议》，《新民丛报》23（1902）第1—11页的有关讨论。

定江山的念头。这种事实胜于雄辩的局势发展，不但使康有为能在戊戌时期大力疾呼："我朝变法，但采鉴于日本，一切已矣。""今我有日本，为向导之卒，为测水之竿，为探险之队，为尝药之神农，为识途之老马，我尽收其利而去其害，何乐如之。"①同时，也使军国民的意识在中国的知识界得到一个权威化的地位。这个源自对欧洲"武装和平"局面的理解，以及对于武力的信赖与崇敬，使军国民思想在中国得到一个一面倒的接受形势。而那句曾经风靡德国，造成日耳曼民族能够涤除涣漫萎靡之旧习的卑斯麦名言——"天下所可恃者非公法，黑铁而已"——自此也成为中国知识界奉行不渝的真理信条。梁启超的为文讨论尚武，认为这是中国造新民不可或缺的条件，就是对军国民思潮的一个决然信任。而正也是在这种"人种不强，国将何赖"的忧惧下，梁启超奋笔直批中国那种以文弱身体为美的病态，以及产生这种病态的原因：

> 中[国]人不讲卫生，婚期太早，以是传种，种已孱弱。及其就傅之后，终日伏案，闭置一室，绝无运动，耗其目力而昏眊，未黄奇而驼背。且复习为娇惰，绝无自营自活之风，衣食举动，一切需人。以文弱为美称，以羸怯为娇贵，翩翩年少，弱不禁风，名曰丈夫，弱于少女。弱冠而后，则又缠绵床第以耗其精力，吸食鸦片以戕其身体，鬼躁鬼幽，跌步欹跌，血不华色，而有死容。病体奄奄，气息才属，合四万万人，而不能得一完备之体格。②

因此，军国民思想之所以在中国成为一种权威化语言（authorized language），其实并不是一时的偶然。中国智识界对军国民思潮在西方和日本等国所造成的优势情势的向往，对社会达尔文主义所描绘的景象的紧张，以及对中国身体本身的着意检讨，希望以一种雄美健壮的身体来取代现有孱弱的身体等，都是造成军国民思想所以成为一种支配性思想的原因。而

---

① 康有为：《进呈日本明治变政考序》，《戊戌变法》，上海：神州国光社，1953年，第三册，第2—5页。
② 梁启超：《论尚武》，《新民说》，台北，中华书局，1978年，第117页；原稿发表于《新民丛报》，28（1903）。

在时局又不允许中国知识分子有其他想象或长期思想经营的情况下，以一种全盘引进的方式来阐述和发挥军国民思想，便成为眼前最具有经济和政治效益的选择。这种外有欧陆国家和日本的成功例证佐证，内有知识分子的大力鼓吹和时局的呼应，无疑正就是军国民运动在中国兴起的最主要原因，也是其所以持续不坠，成为主导20世纪初叶中国身体发展的主要势力的原因。

以1902年之后的情势来看，军国民思潮的发展不但有逐渐走上制度化发展的趋向，深受学部和各省教育会的重视，同时也使得各式体能活动成为正式教育的科目之一。在一首名为"兵操"的学堂教唱歌曲中，我们看到这个活动的一些发展面貌："男儿第一志气高，年纪不妨小。哥哥弟弟手相招，来做兵队操。兵官拿着指挥刀，小兵放枪炮。龙旗一面飘飘，铜鼓冬冬冬冬敲。一操再操日日操，操得身体好，将来打仗立功劳，男儿志气高。"[①] 这种对兵式体操的讲究和提倡在辛亥革命后依旧盛行，甚至以有增无减的形式在初等和高等学校中扩散。以1911年成立的中央教育会为例，其成立大会即明白表示，体操、兵操、拳法、刀法、枪法和游泳、竞渡等游戏方法，以及旅行和远足等活动，都应成为今后教育的重点。这种对于身体能力开发的专注，到了民国成立后，甚至有愈来愈趋向制度化发展的形势。以民国初年的主要教育宗旨来看，军国民教育如果不是处在一枝独秀的地位，也是处在主导的地位。蔡元培（时任教育部长）对于民国教育所提出的意见书，就开宗明义地直陈"军国民教育者，诚今日所不能不采者也"[②]。虽然在蔡元培的理想中，一个完善的学童教育至少还应该包括实利、德育、世界观和美育等教育，但是在社会支持度上，军国民教育还是最受到各界重视的一个教育形式。因为不论就主从、缓急、先后和轻重的区分来说，它都最符合中国当时的需求。以当时的一位批评者的话来说，道德问题需要长时间的无形教养，无法一蹴可及，实业问题则可以集股形式临时取具处理，"惟有武力不可以

---

① 原载沈心工所编之《学校唱歌集》（1904），转引自张倩仪，《另一种童年的告别》（台北：商务印书馆，1997年），第122页。

② 蔡元培：《新教育意见》，《民国经世文编（教育）》，台北：文海出版社，1970年，第4083页。

假借"。而在内讧外侮，国忧于眉睫的情况下，军国民教育自当为新教育的主要方针①。在这种时势使然的情况下，将学校设计成为知识教授与生活管理的场所，成为磨炼身体与训练心智的地域，甚至养成服从与纪律的身体，便成为这个时代的主要教育目标。

这个试图将学校设定成为尚武爱国的教化场所，与清末梁启超的教育为国家制造国民的工具的说法，实有着同样的逻辑思维。在梁启超看来，一国之所以有公教育，主要就是为了要养成一种有特色的国民，使之团结，"以自立竞存于优胜劣败之场也"②。这个初始的以国家生存作为考量的教育理念，不但促发中国创立专设的教育行政机构（如管学大臣和学部在光绪末年的设立），颁布统一的学制章程，同时也开始宣示通行全国的教育宗旨。光绪三十二年（1906）宣示的以忠君、尊孔、尚公、尚实和尚武作为教育宗旨的举动，就是中国明定国家教育宗旨的开端。在这种思维的舞弄下，学校遂成为规训、指导、改造和标准化国民身体发展的一个最重要畛域。民初时期对于学校卫生学的看重，要求各级学校在建筑形式、整齐清洁、急救治疗和传染病的预防上都必须有所动作的规定，以及主张学童必须进行系列体能活动，以达到锻炼身体和养成健康身体的目的等，都是这种优胜劣败思维体现于外的结果。

然而，无可否认的是，这一系列的努力都有严重的派生性（derivative）成分存在。这种将国家前途和富强取径建立在德日等国的成功经验上，宣扬中国一旦进行军国民教育，必定也能达到类似效果的想象，是这场运动所以能够蓬勃开展、深受欢迎的一个主要原因。这个联想和冀望使中国的智识界以大量的文笔和篇幅报道、阐述军国民教育的精神与意义，希望以此逆转中国的命运。而德国在1914年之后表现在欧洲战场上的锐利气势，以及德国子民在战争期间表现出来的以充兵和战死为荣的事迹，都让远在中国的智识界深深体认到全国皆兵、举国可战的重要。《东方杂志》对欧战的巨

---

① 郑允恭：《新教育平议》，《民国经世文编（教育）》，第4093页。
② 梁启超：《论教育当定宗旨》，《新民丛报》（1）（1902），第69—78页，及（2）（1902），第29—42页。

细靡遗报道，和它所勾绘的生动景况，使这场遥远的战争仿佛发生在自家门前般亲近。这个论述性的再现不但对后来的新文化运动产生一个内在否定的压力，同时也使军国民教育的必要性再一次获得有力的外来支持①。除此之外，发生在1914年的日本进兵山东胶州湾，和隔年提出的《二十一条》，要求中国最终以附庸国的地位臣属于日本的统治等，也都造成军国民教育成为当世惟一合理的选择。在这种情景下，战斗力与爱国心的培养便成为各中小学的主要工作，也变成各个身体必须刻加服膺的目标。1915年全国教育会联合会的议决要求教育部以军事动作、知识和军用规则来管理和教育中小学生，以及贾丰臻的为文呼吁学校寄宿生活当采军营制，以严格的时间和空间管制来纪律化学生的生活与身体，以淘汰的方式来殄除体格孱弱、不堪造就的学生的做法等，都说明军国民思潮在此时的强势。②

这个外缘、派生的性格虽然赋予军国民论述一个权威的起源，使它得以援用"师夷长技以制夷"的逻辑来普遍化它在中国的合法地位，这种援用却不是没有内在的脆弱性。最明显的是，当德国战败于协约国，并于凡尔赛会议中受尽屈辱，遭受英法等国报复性的对待时，以及战后兴起的和平主义与世界主义逐渐替代军国民主义，成为新一波的思想主流时，军国民教育也开始丧失它在中国的优势合法地位。这个起落皆受制于外的发展形势，是军国民思潮在中国急速兴起和消退的一个重要原因。欧战之后，中国一改过往对于"尚武"境界的追求，改弦易辙地以"养成健全人格，发展共和精神"作为新的教育纲领，主要就是受到这股新潮流的影响。它的发生除了说明派生性论述在此时的无所不在外，也说明中国人对于自己的历史处境与局势并没有深刻独立的看法。这个欠缺深刻判断与思维的做法，使他们在一夕之间放弃实施多年的军国民教育，甚至附和英法美等国对军国民教育的

---

① 有关欧战对新文化运动的影响，见黄金麟，《历史仪式的戏剧——"欧战"在中国》，《新史学》，7(3)(1996)，第91—131页的讨论。
② 见《军国民教育之议案》，《教育杂志》，7(5)(1915)，第45—46页；贾丰臻：《实行军国民教育之方法》，《教育杂志》，7(7)(1915)，第138—145页。

声讨和谴责。① 这个骤然的变化虽然来得突兀和欠缺深思熟虑，却也造成中国的身体自此走脱军事化教育的单面宰制，开始步上以多元方式来训育身体的阶段。

当然，以论述的派生性格而言，军国民思想在当时并不是惟一一个流行于中国的西方思潮。以1915年之后的情势而言，在军国民思想当道的时期，事实上也正是新文化运动在中国蓬勃发展的时期，这个共时性的存在使我们有必要对两者的关系进行一番审视，以明了身体在这两种支配性论述的穿透下，究竟产生什么重要变化。以新文化运动的衍生而言，这个由陈独秀、易白沙、吴虞、胡适、鲁迅和钱玄同等人担纲，以民主和科学作为号召，并以打倒孔家店、提倡新文学和发挥个体自主性等作为革命召唤的文化运动，它所具有的议论轴调显然和军国民思想的讲究尚武爱国情操有所不同②。陈独秀等人对蔓延于中国的武人政治的厌恶，对军国民教育过度讲究"兵式的杀人思想"，缺少德智力的平衡发展的批评，以及对德日所表现出来的侵略和强权主义的攻讦等，都说明这两者之间存在着某种的紧张与对立③。而充斥在新文化运动时期对个体婚姻、恋爱和人身自由等的歌颂，也和军国民的讲究整齐划一、以国家为上的精神有着凿枘不合的趋势。这种着重个体、弃置集体的表现形式与诉求，是新文化运动在当时的重要表记，也是它所以深获学子支持的理由。这些明显的差异使我们经常将两者分开来看待，并视为是两个不相干的发展局势，这个误解到目前为止依旧没有太

---

① 这个在1920年以后不再成为教育指针的思想，其实并没有全然在中国消失。1934年由蒋介石发动的新生活运动，它对"全民皆兵"的理想的讲求，以及实施的各种教育规制，都还有都还有这种军国民思想的遗迹存在。
② 有关新文化运动的基本诉求与其经历的凝聚、分裂过程，以及新文化运动暗含的文化政略与革命手法问题，见 Tse-tsung Chow, *The May Fourth Movement: Intellectual Revolution in Modern China* (Stanford: Stanford University Press, 1967); Jinlin Hwang, "Contesting the Scacred: A Discourse-Centered Approach to the May Fourth Culture Movement",《中国社会学刊》, 18 (1995), 第193—242页的分析讨论。
③ 有关的批评见陈独秀《今日中国之政治问题》《青年体育问题》《今日之教育方针》《欧战后东洋民族之觉悟及要求》，及《答李亨嘉》等文的讨论，《独秀文存》，上海，亚东图书馆，1922年。

大改变。然而，若以身体的改造来观看两者的发展，我们将发现，在新文化运动和军国民教育之间，是有着一些不可见的交集存在。我们不能因为两者的表面歧异而低估其间的重要相似之处。

以军国民和新文化运动的开展而言，这两个活动都隐含了一个为国作育人才、以人才解决国难的顺序和目的存在。在这个动机的激涌下，它们都对人和人的身体与生活有一份高度的关切。《新青年》作者们对儒教束缚人心、侵蚀个体发展性的扬笔批判，对国民性与抵抗力的丧失的关联思考，以及对于"手无搏鸡之力，心无一夫之雄，白面纤腰，妩媚若处子，畏寒怯热，柔弱若病夫"的青年身体的讨伐批评等，都说明他们对于身体的存在有着一份功能性的想象与期待①。虽然在表面的形式上，新文化运动有着浓厚的以个体性作为主轴的发展趣向，但是在骨子里，它却是一个十足的以国族存亡作为出发点的文化启蒙活动。它的某些世界主义取向，如对公理的赞赏、对自主人格的追求、对民主和科学的坚持，以及对侵略主义的挞伐等，事实上都是以中国作为一个潜在的参考对象，以阐述和印证这些理念的价值与意义②。这种潜在的心态在 1919 年巴黎和会做出对中国不利的决议，以及这个决议所导致的中国知识分子对公理、民主和民族自决等概念的一片挞伐声中，可以清确看出③。这种深具国族命运想象和努力的动作，是它所以能够具有文化和道德号召力的重要原因。这个发展条件和军国民运动在中国的兴起，其实并没有什么根本的差别。惟一较为不同的是，新文化运动希望能以人的解放、个性的解放和身体的解放作为起始，来达到国家的最终独立解放；而军国民运动则是试图透过国家生存能力的集体优先培养，来达到个体

---

① 上引文见陈独秀：《今日教育之方针》《独秀文存》，卷一，第 26 页。
② 无政府主义在当时的流行或许是一个特例，但无政府主义在后来的广受冷落，甚至成为其他社会主义打压的对象，以及无政府主义分子最后向国民党政府靠拢的事实，却也说明弃绝国族的下场可能如何的问题。
③ 这种以国族存亡作为考量的基底，甚至也可以用来解释为何陈独秀和李大钊等人会在 1919 年后转向信奉马克思主义的问题。这种急剧改宗的情形，和其中隐含的精神焦虑与自我否定，只有透过一个更大的理据才能自我消解与合理化，而国族的生存需要正是这个更大的理据所在。

能力的抒发与树立。为了要达到这个目的,身体的机械化发展和精神意识的一致培养成为后者的主要工作。这个个人在前、国家在后,或者国家在前、个人在后的发展顺序,是新文化与军国民运动在面对身体的存在时,具有的重要差别。然而,即便有这些紧张和对立,以及优先性的差异,我们不能忽略的是,新文化运动在身体功能的开发上并不会比军国民教育有任何松缓之处。这个深度的片段相似说明我们不能再以过往一分为二的视角来看待这两个同时存在的现象,从而忽略新文化运动的多元发展背后,亦含有一个浓厚的身体规训与工具化的趣向存在。

(选自黄金麟:《历史、身体、国家:近代中国的身体形成,1895—1937》,联经出版公司,2001年)

选文二
论辛亥革命时期新知识阶层的尚武意识

忻平　赵泉民

清末新知识分子的社会意识往往是政坛变化的晴雨表。特别是在庚子前后,由于昏聩无能的清政府对戊戌维新运动的杯葛,及由此而来的民族危机的愈发深化和西方近代学说的东渐,催化了社会思潮的流转,驱使知识分子形成了一种变革社会的新意识——尚武心理。此种意识已经有异于维新时期的依靠皇权而渐进改良之心理,而且它的萌生也是新知识阶层对 20 世纪初期的时势和中国社会现实的一种感悟。本文拟对此做一初步探讨,以图更好地解释辛亥革命的兴起。

一

1895 年,中日甲午战争最终以泱泱大国受制于"蕞尔岛夷"而告终。这一创巨痛深的事实刺激着中国人,打破了民族心态的稳定结构,面对奇耻大辱,"以天下为己任"的知识分子掀起了救亡热潮。在这一救亡图存的过程中,同时有两股新兴政治力量开始活动,一派以康梁等维新志士为首,以改良为指归,企图借助向皇帝上书请愿,来谋求内政的变革;另一派以孙中山等革命党人为代表,以武力排满为宗旨,试图推翻专制皇权,建立近代民族国家。这两种路径和主张虽有所不同,但都仿行西法,为衰落的中国寻求新的生机。后来,随着形势的发展,康梁一派通过办报、开学会、设学堂等方式掀起风靡全国的维新思潮,成为甲午战后救国的主流,时代的中心。但是,当时的中国社会和清王朝的最高统治者并没有选择康梁一派的改良道路,最终使这场酝酿多时的维新运动惨遭镇压。此种血的事实再加上政变后接踵而至的义和团运动和八国联军的入侵及《辛丑条约》的签订，大量的割地赔款刺激着相当一部分知识分子，使其看到现行政府不足以图治的一面，他们认为：对外，清政府"件件都依了洋人"，已成为"洋人的朝廷"，目的是满足"一家一姓"之"安逸"①；在内，"朝廷则鬻爵卖国，公行贿赂；官府则剥民刮地，暴过虎狼"②。所有这些都是"不良政治为之"，其结果使国中人民生计更为艰难③。此种社会现实引起了知识分子的不满，使之产生了一种不愿与清政府合作的失望情绪，且加大了他们对现存政府的离心力。如吴禄贞说：现在"非改革政治，倾覆清室，不能反危为安，转弱为强"④。正是由于对政府的失望，使知识分子萌发了恨的感情指向，最终导致了"欲救国人，非锄去此恶劣政府不可"的意念的形成⑤。这种意念则是促使知识分子尚武排满的精神力源。

其次，从世界形势来看，晚清世纪之交，西方列强先后由自由资本主义向帝国主义阶段过渡，在这一转变的过程中，西方各主要的资本主义强国一方面在全球范围内加紧了对世界各地的军事扩张，经济掠夺和文化渗透；同时也在中国展开了新一轮的角逐，掀起了瓜分狂潮，采取多种方式加速对中国的控制。如在甲午战争之后，外国对华进行了大规模的资本输出，其形式包括企业投资、铁路投资、政治经济借款、银行投资、商业投资等，资本数量从战前的2—3亿美元，急剧增长至1902年的15亿美元；此后，各主要资本主义国家在中国的投资还在继续上涨⑥。投资的内容也已越出原来贸易掠夺这一中心，扩及中国社会经济的各个领域。西方强国在全球范围内的肆意扩张与掠夺，刺激着当时正在崛起的中国新知识阶层的视听，唤起了他们对新时代、新世纪与国际时势的极大关注，形成了新知识群体的"时代意识"和"时局意识"。基于此，他们指出："今日之世界，是帝国主义最盛而

---

① 邹容：《革命军》，见《辛亥革命》（一），上海人民出版社，1956年，第343页。
② 陈少白：《兴中会革命史要》，《辛亥革命》（一），第25页。
③ 《孙中山全集》卷2，中华书局，1982年，第359页。
④ 张难先：《湖北革命知之录》，上海商务印书馆，1946年，第27页。
⑤ 《孙中山全集》卷2，中华书局，1982年，第359页。
⑥ 吴承明：《帝国主义在旧中国的投资》，人民出版社，1955年，第35页。

自由败灭之时代"①,是"帝国主义最发达之时代"②,同时也是一个"竞争风潮最剧烈之世界"③。这种态势下,今日的中国也正处在"世界风潮最剧烈之漩涡"中,"俄虎、英豹、德法貔、美狼、日豺,眈眈逐逐,露爪张牙,环伺于四千余年病狮之傍。割要地,租军港,以扼其咽喉;开矿山,筑铁路,以断其筋络;借债索款。推广工商,以朘其膏血;开放门户,划势力圈,搏肥而食,无所顾忌,中国之前途,如风前烛,水中泡耳"④。在这一连串的军事失败后,接踵而来的便是割地赔款、利权外溢,以致于使清帝国面临的威胁和挑战空前加剧。这种严重的民族危机和清政府的腐败昏聩,引起了新知识分子的极大愤慨和担忧。

再次,随着西学的东渐和时间的推移,新知识分子的主体意识开始觉醒。19世纪末20世纪初,西方的自由、平等、天赋人权等学说涌入中国,在此基础上,新知识分子开始重视人格和自尊,认为生命自由及一切利益之事,"皆天赋之权利"。而这时的清政府腐败无能,对外献媚乞怜,执行卖国政策;对内则用专制压抑民权,两者结合使人沦为"奴隶","倡公理则目为邪说,开民智则诬为惑人"⑤。这种社会现实一方面引起了知识分子的极大愤慨,另一方面也增加了知识分子对现存政府的不信任感,使其感到政府已为"列强所擒之纵之威胁之工具",不足以恃,必须得起来用暴力打破,成就一个"民主"国家,也惟有如此才有可能获得新的自由和人身安全⑥。因而为自己的处境担忧,失落之余意识到列强控制下的中国,将变成"犬羊的世界,神明贵种,沦为最下的奴才"。于是寻求自身的归属就变得十分迫切与必不可少了。尤其是留学生,求学异域,得到的却是外人极不友好的"轻蔑态度",这种种族的歧视造成的屈辱,刺伤了他们的自尊和感情。特别是《苏报》案和沈荩案发生后,知识分子深感专制政府已入穷途,无法保护他们人

---

① 《辛亥革命前十年间时论选集》卷1上册,三联书店,1960年,第53、69、67页。
② 陈怀:《帝国》,《新世界学报》第10号(1903年2月12日)。
③ 李书城:《学生之竞争》,《湖北学生界》第2期(1903年2月27日)。
④ 同上。
⑤ 《辛亥革命前十年间时论选集》卷1上册,三联书店,1960年,第53、69、67页。
⑥ 《内国时评》,《江苏》第6期(1903年9月21日)。

格的尊严和价值。安全感的缺乏与尊严不保使知识分子决心走上"秣马厉兵，以与满政府宣战"的尚武之路①。

总而言之，晚清庚子前后，国际上西方诸发达国家对落后地区的肆意扩张、侵略，国内清政府的腐朽与专制，这种国际上的"大环境"与中国内部"小气候"两方面的结合，刺激着当时正在成长的新知识阶层，使他们觉悟到20世纪是一个"过渡时代"，更是一个"弱肉强食"的时代，也正是由于他们这种敏锐的洞察力和强烈的时代意识，再加上知识分子的近代主体意识的日渐形成，这些与清末"新政"中的学制改革、编练新军和提倡"尚武"教育而烘托出的社会氛围相耦合，驱使他们为社会上形成"尚武"风气而呼吁呐喊，竭力提倡暴力，主张破坏、流血，最终重塑了自我形象，形成了更适合于近代社会的尚武意识，以应对充满暴力和流血的世界与时代。

二

20世纪的最初几年，国人在历经了庚子国难后，开始以更多的理性来反思西力东渐以来中国人所走过的救亡历程。也正是在此基础上，新知识分子在内外情势的驱逼下，逐渐背离了传统的"贱武右文"的价值趋向，开始更多地认同于暴力、流血和破坏。其具体表现在如下几个方面：

第一，竭力提倡"尚武精神"，批判旧时的重文轻武观念。梁启超在维新运动失败后，亡走东瀛，通过中外比较，认为中国在历史沿革过程中，由于"国势之统一"、"儒教之流失"、"霸者之摧荡"、"习俗之濡染"等诸原因，造成了"中国民族之不武"的特性，并且社会上也因之形成了"好汉不当兵，好铁不打钉"的偏颇心理，最终导致了开化最先的"神明贵胄"在与外族相遇时"无不挫折败北，受其窘屈"的污点。因此，现今造就一代"新民"是挽救"我国民弥天之大辱"的关键，而要做到这一点，必须"尚武"，因为"尚武者，国民之元气，国家所恃以成立，而文明所赖以维持者也。""立国者苟无尚武之国民、铁血之主义，则虽有文明，虽有智识，虽有众民，虽有广土，

---

① 《论沈荩惨死事》，《辛亥革命》（一），第309页。

必无以自立于竞争剧烈之舞台。"①显然，梁氏看来，在竞争剧烈之时代，尚武是一个国家与文明能够存在的必要条件。蒋方震也指出：今日中国为"异族所凭陵，遂至无抵抗之力，不能自振起，而处于劣败之列，考其最大之原因"，"未始不由于"秦汉以来社会"日流文弱，簪缨之族，占华之土……其志气亦脆薄而不武，萎靡而不刚"②。与之同时，留学生也为日本的"武士道"精神所感染，创办刊物，奋力鼓吹"铁血"和武力。首先，他们对几千年来统治者所标榜的"文治"做法进行了有力抨击，"中国数千年之政体，专制政体也。历代英君雄主，恐民之起而抗己也，乃为种种防民之术。于是挟弩有禁，佩剑有禁，饰其词曰偃武修文，美其名曰重文轻武，务使人尽病夫，国无壮士，而心始甘焉。"③在此基础上又进一步指出："民质"是国家和社会存亡强弱的根原或种子，"民质能尚武。则其国能强，强能存；民质不尚武，则其国弱，弱则亡。"基于此，他们认为，英法德美诸国之所以强大，是"强于民质之尚武"；印度波兰之所以亡，是"亡于民质之不尚武也"④。故而对于眼前的中国应当鼓励的是："铁血者神圣之所歆，剑铳者国民第二之衣食住。闻战而喜，战死而相与贺，国未有不雄者也。狭巷短兵相接处，杀人如草不闻声，轻快拙速，吾爱之也。"⑤进而号召民众应积极认同于"执戈从戎，男子义务。为国为家，无海无陆。裹尸马革，葬身鱼腹。光荣无限，愿望乃足。"⑥《民报》上也载文云："儒为专制所资深，侠则专制之劲敌"，"侠之不作，皆儒之为梗"，并讴歌具有武勇之风的侠士精神⑦。揆诸言论，我们不难看出，20世纪初期的新知识阶层，已经把尚武作为一种民族的精神风貌来认识；同时他们还突出了它在挽救国运方面的作用，强调其是中国立足于世界舞台的一大要素，也只有通过此才能具备那种轻死尚侠的"进取冒险"气

---

① 梁启超：《新民说·论尚武》，《饮冰室合集》专集之四，中华书局1936年出版。
② 蒋方震：《中国之武士道·蒋序》，《饮冰室合集》专集之二十四。
③ 脱羁：《军国民主义》，《萃新报》，第6期（1904年9月10日）。
④ 《论尚武主义》，《东方杂志》第2期（1905年6月27日）。
⑤ 壮游：《国民新灵魂》，《江苏》第5期（1903年8月23日）。
⑥ 《云南杂志发刊词》，《云南》第1号（1906年10月15日）。
⑦ 揆郑：《崇侠篇》，《民报》第23期（1908年8月10日）。

质,"以得国家社会之福利"①。

第二,从学理上分析和探讨了尚武精神养成的途径和条件。首先,他们对"尚武之精神"进行了详细地界定。指出:所言尚武,不仅是要讲求尚武的形式,如"习洋操也,购炮舰也,兴海军也,增兵饷也,凡注重客观而丧厥主观者,此皆尚武之形式也";更重要的是讲求尚武之精神,即"临事而惧,好谋而成,沈雄强毅,不屈不挠,小敌不侮,大敌不惧,有冒险进取之性质,独立不羁之气概。凡注重主观而不徒骛夫客观者,此皆尚武之精神也。"②如果只求形式而没有精神,无异于"是蒙羊质以虎皮,驱而与猛兽相搏击,适足供其攫啖而已。"③简言之,养成世人的尚武精神比徒具尚武之形式更为重要。其次,指出培育尚武精神的三个力源,即"心力"、"胆力"与"体力"。所谓"心力"是指在某种特别的情景下所突发产生的一种克服障碍的强力,如"虎逐于后"时懦夫的"蓦绝涧"、"水发于室"时弱女"越重檐"的勇气。之所以会如此,是因为此时人们一变平时的"心力散漫"状态为"心力专凝"状态,结果是"弱者亦强"。故而报大仇、雪大耻、革大难、定大计、任大事必须具有这种"境迫心奋、情急力挚"的"心力"。④"胆力"是指那种勇往直前、毫无畏惧的行动力量。要拥有此种力量首先必须排除畏难情绪,具有自信心,因为人若"自以为难,以为畏,则其心先馁,其气先慑,斯外境得乘其虚怯而窘之",若是"悍然不顾,其气足以相胜,则置之死地而能生,置之亡地而能存",而且更为重要的是在"弱肉强食"的时代,"怯者召侮之媒,畏战者必受战祸,惧死者卒蹈死机"。既然如此,国民宜努力培养自己"奋其雄心,鼓其勇气,无畏首畏尾以自馁"的"胆力"⑤。所谓"体力"是言强壮健康的体魄,惟有"健康强固之体魄,然后有坚忍不屈之精神"。中国人要想有一个良好的躯体,除了在改变以往不参加体育锻炼的旧习之外,还应对"击剑、驰马、鞠蹴、习射、击枪、游泳"等活动进行奖励提倡,

---

① 杨度:《中国之武士道·杨序》,《饮冰室合集》专集之二十四。
② 《论尚武主义》,《东方杂志》第2期(1905年6月27日)。
③ 梁启超:《新民说·论尚武》,《饮冰室合集》专集之四,中华书局1936年出版。
④ 同上。
⑤ 同上。

以使"举国之人皆具军国民之资格"①。总之，以上三者是息息相关的，只有具备三者之后，才能养成国民的尚武风气，改变过去"颓惫以坐废"的精神状态。

第三，从历史与现实中寻求资源，以激励和养成人们的尚武革命风气。新知识分子对近代中国衰弱落后进行了诊治，倡导"军国民"教育，主旨在于改变国家为人鱼肉的窘状。然而这种对流血、破坏、武力的认可，也恰与当时正在兴起的武力反清革命相契合，结果使得尚武反清成为煊赫一时的潮流。首先为了更好的激起世人的武力反清意识，新知识阶层借助明末清初的民族悲剧"扬州十日"、"嘉定屠城"，以及选录《明夷待访录》内《原君》《原臣》等单行本数种②，印成小册子，散发到各地，以图从已逝的过去中重新唤回人们的记忆，激发时人的反满情绪，从而做出一种严肃的政治抉择。但诸如此类的宣传品，辐射面是极其有限的，远远不足以满足抗争的需要。鉴于此种情况，孙中山遣陈少白创办报刊，1900年1月25日，《中国日报》问世，以此为滥觞，"鼓吹革命排满者日众，译书汇编、开智录、国民报缤纷并立，湖北学生界、浙江潮、新湖南、江苏各月刊继之，革命出版物风起云涌，盈极一时"③，他们通过这些众多的报刊，盛赞洪秀全的抗清业绩，进而攻讦专制，提倡民权，要求人们尽其权利"倾其政府"④。尚武抗争的心理在"高谈革命，放言无忌"的青年学生中表现得更为突出，他们认为，现时中国已为"列强俎上之肉，釜中之鱼，不容自主矣"，而造成此种惨境的根源是"独夫民贼"之专制，现今"惟有振刷独立精神，拔除奴隶性质，喋血苦战以竞生存"⑤，对清廷当毫不留情，"斩之以刃，荡之以血"⑥。为培养国人的抗争精神，黄藻提倡学习古今中外名人，铸造冒险魂、武士魂、游侠魂、社会魂、魔鬼魂，具备这五魂后，便可以"革命、流血、破坏、建设、殖民、共产结党、

---

① 梁启超：《新民说·论尚武》，《饮冰室合集》专集之四，中华书局1936年出版。
② 冯自由：《革命逸史》初集，中华书局，1981年，第10、11、111—112页。
③ 同上。
④ 《满汉不能并治说》，《中国旬报》第10期（1900年5月3日）。
⑤ 《汉声》1903年6月份。
⑥ 《辛亥革命前十年间时论选集》卷1上册，第92页；下册，第571—576页。

暗杀恐怖,光复汉土驱除异族"①。1904年,梁启超采集了春秋战国时期一些"足为子孙模范"的侠客名士,用列传体例编成《中国之武士道》一书,展示"先民之武德","以发挥其精神"②。1910年,胡汉民也以英、法等国为例发表舆论,批判了被视为"社会公论"的俗语"好男不当兵,好铁不打钉",指出"从来军人具有左右一国政治之能力",最后呼吁"军魂兮归来"③。由诸多言论可以看出,20世纪初期的新知识分子心中对乱的承受力的加大,使他们不再惧怕暴力、流血和破坏,而是把中西方的历史与现实结合起来,大力张扬、渲染武力抗争,从中寻求救亡的路径。这种心理投向使知识分子走上了号召国民"宜速持定主义,破坏倒灭满清政府"④。

第四,在进行学理探讨和舆论宣传的同时,新知识阶层还成立了尚武社团,进行暗杀等活动,将"尚武"推向极致。20世纪初期,由于为数不少的新知识分子认为"中国之病"在于其"国力孱弱,生气销沉",为了挽救危亡,必须扭转过去的重文轻武旧观念,倡导"军国民主义",进行"军国民"教育,以更好地促使国人的觉醒⑤;还有人指出:"夫主人翁之资格者,即军国民之资格也。"⑥而且在此种情况下,又适逢国内拒俄运动的热潮,这样,两者相互契合促使了新知识阶层尚武团体的成立。1903年4月,留日学生闻听沙俄拒绝从中国东北撤军的消息后,组成了抗俄铁血队和拒俄义勇队,后改为留日学生军,图以武装行动来抗击俄政府,5月又变学生军为军国民教育会,号召留学生研习军事,公开提倡"养成尚武精神",实行民族主义或爱国主义为主旨,以"鼓吹、起义和暗杀为手段"⑦。据研究,当时支持军国民教育会者多达500人,超过了留日学生的半数⑧。而且值得一提的是,留

---

① 《辛亥革命前十年间时论选集》卷1上册,第92页;下册,第571—576页。
② 梁启超:《中国之武士道·凡例》,《饮冰室合集》专集之二十四。
③ 汉民:《就土耳其革命告我国军人》,《民报》第25期(1910年1月10日)。
④ 《日俄之战争如何》,《汉声》1903年7—8月份合刊(1903年9月21日)。
⑤ 《蔡松坡集》,上海人民出版社,1984年,第15页。
⑥ 《无锡侯实学堂冲突之忠告》,《苏报》1903年月9日。
⑦ 冯自由:《革命逸史》初集,中华书局,1981年,第10、11、111—112页。
⑧ 《女学生编成义勇队》,《苏报》,1903年5月9日。

日的女学生也于1903年组成了共爱会,在拒俄运动高涨之时,其相当一部分会员也"逐日练习兵操",并积极报名参加义勇队和学生军①。由此足见留日学生对尚武的群体认同。与此同时,国内的青年学生也不甘示弱,他们在上海成立了中国教育会、爱国学社,企图"凭借当时最为风行的兴办教育的名义,以学校为培养革命力量的基地,展开宣传组织活动,并不拘泥于发展教育"②,学员也多"练习瞄准、射击",对"兵操的兴趣特浓,蔡师(元培)亲自参加"③。与此相系的是,1903年底,在蔡元培的协助下,上海宗孟女学堂的学生组织了对俄同志女会,嗣后又改名为慈航社,并订立了活动规则九条,其中一条为"访求侠客,实行暗杀",并声明对"应募一试者",无论成败,将以百万酬之④。1904年4月,该社又发布启事,拟将二百六十年来"志士仁人杀身成仁者"的具体事迹,编辑成一书,"以表彰德,以阐发幽光,以默慰毅魂贞魂于天上。"⑤除此之外,其他的如暗杀团、青年会,以及个人的暗杀举动,也都展示了20世纪初期新知识阶层的尚武心理。无须置疑,这些社团的主体构成是当时接受了新式教育的知识分子,而且诸多组织的创建外化了他们的心理变迁,并且从他们的行事方式和活动内容上,也不难看出其对旧时贱武右文价值趋向的逐渐背离。

概上所言,可以看出,20世纪初期的新知识阶层在欧风美雨的涤荡下,心理上已经冲破了传统那种重文轻武的束缚,"迫切希望使自己成为文武双全的爱国者",社会上也因此形成了"人耻文弱,多想慕于武侠"的风尚⑥。处于精英阶层的新知识分子心理上的这种变化,也就为其从事改造社会,拯国救民做了准备。

---

① 桑兵:《清末新知识界的社团与活动》,第197页。
② 《辛亥革命回忆录》(七),文史资料出版社,1981年,第509—510页。
③ 《女界义侠》,《女子世界》第4期(1904年4月16日)。
④ 《警钟日报》1904年4月18日。
⑤ 欧榘甲:《论政变为中国不亡之关系》,《戊戌变法》(三),第157页。
⑥ 《民族主义之教育》,《游学译编》第10册(1903年9月6日)。

三

20世纪初期，新知识分子尚武意识的形成及其他们心理上的变化，既是时代变迁的一种反映，也是新知识阶层在维新救亡思潮衰落后继续寻求振兴中华之良方的表现。如此，其意识、心理方面的嬗变对20世纪前十年乃至后来的社会都产生了不可小视的作用。

其一，新知识分子的尚武意识与当时正在兴起的反清潮流相契合，有力地促使了革命思潮的高涨。一定的社会存在决定一定的社会意识。如上所言，新知识分子尚武意识的萌生是在甲午战后民族危机严重之时，特别是1898年戊戌变法失败和1900年庚子国难的刺激，再加上20世纪初期列强侵略的加深、亡国灭种惨祸的驱逐，及知识分子对20世纪之时势的体认，使他们感到中国必"为各国竞争中心点"，现要想改变这种状态，须"倡起尚武之风习，养成军人之资格"[1]，以同仇敌忾之气来拯救自己的国家与民族。这种心路无疑符契了当时武力革命反清的思潮。而且也使相当一部分知识分子意识到武力的重要性，以致于当时"尚武之声，所由日不绝于忧时者之口也。"[2] 其结果壮大了习武的队伍。据统计，1904年，留日学生1300余人，在众多科目中，学文科的有1100多人，占近90%[3]，而文科中，"政治也、法律也、经济也、武备也，此其最著者也"[4]，其中最为热门的当是政法和陆军。另一方面也驱使他们积极投入到策动武装去反清的行列中，如吴禄贞曾大力动员爱国青年学生"投笔从戎"，以便建立革命武装，在他的教育下，青年学生"多有舍学校而入行伍者"[5]。而且还有一些知识分子已改变了昔日"不与军人为伍"的心态，开始与各地新军中人"有所联络，还有些新进学的秀

---

[1] 蒋方震：《中国之武士道·蒋序》。
[2] 梁启超：《警告留学生诸君》，《饮冰室合集》文集之二十四。
[3] 舒新城：《近代中国留学史》，中华书局，1933年，第53页。
[4] 王晓秋：《中日文化交流史》，中华书局，1992年，第359页。
[5] 张难先：《湖北革命知之录》，第27页。

才们踊跃地投笔从军"①。毫无疑问,这样的结果既为辛亥革命的酝酿与到来汇聚了大量的人力,在一定的程度和范围之内扩大了它的群众基础;并且也促进了社会中各阶层之间的互动,尤为是知识阶层与军队、会党等下层民众组织。从另一个角度而言,这也是新知识分子对原来的"万般皆下品,惟有读书高"、"秀才遇到兵,有理说不清"等传统价值观念的离异。

其二,尚武意识的形成或多或少地改变了知识分子对"下等社会"的看法,使其视见了基层社会中所蕴藏的巨大运动力量。我们知道,维新时期主张改良的新知识分子对于民众和民众运动多持敌视或否定的态度,他们一再以金田起义,"奸民蓄乱于内","陈涉辍耕于陇上,石勒倚啸于东门",整个社会"乱机遍伏",揭竿斩木之事"已可忧畏"等相挟,要求变法,以防"乱患"于未然②。义和团运动发生后,他们又侮称义和团民众是一群"愚者"、"乱民"③。最后得出的是"中国维新之机,西太后挫之于北京,张之洞戕之于汉口,义和团阻之于直省"的结论④。由此可以窥见,19世纪末的最后几年,在改良思潮占据主潮的时段中,知识分子多把下层民众放在救亡图存的对立面来认识,仅只看到了其"乱"的一面,而忽略了乱中所涵蕴的力量。进入20世纪后,随着尚武意识的形成,此种境况有所改观,为数不少的知识分子已经看到了"庚子排外暴动"中所藏的那种"不可奴隶、不可屠割之一种毅然独立血诚"的"民气"⑤,而且大加赞赏,认为这是"夺回自由之民权,扭转乾坤,开共和之善政,民权独立,扫专制之颓风"的有利时机,同时他们也竭力认同于民众抵抗外来侵略时所昭示出的"视死如归,摇动世界"、"冒万死以一敌八"的气质,并称"纵事不成,以血相继"的精神,是我国"国民精神"振刷的契机⑥。对此,孙中山也隐然肯定了义和团的"自卫其乡族,

---

① 郑一民、陈跃林:《民主革命先驱——吴禄贞》,载《河北文史资料选辑》第6辑,河北人民出版社,1982年,第77页。
② 汤志钧编:《康有为政论集》上册,中华书局,1981年,55、205页。
③ 麦孟华:《论义民与乱民之异》,《清议报》第52期(1900年7月26日)。
④ 赵振:《说败》,《清议报》第87期(1901年8月5日)。
⑤ 《对于俄约之国民运动》,《江苏》第2期(1903年5月27日)。
⑥ 《义和团有功于中国说》,《辛亥革命前十年间时论选集》卷1上册,第59—62页。

自保其身家"的正义之举,看到了武装背后不可小视的"同仇敌忾之气"。这种心理上的移情与精神上的认同,可以说,一方面使知识分子更深地觉察到武力的震慑作用;另一方面也使其初步认识到民众力量的广大,因而得出了下等社会是将来经营革命的"根据地"和"中坚"①。两者结合使他们走向下层,开始与秘密社会、军人社会为伍,以转移改革其旧思想、旧知识,形成新思想与成就新事功。

其三,还须看到,尚武意识的萌发虽为以武力推翻清王朝的辛亥革命提供了心理上的准备,但在主权旁落的半殖民地半封建时代的中国,它又是一柄"双刃剑",给近代中国社会带来一定的负面影响。晚清最后十年,随着新政的展开与"新军"的编练,中央和地方的关系发生了变化,在政治方面表现为中央权力的下移和地方的武装化。而尚武社会氛围的形成及其世人对之的普遍认同又为地方的武化、分裂和割据埋下了祸根。由于当时倡导"尚武"的新知识分子社团是多种多样的,其中既有立宪团体,也有革命组织(此一组织中也多是认识不同,步调不一,派系林立),更有一些较为开明的地方督抚及另有他图的实力派,尽管他们都高举"尚武"之旗帜,但所悬之"旗"与"尚武"内涵却是不尽相同。其结果虽说培养和麋集了一批反对清王朝的离心力量,但同时也塑造出了大量具有不同政治关怀的军人与军事集团。这些人所抱的信条多是"政治、武力决定一切的"。这样,造成了两方面的社会后果:一方面,政治(包括军事)力量上升到主宰地位,文化力量则退居到无足轻重的位置,并且出现了政法教育政客化的恶劣倾向,更有甚之导致了后来政客叠出、各地军人参政、执政的现象。据统计,至1914年,全国22个省的都督职位,15个为军阀窃据,以"士绅"身份登进者,仅有5人;1917年,各省的民政长官、省长,也多由军阀出身的督军兼任②。在1927—1949年间,全国各省先后有253人次出任省主席职位,其中军人达190人次,占总数的75.1%③。另一方面在推翻现存政权后,这些原

---

① 《民族主义之教育》,《游学译编》第10册。
② 章开沅等主编:《比较中的审视:中国早期现代化研究》,浙江人民出版社,1993年,第729页。
③ 徐矛:《中华民国政治制度史》,上海人民出版社,1992年,第389页。

来以国家名义编练的、实际上隶属私人或受私人操纵的"新军"开始了争夺，导致了民元以后"乱哄哄，你方唱罢我登场"的社会态势。其实，这两个方面也都可以从民元之后中国社会演进的事实及新文化运动的内容得以证明。

综上所述，20世纪初期，伴随着新知识阶层的崛起及其价值观念、行为方式的转换和主体意识的觉醒，再加上国际上帝国主义扩张侵略的加剧与国内专制统治的衰败，这几方面的结合使得新知识分子形成了改变社会现实的"尚武意识"。这种意识为辛亥革命的发生营造了社会氛围，提供了心理准备，聚集了群众力量。但是，人们在高扬"尚武精神"之时，却忽略了对与之相关的政治军事力量的归属和把握，最终带来20世纪最初20年的混战和内争。时人蒋梦麟曾对那个时代人们的心理嬗变做了如此描述：最初"我们有个牢不可破的观念，认为当兵的都是坏人，可鄙可怕而且可憎"，后来"大家的心理开始转变了，从此以后，只有好男才配当兵"，然而革命胜利后，新军将领们"已经尝到权势的滋味，绝不轻易放弃；而且食髓知味，渴望攫取更大更高的势权，结果你抢我夺，自相残杀起来"，这样，"一度被鄙视，后来受尊重的军人，现在又再度被人鄙视了。"[①]这既是蒋本人，也更是那个时段知识分子及社会对军人和武力的心理写照。

（本文载于《学术月刊》，2001年第9期）

---

① 蒋梦麟：《西潮·新潮》，岳麓书社，2000年，第110—113页。

■ 进一步阅读的文章

应星：《身体政治与现代性问题》，杨念群等主编《新史学——多学科对话的图景》，人民大学出版社，2003年版。

张一文：《论清末的尚武思潮》，《中国军事科学》，1999年第3期。

刘一兵：《清末尚武思潮述论》，《历史档案》，2003年第4期。

韩玉霞：《清末民初的军国民教育》，《史学月刊》，1987年第5期。

忻平、赵泉民：《论辛亥革命时期新知识阶层的尚武意识》，《学术月刊》，2001年第9期。

邓河：《中国近代社会的尚武思潮》，《山西师范大学学报》（社会科学版），1999年第1期。

刘慧英：《20世纪初中国女权启蒙中的救国女子形象》，《中国现代文学研究丛刊》，2002年第2期。

姜萌：《试析1903—1911年间中国的尚武思潮》，《东岳论丛》，2004年第2期。

董小林：《近年来关于晚清尚武思潮的研究综述》，《军事历史研究》，2004年第4期。

■ 进一步思考的问题

1. 清末民初的学校教育在"尚武"精神的提倡中起着怎样的作用？
2. 除了体育以外，尚武精神还体现在社会生活的哪些方面？
3. 军国民运动与新文化运动在对待个人的身体与精神的关系上有怎样的联系和区别？

■ 关联性阅读的书目

史华兹：《寻求富强：严复与西方》，叶凤美译，江苏人民出版社，1989年。

李孝悌：《清末的下层社会启蒙运动：1900—1911》，河北教育出版社，2001年版。

桑兵：《晚清学堂学生与社会变迁》，学林出版社，1995年。

施渡桥：《中国近代军事思想史》，国防大学出版社，2000年。

[澳] 冯兆基：《军事近代化与中国革命》，上海人民出版社，1994年。

[美] 拉尔夫·尔·鲍威尔：《中国军事力量的兴起，1895—1912年》，中国社会科学出版社，1979年。

■ 相关文献、作品举要

梁启超：《新民说》

蒋百里：《军国民之教育》

蔡锷：《军国民篇》

严复：《原强》《论世变之亟》

陈独秀：《敬告青年》《今日之教育方针》

鲁迅：《斯巴达克之魂》

二十八画生：（毛泽东）《体育之研究》

谢似颜：《女子体育问题》

第二节 头发

导读

头发作为人身体的一部分,并不是一个单纯的生理性事实,它的形态、颜色、长短等与人的年龄、身份、性别、民族、职业等都有密切的联系,它也不只具有简单的装饰性功能,在代表一个时代的审美风尚的同时,也常常具有重要的文化、政治象征意义。

在中国社会从传统走向现代的过程中,身体形象成为不断需要变革的对象,其中,以发式的变革最为突出。发式的政治意味古已有之,只是到了近代,一些政治因素使人们对它更加重视。辛亥革命前,孙中山等人就在日本带头剪发易服,戊戌革命中康有为也明确提出断发易服的主张,武昌起义后,剪辫更成为革命身份的标志。1903、1904、1906年,《大公报》先后三次发起以"剪辫易服"为中心的征文大讨论,发表了很多关于"剪辫易服"的文章,讨论涉及尚武精神、国家兴衰强弱等方面。可以说,"剪发易服"意味着中国传统的"身体发肤,受之父母,不敢毁伤"观念的退场。

发式的改变是因不同的政治象征意义的需要,个人在各方政治的争夺中对于属于自己身体一部分的发式并无多少决定的权力,在革命过程中,对于发式变革的暴力和强迫之举并不鲜见。在多方的力量争夺中,个人显得无所适从,"蓄发"还是"剪发"成为一个问题,所以才会看到被革命者剪去辫子的人又被清政府当作革命者逮捕杀头的现象,于是,普通百姓无论是被强制剪去辫子,还是不得已又安上假辫,个人的身体在历史的舞台上就是如此富有戏剧性,人们无法主宰一己的身体,仿佛这身体是他属之物。鲁迅在小说《头发的故事》《阿Q正传》中,就非常敏锐地捕捉到了因发式的变革而在普通人的日常生活中引发的种种闹剧。不过,个体在面对政治控制的时候并非完全只有归顺,为了在一定程度上维护个人的信仰皈依、心理感受和审美习惯,也有人采取一些折衷的姿态以保留自己的立场和态度,如那时出现的盘发、戴装有假辫的帽子等现象。

本节所选张德安的《革命与革发——清末民初的发式改造》出自作者的《身体的争夺与展示——近代中国发式变迁中的权力斗争》一文,原文对围绕头发而进行的两次历史性的发式变革——明末清初的剪辫,清末民初的剪辫分别进行了阐述和分析,说明了近代发式的变革所反映出来的政治权力的斗争。本文只选取了原文中论述清末民初的"剪辫"这一部分的内容。

不仅仅男性,女性也被卷入了发式的变革之中,只不过,女性在步调上要晚于男性。女性在剪发问题上相对于男性所显示出的一定的自由,只能说明女性相对于男性在权力空间更为边缘的地位。如果说清末民初,"剪发易服"主要针对的是男性,它是与反满和亲满、革命和不革命这样的政治意义相对应的话,那么,女性的发式变革则属于针对女性的"强国保种"的民族主义。相对于清末,女性更普遍的剪发出现在五四时期,此时,民族主义话语已经部分地交给了五四启蒙话语,女性对于个人解放的追求通过剪发体现出来,而在社会层面,一些女性也同样通过剪发来表达革命的决心。另外,在二三十年代的都市文化中,头发的审美意义也随着时尚业得到了回归。鉴于学界相对忽视了对女子剪发问题的研究,这里特别编选了姚霏的《近代中国女子剪发运动初探(1903—1927)——以"身体"为视角的分析》一文。

选文一
革命与革发——清末民初的发式改造

张德安

一、"罪发"：清末民初对发式意义的建构

清末国势衰微，西方文明对中国的社会文化及民族心理都产生极大的冲击，一些有志之士在东西方比较与反思中寻找救国之策，而生逢乱世的"头发"再度集聚各种观念于一身，成为政俗斗争中的焦点，关于明清易代薙发的记忆被再次提起，夷夏观念也在民族主义革命中复兴。

随着西方文明的兴起与东方世界的没落，曾经深受西方世界羡慕与推崇的文明国度中国不知不觉中沦为备受讥讽的不开化国家。历史像是在开玩笑，观念倒转，蛮夷的指代对象因时而变，一向对外国"蛮夷"嗤之以鼻的中国反倒成了愚昧落后的不可理喻之邦。作为满族习俗同化汉族的结果，薙发蓄辫成为清代男人的形象标志。在长期的发式演进中，顶发渐多的"薙顶"逐渐被颅后渐粗的"辫子"抢占了风头，相应地，在表述中"辫子"、"辫发"也抢占了话语权。在外国人面前，独特的辫子，已是中国人的民族标志了，而这种民族标志，在近代又是以与"开化世界"趋向短发的世界大潮相背驰的"落后"、"不开化"的形象而体现的。

最早深受这种冲击的当属那些与西人打交道的中国留学生。"豚尾"、"pig tail"连带"拖尾奴"、"豚尾奴"这样的称呼伴随讥笑而来，辫子成为中国人的"烦恼根"。1903年，湖北留日学生创办的《湖北学生界》发表《剪辫易服说》，文称"今之辫、服，牵制行动，妨碍操作，游历他邦，则都市腾笑，

申申骂予，于民为不宜，于民为不便"①。在西方舆论的刺激下，再加上国势衰微，国内一些人士也渐渐把辫子当成民族落后的标志而深感自卑，于是提出种种剪辫的建议，这些舆论又进一步把中国人辫子的落后意义凸显出来。

1906年7月30日，《大公报》以"剪发易服议"为题，发出征文广告，连续发表了一系列论文。其基本内容可以归纳为以下几点：

首先，从世界趋同的角度，呼吁中国剪发易服，以求与各国平等一致。

> ……吾国之所以未能与世界帝国相平等者……实以剪发易服未断行。……当英破吴淞攻塘沽联兵烧我圆明园，此已宜除成见、振作奋发、剪发易服以图自强。②

> 断发短装已为全球所公认，大彼得仿之于前，明治行之于后……③

> 幸哉幸哉，我国军人竟易服也；惜哉惜哉，我国之易服竟只行于军人也；怪哉怪哉，我国军人竟将发辫盘于头顶之上也。④

其次，从关系个人卫生、经济、尚武精神，关系国家兴衰强弱等角度，论述了剪发易服的必要性、重要性以及易服的方向。

> 不剪易之害："一碍于卫生，一妨于实业……一阻于尚武。"⑤

> 发长面多污毁衣服特甚，且常劳梳治，弊一。最易藏垢……不宜于公共之卫生，弊二。……发长且多，脑受其赘累，不宜个人卫生，弊三。学生之体操，军人之练武，工商之勤勉，游人之旅行，皆非长服长发所宜，不便于动作，弊四。长衣与短衣相移，则多需

---

① 《湖北学生界》，光绪癸卯（1903年）刊行，台北1968年影印。转引自陈生玺《清末民初的剪辫子运动》（上）《渤海学刊》，1995年第3期，第24页。
② 于天泽：《剪发易服议》，《大公报》，1906年8月20日"言论"。
③ 王采五：《剪发易服议》，《大公报》，1906年8月30日"言论"。
④ 效灵：《剪发易服议》，《大公报》，1906年10月11日"言论"。
⑤ 于天泽：《剪发易服议》，《大公报》，1906年8月22日"言论"。

一倍之材料，致人人皆多耗一倍赘疣之费，弊五。①

与此相反，剪发易服则有许多好处。

> 改革后之益数端：一曰有裨于尚武精神也。……二曰有益于经济问题也。……三曰增国民之活动也。……四曰耸列国之观瞻（瞻）也。②

> 所谓剪易之利：一在"振国民之精神"，一在"息列邦之窥伺"。③

> 今请言剪发易服之便，一便于振起国人尚武之精神也。……一便于与环球各国之交涉也。……一便于全国人民之生计也。④

与清初对发式的政治敏感不同，这时《大公报》已经可以大张旗鼓地开展剪辫易服的讨论。这些讨论，基本上认为辫发已不合时宜，指出剪发易服为世界大势所趋，是国家自强的必须，因而极力推崇欧美发式和服饰。考虑到报刊的写作及读者群体，这种政俗改革的愿望可能只存在于一些留学生和知识分子内，但毕竟说明当时社会已经存在这种舆论导向，并且成为一个焦点议题。

1909年，《东方杂志》刊载一篇《游美略说》，文中说"来美者必须于上海剪发改装，在船及入境，一切始便"⑤。可见当时辫发发式在东西方交往中承受的压力。1910年的《民立报》就有《总办耻作拖尾奴》《剪去烦恼根》《剪辫议之复活》《学生立志剪辫子》《辫发之死刑将近》《一大过换一辫子》

---

① 沈鄂：《剪发易服议》，《大公报》，1906年8月24日"言论"。
② 同上，1906年8月25、26日"言论"。
③ 于天泽：《剪发易服议》，《大公报》，1906年8月22日"言论"。
④ 张兆荫：《剪发易服议》，《大公报》，1906年9月1日"言论"。
⑤ 许先甲：《游美略说》，《东方杂志》，1906年第2期。

《剪发有先后之分》《北京之是是非非》(内有禁学生剪辫)①等多篇关于剪辫的议论与事件,足见辫子问题已经成为时事热点。

其实早在戊戌时期,维新人士就提议断发易服,以求政俗改革配套而行。谭嗣同在《仁学》44卷中指出:"故中国士民之不欲变法,良以繁重之习,渐渍于骨髓;不变其至切近之衣冠,终无由耸其听闻,决其志虑,而咸与新也。日本之强,则自变衣冠始,可谓知所先务矣。乃若中国,大有不可不亟变者,薙发而垂发辫是也。姑无论其出于北狄鄙俗之制,为生人之大不便;吾试举古今中外所以处发之道,听人之自择焉。处发之道凡四,曰'全发',中国之古制也。发受于天,必有所以用之,盖保护脑气筋者也。全而不修,此其所以长也;而其疾则有重腽之累。曰'全薙',僧制是也。清洁无累,此其所以长也;而其病则无以护脑。曰'半剪',西制是也。既是以护脑,而又轻其累,是得两利。曰'半薙',蒙古、鞑靼之制也。薙处适当大脑,既无以蔽护于前,而长发垂辫,又适足以重累于后,是得两害。孰得孰失,奚去奚从,明者自能辨之,无俟烦言而解矣。"②他以辫发发式不利于国民健康为理由提倡"半剪"的西式发式。

康有为在1898年9月5日给光绪皇帝的《请断发易服改元折》中公开请求清政府"断发"易服,其文摘录如下:

> 奏为请断发易服改元,以与国民更始,恭摺仰祈圣鉴事:
>
> 窃维非常之原,黎民所惧,易旧之事,人情所难,自古大有为之君,必善审时势之宜,非通变不足以宜民,非更新不足以救国,且非改视易听,不足以一国民之趋向,振国民之精神。故孔子于《礼》通三统之义,于《春秋》立三世之法,当新朝必改正朔、易服色,殊徽号,异器械。而汉武当守文之中世,定礼乐而改历服,魏文帝承祖宗之强威,迁都邑而易服色,皆以更新善治,为法后世。

---

① 分见《民立报》,1910年10月22日、11月6日、12月1日、12月5日、12月11日、12月13日、12月14日,马鸿谟编《民呼·民吁·民立报选辑》(一),郑州:河南人民出版社,1982年。

② 谭嗣同:《仁学》,蔡尚思、方行编《谭嗣同全集》(下),中华书局,1981年,第362—363页。

若夫当列国争强之世,尤重尚武,欲举中国儒缓之俗,一变致强,其道尤难。故赵武灵王将有事于灭胡,则变服而骑,齐桓公将欲有事于中原,则易短衣而霸,而魏文帝、赵王父变其国俗,易其祖旧,父兄群臣,守旧之彦,哗言力争,而二主终独断行之,遂致治强,英风霸烈,焜耀无尽,岂非善得通变之宜哉?然是四主者,所遇之世,尚非迫于必变之时也。

今则万国交通,一切趋于尚同,而吾以一国衣服独异,则情意不亲,邦交不结矣。且今物质修明,尤尚机器,辫发长垂,行动摇舞,误缠机器,可以立死,今为机器之世,多机器则强,少机器则弱,辫发与机器,不相容者也。且兵争之世,执戈跨马,辫尤不便,其势不能不去之。欧、美百数十年前,人皆辫发也,至近数十年,机器日新,兵事日精,乃尽剪之,今既举国皆兵,断发之俗,万国同风矣,且垂辫既易污衣,而旧发尤增多垢,衣污则观瞻不美,沐难则卫生非宜,梳刮则费时甚多,若在外国,为外人指笑,儿童牵弄,既缘国弱,尤遭戏侮,斥为豚尾,出入不便,去之无损,留之反劳。断发虽始于热地之印度,创于尚武之罗马,而泰伯至德,端委治吴,何尝不先行断发哉?

夫五帝不沿礼,三王不袭乐,但在通时变以宜民耳。故俄彼得游历而归,日明治变法伊始,皆先行断发易服之制,岂不畏矫旧易俗之难哉?盖欲以改民视听,导民尚武,与欧、美同俗,而习忘之,以为亲好,故不惮专制强力以易之也……①

他的奏折谈古论今,为剪辫易服寻找依据。尤其认为辫发是一种与时代精神不符的发式,国家兴则必兴机器,兴机器则必剪短发。维新人士从国民体智和国家改制的角度,指出辫发的不合时宜。事实上,他们也希望借改造国民形象来营造一种改革求新的氛围,既摆脱西人野蛮、不开化的指责,又表明国家立意变法的决心与态度。出于维护当权者的考虑,他们没有提

---

① 汤志钧编:《康有为政论集》(上册),中华书局,1981年,第368—369页。

到辫子是落后的表征，但至少表露出辫发发式是落伍的，那么他们希望剪掉辫子、改造发式，借以求得民族和国家的解脱。

与维新者的委婉不同，革命者对辫发的抨击则不仅明确指出它的野蛮落后，更对它的合法性提出质疑，这自然与明清易代强制薙发的血腥记忆联系在一起。

1904年，《黄帝魂》发表《论发辫原由》，文中痛斥满洲统治者强迫汉人薙发蓄辫。革命先锋邹容在《革命军》中亦写道："拖辫发，著胡服，踟躅而行于伦敦之市，行人莫不曰 pig tail（译言猪尾），Savage（译言野蛮）者何为哉？又踟躅而行于东京之市，行人莫不曰チャンチャボツ（译言拖尾奴才）者何为哉？嗟夫！汉官威仪，扫地殆尽，唐制衣冠，荡然无存。吾抚吾所衣之衣，所顶之发，吾侧痛于心；吾见官吏出行时，荷刀之红绿，喝道之皂隶，吾侧痛于心。辫发乎！花翎乎！胡服乎！开气袍乎！红顶乎！朝珠乎！为我中国文物之冠裳乎！抑打牲游牧贼满人之恶衣服乎？我同胞自认。"① 早在1895年10月，广州起义事败后，孙中山与陈少白、郑士良逃亡日本。孙中山抵横滨后断发改装，以示与清廷决裂和革命到底的决心。章太炎剪辫后做《解辫发》一文，文中言："余年三十三矣……余年已立，而犹被戎狄之服，不违咫尺，弗能剪除，余之罪也。"② 他认为汉族的反清民族思想，一直深藏汉人心间，"自甲申沦陷，以至今日，愤愤于腥膻贱种者，何地蔑有！……吾以为今人虽不尽以逐满为职志，或有其志而不敢讼言于畴人，然其轻视鞑靼以为异种贱族者，此其种性根于二百年之遗传，是固至今未去者也"③，亦即从清兵入关起一直传承下来。鲁迅在文中写道："满人入关，下令拖辫，剃头人沿路拉人剃发，谁敢抗拒，便砍下头来挂在旗杆上，再去拉别的人。当我还是孩子时，那时的老人指教我说：剃头担上的旗杆，三百年前是挂头的。"④ 又说："对我最初提醒了满汉的界限的不是书，是辫子。这辫

---

① 《辛亥革命》（一），中国史学会主编，上海人民出版社，1957年，下同，第346页。
② 汤志均编：《章太炎政论选集》，中华书局，1977年，第148—149页。
③ 章太炎：《驳康有为论革命书》，《章太炎全集》（四），上海人民出版社，1985年，第182页。
④ 鲁迅：《且介亭杂文末编·因太炎先生而想起的二三事》，《鲁迅全集》第6卷，人民文学出版社，1981年，第557页。

子，是砍了我们古人的许多头，这才种定的。"①他的这些话正代表着革命者对清初薙发的回忆。这样，辫子就与反清复汉情结联系在一起。

1908年重阳节前，同盟会陕西分会在西安大雁塔召开了一次会议，其中一项便是讨论重阳节祭扫民族祖先轩辕黄帝陵墓的事，决定在黄帝陵前宣誓，借以表示复兴民族的决心，会上推定郭希仁、张赞元起草祭文，并约会邻省在陕会员，一同前往祭祀。

这些革命者的言论在强化辫子落后意义的同时，都把它与清初满洲的薙发征服政策追忆到一起，使清初薙发的血泪史又回荡于国人的脑海，借以强调满汉之别，要求恢复"汉官威仪"、"光复旧物"。反对辫发、改造发式就成为反清革命的一个标志。事实上，在这场"托古革命"中，明朝的旧有发式被有意回避了，即使认识到明以前束发与今日断发主张有别，但也以不可行而作罢，如章太炎"将荐绅束发，以复近古，日既不给，衣又不可得"，乃托以吴越之俗剪之②。也就是说反对的对象是明确的，因为那是反满革命的需要，所谓的恢复不过是根据需要的一种重建而已，在剪辫后，西方的发式被直接嫁接过来了。辫发发式在革命前后的舆论中被强调为满人的落后标志，而非汉人的。那么它对汉人来说是不合理的，必须剃除。革命者的逻辑是：辫发是落后的（受西人讥讽），落后的辫发属于满洲人，满洲人是落后的，满虏窃国导致中国的衰亡，因而要摆脱落后的局面就要推翻满人恢复汉人统治。革命者通过发式唤起民族记忆，也重新唤起了夷夏之防的观念，激起汉人的民族情绪，把辫发从汉人的身体上脱离出来，同时在革命中也把发式塑造成区分革命与否的标志。换个角度说，在民族国家危亡之际，革命者通过把落后形象锁定在满洲人身上借以转移和缓解外来压力，同时希望将落后形象推倒来创建新社会。

---

① 鲁迅：《且介亭杂文·病后杂谈之余》，第186页。
② 汤志均编：《章太炎政论选集》，中华书局，1977年，第148—149页。

二、"革发":革命前后之发式改造

在辛亥革命前后,伴随着革命斗争的开展,一场"革发"的剪辫运动也轰轰烈烈地进行着。最早受发式落后观念影响的那些留洋国外的人,他们成为剪辫易服的带头人。1895年十月下旬,孙中山在日本横滨华侨冯镜如开的书店里与陈少白"剪发易服",而冯镜如是1894年中日甲午战争之后剪辫的①,据他的儿子冯自由说:"甲午中日构衅,清军败绩,余父益愤清政不刚,毅然剪除辫发,时旅日华侨无去辫易服者,有之独余父一人耳,故同国人咸称余父为无辫仔焉。"在史料记载中,冯镜如和孙中山是较早剪除辫发的人。在他们之后,剪辫思潮在全国热掀,乃至戊戌变法期间康有为提出断发易服的主张。戊戌变法失败后,革命派继续推进这一思潮,并将它与革命结合起来。

面对剪辫易服的呼声,清朝政府是不能充耳不闻的,特别是在改制图强已经成为时代主流的趋势下,清政府内部也展开关于剪辫易服的争论。1905年10月,政务处会议改定服制,本拟一律变易,然而两宫召见军机时,某大臣奏称改换服制,武职取其训操,文官则无所取益,请准勿用改换,以存体制,两宫颇为许可。1910年11月,农工商部就曾以京师商务总会和各省商众要求的名义,奏请剪辫易服,清廷则以"国家制度,等秩分明,习用已久,从未轻易更张"②为理由拒绝,表现出遵从祖制的谨慎态度。这说明在发式服饰改革过程中,受传统习惯的影响,仍有重重阻力,而且作为传统等级制度的一部分,发式的改变是否会造成对社会秩序的冲击,这也是当政者要慎重考虑的。

不过从当时的社会舆论(如《大公报》的评论)和清朝政府的讨论及决议来分析,既然有如此汹涌澎湃的断发议论以及个别剪发者,表明清末对发式已远非清初剃发与太平天国运动时那么敏感,对发式的礼制也并没有那么苛严。清末新政立宪,就已经是对祖宗成法的"大逆不道"了,所以剪发

---

① 《孙陈剪辫易服》,冯自由,《革命逸史》(初集),中华书局,1981年,第1—2页。
② 转引自王维堤:《衣冠古国·中国服饰文化》,上海古籍出版社,1991年,第234页。

也就有了商量的余地。1910年10月22日的《民立报》就有不少关于军界、学界、报界剪发的记载①。辛亥革命前，清政府军戎服制改革已把简便实用放在首要位置上了。康有为、汤寿潜等人也都是请皇上锐意断发，以易短便之服的。社会舆论对辫发发式的强烈抨击，使清政府某些官员也认为发辫应该剪去。其时是外交官先行，然后是军学界实行较力，官界次之。社会舆论已在预见"大约豚尾奴之浊号，与我中国人握手长别为期不甚远也"②。当时的晚清王朝感到"已不能以剃发不易服治其四境之内"③，而且更不想把发式制造成一个民族矛盾的标把，所以在进一步商议后，遂于1911年12月由资政院颁布："凡我臣民，均准其自由剪辫。"④这样，迫于全国革命形势和舆论压力，清政府终于允许官民自由剪发了，发式选择自由了。但革命者和大多数老百姓似乎都不知道，对自由剪辫令充耳不闻，依然我行我素，一方在大呼割掉满清的辫子，一方照旧呵护着自己的辫子。在革命者反满复汉的口号下，辫发发式被革命者强调为封建政治压迫和民族压迫的标志，发式再次被塑造成政治斗争的象征，已经颁布准剪令的清朝廷仍旧无法逃避强迫汉人剃发的谴责。如果没有辛亥革命，也许剪辫会渐进地进行，但辛亥革命却是以一种疾风骤雨的方式进行的，并且把它当作一项革命需要。

1911年武昌起义后，湖北革命军于10月12号发布《宣布满洲政府罪状檄》一文，指斥辫发之罪云，"垂狗尾以为饰，穿马蹄以为服，衣冠禽兽，其满清之谓。入关之初，强汉族蓄尾，不从死者遍天下，至今受其束缚，贻九州万国羞，使吾衣冠礼乐，夷为牛马，其罪八"⑤。

有意思的是，这次发式革命与清初一样，是从军人官兵和青年人（学

---

① 见《总办耻作拖尾奴》，《剪去烦恼根》，《民立报》，1910年10月22日，马鸿谟编，《民呼·民吁·民立报选辑》，河南人民出版社，1982年。
② 《辫发之死刑将近》，《民立报》，1910年12月5日。
③ 无妄：《服色问题》，《大公报》，1911年1月9日，"言论"。
④ 《宣统政纪》卷66，宣统三年十月庚戌，《清实录》（印分册），中华书局，1987年，第1224页。另参见《上海时报》，1911年11月25日及12月2日、12月4日。
⑤ 《辛亥革命》（五），第149页。

生）中开始的。革命初期，革命军并没有限令绅商士民剪辫①。

1911年11月上旬，湖北军政府发布命令，传谕军、警、政三界人士："近日剪发者固多，阳奉阴违者实繁有徒。从十日起，三日之内，由各长官调查，一律除去发辫，否则革除，听其自便。"②如果不改变发式，剪掉辫子，就会职位不保，革命军通过这种方式来胁迫军、警、政人员剪发，恰好与清初剃发授官的诱惑政策有异曲同工之妙。与之相类似，1912年上海公布了《通令军人剪辫告示》："对于普通人民，剪辫与否，原可听其自然，不以政令干涉，而军人为齐民之表率，肩光复之巨任。不能稍事姑容，致留污点，为此即着各兵士迅速将发辫即日剪除净尽，如有抗违不遵者即行追缴饷银，革除军籍。"③武昌起义之后，各省纷纷响应，宣布起义或独立，同时下达剪发令，剪辫也成为革命的一个主要标志。10月22日，长沙光复，10月23日成立军政府，挂上一面汉字白旗，"各学堂学生即将礼堂里的牌匾拆卸下来，打得粉碎；接着相互剪除发辫"④。10月31日南昌光复，第二天即以江西军政府的名义，下令剪辫，并废除作揖、跪拜等封建礼节，驻萍乡新军五十五标闻九江南昌光复，官兵"立即全体剃去发辫，于11月3日，宣布独立"⑤。11月4日，贵州光复，以大汉贵州军政府名义发布的檄文，公订约法第一条就是"男子一律剪辫"⑥。重庆于11月22日宣布独立，成立中华民国蜀军政府，对内宣言有："至对满洲人民，惟驱除有权力之首要，其余满人，只要剪辫投诚，决不过加杀戮。"⑦这时以大汉族主义号召的民族革命也变相地强迫满人改变发式了。11月27日，成都宣布独立，"各城均树立大白旗，上书大

---

① 《上海时报》，1911年10月29日。
② 贺觉非、冯天瑞：《辛亥武昌首义史》，武汉：湖北人民出版社，1985年，第253页。
③ 《重申军人剪辫之命令》，《申报》，1912年1月4日，第二张第二版。
④ 《湖南大汉报》第三号，见杨世骥：《辛亥革命前后湖南史事》，长沙：湖南人民出版社，1982年，第226页。
⑤ 李新：《中华民国史》第一编下，中华书局，1982年，第331页。
⑥ 周素园：《贵州民党痛史》第十三章，附录《贵州军政府檄文》，见《辛亥革命》（六），第45页。
⑦ 郭孝成：《四川光复记》，见《辛亥革命》（六），第21页。

汉","所有军学界剪发,余自便"①。由以上资料可知,在革命初期,强调的是军学两界的剪发,军人必须剪除,对百姓的要求则可相对延缓。

在革命过程中,由于行动没有明确的规范,剪辫常常被当作政令强制执行,引发了不少冲突。1911年12月29日沪军都督府发布《禁止强迫剪辫告示》称:"近闻各军兵士,未免过分热心,硬剪行人发辫,以致议论纷纷。责成各军军官,火速查禁无徇。"②可见当时出现士兵强行剪辫事件。在其他地方,这种情况也很普遍。"11月5日,云南府贴出了一张告示,命令人民在五天的期限内剪掉他们的辫子。可是人民普遍没有理睬它,因为它没有说明不遵守命令应给予什么处罚。但是期限届满后各主要街道上布置了士兵,用大剪刀剪去那些仍然留发的所有市民的辫子。结果是不可思议的,在十二小时内城内看不见一条辫子,现在甚至在附近的村庄内,大多数人已经没有辫子。"③长沙光复以后,"那些士兵最近驻守在各城门口和主要街道上,用刀子和剪刀作武器,对过路的人采取粗暴的行为,强迫剪掉他们的辫子。都督禁止这种做法,但关于这个问题发布的告示委婉地承认了他们的软弱无力,因为他要所有的人在五天之内剪去辫子,以便清除这种混乱场面。另一方面,士兵们对告示丝毫不予理会,继续推行剪辫运动"④。

革命同样是以暴力的方式实现着发式的变革,而这种暴力通过人的头发予以展示,特别要展现对旧的国家机器的挑战和新的国家机器的创建。这时,辫子的存留与否就完全被政治运动所操纵了。当时有人反对剪辫,喊出:"辫子乃系头发,与革命何干?"但仍被以"不剪辫子"的罪名处罚,并剪去辫子⑤。由于发式又被赋予政治意义,在与革命军的斗争中,也重新参与

---

① 《蓉城家书》,宣统三年十月十二日,《辛亥革命史丛刊》(第一辑),中华书局,1987年,第214页。
② 《剪辫问题柔纪》,《申报》,1912年1月1日,第二张第三版。
③ 《英国蓝皮书有关辛亥革命资料选译》上册,第52件的附件,总领事额必廉致朱尔典爵士函,1911年12月16日于云南,中华书局,1984年,第281页。
④ 同上书,下册,第390页,第112件附件3,翟比南领事致朱尔典爵士函,1911年12月20日于长沙。
⑤ 江天蔚:《辛亥革命后松阳的一次剪辫斗争》,见《辛亥革命回忆录》(四),第203页。

到对发式的控制中,1911年3月29日黄花岗之役后,清政府就在广州"下令捉拿无辫者,沿江一带,行人有穿西装或无辫者,即遭逮捕"①。1911年11月山东巡抚孙宝琦大肆搜捕革命党人,"遍设侦探,凡剪辫之人,几无不有侦探随其后"。拷问时"凡无辫者过三堂,有辫者过一堂或两堂不等"②。一些剪辫者被当成革命党杀害,发式之争再次成为敏感的政治话题。张勋的辫子军尤其具有象征意义,在他的复辟反复中,发式成了对个人生命的一种考验,鲁迅在描写辛亥革命的小说中真实地反映出当时人民的恐慌与无奈,《头发的故事》里的N先生与《阿Q正传》里的钱大少爷都被人称作"假洋鬼子",这与明清之际的"假鞑"又是何其相似。处在政治夹缝中的人们也会像明清之际"剃不如式"的人一样去变通,乃至选择不剪不露的"盘辫子"发式③。

孙中山在南京当选为中华民国临时大总统后,于1912年3月5日颁布了《大总统令内务部晓示人民一律剪辫文》:"满虏窃国,易于冠裳,强行编发之制,悉从腥膻之俗。……今者满廷已覆,民国成功。凡我同胞,允宜涤旧染之污,作新国之民。兹查通都大邑,剪辫者以多,至偏乡僻壤,留辫者尚不少。仰内务部通行各省都督,传谕所属地方,一体知悉:凡未去辫者,于令到之日,限二十日一律剪除净尽,有不遵者违法论。该地方官毋稍容隐,致干国犯。又查各地人民,有已去辫尚剃其四周者,殊属不合,仰该部一并谕禁,以除虏俗,而壮观瞻。"④各省或转发,或以此文为根据重新公布剪辫令,便成为全国统一的法令条文。至此,从法律上,要求全国人民必须剪辫,作为中华民国新国民的形象。但事实上,直到张勋复辟失败,新的政权稳定下来,城市才基本上完成剪辫,而偏远山村则需要更长的时间了。

---

① 李新:《中华民国史》第一编下册,中华书局,1982年,第164页。
② 郭孝成:《山东独立状况》,见《辛亥革命》(七),第329—330页。
③ 参见王建平:《论鲁迅的"辫子三部曲"》,《广东社会科学》,1997年第2期。
④ 《辛亥革命》(八),第25页。

三、剪与留：革命中发式的选择与国民态度

虽然宣传与革命都强调了剪辫的进步意义，但在这种政治口号下人们对自己发式的选择态度却是多样的，不同阶层、不同群体的看法也不尽一致。因此我们有必要通过多元分析来考察清末民初国民的发式观与国民心态。

革命者把剪辫当成革命的标志，并把自己心中对满清朝廷的不满情绪通过断发发泄出来。由于原有的薙发蓄辫发式，在剪辫后许多人变成散发式，其实是过渡阶段的一种怪异发型，事实上这种发型正像春秋时期接舆髡首一样，表现出一种对当权者的不妥协态度。在留学生和革命志士的带动下，学生和官兵成为最早自行剪辫的群体，革命的官僚也都率先断发明志。学生是最关心时事、最趋时尚的群体，有的学生宁肯被记大过而剪下辫子[①]。前文所述剪辫舆论多由他们发出，不再赘述。不过革命前后，自由剪辫与强制剪辫又导致趋向的不同。革命前，剪辫的学生被记大过，军人可能被枪毙；革命后，没剪辫的学生可能无法进入新式学堂，不剪辫的军人也无法再从军。军界也有不愿剪辫之人，除张勋之辫子军，革命期间，有不少士兵因剪辫子而闹情绪，但是一个无争的事实是，大部分军人的发式改造正是在革命的强制驱动下被率先完成的。不管怎样，革命者、学生和军人带着强国兴种的愿望，在革命中成为标新立异的剪辫带头人，进而成为新政府的形象代言人。

对于其他人而言，由于传统的惯性以及发式与政治的敏感关系，在革命和反革命势力的斗争反复中，多数人不愿或不敢轻易剪辫，剪辫和反剪辫的斗争也十分激烈尖锐，其引发的流血事件，几乎是清初薙发与反薙发斗争的翻版。据1912年6月10日《民立报》载，黑龙江交涉局总办李虞臣被杨某剪去辫子，在家僵卧绝食三日，痛不欲生[②]。山东沂水县前清官吏组成保发会，其喊出的"头可断，发不可断"[③]的口号，与清初汉民反薙发如出一辙。

---

① 《一大过换一辫子》，《民立报》，1910年12月9日。
② 秦永洲：《中国社会风俗史》，山东人民出版社，2000年，第37页。
③ 《顺天时报》，民国元年9月7日。转引自《中国社会风俗史》，第37页。

为了保护自己的辫子不被剪掉,"有盘结头顶者,有乘坐肩舆者,有垂辫胸前者,有藏辫领内者"①。像鲁迅小说里描绘的,许多人为了在政治夹缝里左右逢源,革命军来了就盘起辫子,冒充革命,政局变化时,就又放下辫子。这与当初留日学生在文化夹缝中选择"富士山"发式无大区别。政局的变动也一度导致假发(假辫子)的盛行。武昌起义后,忠于清室的张勋困守南京,严查剪辫者。"有一次某学生戴着缀系着假辫的瓜皮帽外出,访某同学,既至某同学家,觉得很热把帽脱去,至门外小溲,不巧恰遇张勋的巡逻兵经过,见了立拔刀指挥把他杀死。"②装假辫子的帽子成为这一时期的特有产物,帽子也发挥了特殊的功用。浙江光复后,"在光复前已剪去发辫,而在帽上装假辫子者一律解除","公开剪辫,凡顽固不化者,在四城强迫剪辫。因此顽固分子将辫盘藏帽中"③。张勋在北京的复辟也让北京的假辫子一度畅销。在政治运动的暴力下,困窘的人们只能进行有限的选择与躲避。

生逢乱世,大多数人处于无奈、恐慌、羞愧、观望中。1911年12月底"在镇江城内各街道上和郊区,正式推行剪掉辫子,使那些安宁和平静的居民感到极为愤怒,在革命军代表被问及此事的时候,他们声称,这是无业游民和不良分子干的。但据我(按:德为门领事)看来,此事无疑地获得了军队首领们的赞同,而且很可能是他们下命令这样做的"④。"苏城光复以来,虽经参谋厅出示劝告剪辫,至今观望尚多。本月初十日,忽有军士多人,途遇尚垂豚尾者,即出利剪拖住剪去,一时纷纷奔窜。有被剪而哭泣者,有盘辫于顶而冒充已剪者,有不服争执者,有闭门潜匿者。"⑤1912年1月,在烟台,"士兵和暴民方面爆发了剪辫的狂热","一队队用步枪和剪子武装起来的士兵,在街道上游行,剪掉他们所遇到的所有那些人的辫子。此事持续了

---

① 《保辫新法》,《申报》,1912年6月14日,第三张第二版。
② 钱化佛、郑逸梅:《攻宁记》,见《辛亥革命》(七),第85页。
③ 董翼观:《辛亥嵊兴光复记》,《浙江辛亥革命回忆录》,浙江人民出版社,1981年,第228页。
④ 《英国蓝皮书有关辛亥革命资料选译》下册,第387页,第112件附件2,德为门领事致朱尔典爵士函,1912年1月9日于镇江。
⑤ 《吴中新纪事·军人强迫剪辫》,《申报》,1911年1月1日,第一张第三版。

两天,在各阶层居民中引起了普遍的惊慌"①。1911年成都将军玉昆在写给京城儿子的信中说:"再京内剪发一节,外省更甚。我儿调查京中剪去者多数,亦不妨行,不必过于拘泥,以致不能出门,甚觉寂寞,天命至此,非人心所愿耳!我发本少,甚已剪去一少半,留一半稍长,刻已挽上,将来路上再看,如不行自可全剪罢。"②生活积习是不易轻易改变的,普通百姓也不会想到与谁决裂,所以多数以一种能拖一时是一时的心态在抵制。即使在当时较为开化的上海,"沪上光复已两月有余而各界同胞尚有心怀犹移踌躇不剪者。是满贼之丑俗犹存,民国之声威有损"③。直到1914年,"北京下等人,至今剪辫子者甚稀",以致内务总长朱启铃内定一例,"凡以事捉将官里去者,无论是非曲直,先将其辫子铰去"④。可见很多群众不愿剪辫。在强制剪辫不苛严的地方,大多数普通百姓还是保留着自己的发辫,不肯背离"传统"。大约在1914年赴美留学的胡适收到安徽绩溪的家信,文中说:"吾乡一带,自民国成立以后,剪去辫发者已有十之九,其僻处山陬(如上金山、张家山、寺后十八村,并歙之内东乡各处),剪发者只有半数。间有蓄发梳髻,似明以前之装饰者,然绝少,盖千人中不过四五人耳!服饰类多仍前清之旧。"⑤在美国的广东华侨不剪辫子是因为害怕倘若剪了去,死后的灵魂就不认自己的躯体,不跟棺材回广东乡下老家了,仍然是传统的同感观念在起作用。

还有些人完全出于对清朝和旧文化制度的依恋而有意识地珍视着自己的辫子和反对剪辫,如张勋、陈季同、辜鸿铭、王国维等。除了张勋明确表示是对清朝的忠心,且有复辟的愿望外,其他几位学贯中西的大学者也都各自显示出自己的文化选择态度。在国外娶了洋夫人的陈季同依然珍惜着

---

① 《英国蓝皮书有关辛亥革命资料选译》下册,第612页,第59件的附件,1912年7月份各省情况概述。
② 《蓉城家书》,宣统三年二月二十七日,《辛亥革命史丛刊》(第一辑),中华书局,1980年,第215页。
③ 《光复实行剪辫团宣言》,《申报》,1912年1月1日,第二张第四版至第五版。
④ 黄远庸:《谈屑》,《远生遗著》卷4,商务印书馆,1927年,第59页。转引自《中国近代社会风俗史》,第237页。
⑤ 《胡绍之等致胡适的信》,《辛亥革命史丛刊》(第一辑),中华书局,1980年,第222页。

自己的辫子，清华的国学大师王国维在西装革履的清华师生面前依然辫发清服。值得一提的是，在海外富有声誉的辜鸿铭乃至把辫发推崇为"国粹"的高度，坚持辫发发式并为其辩解，他在赞扬曾国藩不排满时说："孔子曰：'微管仲，吾其披发左衽矣！'我今亦曰：'微曾文正，我其剪发短衣矣！'"[①]在剪辫呼声高涨的时候，他又专文论述道："今人有以除辫变服为当今救国急务者，余谓中国之存亡，在德不在辫。辫之除与不除，原无大出入焉。"[②]与明遗民群体相似，在民国初期也形成一个清遗民群体，遗民对文化和传统固守的心态是一样的，只不过与明遗民后世备受褒扬不同，清朝的"遗老遗少"在反封建的革命口号中被当作对立面而广受贬抑。

（本文选自张德安《身体的争夺与展示——近代中国发式变迁中的权力斗争》一文中的部分内容，常建华编，《中国社会历史评论》（第七卷），天津古籍出版社，2006年）

---

① 《张文襄幕府纪闻·不排满》，《辜鸿铭文集》，黄兴涛等译，海口：海南出版社，1996年，第413页。
② 《张文襄幕府纪闻·在德不在辫》，《辜鸿铭文集》，第465页。

选文二
近代中国女子剪发运动初探（1903—1927）
——以"身体"为视角的分析

姚 霏

一、剪发：为国权而改造身体

1903年，金天翮在《女界钟》中提出女子剪发。从金天翮的个人经历和《女界钟》开篇流露出的对西方文明的向往来看，金天翮"女子剪发"的论说该是"舶来品"。但诚如陈东原评价的，这确实是呼吁近代中国女子剪发的"第一声。"①

> 吾以为女子娇惰腐败之劣根性，皆自缠足与盘髻深造阅历而来。当其春眠不觉之时，仓卒晨兴，盥漱犹所不顾，惟此重重絷缚，精致绵密，先费数十分钟之久，然后对镜从容，颐指气使，务使波媌云委，风吹不乱，钗光鬓影，灼灼鉴人，约费二三小时，全功告竟，而半日之光阴去矣。是以今日女子入学读书，宁姑从北狄辫发，以取简捷，非得已也。抑今世俗社会所谓神圣不可侵犯，若有无数祖先神灵集于其上者，非辫发是耶？同此父母遗体，以美观之故，刵刵重刑有所不恤；惟是尺寸毫毛，护持周至，遗弃委蜕，则箧而藏之矣。貂不足而狗尾续，不惜重价以购诸人矣。今

---

① 陈东原在《中国妇女生活史》中也认为这是中国近代第一次有人提出女子剪发。见陈东原：《中国妇女生活史》，上海书店出版社，1984年，第333页。

四方志士知识进化,截发以求卫生,吾以为女子进化亦当求截发始。①

从这段文字可知,晚清中国成年女子的发式仍以盘髻为主。对此,金天翮颇不以为然。金天翮将"盘髻"与"缠足"并立为"女子娇惰腐败之劣根性"的源头。在他看来,"盘髻"过于耗费时间,实为女子求学的一大障碍,且不利于卫生,"今四方志士知识进化,截发以求卫生","女子进化亦当求截发始"。乍看之下,这里的"女子进化"是"女权革命"的话语表达,然而,结合话语出现的时代背景就会发现,其目的落实在从国家利益出发的女子身体改造。

近代中国身体政治的产生离不开19世纪中叶以后的历史局势。无论是鸦片战争后的洋务运动,还是甲午战争后的维新运动,都清晰刻画了帝国主义入侵对中国造成的政治、经济、军事和心理冲击,其中又以甲午战争的冲击更为猛烈。甲午战争是明治维新后日本国家实力的一次演绎,清朝的惨败使中国知识分子开始体悟到"人的改造"对国家生存的关键影响。出于对"亡国灭种"的忧惧,有关身体改造的内容在清末十余年间主导着中国知识分子的思想和行为。男子的"断发易服"、女子的"兴女学"、"反缠足"以及尚武精神的讲求、学制的更张等,无非希望通过一些落实到身体改造的活动来达到振衰起弊的效果。这种将国权的兴亡和国力的打造建立在人民身体上的观念,是洋务运动时期没有的,在中国历史上也绝少出现。在这种思维的引领下,加之越陷越深的时局,身体开始成为国家和各种知识分子试图直接干预的对象。以当时女权运动的核心内容——"反缠足"和"兴女学"为例,其出现和蓬勃,与其说源于女权的胜利,不如说是因为晚清知识分子开始重视妇女的体能和智识对"强种富国"的工具性价值,是特定历史情境下"父权"向"国权"的暂时让步。在今天看来,这种功利的身体改造远非真正的女子身体解放,却强势地引导了那个时代女权运动的话语方向,《女界钟》正是这一思潮的产物。作为近代中国第一本系统鼓吹女权的专著,《女界钟》

---

① 金天翮:《女钟界》,上海古籍出版社,2003年,第17—18页。

第一次明确地将女权与国族命运和民主进程联系起来，奠定了中国近代女权运动理论和实践的基调。女子剪发，作为关乎女子身体的内容之一，也就在那时被逐渐纳入到国家利益的话语框架中。

由于缺乏一手资料，最早的女子剪发是否流行于留洋归来的女学生中，尚不得而知。而从20世纪前10年出版的近30种女性报刊来看，"剪发"似乎也没有被视为"女权"和"妇女解放"的策略。近代女性第一次剪发实践，显然归功于辛亥革命的胜利和男子剪辫的"尘埃落定"。1912年4月，湖南衡粹女校学生周永琪自断其发并倡设女子剪发会，被当地民政司长刘人熙以"女子剪发之制，实中外古今之所无"，"将来必至酿成一种不女不男不中不西之怪状，不独女界前途之忧，实民国风俗之忧"为由取缔。① 从取缔理由的表述来看，这应该是近代女子剪发的最初实践。同年，上海城东女学校发行的《女学生杂志》登载了《女子剪发问题》一文：

> 人恒有言曰："利之所在，害即随之"。然剪发一端，有利而无害。利凡有三：一省时间，二省妆饰，三省衣服。惟有强迫手段而剪之，非法律上应有之事，因侵其自由也。今有提倡剪发者，每为人反对，曰女子剪发实为不当，西国女子亦多有之，且男女混杂，其祸岂可胜言。自今而往，已剪者当留，而有开会提倡者宜究办，或有会员之名称当取消。呜呼！今之所谓共和，实专制之尤者也。所谓自由，实不自由之甚者也。何为男子剪发为遵制，女子剪发为非礼乎？凡此种种侵犯女子之自由为何如乎？汉之时代，男子亦不剪发，但□垂豚尾而已，今何必尽去之以从外人乎？是可见从便之可致也。今吾女界之剪发，何为不正当乎？外人不为，而我为之，是更见中国女界之特色也。至于男女混杂，则以僧与尼为比例，何尝见僧混为尼、见尼混为僧哉！然或虑学生有不正当之行为，则是僧尼之程度胜于吾学生，岂其然耶？安见其为不正当？②

---

① 《女子剪发之狂热》，《民立报》，1912年4月6日。
② 《女子剪发问题》，《女学生杂志》，1912年总第3卷。

到民国初年，部分女学生已经开始接受女子剪发与"省时间、省妆饰、省衣服"之间的逻辑关系，而男子剪辫高潮的来临，进一步加速了女子对身体改造的认同，这不能不说是辛亥前十余年间"身体改造"话语和实践的成功。当然，将女子剪发放到辛亥时期女权运动的大背景中来看，女学生扬起"共和"、"自由"、"平等"的旗帜反击禁止女子剪发的言论，显然也是女性群体权力意识高涨的表现。

中国女子剪发始于民初，然而，风靡一时后很快寝息。究其原因，莫过于"头发"在身体器官中的特殊地位。在传统中国文化中，"发"与"身体"之间往往有着超越生理本身的联系。发是身体上最能象征身体的部分，维护头发的完整，一直以来就是汉族"身体观"的正统。清末的男子剪辫，是"现代性"影响下的产物，同时也是对清初"剃发令"的"报复"（尽管剪辫者莫衷一是，但从剪辫给人的直观印象，逃不出反满反清的意味）。然而，女子的头发从未被赋予"改朝换代"的使命，剪发对女子而言没有来自政治的支撑，也没有外国的经验可以参照，便很难打破传统"身体观"的惯性。另一方面，头发位于身外，是身体的"形式"，负有装饰人体的美学义务，这也成为女子剪发的一大障碍。一来，在传统中国，"头发"是关乎"妇容"的头等大事，一直被作为衡量女子等第的标准，要打破根深蒂固的父权话语谈何容易？二来，当时出现了不少女子剪发后"加发梳头"或"欲求新式"而剪发的现象，这些女子最终也多因"不美观"而告别短发。

二、剪发：男女平权的想象

1923年，上海新文化书社发行的《中国妇女问题讨论集》将剪发与教育、参政、生育制度、社交、离婚、贞操等并列为"中国妇女问题"。女子剪发，从民国初年昙花一现的社会现象到20年代初引人关注的社会问题，其转折是在五四运动时期。换句话说，如果辛亥革命的爆发是中国近代女子剪发的前奏，那么，五四运动的蓬勃开展则掀起了女子剪发运动的真正高潮。

从1919年起，陆续有支持女子剪发的文章出现在各地报刊。①梅生在《女子剪发问题》一文中，将当时赞成女子剪发的理由总结为"少费金钱、节省时间、合于卫生、便于工作和减少社会上对于男女歧视的心理"②。在解读这些理由时，我们仍然可以读出"为国家利益改造女子身体"的强烈意图。

1920年3月30日，毛飞在《民国日报》上发表《再论女子剪发问题》，提出女子剪发相对辛亥时期男子剪发所面临的"无政治的压迫、无满清的刺激、欧美的妇女没有剪发"等困难。显然，要破除旧风俗旧习惯的束缚，惟有靠女界的自决和团结。毛飞提出，女界应该发动女界联合会、各女学校教员学生和各家庭中有先觉者分别讨论剪发问题，联合发布剪发宣言并报告剪发事实。在毛飞看来，中国女子剪发正可以"引起各国妇女注意及取法，表示中国妇女的毅力及人格，提高中国妇女在世界的位置及自决的决心"。③次日，思安继毛飞的言论提出"中国女子剪发应从上海始，上海女子剪发应从女学生始"④的口号，将女学生推向了剪发运动的风口浪尖。自此以后，《民国日报》一度成为女学生剪发问题的交流平台。不少女学生写信讲述自己受《民国日报》鼓励而剪发或劝人剪发的经过，在对女子剪发充分肯定的同时也提出了自己的困惑。值得注意的是，这些读者来信无一例外地强调"剪发是女子自己的事"，高呼"女子自决"的口号。⑤"自决"成了五四时期女子剪发的"纲领"。事实上，确是这枚"女子自决"的武器，捍卫女子剪发

---

① 1919年12月，《晨报》上刊登黄女士的《论妇女们应该剪头发》和蕙塘女士的《我对于妇女剪发的管见》；1920年3月至6月，《民国日报》对女子剪发展开长期讨论；四川的《四川学生潮》《星期日》《威克烈》《半月报》等报刊杂志也于五四期间提倡女子剪发自由。《威克烈》1920年第19期登载小燕女士的《我剪发的经过》。《星期日》1920年第33号、34号的妇女问题专号集中讲述女子剪发等问题；《妇女杂志》1920年第4期和第10期分别登载毛子震的《女子剪发问题的意见》和沈璇仙的《女子剪发后的问题》等等。
② 梅生：《女子剪发问题》，《中国妇女问题讨论集》第6册，上海新文化书社，1923年，第127—133页。
③ 毛飞：《再论女子剪发问题》，《民国日报》，1920年3月30日。
④ 《上海的女学生注意！》，《民国日报》，1920年3月31日。
⑤ 《决心剪发的女子》，《民国日报》，1920年4月4日；《剪发是自己的事》，《民国日报》，1920年4月16日；《女子剪发与"自决"》，《民国日报》，1920年5月3日；《我自决的第一声》，《民国日报》，1920年5月4日；《"女子剪发"可强迫么？》，《民国日报》，1920年6月16日。

及其他女子解放运动在五四时期披荆斩棘、所向披靡。

如果说,晚清10年间出现的"为国家利益改造女子身体"的理念催生出了"女子剪发"这一尚不成"问题"的"问题",那么,到五四时期,推动女子剪发运动的话语权重新回到了女权运动者手中。当实践,而不是理论,成为女子剪发的主题时,空洞的国家利益远没有从自身境遇出发的"自决"、"解放"等话语更能引起女性的共鸣。剪发是男女平等的象征,要通过剪发表明女权的壮大并重新思考女性在家庭、社会中的位置和角色。在女权思想的鼓励下,女子剪发运动开始冲破家庭、学校和社会的重重阻力,呈现出民国以来的第一个高潮。1921年,四川省会警察厅张贴布告禁止女子剪发①,然而,经过五四运动的涤荡,女子剪发的势头已不可逆转。

当然,在肯定剪发风潮所表达出的强烈的女权意识同时,也应该看到两者之间的逻辑关系存在很大的想象成分。从当时女权主义者的言行来看,其剪发的逻辑,即女性通过"外表男性化"来打破男性对社会资源和权力的独享,从而获得权力。在今天看来,这种想象的权力并不具备可操作性,反而强化了男权社会的合理。但由于时代局限,当时东西方的女权运动普遍陷入了这种悖论中。当然,五四时期的女子剪发运动突破了"男性女权运动"的窠臼,越来越多的女性开始发出自己的声音,这就为女权运动的蓬勃开展奠定了"性别基础"。

三、剪发:"革命"与"反革命"的分水岭

早在五四时期,就有人将剪发女子视为"女革命党"。② 川岛在《五四杂忆》中说:"剪掉几根头发,是否人就赤化或化白为赤了呢?我真答不出来。我的老婆,我敢保证她不会赤化,时间已经是1925年春季了,只因为剪掉了头发,剪也并没有彻底剪到光头的地步,可是她那女子中学教员的职务却被彻底剪去,成为光秃秃的失业者了。"③ 而以下事实更令人毛骨悚然。1927

---

① 中国社会科学院近代史研究所:《五四运动回忆录》下册,第882页。
② 《女子剪发问题》,《中国妇女问题讨论集》第6册,上海新文化书社,1923年,第127页。
③ 最初发表在1959年第9期的《北京文艺》,转引自《五四运动回忆录》下册,第970—971页。

年2月,郁达夫记录下了国民革命军开进上海前市面上的恐怖情景:"现在上海发生了空前的大虐杀,有许多人在路上行走,无缘无故地会被军人一刀劈死。甚而至于三四岁的小孩,因为在街上抢着一张传单,就会杀头。剪发的女子,一走到中国地界,她们的脖子都会被大刀砍掉。"① 剪发女子之所以遭遇飞来横祸,全因被当成了"女革命党"。关于女子剪发与革命的关系,我们必须回到晚清的社会环境中寻找答案。

经过数百年的身体规训,到晚清,"男子辫发"已从外部强加的"身体规则"内化成汉民族"无意识的坚持"。于是,当以孙中山为首的反清革命者"剪辫易服"时,其强烈的"反清暗示"便通过"头发"表现出来。既为民族革命的先锋,同时又肩负民主革命使命的剪辫男子,其剪辫形象开始成为"政治上倾向革命"的符号,以至于本不具备政治标识的女子头发,因为这一符号的存在,也成了革命政治的场域。以上文剪发女子被杀的事例来看,北伐革命时期的剪发女子,在北洋军阀眼中,是可以与辛亥革命时的剪辫男子画上等号的危险分子。剪发的"革命隐喻"被成功转移到剪发女子身上。

当然,除了男子剪辫"先入为主"的符号效应,女子剪发运动一路走来的结构性特征也使"剪发"与"革命"存在天然的联系。从《女界钟》提出"女子剪发"起,女子剪发便与"国家利益"、"女界前途"密切相关。早期的剪发女子,绝大多数富有强烈的"解放和革命"意识。"女子剪发——自我解放——参与革命——创造幸福"的逻辑,始终伴随着女子剪发运动一路走来,为剪发女子染上了浓厚的革命色彩。而从实际情况来看,剪发女子确实占据了革命队伍中女性的半壁江山。从一项"头之调查"来看,1927年12月27日,出席浙江省党部妇女部联欢大会的286名女性中,剪发者达到145名。② 显然,剪发成了革命女性的标识。

当"剪发—革命"的逻辑被反复强化后,"革命—剪发"的逻辑也开始成立。1927年,随着北伐革命形势的一路北上,女子的剪发也开始了"一路北上"的"征程"。近代女子剪发的新一轮高潮不期而至。在南浔,由国民

---

① 郁达夫:《郁达夫散文全编》,浙江文艺出版社,1990年,第131页。
② 《头之调查》,《申报》,1927年12月31日。

党南浔市党部发起的南浔市妇女解放协会,成立后做的第一项工作就是提倡妇女剪发。"入会者首须剪发,竟得多数女界赞许。故一般趋时者,争先恐后,将三千烦恼丝,付诸并州一剪……故今日吾浔街上所见妇女,咸作黎家小妹妹装矣。惟年老者都守旧,爱发如命,其顽固者,尤不许其家中女儿学趋时髦。因是潜往亲友家,唤理发匠剪去之。则归家后,亦无可如何矣。"①

国民革命军的到来把革命风潮带到了相对封闭的浙江鄞县。"红的旗,加上一角青天白日,花样是新鲜的,一切机关,学校,团体,甚至于时髦的家庭都在赶制,制成一面簇新的旗,挂得愈高愈好,迎风招展,似在普遍地向四方男女青年打招呼。于是青年们仰面对着它,千万颗心儿一齐向上飘,呼声愈来愈高:打倒帝国主义呀!打倒土豪劣绅呀!女子解放呀,剪发呀,最后还来一个要求,便是男女同学。"在遭到校长的一再反对压制后,苏青就读的鄞县女子师范"第一次作事实上示威的,便是全体剪去头发"。②

郁慕侠在《上海鳞爪》中专列一节《剪发留发》。据他所述,"从民十六革命军到达上海后,一般妇女因潮流所趋,群以剪去发髻为时髦,不论老的、少的、媸的、妍的,大半均剪除为快,留髻的不过少数而已。那时的景况,宛如民初男子剪发相同"。③当时上海的报刊也对这一现象作过描述。1927年4月28日的《申报》上有"青天白日旗所至之处,一般头脑稍新、智识开通之女子,莫不纷纷将发剪去。一月以来,沪上气象一新。自妇女联合会提倡妇女剪发后,与烦恼丝脱离关系者尤多。行于马路,女子十之六七皆属鸭股。足见女子头发之末日已临也"。④向来民风淳朴的上海近郊嘉定,此时"嘉定女子,比来亦群相效尤。据调查所得,女子之已截发者,几占全城十之七。中以少女居四成,少妇二,中年妇一,以较海上,可谓具体而微"。⑤

1927年6月23日的《申报》报道:"近二月来,苏州女界剪发热,可谓盛极一时。""一般胡调之姨太太,乘时效颦,趋之若鹜。各女校学生,

---

① 《南浔妇女之剪发热》,《申报》,1927年6月12日。
② 于青、晓蓝编:《苏青文集》,上海书店出版社,1994年,第298—300页。
③ 郁慕侠:《上海鳞爪》,上海书店出版社,1998年,第41页。
④ 《女子剪发琐闻》,《申报》,1927年4月28日。
⑤ 《女子剪发声中之嘉定》,《申报》,1927年6月6日。

以三千烦恼丝付诸并州一剪者，约占三分之二。家居妇女效行者为数甚众。……北里群花剪发者亦不少，惟不及女学生之盛。"甚至"苏城一般半老之徐娘，间亦有剪发者"。"一时城内外鸭屁式女子，触目皆是。"① 而南京城内的剪发女子，"战前寥寥可数，近则风行一时，触目皆是。花牌楼夫子庙一带理发店，女亲到剪发者日有所见"。②

革命风潮所到之地，怀抱各色初衷的女子群起剪发，掀起新一轮的剪发热潮。这一类似辛亥革命男子剪辫高潮的女性集体行为，并没有来自政治的强迫，却依然席卷近半个中国。这种"趋时""从众"背后，或许正是"剪发"在中国近代"社会记忆"中烙下的"革命隐喻"在发挥作用。于是，大革命期间的各种势力就自觉不自觉地利用起女子头发的这种"革命隐喻"大做文章。

1926年12月，直隶当地军阀以"查知党军侦探，利用短发，男扮女装，女扮男装，混迹人丛中，以肆行其宣传或侦探手段，扑朔迷离，令人无从捉摸"为由，颁布取缔女子剪发条例。③ 条例在天津出台以后，除在租界就读者外，大多数女学生不得不"缀假发于脑后，或加帽垂辫，以为掩饰，用待发之复长。今如南开女中校所见女学生，盖不复有剪发形迹矣"。④ 直到1927年8月，天津西城辟才胡同女附中仍然拒绝接受剪发女生入学。⑤ 而根据1927年3月17日的《广州民国日报》，奉天省长也以"妨碍社会风俗"为由，通令禁止女子剪发。⑥ 在军阀势力强大的北方，统治当局通过禁止剪发等革命风潮来巩固地方统治。同样，在最先完成北伐任务的两湖地区，剪发也被误认为重建统治秩序的"革命符号"，其极端做法便是"强迫剪发"。1927年6月3日，国民党中央妇女部发布通告："近查各地实行强迫妇女剪发及不按照放足方法强将妇女放足，致一般妇女误以为党的命令，而脱离党

---

① 《苏州女界之剪发热》，《申报》，1927年6月23日。
② 《新都志趣》，《民国日报》（广州），1927年6月25日。
③ 《剪发问题》，《北洋画报》，1926年12月11日。
④ 《剪发禁令与女学生》，《北洋画报》，1926年10月30日。
⑤ 《女附中拒绝剪发女生入校》，《顺天时报》，1927年8月7日。
⑥ 《无题》，《民国日报》（广州），1927年3月17日。

的指导及反对妇女运动者,于妇女运动前途,颇生影响。剪发、放足,虽与卫生生理有关,但必须相当时间之宣传,使妇女觉悟,自动剪发,岂可强为剪之去,失其同情。……为此,特通告各省、市妇女部转令新属妇女部、妇女团体,关于剪发运动,只可尽量宣传,不宜用急激手段。"[①] 同月,在湖北省农协扩大会关于农村妇女问题的决议案中,也提到"禁止在农村强迫剪发"。[②]

在"禁止剪发"和"强迫剪发"的表象下,男权社会对女性行为的规训不再是主要矛盾。革命政治利用剪发女子所形成的新的权力符号大做文章,以此作为新旧权力转换的场域,才是问题的症结。然而,随着大众文化的日益崛起,剪发的"符号效应"也在经历着一些变化。从身体改造的一环,到女性权力的想象,再到新旧权力转换的场域,女子的头发被"身体政治"不断书写,似乎全然忘记了头发的"妆饰属性"。但事实上,作为近代女子头发史的一道隐线,剪发的美学意义从未远离,更在20世纪二三十年代蓬勃而出。

四、剪发:隐喻的消解和审美的回归

早在民国初年,就有女子从"美观"出发尝试剪发。1912年6月27日的《大公报》在描述天津女子服饰时写道:"自从新民国成立,我们女子的妆饰够有多少样哪。有剪了头发穿件长衫戴顶洋帽的,也有秃着头穿洋装的,这是剪发的一起了。不剪的呢,大半不梳辫子啦,有把髻梳在□面,像一朵花像一个蝴蝶似的,也有梳在头顶上的、梳在两旁边的、梳在后头的,有千百个式样。"从当时来看,个别女性剪发只为图一时之新鲜、领一时之潮流。但由于美丑与否取决于其被社会认同的程度,在大部分人还不能接受女子剪发的当年,标新立异的行为没能维持多久。

到了五四时期,"剪发"有了全新的审美价值。"五四"知识分子超越了

---

① 《中央妇女部通告》,《民国日报》(汉口),1927年6月3日。
② 《省农协扩大会重要决议案》,《民国日报》(汉口),1927年6月23日。

对"发"本身的美学审视,将目光直接瞄准了"剪发"的象征意味。在"追求外表美丽"即等同于"甘愿沦为玩物"、"美在于精神而不是肉体"的"道德审美"面前,"剪发"获得了绝对的"审美胜利"。

然而,"五四"过后的不多年,社会上便开始出现不同的声音。有人首先质疑"发"与"玩物"之间的关系:"剪发琐事,纯系女子单方面之美观问题,不独与男女平等问题无关,即为男子玩物一语,亦谈不上。"① 如此一来,"道德审美"的基础不复存在。而从"美观"角度批评剪发的言论也开始增多。如某提倡"保发"的女士认为:"截发后,其式虽有所谓单钩、双翘、男化、平分种种,但究非男非尼,无长发结束之优美也。且貌之陋者,可藉鬓云之整理得宜以掩之。吾相识之女子中,因剪发后益显其陋者有之,固未见有因以愈增其美者。不特此也,使此剪发之风而及于农工妇女,则彼辈终日操作,无暇时时揽镜整理,将见一头乱草。头部之不适、容貌之陋者,不堪设想也矣。"② 又如有人提出:"那些女学生们、女职员们,剪了发,既便利,又爽快,实在有很多的利益。但如果要讲到那'美'的一个字上去,却就要失败……因为人的面庞是有异同的,不是一律的,而现在的发式,却完全都变成一样,并且那女子的美,尤以发居要,现在那头发一去,那头部美便也走了一大半。"③ 在各类批评剪发不美观的言论下,剪发出现了"审美危机"。为了应对"审美回归",也为突破剪发给人的呆板形象,剪发女子开始从"形式"出发"美化"短发。1927年6月18日的《民国日报》(广州)介绍了上海的剪发时尚:"理发所之玻璃窗,大书男女剪发字样,又有悬以截发图,俾资号召者,曰平鬈、曰甜心、曰双钩、曰单钩、曰鸭尾,此截发女子之花样翻新也。"④ 而有些女性剪发后,"修整必须理发匠",为"求美观,而月修两次

---

① 《谈女子剪发》,《申报》,1925年2月11日。
② 《某女士之保发谈》,《申报》,1927年6月23日。
③ 《关于"头发革命"的话》,《申报》,1927年6月25日。
④ 《广州时髦妇女注意:欲知最新流行之发髻与鞋样者不可不看》,《民国日报》(广州),1927年6月18日。

三次"①，还要使用司丹康等进口发胶固定短发。②在发式之外，新的头饰也应运而生。"海上仕女近方盛倡剪发，昂首入市，脑后一新。际兹盛夏，群注意于帽上装饰。"③而广州剪发女子绝大多数带有耳环，"而且他们戴的耳环很讲究，式日异月新"。④难怪有人发出这样的感慨："断发之风……谓其为节省经济乎，无宁谓为节省时间，且亦多半为趋好时尚，而欲冒一革新家之头衔耳。于经济与时间，原不发生何等关系，与以发之为妆饰品者同一动机而已。"⑤显然，剪发的"审美回归"消解了其于国权、女权、政权的全部隐语。

从五四时期的"道德审美"到五四之后的"形式审美"，20世纪20年代兴起的大众文化，特别是引领中西时代潮流的电影文化，在其中发挥了重要作用。

不同于男子剪发的现代性象征，近代中国女子剪发的一波三折，很重要的原因是"西国女子亦无此风"。早在19世纪末20世纪初，西方国家就出现过女子剪发现象，特别是在女权运动兴起后，一度也出现了剪发热潮，但无一不是稍纵即逝。直到1920年代，随着大众文化的兴起，女子剪发在欧美社会成为新潮流。"最盛行的要算法国，除了少数顽固老妪和乡曲妇人之外，差不多全都剪去了。有时在交际场中偶然见一个不剪发的女子，人家就要笑他是老婆婆。其次是美国，已剪发的女子约占了十分之八，女学生未剪的，不过百分之一，女明星和娼妓十九也多剪去了。"⑥西方女子的剪发形象通过电影东渡而来，而随着欧美电影成为中国城市的重要消费品，对西方电影明星装饰、举止的模仿也开始成为一种潮流。1923年左右是中国女子剪发的一个小高潮。⑦有史料表明，这次流行受到西方电影的影响。当时，首先起而剪发的是电影演员、戏剧演员和追逐时尚的青楼女子，就地域而言又

---

① 《某女士之保发谈》，《申报》，1927年6月23日。
② 《谈女子剪发》，《申报》，1928年9月21日。
③ 《剪发后女子之帽上装饰》，《小日报》，1927年6月8日。
④ 《剪发和戴耳环》，《民国日报》（广州），1927年5月20日。
⑤ 《美国女子断发趋势谈》，《申报》，1927年1月23日。
⑥ 《女子剪发谈》，《申报》，1926年1月27日。
⑦ 蔡子谔：《中国服饰美学史》，河北美术出版社，2001年，第867页。

以上海女子剪发最为普遍。①1926年7月24日的《申报》有文名《女子发髻谈》，对这一史实交代得十分清楚：

> 自国产电影兴，女演员咸竞尚奇装。于是，抱出风头主义之妇女，胥以女明星之装束为楷模，而发髻一事，亦随之而异。黎明晖为女明星中最年轻者，垂髫年华，不在发髻争妍，故其秀发早已剪去，恒覆额若牧童。三年以迁，明晖浸淫电影，时以美之考伦穆亚自比。考亦短发，天真活泼，娇憨动人。主演之电影，已数见沪滨。于是明晖发，亦鬈□仰翘，焕然如考伦穆亚矣。会新思潮兴，南北巾帼，竞袭欧西形表，倡言女子剪发。崇自由而爱浪漫者，皆起而从之。近者此风已见于北里。以是灯红酒绿笙歌嘈嘈之中，时见长袍绣舄、脂粉满面之新式女子，与市侩相狎如狂易也。

到1926年10月，上海女明星剪发者已有黎明晖、王汉伦、杨耐梅、傅绿痕、宣景琳、严月闲、顾宝莲、陆美玲、殷明珠等。她们的剪发首先引起各地女明星效仿。"天津女明星之数虽不及春申江上之多，而剪发者已有其五。"②另一方面，不少女明星，如傅绿痕、宣景琳、殷明珠等将自己剪发的过程穿插在电影中以作噱头③，愈加引发摩登女子群起仿效。除此之外，电影明星的发式也是剪发女子模仿的对象。1927年第5期的《中国电影杂志》登载了宝莲司打克（Pauline Strake）短发后的五种式样以供剪发女子参考。而嘉定的女学生、女教员多以"两鬓垂于耳际，前覆留海，如昔之黎明晖式。亦有左右分披，低垂及颈者，又如今之黎明晖式"。④通过《良友》等杂志封面和月份牌等图像媒体，电影明星的发型潜移默化地影响了女子的"头发审美"。

从《女界钟》到辛亥革命，从五四运动到北伐战争，再到无所不在的社会审美，近代女子剪发从一个想象的问题，经历了"问题化"、"风潮化"、"运

---

① 熊月之主编《上海通史》民国社会卷，上海人民出版社，1999年，第153—154页。
② 《天津女明星剪发热》，《北洋画报》，1926年10月30日。
③ 《妇女发髻谈》，《申报》，1926年7月24日。
④ 同上。

动化"后归于暂时的平静;也经历了与国权、女权乃至政权的种种"瓜葛",最终回归美学层面。近代历史上的几次思想文化变革都表现在女子的头发上,近代历史上的几轮政治动荡也在女子头发上留下烙印。而中国女权运动的"男性主导"特征也通过女子剪发史的解读而清晰可见。

(原载《史林》2009年第2期,本文对原文有删节)

■ 进一步阅读的文章和书目

侯杰、胡伟:《剃发·蓄发·剪发——清代辫发的身体政治史研究》,《学术月刊》,2005年10月。

李喜所:《"辫子问题"与辛亥革命》,《社会科学研究》,2001年第1期。

于闽梅:《一九二七:王国维的辫子——辫子、身体与政治》,《文艺理论与批评》,2003年第1期。

郭春林:《头发的故事——身体的政治》,同济大学学报,2007年第5期。

王冬芳:《迈向近代——剪辫与放足》,辽海出版社,1997年。

■ 进一步思考的问题

1. 清末民初的发式变革之后,发式的政治象征功能是否就弱化了?
2. 在发式的变革中,对待身体的传统文化心理、民族心理与时代政治的关系如何?
3. 以发式变革为中心,思考个人身体的客体性与主体性的关系是怎样的?

■ 相关性阅读的文章和书目

江绍原:《发须爪——关于它们的风俗》,上海文艺出版社,1987年。

岑大利:《中国发式习俗史》,云南教育出版社,2001年。

陈建生:《中国古代少数民族的发式》,《中南民族学院学报(人文社会科学版)》2002年第1期。

李树:《发式与民族心理》,《青岛教育学院学报(平度师训专辑)》,1994年第2期。

冯尔康:《清初的剃发与易衣冠——兼论民族关系史的研究内容》,《史学集刊》,1985年第2期。

汪民安:《我们时代的头发》,汪民安主编,《身体的文化政治学》,河南大学出版社,2004年。

■ 相关文献、作品举要

鲁迅:《头发的故事》《风波》

周作人:《拜发狂》《发之魔力》《头发和名誉和程度》《剪发之一考察》

康有为:《请断发易服改元折》

效灵:《剪发易服议》

张兆茵:《剪发易服议》

张枬:《论辫发原由》

《临时大总统关于限期剪辫致内务部》

第三节 足

导 读

  晚清至民国，女子的"缠足"、"束胸"等与男性的"辫子"一样都是"落后"与"积弱"的象征，改革人士们极力倡导男子剪辫和女子"不缠足"、"不束胸"，这些"身体改革"运动都指向国家民族的富强昌盛，它们和男性的"剪发易服"一样都是当时民族主义话语的一翼。同时，"放足"是基于强国保种的目的并根据女性的生理特点对女性提出的要求，因此，"不缠足"不仅反抗的是传统文化对女性身体的扭曲和戕害，使女性身体获得解放，而且也更是和当时尚武精神提倡的改造国民身体素质的主题相一致的。

  然而，女性"放足"相对于男性"剪辫子"更为复杂，它的完成受到了更多因素的干扰，其中，传统审美标准对女性的要求及其与婚姻的密切关系是其在一定时期内屡禁不衰的重要原因之一，所以出现了在过渡时期，因对"缠足"和"天足"的不同认知造成的女性审美标准混乱的局面。虽然"缠足"最终被普遍废黜，但从"废缠足"的提出到普遍地被女性所接受，却经历了长达半个多世纪的过程。这中间出现的一些现象和引发的一些问题值得深入、全面的研究。基于还原真实历史这一目标,在性别问题、社会习俗、传统文化与民族主义话语相互缠绕的过程中,女性的身体和心灵究竟经历了什么,是这一研究必须面对的问题。

不可否认的是,"不缠足"无论从强国保种的民族主义话语来讲还是从反封建伦理文化的启蒙话语来讲,它都来自男性的倡导。男性知识分子作为"不缠足"运动的倡导者和领导者,在解放女性身体的同时,也通过这一方式对女性身体在时代中的意义进行了控制和规定。

本节选文的第一篇是杨念群的《从科学话语到国家控制——对女子缠足由"美"变"丑"历史进程的多元分析》一文,该文全景式地呈现了反缠足运动在各个历史阶段由不同势力所参与塑造的过程和大致的结果,文章提出诸多新的见解很具有启发性。当然有些观点还值得进一步商榷,如古代女性对缠足的审美认同和主动参与,是来自女性自身的需要还是来自男性文化的塑造?女性对缠足疼痛的忍受是来自女性的审美需求还是来自对婚姻生活的幻想?这些都是不太容易厘清的问题。

本节的另一篇选文是杨兴梅的《观念与社会:女子小脚的美丑与近代中国的两个世界》一文,这篇文章基于历史中缠足女子严重"失语"的历史状况和学术界对近代女性缠足现象的研究主要侧重于反缠足运动一面的现实状况,主要从女性自身的生存状况和个人体验层面分析和评价了"不缠足"运动。

选文一
从科学话语到国家控制
——对女子缠足由"美"变"丑"历史进程的多元分析

杨念群

导论：反缠足运动的三种诠释方法及其修正

如果几年前我斗胆问出一个问题："缠足的女性果真不快乐吗？"也许会立刻招来一片质疑甚至责骂声，因为"缠足"已经成为中国女性受压迫的象征。对"缠足"是否痛苦的质疑，也就是对妇女曾经受压迫的政治命题的质疑。然而，近期发现的缠足史料促使我有信心在此证明，女性自我的感受仍有可能超越一般的道德评判和政治诠释框架，引起我们的高度重视。我要说快乐不快乐标准的确定不仅取决于个人心理，而且也受制于社会风习，如果承认这个说法有其道理，恐怕就无人敢轻易对缠足是否快乐轻下结论了。因为至少在民国初年以及后来相当长的一段时间内，恰恰是占人口少数的天足妇女而不是缠足女性显得并不快乐，有论者得出结论说："这就是社会风气力量，缠足女子的生理痛苦被心理上的自豪感弥补了，而大脚女子生理上的健全，却被精神上的自卑压倒了。"[①]因为缠足美作为女性美的标志在抗战前一直居主导地位，尽管缠足博得赞誉，但往往要付出巨大的生理与心理代价。兴起于19世纪末叶的反缠足运动，试图颠倒天足与缠足女子的社会地位，长期被誉为革命性的行动。可是如果仔细分析各种反缠足运动

---

① 吴存存：《明清社会性爱风气》，人民文学出版社，2000年，第231页。

特别是早期运动倡导者的性别构成，我们就会发现，女性身影和发出自主声音的情形真是少之又少，并不足以代表"缠足"与"反缠足"运动相互对立冲突的全部涵义，这似乎不仅是反缠足运动单独面临的问题，而且也成为近代早期妇女解放运动的共通现象。

1997 年，身为女性学者的高彦颐在《闺塾师：17 世纪中国的妇女与文化》一书中，对"五四"运动以来形成的受现代性影响的妇女研究方法提出了激烈批评。在她看来，"妇女解放"只是西方赐予的一个命题，妇女形象的塑造，本身就是一种政治和意识形态建构，是 20 世纪中国现代性的一种界定，而不是"传统社会"的本质。大量例子证明，妇女解放是通过男性的声音传达出来，或者是受到精英男性影响的女性的一种强势表达，而没有充分反映出女性自身的声音。她重提女性研究的创新目的，就是力求摈弃社会外在结构对妇女生活形态与形象的歪曲，从而把妇女形象分离出现代性意识形态的控制。① 对缠足现象的解释目前就处于这样一种状况。似乎没有多少人意识到，对缠足的身体感受最初是通过男性话语间接加以想象和表达的，即使随着反缠足运动的进展，越来越多的女性感受得以公开流露，但身体感受的描述也大多是男性早期想象性表述的延伸，或者是为受过现代教育的知识女性的替代性表述所操纵，而大多数缠足女性由于迅速沦为弱势群体而长期被迫处于"失语"的状态，被剥夺了说话的权利，缠足女性不仅处于"失语"的境地，而且她们的形象由于遭到现代性标准的重新裁量，由"美丽"迅速向"丑陋"滑落，因而普遍成为被贱视的人群。

近几十年来，对"缠足现象"的主流评价近乎单调乏味，多年未有变化，无外乎从道德评价和男权压迫的角度入手定下基调，然后与烟赌毒归为一类，痛加谴责。如有论者云："自宋代后，在儒家文化中的礼教影响下，妇女被认为要为社会道德负起责任，其重点已经从妇女平常的家庭、道德转到女性的勇于自残的英雄主义和甘愿自我牺牲精神。"② 缠足女性成为儒家道德载

---

① Dorothy Ko. Teachers of the Inner Chambers. *Women and Culture in Sevententh Century China*, Stanford University Press, 1994, pp. 1—24.
② 徐海燕：《悠悠千载一金莲：中国的缠足文化》，辽宁人民出版社，2000 年，第 110 页。

体的象征。或有论者云:"缠足陋习之所以能够得以兴起,根本原因在于中国封建社会的男权文化被普遍认同。"① 这是典型的以性别压迫立论。一些女性主义研究者如刘禾对这两点提出过质疑,她的问题是:缠足女性从传统的道德形象载体转化为现代强国保种的民族主义工具后,她们果真拥有了自己的话语表述权力了吗?②

女性主义比较方法的出现和衍生出的新式分析范畴,刻意强调女性自主性的历史存在价值。其用意显然是为对抗现代性支配下的性别压迫理论。这种理论既不拘泥于儒家意识形态是抑制还是塑造了缠足风气,也不纠缠于论证缠足对女性身体的拘束作用是否根源于男权的迫害,而是强调历史上的妇女曾经在医学、文学和教育子女等方面积极创造出自身角色,特别是在公共空间中拥有一定的自治能力,从而完全可以认定和自我塑造形象。这一视角的切入基本上有点为反男权而反男权的味道,仍是在男权/女权的二元框架中重新调适二者的张力关系。只是如此刻意突出女性的自主状态,仿佛明清时期女性通过宴集、诗社、游乐等空间活动已足以摆脱男性的控制,容易使人造成误解,似乎当代女性自由意识的萌生和发展被前移了数百年,特别是一些女性学者借助了哈贝马斯的"公共领域"理论,实际上仍是现代化叙事的委婉说法,而且单从史实而言,也颇有故意矫枉过正的嫌疑。

区别于以上两种观点的学者则把"上层女性"与"下层女性"对缠足的认识分割成"两个世界"进行讨论。这种观点不去直接辨析妇女是否或在多大程度上摆脱或承担了儒家规定的道德任务,而是关注女性缠足在什么样的社会氛围中构成了其万众景从的历史合理性,以及这种合理性在近代被消解破坏的复杂背景和上下层相互错位的动因。它尽量强调女性在社会风俗制约的状态下作出选择的动机、状况和效果,而没有拿现代人的标准去硬性判断缠足的是与非。以此方法观之,反缠足运动其实一直处于某种悖论状态。在追求"妇女解放"这一社会进步过程中,民初的趋新人士为之奋斗的主要原则,包括女性个人权利及选择生活方式的自由,却因为缠足行为被

---

① 梁景和:《近代中国陋俗文化嬗变研究》,首都师范大学出版社,1998年,第205页。
② 刘禾:《语际书写——现代思想史写作批判纲要》,上海三联书店,1999年,第1—26页。

认定为"野蛮落后"而在相当程度上被"合理地"剥夺了发言权。①

本文的研究思路既区别于现代化叙事（第一诠释）与女性主义视角（第二诠释），也区别于"两个世界"（第三诠释）的分析方法。我认为，要启动新颖的"缠足史"研究，至少应回应好如下三个方面的问题：

其一，必须承认缠足在某些特定的年代确实具有审美的功能和意义，而且我们尤应在历史合理性的范围之内审定和诠释其意义，不可超越特定的历史氛围急于设定道德是非标准。"缠足现象"不能说没有男权势力的干预和塑造，但更应视之为社会复杂运行过程中诸多因素交织互动的结果，甚至应重新估价"缠足审美"过程中女性的自主参与下的感觉作用，以修正"男性摧残说"。

其二，现代反缠足理念是男性激进知识分子与国家话语合谋塑造的结果，其基本的目标是把反缠足运动转换成民族主义运动的组成部分，因而运动发起之初被论者称为"男人的不缠足运动"。所以"反缠足运动"虽打着妇女解放的旗号出现，其实与女性如何支配自我感受这一重要的文化向度关系不大，而基本属于男性表述其想象中的现代女性的工具。

其三，超越男权／女权相对立的视角是本文的一个出发点。仅仅从寻求与男性生理心理平等的角度倡导女权，实际上是一种标准的传统（东方）／现代（西方）二元对立的公式化表述。从表面上看，女性对男权的反抗往往表现为在生理心理方面否认两者的差异，寻求表面性的平等，其代价是在消灭女性特征的同时，沦为新一轮男权的支配对象。本文的观点认为，早期反缠足运动成为打着"妇女解放"旗号的男性知识分子运动，乃是中国社会的一大景观。反缠足运动的言论从民间话语转向国家话语，其核心也是男性权力支配的表现形式，女性在男权／女权对峙关系的较量中改变了自己的身份，却并未摆脱男权支配的阴影，也只有在这个大前提的笼罩下，女性自我选择的自主意识才能从缝隙中萌生出来。

从表面上看，本文的叙述似乎并没有超越男权／女权的二元对立框架，

---

① 杨兴梅：《观念与社会：女子小脚的美丑与近代中国的两个世界》，载《近代史研究》，2000年第4期，第55页。

但如细读,其区别仍清晰可辨,即本文更多地展示现代国家行为与传统社会风习的互动状态,以凸显男女性别差异的复杂背景。本文从西医传教士通过宣示"医疗卫生观念"使缠足从美观向丑陋的演变过程入手,中间集中探讨维新知识分子把缠足现象表述为强国保种之障碍的经过,再转而研究缠足在国家制度层面最终沦为非法的复杂现象,全景式地呈现了反缠足运动在各个阶段由不同势力所参与塑造的过程和大致的结果,本文的特点是不重价值评判而重事实呈现。

一、卫生观念的出现与反缠足话语的阶段性建构

1. 早期反缠足表述的医疗化特征及其扩散

缠足之美在中国古代已经相延成风,成为一种较为稳定的评价标准,这不仅表现于士大夫的审美情调方面,而且逐渐渗透进民间,泛化为一种相当深厚的社会风习。因此,反缠足运动要想取得实质性成效,首先必须在舆论上破坏其审美的内涵,转而赋予其"丑陋"的意义。对缠足丑陋的评价最初是由来华的外国人传播开来的。早在17世纪,英国人马戛尔尼曾有如下评论:"我无意为中国人将女人的小脚塞进婴儿鞋中的习俗表示敬意,我认为那是一种该诅咒的畸形。然而那里的人们却盲从时尚,心甘情愿被扭曲,除了粗人以外,每一位中国人都认为那是女人不可缺少的美德。"[①] 从现有文献来看,对缠足丑陋予以"科学化"解释的始作俑者是来华的西医传教士。西医传教士最初把身体看做与灵魂的高尚相对立的部分。[②] 妇女缠足限制了女性走出家庭奔赴教堂,无疑对灵魂的洗脱不利。[③]

传教士话语的特征是把"缠足"纯粹看做应在医疗领域中予以观察的行为,而且极力建立起一种与"疾病"表现出的各种症候的关联性,哪怕这

---

① 雷蒙·道森:《中国变色龙》,常绍民等译,时事出版社,1999年。
② 祝平一:《身体、灵魂与天主:明末清初西学中的人体生理知识》,载《新史学》,第7卷第2期,1996年6月。
③ 严昌洪:《中国近代社会风俗史》,浙江人民出版社,1992年,第154页。

种联系是难以确定的。西医传教士雒魏林在《从1840—1841年度舟山医院医疗报告》中就对把缠足与疾病相联系的做法开始表现出了某种犹疑态度,说话显得小心翼翼:"尽管有些身患各种疾病以及腿部溃疡的女性来医院就医,因裹脚扭曲脚骨而引发腿部溃疡或其他疾病的似乎只有一两例,我们丝毫不敢肯定这种行为对健康的危害如何。但是,这种从孩童起即已经受的残酷虐待似乎并不像人们所预想的那样会带来那么多痛苦。总的看来,裹脚的折磨以及其难以为人察觉的后果对健康和安逸带来的危害也许并不比西方的时尚给妇女带来的痛苦为甚。"① 雒魏林的犹疑当然出于自己严谨的科学态度,这使另一个传教士美魏茶得出了同样的结论,认为坏疽病的发生源于残忍的裹脚的说法值得怀疑。"失去双腿、丧命或其他疾病或许使人联想到这种恶毒的风俗。但是,我也认为备受折磨的双脚并非如人们想象的那样必定会给生命和健康带来危害"②。把"缠足"置于西方医疗的语境下进行解说无疑更让人直接感受到身体构造的差异对人们判断美丑的影响。尽管出现了种种类似雒魏林这样的质疑观点,不断验证着西医传教士根据医学想象推测的偏狭性,可仍然没能阻止人们放弃从卫生角度对缠足进行观察。"缠足"甚至与疯癫、灾荒等社会现象挂起钩来,从卫生角度进行观察成为一个重要的诱发因子。曾经有个叫马罗利(Walter H. Mallory)的人提到缠足对中国的劳动力是个消耗。③ 在一篇讨论南中国精神病的发生条件的报告中,西医传教士 Chas C. Selden 曾经估测,中国妇女的缠足习惯可能是诱发精神障碍的原因,尽管这尚无法证实,而且在医院中也无法估计是否已缠足女性就一定比未缠足女性拥有更高的精神病比率。④

值得注意的是,即使在一些隐约肯定"缠足"具有诱发男性情欲的文字中,西方人的论述仍是从医疗的角度立论的。在一篇题为《小脚研究》的文

---

① 约·罗伯茨编著:《19世纪西方入眼中的中国》,蒋重跃等译,时事出版社,1999年,第113—114页。
② 同上。
③ Walter H. Maltory, China Land of Famine. *American Geograghical Socitety of New York*, 1926, p.98.
④ Chas. C. Selden, M. D. Conditions in south China in Relation to Insuntiy, *American Journal of Insanity*. Vol. LXX, No.2, October, 1913.

章中,一位西方人写道:"从民族精神学上研究之,固早知残伤之行为实有性欲的意义存于其间,而中国妇女之缠足,即不能外此。"① 因为从解剖学意义上观察,"双足缠小则下腿萎缩。至步履之际着重于股关节与大腿,因是大腿发育特甚,且行路时外阴部亦受磨擦。事实上此等妇人之性行为当大腿相压时非常有力,从而其性欲亦较诸天然足之妇女为盛也"②。这段叙述偏重于从生理和身体构造上立论,带有鲜明的科学医疗话语特征,尽管都是从性特征的角度入手,却与中国士人对缠足表现出的性感觉评价的含蓄与暗士完全不同。

尽管西医传教士在缠足是否对人的身体带来危害方面显得举棋不定,而且缺乏精确的证据,但这种评价思路仍然迅速波及中国的舆论界与知识界。在不少反缠足的文字中,"缠足"与许多疾病症候都建立起了有机的对应评估关系。陈微尘在为《采菲录》作序时就特指自己为"巫医",表示没有办法从别的角度评述缠足之害,所以只从生理上立论。认为"缠足"与妇女月经不调密切相关。他分析说:"盖每月红潮皆应去瘀生新,气不足则瘀不能去。缠足妇女缺乏运动,气先不足已成定论,加以足帛之层层压迫,使血管受挤,血行至足,纡徐无力。一人每日之血液,本应环行全身一周,若在足部发生障碍,则其周流必生迟滞之弊。一日如此,日日如此,积年累月莫不如此,欲求月经上不发生疾病可以得乎?"③

陈微尘从足部被包裹导致血液不流通的角度揭示缠足的害处,具有相当普遍的示范意义。查阅相关文献,早期和晚期的反缠足表述都在不断重复着类似的主题,甚至措辞和术语都相当近似。比如1902年的《大公报》上有一篇《戒缠足说》中就有相似的议论:"缠了足,血脉便不流通,行走不便,日久便成肝郁的病。"④ 同年宋恕在一篇《劝谕放足》的白话文中也表述了同样的意思:"人身脉络,手足统连,脚缠得短,脉络半伤,自然气血不流

---

① 姚灵犀:《采菲录》(初编),天津时代公司,1936年,第215页。
② 同上。
③ 姚灵犀:《采菲录》(影印本),上海书店出版社,1998年,第1页。
④ 《大公报》,1902年6月17日,第一号。

通,自然多心头病,自然容易小产,自然产后容易致病,自然多临产艰难。"①这些评论很少有可靠的证据给予支持,多源自宋氏的想象和推测。可见,无论是月经不调还是所谓肝郁小产,都与缠足导致血脉不通这样的医学结论建立起了直接的对应关系。

更有刻意模仿西医传教士把缠足视为疯癫、灾荒诱因的早期表述,而直指欣赏缠足的动机乃是精神病的一种表征。朱善芳就曾指出:"有一种叫做节片淫乱症(fetischismus)的。这种病,心理学者、医学者,都说是一种变态性欲的症候,就是把异性的身体某部分,像眼、齿、耳、头发、手、足等,做他恋爱的对象。缠足的动机,恐怕就是应这些害节片淫乱病者的要求而起的。"②

由此可知,早期的反缠足运动话语在相当广的范围内与各种疾病的发生和症候建立起了相互参证的关系,从而从西方医学病理分析的角度开始,把"缠足"的美观特征丑化为一种病态的身体残症。

2. 身体政治学:维新期反缠足言论的特殊解说

近代反缠足运动由维新知识分子发起,已成定论。早期维新派的反缠足言论一般都是极力从生理上刻画缠足的丑陋形态,这明显受到了西医传教士话语的影响。维新派与西医传教士的不同点在于,他们并不满足于在生理上丑化缠足现象,而是更多地把缠足对身体的伤害,视为民族衰弱的表征,从而把缠足女性的身体,赋予了民族自救的政治内涵。如康有为著名的《请禁妇女缠足折》中就已出现"卫生"两字,说缠足"且劳苦即不足道,而卫生实有所伤。血气不流,气息污秽,足疾易作,上传身体,或流传子孙,弃世体弱"③。单就这段话看,从公共卫生学的角度解说缠足与身体损毁的关系,显然仍是医疗化的视角,但是下面一段话,意思就有所转折:"是皆国民也,羸弱流传,何以为兵乎?试观欧美之人,体直气壮,为其母不裹足,传

---

① 宋恕:《遵旨婉切劝谕解放妇女缠脚白话》,见《宋恕集》(上册),中华书局,1993年,第341页。
② 朱善芳:《缠足和解放的方法》,载《妇女杂志》第二十卷第三号,1926年,第29—30页。
③ 康有为:《请禁妇女缠足折》,见《采菲录》(影印本),第56页。

种易强也。今当举国征兵之世,与万国竟而留此弱种,尤可忧危矣!"① 这已不是个体卫生和疾病祛除的问题,而是直接泛化为群体育种传种的责任。如果说西医传教士慑于证据不足,对缠足的危害尚处于较严格的医疗表述范围内的话,维新派对缠足的指责则显得大胆而武断,具有更为夸张的想象力:"以国之政法论,则滥无辜之非刑;以国之慈恩论,则伤父母之仁爱;以人之卫生论,则折骨无用之致疾;以兵之竞强论,则弱种展转之谬传;以俗之美观论,则野蛮贻消于邻国。"②

康有为这篇激扬的文字是以奏折体的形式出现的,行文节奏明快,层层递进,读后使人热血沸腾,其意义在于使缠足超越于女性个体痛苦的感受范围,使之转化为切关国计民生的国家兴衰的象征。这话如果从当时民族存亡的际遇而言,倒也并非危言耸听,然而如果硬把缠足与国家存亡的命运相连,则可能变成一种故意夸张的政治策略。这话也许在上达天听时容易打动皇帝或官僚的神经,却从一开始就与女性个体的感受拉开了距离,变成了承载民族主义职责的政治话语。事实证明,这种奏折体的表述确实颇容易拨动上层人物的心弦,以至于后来逐渐成为一种通用的标准官方话语,在各种官方文件中不断得到重复。如张之洞讥缠足使"母气不足,弱之于未生之前,数十百年后,吾华之民,几何不驯致人人为病夫,家家为侏儒,尽受殊方异俗之蹂躏鱼肉,而不能与校也"③。立论点还是落在了母气不足产生病夫,影响了和西洋国力的竞争较量这一公式化论述方面。

再看袁世凯的说法:"今缠足之妇,气血羸弱则生子不壮跬步伶仃则教子者鲜。幼学荒废,嗣续式微,其于种族盛衰之故,人才消长之原,有隐相关系者。"④ 强调的还是气血羸弱与传承子嗣的关系。不过官方文书与知识士人的文章常常构成互为呼应的互动结构,最终使缠足女性的身体层层覆加上了越来越多的政治内涵。看看一位叫李增的士人所推导出的公式:"况乎

---

① 康有为:《请禁妇女缠足折》,见《采菲录》(影印本),第56页。
② 同上。
③ 张之洞《张尚书不缠足会叙》,载《知新报》,第32册,光绪二十三年九月一日。
④ 袁世凯:《直隶总督袁世凯劝不缠足文》,见《采菲录》(影印本),第58页。

缠足不变,则女学不兴;女学不兴,则民智不育;民智不育,则国势不昌,其牵连而为害者,未有等也。"①甚至"苟因循不变将见数十年后举国病废,吾四百兆之黄种直牛马而已,奴隶而已!"②好家伙!缠足女性甚至要为国人智商的高低与体能的强弱负责。这种煽情夸张的文字,已把缠足所造成的严重后果推向了极致,但却未必符合事实。

其实早在 19 世纪末,西医传教士虽力倡放足,却老实地承认,并没有找出缠足与各种疾病有关的确切证据,所以对缠足的批评均源自大胆的医学式想象。至于缠足与弱种退化的关联更是有些无稽之谈,难以用具体的证据说明缠足与强国保种的关系,这种关联更像是在医疗想象之外,平添出了一种政治想象。所以当年化名老宣的写手就曾质疑过这类观点,认为应从女性个体对缠足的感受出发立论,以免用高远之说遮蔽了普通百姓的感受:"劝人缠足不应当以天理人情为题目,不必高谈阔论离开当前的事实,用虚而且远的'强种'或'强国'作招牌!说着固然是冠冕堂皇,好听已极,怎奈打动不了愚夫愚妇心坎!"③老宣更对缠足与强种的实际关联性表示怀疑:"或说缠足与强种有关,我并不反对。然而我看北平及各处的天足妇女所生的儿女,并不比缠足妇女所生的特别健康,缠足妇女的死亡率,也不高于天足的。天足妇女的疾病并不少于缠足的。北平及各省旗人的妇女,过了五六十岁,多半是驼背而大犯脚病,岂是起于缠足的原因呢?若说天足容易强国,我也表同情。但是我以为国的强弱,在人民智愚勇怯,在内心而不在外形,更不专在妇女的两只脚上。"④这似乎是对维新言论大唱反调,对于习惯运用激扬文字进行快感宣泄的理论家们而言,颇觉有些扫兴,不过在我看来却比较贴近历史的真相。

当时维新话语对缠足女性的附加性指责已到了愈演愈烈的地步。如湖南士绅曾继辉在《不缠足会驳议》中有缠足"三弊生三穷"之说:"生少食

---

① 李增:《迁安·遵化天足会序》,见《采菲录》(影印本),第 64 页。
② 同上。
③ 老宣:《对于采菲录之我见》,见《采菲录》(初编),第 12—13 页。
④ 同上。

多其穷一，穷奢斗靡其穷二，因二万万无用之女并二万万有用之男亦消磨其志气，阻挠其事机其穷三。夫至弊与穷交深，国其危矣。"① 缠足女性不但背负起了生育不良的骂名，而且也应为男性气质萎靡不振，无法勇于任事，甚至国家的经济衰退全面负起责任。于是面向缠足妇的讨伐声从此不绝于耳："今者欲救国先救种，欲救种先去害种者而已，夫害种之事，孰有如缠足乎？"② 男性在其中扮演的角色只是个拯女性于苦难的救世主，缠足成了亡国灭种的象征，缠足妇女一下子被预设成了备受歧视的"弱势群体"。早有论者指出：这是一种变相的"祸水论"，是一种男性中心主义话语。光绪年间四川巡抚发布的《劝诫缠足示谕》中就说过："国家所以要干涉的缘故，皆由女子缠足，就会把一国的男子、天下的事情弄弱了。"③

在这些打着妇女解放招牌的反缠足表述中，女性被定位在生育和生产领域，成为生产工具和生育机器。摆脱缠足的束缚，其目的无非是承担生育和生产工具的角色。与不缠足相关联的兴女学、开女智，也无非是让女性更好地相夫教子。有论者注意到，《湘报》上倡不缠足的文章居然是与褒扬殉夫的烈妇之文排在一起的。④ 这一现象非常耐人寻味，它似乎揭示了缠足女性向天足女性角色的转换，尽管位置表面上被替换，却并没有根本消除其政治化的职能，区别仅仅在于缠足女性担负着家庭道德的象征角色，而天足女性则以隐喻的形式体现民族主义人种延续的实践角色，两者均是男性权力操纵的结果。只不过男性权力分别被贴上了"传统"与"现代"的标签。如果再稍做申论：缠足女性的身体是在政治化的过程中被改造的，它其实是不断变换的政治需求的载体，这套身体政治化（bodypolitic）的策略运作与女性的个体自主意识无关。⑤

---

① 《湘报》，第一百五十一号。
② 同上。
③ 《采菲录》（影印本），第61页。
④ 张鸣：《男人的不缠足运动》（1895—1898），载《二十一世纪》，1998年4月，第65页。
⑤ 约翰·奥尼尔：《身体形态——现代社会的五种身体》，张旭春译，春风文艺出版社，1999年，第61—88页。

3. 一个家庭的故事

反缠足运动虽是由精英知识分子发起，初期也是通过精英社团和报刊议论的方式形成一个特殊的话语群体，然而在相当长的一段时期内，反缠足运动似乎无法在社会层面上形成某种与旧习俗相抗衡的局面，或者由此为出发点改变基层民众的生命形态。这就是有学者说过的反缠足运动一直处于"两个世界"隔离状态的缘故。不过我们在阅读史料时会发现，女性对缠足态度的改变恰恰是由男性对缠足态度的改变之后才开始的，男性对缠足凝视目光的变化支配了中国近代女性的行为，起码起着重要的导向作用，特别是男性对现代西方医疗观念的接受及其阐发，间接成为反缠足运动中新派女性的知识资源。下面一个发生在普通家庭中的故事可以为我们展现一个现代知识男性通过什么样的手段和途径迫使女子屈从于反缠足的社会导向。这段故事看起来简直像一场"两性战争"。为了讨论方便，我将尽量完整地叙述故事要点，并保留其场景对话的生动性。

故事背景发生在一个新旧混合的家庭中，一个叫桂兰的女子受过一些初等教育，比如会弹琵琶，她的丈夫是从西方学医归来的留学生。故事发生的时间从他们搬入新居开始，而第一幕场景居然聚焦在一本医书上。女方的自述是这样的："差不多搬来有十四天了，那日黄昏时候，我们在这所新房子底寝室里坐着。他正在读一本又厚又大的书，我向书上的一张插图瞄了一眼，看见一个站着的人形，但是没有皮肤，只看到那鲜血淋漓的筋肉，我真害怕极了。我简直不懂，他为什么读这种书，但是我也不敢问他。"[①]

故事的开场竟然有点恐怖片的味道，但这本医学解剖学著作似乎发挥起了隐喻的功能，它暗示着以后故事的发生都会围绕着那插图中被透视过的人体而展开。

看看下面情节的铺陈吧。当时出现了一个相当古典的场景，女主角弹着琵琶，丈夫则专心地看着那本解剖书，可那绝不是红袖添香传统场面的再现。过了一会儿，女主角突然弹不下去了，把琵琶放开，"经过很久的沉寂，

---

① 唐哲译：《德国杂志中的中国婚姻问题》，载《妇女杂志》，第十三卷第三号，1927年，第1—6页。

丈夫将书合上，满怀心事地望着女主角，叫了声'桂兰'。佳兰心房不住地只是跳，因为这是丈夫第一次叫她的名字。恍惚之中，丈夫的声音又出现了：'从我们结婚的那一天起，早就要问问你，不知道你愿意不愿意，把你那脚上的缠脚布取消了。这个关系乎你全身底健康，不卫生到极点。'"①语言的训诫还得配合形象的展示，丈夫拿起一支铅笔，很快地在他那本书里面的一张白纸上，画了一只赤裸裸的跛得可怕的脚。画完后，丈夫的声音又出现了："你看罢，你底骨骼是这样长着的。"

"你怎么知道的？"桂兰呐呐地问，因为她从没有当着丈夫的面解开过自己的脚布。丈夫的回答在现代人看来并不出人意料，但是对桂兰来说却颇为费解："因为我是医生，而且是在欧洲学的。现在我希望你，把那些缠脚布一齐改了罢，因为那实在太难看了。"在当时的情景下，桂兰作出了一个一般人都认为是正常的反应，她很快将一只脚缩回来，藏在椅子下面。紧接着是一段独白："不好看吗？我常常以我底一双小脚而傲视一切。我当小孩子的时候，我底母亲亲自动手给我洗，用尽心思地替我缠，一天比一天缠得紧一点。我有时痛得哭了，她就劝我忍着痛，要知道将来我底丈夫，要怎样地称许这样美丽无比的小脚。好了，刚好有一年不受缠脚时那些痛苦了。结果呢，他反而觉得小脚难看！"②

镜头切换后，母亲当然是在一片哭诉声中出场的，桂兰诉说着："他要我给他做平等的伴侣，我不知道怎样做法。他厌恶我底脚，他说太难看了，并且画些怪模怪样的图形。但是他从何知道的，我也莫名其妙，因为我从没有将我底脚让他看到。"③母亲显然误解了丈夫给桂兰画图的意思，于是追问中带着埋怨："那一定是你又懒得没有好好的包了。我陪嫁你二十只鞋子，你不会选择出你应穿的几双出来。"

下面又是一来一往的对话："他不是画的外面的形状，他画的里面跛着

---

① 唐哲译：《德国杂志中的中国婚姻问题》，载《妇女杂志》，第十三卷第三号，1927年，第1—6页。
② 同上。
③ 同上。

的骨头。""骨头？有谁见过一只女人底脚里面的骨头？男人底眼力能够穿过一层肉吗？"

"他底眼睛可以，因为他说他是一个西医。"

一阵沉默之后，母亲的声调微弱了许多："我底孩子，他虽然这样，但是世界上只有一条路给你走，你只好顺从他底意思，使他欢喜。"

回到家中，丈夫把"启蒙者"的目光直射在了桂兰的脸上，到了这时可谓胜负已判，对白已在一方的支配情绪中进行，另一方似乎只有缄默的权利："我知道，为了我底原故，使你如此，于你本觉得很难。让我尽我所有的能力，来帮助你罢，因为我是你底丈夫呀。"①

这话说出口多少有些自私和虚伪，可桂兰在自述中已无反抗的余地："我只是缄默着，任他摆布，他轻脚轻手地脱去我底鞋袜，松开裹脚布，严肃而伤惨地注视着，然后低声叹息：'你这是受过多厉害的折磨哇，唉，可怜的孩童时代，这都是吃力不讨好的事！'"桂兰的脚重新用肥皂洗过后，又重新被缠了起来，只是较以前松动一些，但是她反而觉得疼得厉害，令人忍耐不住，几乎痛得要死。她的自述是这样的："我痛得受不了的时候，两手紧紧地抱着他，'我们一齐努力战胜它罢，桂兰'，他说，'我看到你这样受苦，我着实难过，但是我们要想，想我们之所以如此，决不是仅仅为了我们俩，一方面也为着旁的人们，这也是一件反对吃人的旧礼教的事业哪！'"②

"不是这样，"桂兰哽咽着说，"我却仅为了你而如此，因为我要给你做一个时髦的妇人。"③

不知其他人读完这几段对话做何感想，我读后脑海里充满的全是幽暗的灯光，面目狰狞的丈夫和沉默无语的佳人构成的反差图景，与女性解放所应呈现出的明快色调相差颇远。末尾最后一句话倒仿佛这台"两性战争"戏剧落幕后的点睛之笔。桂兰对反缠足从抗争到顺从的心理演变轨迹，实际上是

---

① 唐哲译：《德国杂志中的中国婚姻问题》，载《妇女杂志》，第十三卷第三号，1927年，第1—6页。
② 同上。
③ 同上。

在作为丈夫的男性目光逼视下而发生变化的,丈夫的留学生身份尤其具有霸权的意味。犹应注意者,从激烈的抗拒到摇摆犹疑,再到无奈地顺从,这一系列的变化没有一件是女性自己决定的,和女性的自主意识无关,而恰恰是男性审美心态演变支配下的一个缩影,即从缠足之痛到放足之痛的感觉体验,竟然是以男性从审美经验到医学经验转向的一个性别化的演示。

桂兰丈夫从图示骨骼变形的医疗解说到反对吃人旧礼教的政治声讨,实际并未触动妻子的神经,可最刺激她的还是这些建构起来的话语背后的真实感觉:"缠足是丑陋难看的",而女人对男人虚荣的敏感,更有直觉的意义。"做一个时髦的女人"这句话终于破毁掉了一个经过男权包装的"解放神话"。当年的姚灵犀在编辑《采菲录》续编时说了句公道话:"往日以之为美,非缠足不能求佳偶者,今日又以之为丑,偶有缠足者,其夫婿必以为耻,小则反目,大则仳离,夫妇之道苦,难乎其为妇女矣。"[①] 李荣楣更从放足妇女的痛苦中体味到了女性取悦于男性支配的心理,几乎与缠足女性无异。他看到中年妇女放足后:"其行路迟笨苦形于色者,亦昌为新式冀悦其夫之心有以致之也。故足之放否,权实操之男性,女性不过为男性求美标准过程中之试验品。观于男性心理之移易,则缠足之习当为自然的灭绝。"[②]

4. 一点引申的评论

如果回到特定的历史年代,缠足之美确有一定的性象征意义,其中一个重要的功能就是区别男女的性征。所以当时赞同缠足的有力理由之一就是易于区别男女,这里边当然不排除具有对男人进行性吸引的考虑。但缠足后的行走姿态,缠脚布的包裹方法及其解带方式也包含着女性对自己性征美的自我认同。如果不承认缠足美的判断具有双向性,实际上也就剥夺了女性具有自主的审美认知和把握自我意识的基本能力。所以,早年的反缠足论虽然也承认缠足会导致筋骨受伤,移步不便,但仍承认妇女缠足后:"其婀娜窈窕之状,亦迥与不缠足者各异,所以闺秀闺艳,亦愿缠小其足,增其妩媚,娇其姿

---

① 《采菲录》(影印本),第61、3页。
② 李荣楣:《中国妇女缠足史谈》,见《采菲录》(影印本),第23页。

态,助其丰神。"① 最后这位同治年间的反缠足论者无奈地感叹缠足"吾恐相习成风,将与天地同休,历千亿百年而不改也"②。言外之意是:只要有审美意义上的双向认同,缠足作为普遍习俗的合理性就是牢不可破的。

其实如果从外观美的角度立论,在当时人的眼里可能缠足与天足之美可以说是各擅胜场,并没有"美""丑"的二元对立之分。如一位作者曾撰文描述缠足与天足不同美观之处:"昔者女子长裙委地,而裙下双钩,微露风头,行路娉婷袅娜,所谓腰支一搦信多情者,殆咏此也。今则天足解放,蛮靴革履,举步健速,不让吾侪,有如惊鸿游龙,亦别具风致。"③ 不过,前提自然是半掩半遮的性诱惑产生朦胧神秘的美感,缠脚布对骨骼变形的遮挡,成为女性区别于男性的象征符号,所以当年高罗佩撰《秘戏图考》时很惊讶在所有春宫画的性爱姿势中,缠脚布都是不摘下来的。④

真正使"缠足"与"天足"从美感的不同类型划分转向"美"与"丑"的二元对立评价的动因,是医疗卫生视角对传统审美姿态的干预。医疗视角的切入对缠足形态实施了"丑"的建构,从而隔开了与"性审美"的实际联系。比如当年"天足会"对天足妇女嫁娶的关注主要集中于对健康卫生的考虑上。回顾上节所讲的故事,在桂兰学医丈夫的冷峻目光中,桂兰的脚首先变成了解剖学的对象,在男女平等的涵义上规定和想象缠足是否具有合理性,在医疗式目光的凝视下,缠足所带有的传统美感和性征是受到贬斥的。无论"天足"还是"缠足"在解剖学的透视下,只有生理上的公共差异性,没有私人化的审美意义上的差别。值得特别关注的是,解决生理差异性的办法就是寻求女性在生理上与男性平等,而忽视和压抑其原有的身体形态的性征表现,所谓"欲望的规训"由此被合理地展开了。

缠足妇女由审美的化身转变成"病人"的过程,正是从医疗解剖学目光的凝视下开始的,怪不得桂兰的母亲吃惊地发现,她的女婿怎么会不去掉裹

---

① 《缠足说》,载《申报》,同治壬申四月十八日,第 21 号。
② 同上。
③ 吟华:《足之小语》,载《妇女月刊》,1927 年,第一卷第三期。
④ 张事业:《中国古代的恋足及其性心理》,载《东方文化》,2001 年第 1 期。

脚布就知道女儿小脚长得什么样。这位医生女婿其实通过医学语言的训练可以直接推测出作为医疗对象的小脚的内部构造,而且用医学的话语把这种状态表述出来,这样就把原来不可见的"正常"状态转化为可见的"不正常"状态。

福柯曾经指出:"18 世纪以后的西方医学就是把一些不可见的疾病症候通过医学表述为可见的。医学经由目视与语言,揭露了原先不属其管辖之事物的秘密,词语与物体之间形成了新的连结,使'去看'及'去说'成为可能。"① 更重要的是,医学视角不但重新设置了"正常"与"不正常"的边界,而且给它赋予了社会意义,这种意义又与国家利益和政治动机也建立起了联系。18 世纪末叶以前,医学和健康的关系要大于其和"正常"的关系,它和社会秩序与医学秩序是否正常的判断没有太多关系。也就是说,"医学"更是个人化、家庭化的选择,没有人把它拉到社会秩序的维持这个层面上来考虑。

18 世纪以后,健康/病态的二元对立从医疗语汇扩散为一种社会行为,也即人们在社会中的行动甚至心灵活动也被用此二元结构加以区分,"人们首先想到的,并不是那内在于组织化个体之结构,而是那由正常与病态构成的医学两极性"②。

在桂兰丈夫的眼里,桂兰的脚已被置于健康/病态的二元框架里加以审视,从而完全跃出了传统审美的范畴,而且被日益赋予了严重的社会意义,即对旧礼教秩序的颠覆。健康/病态的二元框架也重新分割了"美""丑"观念对峙的内涵,同时极力剔除性别特征对社会秩序的危害性。对女性缠足中所表现出来的"性征"的欣赏,原先具有私人化或家庭化的特征,可是在现代社会的医学管理观念中,就有可能对社会秩序和国家利益造成威胁。因此,对"天足"优点的鼓吹须在与男性平等的意念下,尽量消灭自己的女性特征。缠足中的审美内涵经过卫生解剖观念的筛选和剔除,使女性重新变成了男性"管理的对象",只不过不是在家庭和传统的社交视界之内,而

---

① 米歇尔·福柯:《临床医学的诞生》,刘絮恺译,时报文化出版企业有限公司,1994 年,第 6 页。
② 同上。

是在国家强盛和种族延续的意义上重新定位。

医疗研究对缠足性征意义带有"禁欲主义"色彩的贬斥逐渐扩散到了服饰穿着和社交礼仪等方面，出现了与男性趋同的社会风气。所以当时已有人感叹："从前的女子都梳髻、缠足、短装，与男子的服饰完全不同，我们一看便可断他是男女。现在的女子发剪了，足也放了，连衣服也多穿长袍了。我们乍一见时，辨不出他是男是女，所以我说，按照这种趋势，将来的男女装束必不免有同化之一日。"① 反缠足的医疗性话语逐渐通过排除女性身体的性征形成一种社会的通识，并由国家法令的形式固定了下来。民国初年北京市曾制订《取缔妇女奇装异服暂行办法》就曾把对服饰长短的限制与禁止缠足束胸并列而论。甚至规定："腰身不得绷紧贴体，须略宽松"，"裙长最短须过膝"，"衣袖最短须至肘"，"着西服者听但禁止束腰"。② 规定中关注的多是对女性性征的约束与监控。上海的一家报纸还发布了几位女性的倡议，把化妆与缠足混为一谈，规定："妇女应废弃一切首饰，不涂脂粉及衣服上各种花边云。"③ 都说明"禁缠足"运动可能会诱发相应的禁欲主义运动。

二、"缠足之美"与"缠足之痛"：传统与现代理解的错位

1."疼痛"的病理学分析与审美理解的差异

在对缠足的各种想象和评论中，"士大夫话语"基本上是在"缠足之疼痛"与妇女的外在体态之间建构起自己的审美想象关系的。如有以下典型的议论："纵使初裹之时，难免痛苦难支之状，然裹之日久习惯自然。出入周旋，亦即行其所无事。一旦改穿新履，顾影自怜，更增一己之欢，兼取众人之赞，昭艳丽，助妖娆，如天仙之化人，如嫦娥之下界。"④ 这种话语还特别注意女性缠足后引起的身体姿态的变化对审美视觉的影响："夫人有生活

---

① 北方的马二：《男女装束势将同化》，载《晨报》，1925年4月5日。
② 北京市档案馆 J5 全宗 1 目录 44 卷，第 145—146 页。
③ 《顺天时报》，民国 16 年（1927 年）4 月 22 日。
④ 佚名：《缠足小言》，见《采菲四录》，天津书局，1938 年，第 37 页。

之性,斯有变动之力……即如妇女之足,初生本无可取,迨及裹成之后,日益加美,能使人爱之而飞魂,变动之力大矣哉。假使当初无人创为此谋,则当今之世,安能见此步步生莲之美态哉!"①

另有言论认为,缠足之习并非男性一人欣赏之力煽惑而成,而是社会风习浸染互动之结果。且看如下发自内心的感叹:"盖足自具可缠之性,人但因势利导,顺理成章,足自渐缩渐消,日新月异,迨及真成点点,又夫见之而爱,旁人见之而誉,自己视之而欢,握之而喜。如是以言,缠足之乐无疆,缠足之福实大,缠足实为舒心快意之事,缠足更为消愁解闷之方。"②

在此需要切记的是,"莲事之美"并非只是男性强权塑造的历史现象,女性显然也主动参与其中,对缠足加以品评、鉴赏和议论,女性并非被迫地成为观赏对象,而是同样主动地介入了对"缠足"历史的诠释过程,尽管她们大多数时常处于失语的状态。下面一则出自女性之手的议论甚至出现视缠足具有"美术价值"这样极端的表述:"所有莲事之附属品,及莲之本质,皆富有美术价值,外而一鞋、一袜、一带、一帛,内而柔肌、腻肤、玉趾、秀腕,无一不具有超然之美,应以神圣视之。"③

很显然,这些议论并没有刻意回避缠足与疼痛的关系,而是突出强调疼痛后所造成的审美效果的补偿作用,甚至反其道而行之,在"小脚一双,眼泪一缸"之论外,大倡"大脚一双,眼泪一缸"的宏论:"其实在小脚盛行时代,裹脚的时候,果欲痛泪直流,待到双脚裹小以后,博得人人瞩目,个个回头。在家时父母面上有光泽,出嫁后翁姑容上多喜色。尤其十二分快意的,便是博得丈夫深怜密爱。"④又说:"在那裹足时代,凡是爱好的女郎,没有一个不愿吃这痛苦的,他们以为痛苦的代价,便是将来无穷的荣宠。幼年时代挥撒几点泪,不算怎么一回事。哭在先,笑在后,哭是暂时的,笑是永久的。"⑤

---

① 佚名:《缠足小言》,见《采菲四录》,天津书局,1938年,第37页。
② 《缠足论》,见《采菲四录》,天津书局,1938年,第39页。
③ 严珊英女士:《复缠秘诀》,见《采菲四录》,天津书局,1938年。
④ 邹英:《蒹菲闲谈》,见《采菲续录》,天津时代公司,1936年,第271页。
⑤ 同上。

这一议论着眼点在于社会习俗的赞赏对缠足疼痛过程的淡化作用。至于女性自身对疼痛的反应，虽缺乏资料加以详细的印证，但就目前有限的女性自述中仍可窥见社会风气的影响过程。例如1988年在对河南一位名叫尚玉兰的缠足妇女的调查中，尚玉兰在自述中虽在采访者的暗示启发下屡次谈及缠足的过程及其痛苦感受，但在口述末尾却骄傲地宣称自己因为脚缠得小而去替脚大的二姐相亲："把我喜得半夜没睡着觉。"尚玉兰已经是生活在20世纪80年代的女性，却仍以小脚获得赞赏而不自觉流露出内心的得意，可见审美后果确实支配着对疼痛的判断，进而支配着女性的行为。① 严珊英女士曾经从女性角度阐释了疼痛与快乐的关系，她说开始缠裹的时候："一面觉得趾骨刺痛，一面仍是紧上加紧，她以为痛是一件事，缠是一件事，深知非紧缠不能收获可爱的至宝，非茹痛不能克偿神秘的大欲。"② 在这样的心理状态支配下："痛时，虽值严寒天气，不肯着用棉履，睡眠中常置双足于床栏上，彻夜倒悬，以防血脉之膨胀，而促足肌之瘦减。"经过一年的时间，"肉体上有时不免稍感苦楚，精神上却无时不感大慰，觉得未来有无上之快乐在。"③

　　严珊英女士的结论是：痛苦的代价导致了一件艺术品的诞生，是十分值得的，即使"偶有痛苦，辄以此等精神克制之，无不化苦为饴。常说'予爱予之纤足，过于爱予之生命'。盖信彼扎头、扩唇、割指、削足之流，及在无限不能以人力缩减之天足，竟能完成巧夺天工，易硕为纤之大愿，皆赖此哲理的爱好一念精诚之力，有以致之。质言之，胥视克偿大欲之决心而已。"④

　　我们虽然无法断定这段女性自述是否具有普遍含括所有女性心理的作用，但多少可以看出对缠足的喜好绝非单纯的男权话语的支配力量这一单一的启蒙解释所能说明，至少女性自身也参与了缠足之美的世俗评价的建构过程。从某种意义上说，这些女性拥有相当自觉的自主意识。在具体的

---

① 尚玉兰口述，尚景熙整理：《忆缠足》，载《上蔡文史咨料》（河南），第二辑，1989年。
② 《复缠秘诀》，见《采菲四录》，天津书局，1938年。
③ 同上。
④ 同上。

历史语境下,缠足之痛未尝不会带来缠足之乐,按照严珊英的说法就是:"甘痛如饴的人们,设使没有他们最后无上的代价和无上的快乐来补偿他们,而达到满足他们大欲的地步的话,那么,他们的身体,一样不是木石做成的,谁又肯无故作那些个傻子不为的事情呢!他们不计目前的、暂时的任何痛苦,以谋永久快乐的心理,既都是基于他们欲仙佛欲作美人的大欲之一念,非具绝顶聪明,曷克臻此!"① 这种议论虽与认为缠足纯属男性玩弄之物的主流解放话语相悖,却未尝不代表相当一批女性的自主立场和实际心理。

"缠足之美"固然部分是男性凝视目光所塑造的产物,但似不可视其为唯一的诱因,否则女性的历史主体即会被置于完全"失语"和毫无自由选择的位置,这可以从史料偶尔流露出的女性对缠足自我欣赏的态度中察觉出来。如一位笔名燕贤的作者在《足闻一束》中比较各地缠足状况时,曾回忆自己幼时观看邻院妇女对缠足的欣赏和爱恋。这位妇女年约三四十岁,"在室内窗前向阳处,解其双缠,白足毕呈,反复注视,既而抚摩殆遍,一若把玩物状。约食顷,见其匜匜细裹,着大红鞋,轻轻踏地,注视如前状,若不胜其爱惜者。所可怪者,半小时后再窥之,则妇人适又展其双缠,捧白足而注视矣。友云是妇解布露足,注视把玩,日恒在十次以上,且逐日如是。"②

经过痛苦的过程之后,"缠足"之美已不仅仅表现为日常生活中对女性身体姿态的评价,而且逐渐被移植到了戏曲舞台艺术中,赋予了更为抽象的审美涵义。比如古典京剧中扮演花旦的男演员都要练习"跷功",即模仿缠足女性的姿态。练习跷功的过程几如缠足一样痛苦。传说四大名旦之一的荀慧生曾忍着剧痛在装着半缸水的大咸菜缸缸沿上练跷功。王瑶卿后来主张废弃跷功的理由完全出于卫生的观点,他认为跷对身体不好,感到练跷功受罪,与练腰腿不同。小孩正在发育,让他老这么脚尖顶着地站着……小孩叫苦连天,受不了。③ 跷功虽然最终被废除了,但作为艺术观赏的对象却始终没有被遗忘,而且即使到 20 世纪 90 年代在男女演员的记忆中仍不乏

---

① 《复缠秘诀》,见《采菲四录》,天津书局,1938 年。
② 燕贤:《足闻一束》,见《采菲录》(初编),第 282 页。
③ 黄育馥:《京剧·跷和中国的性别关系》(1902—1937),三联书店,1998 年,第 155 页。

正面的评价。如1994年采访武旦男演员李金鸿,李金鸿就认为应把缠足时对女性的约束及缠足的痛苦和其实际的美观区别加以对待,他说:"小脚太残酷了,外国人一看,好像中国人就是小脚大辫子。其实这主要还是封建的时期,一个是约束妇女,另一个也是讲美。"小脚走起路来和大脚就是不一样,就跟现在时装表演的模特似的,走的是"猫步"。因此,踩跷作为缠足的艺术化表现形式,与缠足的步态近似:"绑跷也得这么走(即走一条直线)。要是这么走就不好看了(即分开两脚走)。绑跷也讲究直着走,所以自然腰里就是很美的。缠足当然很残酷,妇女挺受罪的。但是绑跷作为一种艺术,作为戏曲来讲,还应保留它。"①

这是一个男旦的视角,而另一位唱花旦的女演员周金莲也有类似的看法,她说:"绑跷与不绑就是不一样,就是美,跷小,走起来就觉得飘。小脚老太太自然就扭起来了,再有功夫,就更好看了。"②这无疑属于女性相当自主性的看法,不能仅仅归类于男权视角的影响。

在我们原来的历史分析框架中,女性对自身感受的视角一直处于缺席的状态。女性往往是在男性行为支配和解释的阴影下出场的。对缠足与身体感受状态的研究,基本上是基于以下理念:男人以审美自娱的目光孕育出来的女性缠足世界,残忍地使大多数中国女性置入无边的苦难之中。而女性对缠足具有自主意义的感受,包括对疼痛过程与疼痛结果的不同感知与理解,都被遮蔽在了一种笼统的对"苦难"的政治化描述和记忆之中。

故当年的怪笔手老宣更发出怪谈,要把对男女关系的政治化定位重新放在男女性爱吸引的感性角度予以重新把握。首先他对"压迫一屈从"的男性政治话语进行解构:"若说缠足的妇女,全是愿为'玩物',那么,家家坟地里所埋的女祖宗,有几个不是玩物?现今的文明人,有几个不是由那些玩物肚里爬出来的?我们迫本溯源,不当对不幸的她们妄加污蔑。"③政治视角的消解首先在于对处于历史现场的女性自身的感受投入更多的关注和理解,

---

① 黄育馥:《京剧·跷和中国的性别关系》(1902—1937),三联书店,1998年,第164页。
② 同上书,第173页。
③ 老宣:《对于采菲录之我见》,见《采菲录》(韧编),第8页。

因为"美的观念,并无一定标准,随一时多数人的习俗眼光就是美,看熟了,就是美;看不惯,就以为丑而已。在十年前,我们若见一位剪发女子,又说她是顽固是落伍了"①。

甚至缠足审美的发明权在女子而不在男子,缠足虽然乃是取媚男子的工具,但控制权却始终握在女性的手里,是女性征服男性的武器,男性不过是在女性构织的魅力之下越陷越深而已。不过任何伤肌毁肤的修饰,经妇女发明之后,男子们就以此为喜爱与选择的标准,甚至她们对身体某部分摧残得愈厉害,愈能使男子们爱之好之,如疯如狂!这并不是怪男子心狠,是怨她们自寻苦吃,男女间这种情形,并不关什么帝国主义、封建制度,也不关什么财产私有或公有,更不关经济独立或不独立,尤其不关什么人格堕落不堕落,全是由男女的天性不同而起的。②

从"两性战争"的角度诠释缠足的渊源,解构了现代政治话语附加于缠足现象的理解与观察,说女子缠足为诱惑男子之具,其好意在于把"两性之战"的主动权操于女性之手,这话不免有牵强和意气用事的成分在,而且也有重蹈"祸水论"的嫌疑。但老宣的言说确实想把评价尺度建立在男女情爱的生理框架内复原缠足作为两性相互吸引之现象的互为因果关系,而且特别突出了女性的自主意识,故对政治解说具有相当的纠偏作用。"因为男女各本天性,互相求爱,是维持人类于不绝的天职,方式虽然不同,并无轻重高下尊卑之可分。"老宣的提醒是,缠足现象同样是女性审美意识参与下形成的,甚至会出现"同性战争"的场面。一位叫金素馨的女士有一次随母亲赴邻村祝寿,来宾中的张氏姊妹由于小脚"瘦不盈握",受到众人称赞,相反,则由于自己双脚又大又肥,受到了嘲笑。于是下定决心,"纵受任何痛苦,誓死加紧缠足,以雪此耻焉"③。经过一番痛苦的缠裹过程,回到家中,众人"相与瞠目拚舌,争为予贺。自是惟从事于新式鞋袜,不再求足之小,

---

① 老宣:《对于采菲录之我见》,见《采菲录》(韧编),第10页。
② 同上书,第18页。
③ 《金素馨女士自述缠足经过》,见《采菲录》(影印本),第90—92页。

而远近数村诸姊妹论足,已推予为魁首矣"①。金素馨缠足从被动到自觉,除了社会舆论的推力之外,女性间对缠足程度的相互认同也是使缠足日趋合理的原因。

与传统的审美取向构成鲜明差异的是,近代反缠足理论几乎越过了对缠足女性体态行为的评价,而是直接从缠足的内部构造入手来定义和描述疼痛的感觉,把它视做"解剖上生理上的变态"②。过去对缠足妇女行路姿态的描述往往是:"踏青有迹,一钩软玉之魂;落地无声,两瓣秋莲之影。"③极尽赞叹欣赏之能事。而近代反缠足话语则抱着生理解剖的技术眼光给缠足的步态下了结论,定性的是"行路时起的障碍和特殊的步行",以下这类病理式的疼痛分析经常见诸报端和杂志:"大概缠足的人往往把身体的重心单注在脚跟上,所以身体动摇不稳固,而步行时全力都在跟部,发出一种重笨的步音来。踝关节的运动领域,因为足趾不活动,所以不很活动,行路时只见膝关节的屈曲或伸展,而不见踝关节的屈伸,又遇到外物接触着他的独一的拇指的时候,往往发生剧痛。"④

在这里,"疼痛"按照健康/病态的医学二元标准重新进行了衡量和划分,然后再泛化为一种民族和国家的苦难记忆。我们发现许多解放后的访谈和自述都是从"疼痛"入手扩展对缠足的记忆的,而对疼痛获得的快乐结果基本采取淡化的态度。河南临颍县天足会的一张公启中更把"疼痛"的摆脱与民族人种的兴旺发达直接建立起了因果关系,因为"放足以后,身体强健,老者放足可减免病痛,幼者放足发育较速,并无妖殇的患"⑤。然后直接推导出一个想象性图景:"天足之母生子必强壮易于养育。"这显然是个无法证明的结论,再上升到令人咋舌的新高度:"我国二万万妇女,悉变成强健的女国民,能作生理事业,又可产出亿兆的男女国民,则中国可望富强。"⑥

---

① 《金素馨女士自述缠足经过》,见《采菲录》(影印本),第 90—92 页。
② 朱善芳:《缠足和解放的方法》,载《妇女杂志》,第二十卷第三号,1926 年,第 20—30 页。
③ 《九尾鱼》,引自《葑菲闲谈》,见《采菲续录》,天津时代公司,1936 年,第 239—240 页。
④ 朱善芳:《缠足和解放的方法》,载《妇女杂志》,第二十卷第三号,1926 年,第 20—30 页。
⑤ 杨海泉供稿:民国初年《临颍县天足会公启》,载《漯河文史资料》(河南)第二辑,1988 年。
⑥ 同上。

"疼痛"被重新定义后,原来缠足疼痛所付出的代价是嫁个合适的人家,谋得家庭幸福,"疼痛"正是获取幸福的通行证。而近代对缠足之痛的理解则在健康/病态的医疗框架下被赋予了完全负面的涵义。原来的疼痛既可能是社会习俗也可能部分是女性个人的选择,而现代意义上的"缠足之痛"被纳入到一种国家利益的复杂关系网络中重新加以识别。在这个意义上,"疼痛"已不是个人选择不选择的民间事情,而是国家利益的真实反映,"疼痛"与婚姻幸福的对应关系被切断了。这样一来,疼痛换来的缠足公众形象之美,就自然消解在了国家种族的大叙事之中,因为"家庭""婚姻"的个人幸福也须服从于国家兴亡大格局的制约。

2. 中国传统对反缠足话语的回应

一般论者均认为,缠足作为中国社会中的丑陋现象,一直得到了中国传统知识阶层理论的有力支持,而对缠足行为的批判完全是西方思想输入后引发的现代性现象,这种传统/现代的二元对立观,基本上把中国思想视为缠足现象的同谋和背景,从而排除了在中国传统内部寻找反缠足话语的可能性。然而事实证明,中国传统知识圈中确实存在着相当丰富而复杂的反缠足言论,其立意的基点与建构在现代医疗观基础上的西方反缠足话语有相当大的不同。尤其值得注意的是,晚清的一些反缠足话语并非统一遵循维新派设计的如下思维取向:即把缠足经过"医疗化"的处理,从而把它转换成一种现代政治现象加以审视,晚清部分反缠足言论出现的理由往往恰恰是因为缠足违反了中国传统中的某一类理念和规则,而不是对传统思想或规则的继承和阐扬。把这部分反缠足言说从受西方影响的现代医疗话语中离析出来,有助于我们理解反缠足运动的复杂性和多元特征。

近代以前禁缠足言论的出现至少可以追溯到宋代,宋人车若水在《脚气集》中即已抨击缠足摧残无罪无辜之妇女。[①] 清代钱泳则从传统的角度批评缠足会导致女性柔弱和人种衰退:"妇女裹足,则两仪不完,两仪不完,则所生男女必柔弱,男女一柔弱,则万事隳矣!"[②] 这句话看上去有些形似于现代

---

① 梁景和:《近代中国陋俗文化嬗变研究》,第209页。
② 钱泳:《履园丛话》(下册),中华书局,1979年,第631页。

的医疗政治话语，而实际上是从传统思路中延伸出来的评价。钱泳还从王朝更替的节奏中推断缠足与王朝兴亡的关系："考古者有丁男丁女，惟裹足则失之。试看南唐裹足，宋不裹足得之；宋金间人裹足，元不裹足得之；元后复裹足，明太祖江北人不裹足得之；明季后妃宫人皆裹足，末朝不裹足而得之。"① 这条史料曾被史家反复运用，其意即在于欣赏钱泳反缠足言论的政治视野，但此政治视野显然不同于处在国际政治秩序支配下的近代知识分子的视野，近代知识分子在缠足与强国保种的焦虑之间建立起有机的联系，与钱泳处理的王朝兴替的话题并非具有不言而喻的传承性，但我们至少可以看出反缠足言论在传统框架内仍有可能上升到政治的纬度。

尽管如此，晚清的一些反缠足言论并没有沿袭钱泳的思路，而基本上仍是在士大夫审美观念的笼罩下进行评论，比如光绪年间发表的一篇《缠足说》中的反缠足理由竟然是认为缠足不足以显示女性美的特征："不知以古美人端在眉目清扬，肌肤细腻，态度风流，腰肢绰约，如必沾沾于裙底双弯之纤短，其亦每况愈下矣。就使其双弯纤短矣，而或面目极陋，几如无盐之刻画难堪，瑕不掩瑜，虽双翘为尘世所无，亦不得谓之为美。"②

这似乎是在为欣赏女性身体美的正当性作解释，完全是一种士大夫式的诠说姿态，然而下文却笔锋一转，认为男子娶妻与审美无关："不知男子娶妻本为继嗣，原非若秦楼楚馆中卖笑倚门，令赏心裙下者趋之若鹜，足虽缠小无用也。"③ 除了传宗接代的功用外，女子闺训中塑造出的女性特征仍是判别美丑与否的重要标准："况妇以四德为要，假使颜色既美，双弯亦佳，而独不能朔闺训，河东一吼，四座皆惊，其不免邻里之耻笑，失男子之欢心者几希，足之小不小何益焉！"④

另外一位作者则同样指斥缠足只有利于在家里狐媚争宠，而无助于"妇德妇功"，他发问道："噫，养育子女将以妇德妇功，异日宜其人家乎，抑欲

---

① 钱泳：《履园丛话》（下册），中华书局，1979年，第631页。
② 《缠足说》，载《申报》，第39册，光绪十七年十一月初一日，第930页。
③ 同上。
④ 同上。

教以女子有使之狐媚争宠乎？"① 这就直接把缠足与诲淫风气联系了起来，与原有的缠足合理化的言论区分了开来。曾经有一位士子在看了张之洞的《戒缠足会章程叙后》以后醒悟到缠足不仅可区分男女，而且也可区分等级阶层，所谓"男之与女居处有别，职事有别，服饰有别，而自汉唐以后，因时制宜，则又别之以缠足，其不缠足者，边省僻县也，农民小户也。此外上自勋戚，下至闾阎，凡诗礼之家、缙绅之族，无有生女而不缠足者"②。

不错，缠足在中国社会中本是具有区分等级的功用，不过如果不稍加约束，其区分男女的功用就会膨胀起来，成为诲淫的工具。原来缠足是为女性节步而设的障碍之法，结果因为青楼女子以此诱人，所以到了晚清，反缠足言论中有不少已从"色诫"的角度为重设男女之防张目。比如一位晚清学人在听说西方妇女设天足会后，首先反应的是，中华妇女不出闺门者居多，所以天足会之设很难为中国女性接受。接着又抨击婚配以缠足之美为优选对象，有可能误导民众心理，抱怨："又闻之今世俗之订婚姻者，往往于媒妁之前，询问女足之大小如何，而定婚姻之成否，至于德言容工四者之尽合与否，则多不甚措意也。"③ 缠足本为家庭婚事方面增加性趣，却又想抑制其扩散为普遍的性解放行为，在这点上，传统范围内的反缠足话语倒是与现代性的反缠足话语强调女性个人与保国强种之间关系的"禁欲主义"言说有异曲同工之妙。

这套以整齐妇容为目标的议论，甚至渗透进了基层学校的教育之中，成为作文议事的范本。例如在一篇江西吉安县立学校学生的国文习作中，就出现了如下议论："缠足非古也，其始女学亡而妇容废，端庄齐敬之态度，后世失其传衍，于是竟为新奇，以取媚悦，而灭绝人道之徒，利此时机，逞其凶德，缠足之恶习，作之俑焉，其始也成为下流社会之风俗，其终也破坏世家大族之礼法。"④

---

① 贾子膺：《劝诫缠足说》，载《大公报》，1903年12月15号。
② 《再书南皮张尚书戒缠足会章程叙后》，载《申报》，第57册，光绪二十二年九月十五日，第241页。
③ 《闻泰西妇女设天足会感而书此》，载《申报》，第50册，光绪二十二年四月初十，第19页。
④ 谢振欧：《论缠足之害》，载《中华妇女界》第一卷第六期，1915年。

如果从医疗史的角度观察，中国传统医学对反缠足的回应还表现在各种"缠脚药"偏方的发明和传播上。当时各种都市报纸上都刊登有缠脚药的广告，例如《申报》光绪二十二年登有一则《包缠小足外洗药》的广告，广告中写道："此药西蜀盛行，能舒筋活血，止痛化湿，凡女孩缠足痛苦万分，殊堪悯恻。只须用此药煎洗，逐渐缠小，三月之后即如意可观，每瓶四两，洋二角，另缠足内搽药，大瓶二角，小一角。"①

另一则《管可寿首创缠脚药》的广告中强调："此药缠脚不痛易小"，同时也治疗"幼缠僵不能走"的女孩。②《申报》上甚至刊登过《缠脚药声明假冒》的打假广告③以示缠脚药在晚清仍是一种流行药品，同时也暗示出反缠足运动的曲折状况。在大量为缠足辩护的议论中，尚有一种观点认为"疼痛"的发生在于缠足手法的失误："盖缠之得法，实无多少痛苦可言，其法则不外勤洗、轻拢、慢捻，数种手段而已。"④一位缠足女子在回答好奇者提问时，特别强调七八岁的女子"骨之胶质多，其性柔软"，只要缠裹方法正确，"久而久之，于不知不觉中，足趾即可就范，尚何有多少之痛苦乎？"⑤这名女子又称："莲之愈小而尖瘦者，行走愈不疼痛，至其半尺之莲及两足如船者，其行走愈加疼痛，此无他，盖拗时既不得法，未免因痛而不肯拗。迨稍知爱美，而年已老大，虽欲拗而不能矣，贻害终身，实自贻伊戚也。"⑥大量存在的缠足之痛反而源起于缠裹的不得法，这到底有多少医疗根据，或有多少代表意义，很难确考，不过从现在遗留下来的大量对缠足痛苦过程的描述中至少可以确知，民间母亲给女儿缠足时的手法真可谓千姿百态，肯定会对

---

① 《申报》，第53册，光绪二十二年，第688页。
② 《申报》，第50册，光绪二十一年四月十二日，第38页。民初上海也出现了一些"放脚药"，如《申报》上就曾刊出过五洲大药房出产的放脚药广告。其中说道："此药活血壮筋，日常用之非但放脚有效，大益卫生，且能辅助生育。"参见黄克武：《从〈申报〉医药广告看民初上海的医疗文化与社会生活，1912—1926》，载《中央研究院近代史研究所集刊》，第十七期，下册，第185页。
③ 《关于金莲问题征答·答五》，见《采菲续录》，第320页。
④ 同上。
⑤ 同上。
⑥ 同上。

疼痛的轻重程度有决定性影响,另外所用药物无论是民间土方还是正规的中药都可能对缠足后的骨骼位置及行走姿势与行路时的舒适程度有差异极大的影响,不可一概而论。

3. "金莲"到"高跟鞋":士大夫与卫生视角的交错

高跟鞋的引进本为现代时尚在中国流行的表现,与缠足风气的没落恰成反差和对比,被当时舆论认为是上流社会取代缠足的象征性标志。然而在近代语境中,对穿高跟鞋女子步态与行姿的评价却存在着两种截然相反的观点,即从"审美"和"卫生"的角度出发作为评判标准。令人惊奇的是,"审美"与"卫生"的评价并不截然二分地出自传统与现代的两个阵营人群之口,而是交错存在于不同背景的论说中间。

比较典型的一种观点是蒋梦麟在《西潮》中的说法:"也许是穿着新式鞋子的结果,她们的身体发育也比以前健美了……我想高跟鞋可能是促使天足运动迅速成功的原因,因为女人们看到别人穿起高跟鞋婀娜多姿,自然就不愿意再把她们的女儿的足硬挤到绣花鞋里了。"[1]蒋梦麟的观点基本上把缠足与高跟鞋作为两个时代女性生活的象征对立了起来。但我们明显感觉到他仍是从体态入手分析,认为穿高跟鞋姿态在婀娜多姿的程度上远胜于缠足,这基本上还是一种传统文人凝视女性的欣赏角度,所以就有人专门从女性姿态入手予以反驳:"至西妇之好穿高跟鞋者,以鞋跟既高,则行走时有所顾虑,不能过于急速,且鞋跟愈高,行时愈见窈窕,正不输吾国缠足女子之美观焉。"[2]甚至高跟鞋"行时其声橐橐,与昔时弓鞋声之咭咯者,有殊途同归之妙"[3]。这位作者还煞有其事地考证出中国自古就有高底鞋,而高底鞋的作用就是"使尖尖玉趾,不得不俯,盖其作用为辅助小足愈见其纤削耳。"[4]高跟鞋既然具有使足部纤削的作用,自然和缠足的功用无异,只是程度不同而已。

---

[1] 蒋梦麟:《西潮·新潮》,岳麓书社,2000年,第99页。
[2] 卿须:《莲钩清话》,见《采菲录》(初编),第135—136页。
[3] 同上。
[4] 同上。

也正因如此,高跟鞋的流行受到了另一派言论的批评,如李一粟就认为高跟鞋是天足运动发起后的变相缠足。因为现代女性也许以为足太大了,未免要失去美观,但她们又不愿意开倒车去步古人的后尘,把脚缠起来,让她痛而不能行,最后自然只有穿高跟鞋以免露出"马脚"了。① 高跟鞋"于行恰时,也可以收到袅袅娜娜之风韵、媚态"。正因如此,李一粟"以为应该要有一个第二次的真正的天足运动的产生"②。

这一派中与李一粟略有不同的观点多从健康与卫生的观念入手,有意丑化高跟鞋的审美特征。如有议论认为穿高跟鞋至少有三大害处,即不经济、不卫生和不方便。从卫生角度说:不惜削足就履,走起路来,只得用那五个趾尖头,于是原来的筋骨,尽被屈折,久而久之,两脚形成变态,有累及子宫的位置,造成月经不调和经痛。自然感叹是免不了的:"这样还说是摩登吗?岂不是自己造孽吗?……不信,请看看十字街头的小姐,她们走路岂不是好像缠脚老太婆一样吗?慢慢地一举一踏,恐怕稍微着急,就有倾倒之虞,所以精神疲乏,气喘力竭。"③

与婀娜多姿的评价相反的原因显然源自于对高跟鞋造成疾病症状的想象性延伸。有论者说得更为严重:"久而久之,尻骨盘向前突出,子宫也变换了自然的位置,往往成不娠或流产的毛病。尻骨盘的前突,能波及邻近的脊骨也随之而弯曲,甚至身体衰弱,不耐劳苦,竟旷废了妻子的天职,岂不罪过。"④

又有一种观点从力学的角度立论,把高跟鞋与踩高跷相比较:"其足趾用力之形式相等,踩跷无论如何矫健,亦可暂而不可久也。然其痛苦与后患,当之者自能知之,较之缠足之苦相伯仲耳。"⑤ 把忍痛显示体态的美学过程,转换成寻找支点而不得的纯粹生物物理学现象,高跟鞋之美自然要大打折扣了。如以下把高跟鞋与缠足做比较的描述就像一场冷冰冰的科学讨论。

---

① 李一粟:《从金莲说到高跟鞋》,载《妇女杂志》,第十七卷第五号,1931年,第30页。
② 同上。
③ 温建之:《广西女学生生活》,载《妇女月刊》第三卷第三期,1935年。
④ 《关于金莲问题征答》,见《采菲续录》,第338—330页。
⑤ 同上。

高跟之用意"据云此系西俗尚曲线美，有科学作用。因西方美人之曲线，在耸臀与献乳，成为 S 形。此与中国缠足作反比例，御高跟鞋足趾用力，其臀自耸，其胸自挺，缠足妇女，除环肥者外，其臀多缩，曲线甚小云"①。这样讨论的结果，自然人们无法纯粹从步态体姿上比较缠足与高跟鞋的优劣，因为它们共同是在科学的观照下被丑化的。

有论者有鉴于此，专从文化比较和习俗氛围规定的特有情景中立论，倒也显得不无道理，起码反映的是当时人们的普遍心态。在特定的历史场合："缠足女子亦应纤纤细步，方能适合与精妙，任何变易，皆不雅观，变换标准以相讥诮，亦不达理。当缠足盛行时，天足妇女自惭形秽，每着高跟，底作船形，行时前后俯仰，仿佛小足者以为雅观，今则因风气不同而不取。而穿高跟鞋之摩登女，行时无异小脚女，故知缠足女子之行步实有一种雅观也。"②

也就是说雅观不雅观不可能由科学标准作出评判，而更多的是一种历史文化习俗的选择，即时人所谓"雅观不雅观，须就各样体态范围内而评定优劣、不可以龟鹤同列、而比较其颈之短长也"③。从以上所举对高跟鞋与缠足相较的评论中，其实有一部分人明显承认高跟鞋不卫生不经济，可背后仍窃窃欣赏认同高跟鞋所带来的体态美。如 1933 年的《女声》杂志中就记有一条故事，其中说："某君大做文章骂女人穿高跟鞋，理由是不卫生、不经济，但他却不愿自己的恋人穿平底鞋。据说是因为他的恋人太胖，穿平底鞋太难看。"文章作者揣度此君的心理是："难看对于爱是有影响的，爱情动摇时，比不卫生不经济的损失还大。"④

（该文只选择了原文的部分内容，原文出自汪民安主编《身体的文化政治学》，河南大学出版社，2004 年）

---

① 《关于金莲问题征答》，见《采菲续录》，第 338—330 页。
② 《金莲爱特生述》，见《采菲四录》，第 51 页。
③ 同上。
④ 《女声》，第一卷第二十三期，1933 年。

选文二
观念与社会：女子小脚的美丑与近代中国的两个世界

杨兴梅

清季开始的反缠足运动经过由劝到禁的持续努力，成绩是显著的；特别是经过南京国民政府十余年的大力禁缠，不缠足运动取得了显著的成效。但是，屡屡的禁令，特别是时至抗战期间仍不断禁止，提示着相当部分的城乡妇女似乎仍对小脚情有独钟、不肯割舍。以今人的眼光看，放足是对妇女的解放，而她们中大量的人却宁可忍受缠足的痛苦并承受惩罚而仍不愿放足。近代各种社会革新之中，为什么革掉女性脚上的裹脚布竟如此之难？一种社会行为在如此多阻力的情形下仍能延续，应该说有更深一层的原因。①

宋元以来，多数中国人视女性小脚为"美"约有近千年之久，只是在近代才突然逆转，渐视小脚为"丑"；进入20世纪后，越来越多的人认为欣赏小脚是一种受"病态"心理影响的"病态"行为，这样的认知基本上为今人所普遍接受。然而，近代中国缠足与反缠足两种观念之间的竞争是持续而充满曲折的，在相当长的时期里，多数女性其实更多倾向于小脚美的一边。今日要探索缠足禁而不止的原因，除各种社会、政治、经济因素外，尤其应该考虑大量缠足女性本身的观念。

在近代中国这样一个男权社会中，整个女性群体可以说始终处于一种"失语"（voiceless）的状态之中（同时期的西方也基本是个男权社会，故女性的失语大致是一种中外皆然的共相，不过程度有所不同而已）。但是，由

---

① 参见杨兴梅：《南京国民政府禁止妇女缠足的努力及其成效》，《历史研究》，1998年第3期。

于缠足在近代中国已渐被认为是象征"落后"的恶习，在基本为趋新士人所控制的舆论及出版物中，缠足女子显然是一个受到歧视的社群，因而她们在各类印刷出来的文献中可以说处于一种更严重的"失语"状态之中；即使是提倡妇女解放的专门女性刊物，其"话语权势"也完全掌握在反缠足者一边，几乎没有给缠足女子什么发言权。换言之，在追求"妇女解放"这一"社会进步"的过程中，民初以来许多趋新士人为之奋斗的一项主要原则——（女性）个人的权利及选择生活方式的自由，却因为缠足行为被认定为"野蛮落后"而在相当程度上被"合理地"剥夺了（至少其发言权是被基本剥夺了）。

既存文献的这一倾向有力地影响了相关题目的研究状况，到目前为止，中外对近代女性缠足现象的研究主要侧重于反缠足运动一面；反之，坚持缠足的行为及缠足女性本身却都较少受到关注（在这些研究中缠足女性通常是作为一种"错误行为"的载体来进行处理的）。将缠足与反缠足双方观念平等对待和处理的中文论著似尚未见①，本文希望在这方面稍作尝试。除了研究者自身的倾向性外，这样一种研究现状在很大程度上也要归因于资料的缺乏。基于缠足女子严重"失语"的实际状况，她们的声音不得不从其他方面去搜寻。幸而在近代以来各种"劝谕"告示文章中，无意中保留了相当数量的材料（即劝谕者所针对的观念），说明女性何以会愿意忍受肢体痛苦而或主动或被动地选择缠足这一方式的各种理由。②本文拟围绕缠足与反缠足两种观念的竞争进程，从审美观的渊源流变这一层面探索小脚由"美"变"丑"这一过程，特别侧重审美观中折射出的思想竞争与社会变迁的互动，兼及风化与从众随俗问题、婚姻问题与近代中国的两个世界等面相。

---

① 这方面的外文论著我接触和了解得都不够，高彦颐（Dorothy Ko）的近作已明显侧重于缠足女性，但其论述限于 17 世纪，参其 *Teachers of the Inner Chambers: Women and Culture in Seventeenth-Century China*（Stanford University Press，1994）。Fan Hong，*Footbinding, Feminism and Freedom: The Liberation of Women's Bodies in Modern China*（London：F. Cass，1997）与本文关联最切，可惜我尚未读到该书。其余非英文的外文论著我也未能涉及。
② 就开始缠足的女童而言，恐怕基本是被动的；但同样作为女性，她们的母亲却是主动代女儿做出这一选择，而且许多缠足女童在年岁增长后对缠足也确实由被动转为主动。

一、从审美观到风化：大众与士人的观念

老百姓长期以来形成的有关缠足的思想观念是多方面的，综合各方面的因素考虑，婚嫁取向及其与之密切相关的审美观念，是问题的关键所在。小脚美丽而大脚丑陋是自缠足成为风俗习惯后人们形成的女性美概念，也是近代人不愿放足的代表性观点之一。这一观念虽随时间的推移发生了变化，但至少到抗战前夕，认为小脚好看因而易于婚嫁的观点在一般老百姓心目中并无根本的变化。

清人钱泳注意到："元明以来，士大夫家以至编民小户，莫不裹足"。那时"举世之人，皆沿习成风，家家裹足；似足不小不可以为人，不可以为妇女"。究其原因，正在于缠足已成为"容貌之一助"，故实"不能不裹"。① 的确，小脚已成为那时人们认知中美女的重要标准之一，从张生眼中的崔莺莺到西门庆眼中的潘金莲，文人言及"美人"都不免夸奖一番小脚的美丽。文人的观念一方面本来就是整个社会的审美观点的反映，另一方面通过文学作品的传播进一步加深了社会对小脚美的认同。人们多把小脚视为女性美之必不可少的条件，有时甚至成为最重要的条件。

清末不缠足运动兴起时，传教士即针对小脚美的观念予以驳斥。1876年，厦门戒缠足会的叶牧师著《戒缠足论》一文，反驳时人认为"缠足与无缠足乃欲别妍媸"的看法说："俗以缠足为妍，以无缠足为媸。故谚之曰梳好头，荫好面；缠美足，荫美身"。他以为"人之妍媸，在乎容貌之丑丽，不在其足之缠与不缠也"。② 基督徒所驳斥者应是时人较具代表性的想法，可见时人正以小脚为美。天足会的立德夫人1895年反驳时人喜欢缠足的原因，其二即"以是为美观也"。到1898年，汉阳永嘉祥仍在说"缠足女子，不知

---

① 钱泳：《履园丛话·裹足》，上海文明书局清代笔记丛刊本，第15页。
② 文录抱拙子《厦门戒缠足会》，《万国公报》（光绪五年正月，本文所用为台北华文书局1968年影印本，页数也随影印本，该报早期卷次不明，光绪十五年改版为月刊，以每月为一次，后改称卷，以下引用早期文章仅注时间），第6118页。后抱拙子又自己署名，将其以《劝戒缠足》之题再次刊于该刊第50卷（光绪十九年二月），第13461—13466页。

自爱，方且紧缠巧饰，以炫耀观瞻"。① 小脚能有"炫耀观瞻"的作用，最能提示反缠足者所面临的困境。

类似的观念在此后中国官绅的反缠足言论中也随处可见。1910 年四川绥定府学劝谕女子放足，即指出缠足是因为百姓认为"女儿家穿裙褂，一定要缠足方才好看"。他劝谕说："女人家好看处，在乎容貌，哪里是足"。同年四川巡警道的《劝谕妇女放足白话告示》也说："从前未禁缠足，以天足为丑。现在人人都是天足，个个都以缠足为丑。尔等再不放足，真是不知自丑。"② 但四川老百姓似并不因为这些人的劝驳而改变其审美观念。据生活在那个时代的张永年回忆，辛亥革命后，父母仍替女儿缠足穿耳，把一双自然足变成畸形脚，"走起路来，忸忸怩怩，说这样才美"。③

四川如此，北京亦然。据民国初年《晨报》所论，北京"那些无智识的妇女，她们到现在，还是以为小脚好看"④。到北伐时期，时人发现北京"裹小脚的陋俗，并未完全废除。中年以上的妇女，固无论了；可怜那五六岁的小女儿，已经裹得金莲三寸，步履艰难了。这种盲从的恶俗，也以土籍居多。偏生奇怪，和他们男人的豚尾竟同样的像骨董似的郑重保存流传下来。要是诘问他们的理由，总不外回一声'好看些'。"⑤

整个 20 世纪 20 年代，类似的情形随处可见。山西阎锡山在 1923 年仍发现各县的人因缠足者尚多，"看见天足的不好看"；他劝导说，"将来天足的多了，人家看见缠足的更难看"。⑥《妇女杂志》刊载的许多县一级妇女调查，均证实小脚美是妇女继续缠足的一个重要原因。如"义乌妇女无不染此惨

---

① 天足会闺秀：《缠足两说·匡谬》，《万国公报》第 77 卷（光绪二十一年五月），第 15275 页；永嘉祥：《戒缠足论并序》，《万国公报》第 118 卷（光绪二十四年十月），第 18087 页。
② 《演说》，《四川官报》宣统二年第 3 册（二月中旬），第 1 页；《演说》，《四川官报》宣统二年第 16 册（六月下旬），第 1 页。
③ 张永年：《解放前隆昌社会风貌》，中国人民政治协商会议隆昌县委员会文史资料研究委员会编：《隆昌文史资料选辑》第 2 辑。
④ 李荣楣：《中国妇女缠足史谭》，姚灵犀编：《采菲录续编》，天津书局，1936 年，第 25 页。
⑤ 宋化欧：《北京妇女之生活》，《妇女杂志》第 12 卷第 10 号，1926 年 10 月。
⑥ 《劝导天足告谕》（1923 年），《山西村政汇编》，山西村政处 1928 年编印（本文所用为台北文海出版社影印本，以下径引书名，页数据影印本），第 527 页。

毒"，盖因"社会风俗上，尚是承认妇女缠足愈小愈美的"。"余姚社会风俗上，在僻处地方，尚承认妇女缠足为美丽的"。定亲时，男家仍要问"新娘子小脚吗"？而黔阳"全县的妇女，找不出一个剪了头发的。偏僻的乡村，尚多以缠足为美观。"①北伐后天津特别市妇女放足会作劝谕歌，仍在驳斥"一般愚蠢汉，偏说足小才好看"，主张脚之美好在自然，不在足之缠不缠。②

时至 30 年代，老百姓以小脚为美的观念似未见根本的转变。1932 年四川灌县官方刊发的《为放足运动告民众宣言书》中还在就时人把脚"缠了又缠，捆了又捆，以为愈小愈好看"的观点进行劝谕。③一位云南人在 30 年代初回忆说："从前在家乡时，常常听见为父母的替儿子选择媳妇时，一开口就要问：'姑娘的脚小不小？'而我们社会里也就隐然有一种趋势，把小脚当做美女的标准，姑娘们也就把小脚认为自己美丽的要素。"④据时人调查，30 年代初昆明县汉族妇女缠足者还在 8/10 以上，当地"以小脚为妇女美的思想，仍占据了大部分人的脑海。娶媳时要先问是否小脚"。⑤

云南省曾有家长因学校主张放足而阻止女儿入学的现象，当地的观察者认为这说明"那时候的社会心理，无论男女，还是有'三寸金莲'为美的观念存在"，所以才有"不缠足不能适人"的说法。故"移风易俗，并不能单以严刑峻法收效"。另一位观察者知道小脚已"成为审美的标准"，在"女为悦己者容"的社会，缺乏美的条件，自难得男子的爱怜，其"婚姻一定不会美满，甚或没有人来问字"。所以他主张"从婚姻方面着想"来解决缠足问题，即"凡未订婚的女子，若不解放缠足，暂时不许她订婚。已订婚的女子，

---

① 李尚春：《义乌妇女的生活状况》、马志超：《谈谈余姚的妇女》、黄俊琬：《黔阳妇女的生活状况》，《妇女杂志》第 12 卷第 11 号（1926 年 11 月）、第 13 卷第 6 号（1927 年 6 月）、第 14 卷第 1 号（1928 年 1 月）。马志超注意到余姚沿海一带女子多不缠足，"她们因为工作忙碌的缘故，身体上已得解放，真是可喜！"这大约是趋新男子的观念，当地妇女自身是否觉得可喜，恐怕很值得怀疑。

② 《放足歌》，《采菲录续编》，第 47 页。

③ 1932 年 2 月 25 日《成都快报》。

④ 云苍：《改良风俗与女子放足》，《民众生活周刊》第 51 期，1933 年 5 月 27 日。

⑤ 褚守庄：《云南天足运动之回顾与前瞻》，《民众生活周刊》第 50 期，1933 年 5 月 20 日。

若不解放缠足,暂时不许她结婚。"① 可见至少到 20 世纪 30 年代,以小脚为美的观念仍然广泛存在于民间。

那时流传的歌谣颇能提示这一审美观的普遍存在。民初北大的歌谣研究会曾征集了至少 45 首内容相近的民歌《看见她》,董作宾曾做《一首歌谣整理研究的尝试》一文,专门探讨此歌谣的传播流变及其各方面的含义,他总结出的"各处理想中的美人"共 12 个地区,其中 10 个地区都包括小脚这一重要成分,例外的两个地区是湖南和安徽绩溪,前者共二首,一首全不提看见的容貌,另一首则仅注重装饰,特别是全身的金首饰,却无一语言及体态方面的容貌,所以这两首民歌与多数同类民歌的可比性不足。而安徽绩溪那一首的搜集者是胡适,实在不排除有搜集者无意识中进行选择的可能性(胡先生提供的另一首由南京传到安徽旌德的歌谣也同样没有关于脚的描述,与其他安徽、南京的同类歌谣颇不同)。无论如何,绝大多数地区的理想美女皆为小脚是不争的事实。②

这首民歌传唱的时间应相当长久,因为其中的男主人公基本是以骑马(只有个别江南地区的改作摇船)代步,而南方的大部分地区实际早已不用马为交通工具了,这意味着此歌起源较早而传唱甚久。同时,其中一些要素(比如男主人公的身份)在传承中的调适也很值得注意。在董作宾提出的南系传承的发源地成都,男主人公是"张相公",后来的则有不少"小学生"(包括留辫子的和不提是否有辫子的)。在这一歌谣传唱过程中男主人公从"相公"到"学生"的转变既表现出"读书人"这一民间"理想型夫婿"身份认同的继承和演变,也提示了歌谣所反映的审美观经历了较长时期的社会变迁而仍继续维持。

如果说脚要小才美是正面的社会认知,反过来,足大则会遭人耻笑,而

---

① 宋文熙:《云南禁止女子缠足的检讨》,灵伯:《献给禁止缠足者》,《民众生活刊》第 50 期,1933 年 5 月 20 日。
② 《看见她》载《歌谣周刊》第 62 号(1924 年 10 月 5 日),董作宾文连载于该刊第 63、64 号(1924 年 10 月 12、19 日)。后来刘万章所编的《广州儿歌甲集》也有此歌,说明广东地区也有流传。参见顾颉刚《广州儿歌甲集序》,《民俗》第 17、18 合期,1928 年 7 月 25 日。需要说明的是,广州那一首并无小脚内容。

且多是来自同性人的耻笑,这是一个非常值得注意的现象。1895年立德夫人所反驳时人喜欢缠足的原因之一即"妻女皆肤圆六寸,其奈遭人笑何?"①同年以立德夫人为会正的天足会曾在《万国公报》上征文,其中一篇应征的文章也指出反缠足的三难之一是"妇女衣服装饰,尚思争胜,况显然足之大小乎!同辈聚处,俯视裙下,独不如人,未免启笑同侪,或且取憎夫婿。当此之时,有反谓宁受痛楚,而怨其父母不早为缠小者。"这里已明确指出主要取笑者正是同性别之人。1898年永嘉祥也注意到时人对于放足"虑其易遭耻笑者有之"。两年后有人论禁缠足之阻力,仍包括"虑亲友旁观之贬驳"和"虑妯娌之藐视"两条。②

这种对大脚的负面反应与对小脚的欣赏一样传承到民国时代,1928年有人观察云南省妇女情形说:"缠足是她们最不幸的遗俗,愈小愈可得到社会的艳羡和赞美。她们的脚若是缠得不小,社会上也就要批评她们是个大脚丫头。她们得了这个美之称号,便觉得是奇耻大辱,所以缠足的竞争,一天更甚一天。到今日她们缠足的气焰,还是很热烈地燃着。"③这里特别明显地表现出缠足者与反缠足者截然相反的审美观,前者认为"大脚丫头"是"美之称号",后者却觉得是"奇耻大辱";当时当地的"社会"显然是站在后者一边,但文章的作者却是站在前者一边的。

几年后,云南有人分析女子缠足的理由,仍是"小脚美丽"。不仅男人将小脚作艺术品欣赏,男方父母提亲,"先要看看人家女儿双脚的大小"。就是女性自己,"也常常以品评一般姊妹们的两脚,做她们谈话的资料。而被品评者的自身同家属,也都觉得人家说好说歹大有关乎荣辱似的"。当地一位小学毕业的女性自述其几缠几放(最后还是放大了)的经历,说到何以

---

① 天足会闺秀:《缠足两说·匡谬》,《万国公报》第77卷(光绪二十一年五月),第15276页;永嘉祥:《戒缠足论并序》,《万国公报》第188卷(光绪二十四年十月),第18087页;冯守之、顾子省:《天足旁论》,《万国公报》第139卷(光绪二十六年七月),第19492页。
② 鸳湖痛定女士贾复初:《缠足论》,《万国公报》第91卷(光绪二十二年七月),第16218页;永嘉祥:《戒缠足论并序》,《万国公报》第188卷(光绪二十四年十月),第18087页;冯守之、顾子省:《天足旁论》,《万国公报》第139卷(光绪二十六年七月),第19492页。
③ 崔崇仁:《云南缅宁的妇女状况》,《妇女杂志》第14卷第1号,1928年1月。

要缠足的一个原因正是女子自己怕"被人家笑话",在女"同伴面前有些面愧"。①

可知不缠足而"被人家笑话"牵涉到女子自身和家庭的"面子"问题。"面子"在中国文化中的作用是近代来华之西人最觉不可解者,后来社会学人类学者论之甚详,此不赘。若说"面子"在近代中国社会生活中完全不可小视,大约是无争议的。我们再看20世纪30年代云南一位女作者分析父母为女儿缠足的观念,其一为不缠足不柔弱,缺女性美;其二是"女儿不缠足,或缠而不小,是母亲懒散无能的表现"。故"女儿的脚缠得小,人家就赞扬,是母亲十二万分的光荣。反之,女儿的脚缠得不小,人家就见笑,是母亲的过失,即是母亲的耻辱。"②一般而言,子女的教育是分配给父亲的社会角色,即《三字经》中所说的"养不教,父之过"。由于男女有别,女童的缠足正是分配给母亲的社会角色,《三字经》中的话稍改即适用于母亲(实际上,穷人家的小孩不能念书者众,但父亲因此被取笑的似不多见;女儿不缠足则母亲会被人讥笑,正说明缠足的普及)。从缠足女子本身到母亲再到整个家庭的荣辱即"面子"问题,是非常重要而不容忽视的社会因素。

值得注意的是,这里的"面子"恐怕更多涉及的是女性自身的社交圈子。前述云南女子正是感到在"同伴面前有些面愧"。民国初年一首《缠足有害唱》说大脚女子的窘境道:"见了人他面上先带三分臊,极好的人教两支大脚代[带?]坏了。"③1928年有人考察保定的妇女生活,发现"妇女最以为不美的是脚大,最以为美是三寸的小脚。脚大就不能嫁于富家,并且要被人耻笑。"④稍早王森然提供的保定歌谣颇能印证这一观察,这首民谣唱道:"张大嫂,李大嫂,二人打架比莲脚。张大嫂硬说李大嫂的脚板大,李大嫂牢说

---

① 济民:《辟缠足的理由》,《民众生活周刊》第51期,1933年5月27日;乡姑娘:《致缠足女同胞的信》,《民众生活周刊》第50期,1933年5月20日。
② 坚贞女士:《一般父母为女儿缠足之心理的误谬》,《民众生活周刊》第50期,1933年5月20日。
③ 《劝戒》,姚灵犀编:《采菲录三编》,天津书局,1936年,第4页。
④ 蝶仙:《保定附近的妇女生活》,《妇女杂志》第14卷第11号,1928年11月。

自己的脚板儿小。"① 大约同时有人观察浙江兰溪的情形说，缠足之风在"城区稍懈，乡间则如故。村妇见女子之天足者深耻之"②。

河南卫辉的民谣也唱及"大脚婆娘去降香，看见小脚气的慌；大脚一见暗生气，款动金莲回家乡；将身坐到床沿上，劈头带脑打顿巴掌"。以下并以种种民间事物作比喻，详述自己的大脚如何不争气。③湖北的《大脚十恨歌》更专唱大脚女子自我的悔恨，其中述及到婆家的当日被一位老妈妈"从头一看到脚下"，引起"一屋姑娘打哈哈：恭喜你家好造化，人倒是好脚太大"。大脚女子的结论是"母要贤良脚裹小"，这样丈夫公婆都会善待，而自己也可"人前只管把脚跷"。④最后一语尤其表达了大脚女子的心态：她们因为脚大而不得不在行为上自我约束，其实比小脚女子少了许多行动的"自由"。

今日形体较胖的女性在一定程度上即有类似当年大脚女子的感觉，台北一位参与减重班的女性便记得她在学校时曾受到同学的挖苦："如果我有比较大的动作，有些同学会说：'你不要跑啦，地震！'他们可能说：'你千万不要去游泳，整个台北市要淹水了。'"结果她在参与社团活动时，"大家都是一排站着，或是一圈站着，我都是低着头。那时候我为什么抬不起头？因为我觉得让你看到我是我的错；我会有那种感觉，好像我不应该让你看到不好的东西、不漂亮的东西，我出现在你的面前是我的错。那是一种很奇怪的想法，可是我就会觉得如果现在有一个门让我躲进去的话，我会觉得很舒服。我不需要暴露在大众面前让人家看到我，那是一种很不舒服的心态。"的确，害怕被人看是肥胖女性的共同感受。⑤而她们始终感到有人在不甚友善地

---

① 《歌谣》，《妇女杂志》第7卷第6号，1922年6月。
② 寒萤：《兰溪女界观察谈》，《妇女杂志》第7卷第9号，1922年9月。
③ 刘经庵编：《歌谣与妇女》，《民国丛书》第4编第60册，上海书店1992年影印本，第206—207页。
④ 转引自陈存仁《女性酷刑缠足考（中）》，台北，《传记文学》第62卷第1期，1993年1月。
⑤ 参见林淑蓉《性别、身体与欲望：从瘦身美容谈当代台湾女性形象的转换》，"健与美的历史"学术研讨会（台北"中研院"历史语言研究所，1999年6月11—12日）会议论文，第14—15页。

"看"自己，因而对社交产生自我压抑的心态，尤其值得重视。

20世纪末年台北都市偏胖的女性所面临的挖苦有可能来自两性，但以民国初年女性的社交习惯言，大脚女性感到的窘境恐怕多是在同性目光的"注视"之下。而摆脱窘境的方式除了回避，还有掩饰，正如《缠足有害唱》所说："大脚的妇女自己常犯难，千奇万怪巧妆点"。这样的掩饰虽然往往难以成功，大脚女子仍不得不在鞋上大做文章以掩饰其脚大。①

无奈心态的反面即是主动的追求。女性为应付社会习俗而不得不缠足者固大有人在（详后），但也有不少人不仅主动要缠足，而且希望尽量缠得小。林纾就注意到："娘破工夫为汝缠"，正是"但求小脚出人前"。② 这或者说的不是被缠足者个人的愿望，然方绚的《金园杂纂》专记各种与小脚有关的观感，其中涉及女性自身者颇多，如"难容"条为"大脚嗤人足小是爱俏"；"无见识"条有"见他人脚小，却道你是怎么裹来"；"不自量"条为"试他人弓鞋，说只嫌略小"；"自羞耻"条为"闻人背地评己足大"，说的都是女性自身追求小脚美的同性竞争情形。③ 现在一些女性主义者或认为这是因为男权意识内化了女性心灵，然而类似的表述其实相当多，如果都从这一角度去看，恐怕太轻视了女性自身的主体意识。④《金园杂纂》所记或者多涉及上层女性，而大量这方面的民歌则说明小脚美也是下层社会一般人家女子的追求。在西潮入侵之前，虽然也有少数因反对缠足而不同意脚的大小与美丑相关的言论，说小脚美是全社会较普遍的共识，应不为过。前面说过，小脚美本是文人一再吟咏的题目，但正像古代中国许多事物都被泛道德化一样，对更严肃的士人来说，缠足也涉及风化问题。在这方面，士人的观念与大众是有些距离的（当然，那些认为缠足诲淫的道学言论其实仍充分承认小脚的

---

① 《劝戒》，《采菲录三编》，第4页。
② 林纾：《新乐府·小脚妇》，选印在《贵州文史丛刊》1981年第10期。
③ 方绚：《金园杂纂》，载虫天子辑《香艳丛书》第8集第1卷，人民文学出版社1992年影印本，总第2060、2063、2067、2068页。
④ 参见 Dorothy Ko, *Teachers of the Inner Chambers: Women and Culture in Seventeenth-Century China*, pp.147—171；郑培凯的书评《明清妇女的生活想象空间》，台北，《近代中国妇女史研究》第4期，1996年8月。

性吸引力，实际也就肯定了小脚美的观念，详后）。缠足的泛道德化即体现在其与"妇德"的联系，至少在晚清时，传教士曾一再驳斥女子缠足所以节步、让她们谨守闺房的观念。

1875年时，一无名氏反驳时人观点说："或曰女子缠足所以节步也，后人失其本意，而取妖娆之态"。他对此不以为然，认为古无缠足，女子不以足小为美。① 次年，张吉六列举世人不愿放足的原因，其一即"俗之由来，所以别男女，杜私奔也"②。到1895年，立德夫人看到的时人缠足原因之一还是"妇女以谨守闺房为尚。既缠其足，即不敢驾言出游，而放浪形骸矣。" ③ 几年后永嘉祥仍注意到反对戒缠足人的一个想法即"男正位乎外，女正位乎内。妇女若不缠足，恐恣意漫游，易启淫奔之渐。以缠其足者，拘束其身，所以禁乱步，非徒为观美计也。"④

传教士对中国文化不熟悉，所以一般是将上述看法作为普遍观念来反对，但中国读书人则知道这是士人而非老百姓的观念。1902年宋恕在其《遵旨婉切劝谕解放妇女脚缠白话》一文中指出："有等不通的读书人，每每说妇女定要缠脚，放了脚就容易不正经了"。他反驳说，"上海青楼中人个个是脚短的，难道青楼中人反算正经的妇女么？"宋恕这里点出的"不通的读书人"是值得注意的，看来以缠足"维持风化"主要是读了书的男性的观点。⑤

由于传教士对中国文化生疏，其反缠足的宣传有时竟出现无的放矢或制造（未必是有意的）对象然后进攻的现象。1870年山东烟台浸会的林寿保反驳缠足"所以别男女也"的观点说："男女之别彰矣：须其面，别以形；雄其吭，别以声"。他以为男女在外形声音上差异已极明显，何须以缠足别之。⑥ 这是林氏的中文不通，中国所谓"别男女"是将男女在生活与社会交

---

① 无名氏：《劝汉装女子遵古制》，《万国公报》（光绪元年三月），第1002—1003页。
② 张吉六：《革裹足敝俗论》，《万国公报》（光绪二年十一月），第3422页。
③ 天足会闺秀：《缠足两说·匡谬》，《万国公报》第77卷，第15276页。
④ 永嘉祥：《戒缠足论并序》，《万国公报》第118卷，第18087页。
⑤ 胡珠生编：《宋恕集》上册，中华书局，1993年，第339—340页。
⑥ 林寿保：《缠足论》，《教会新报》（约同治九年，本文所用为台北华文书局1968年影印本，页数也随影印本，该报不分卷，也无明确刊印时间，仅据前后文尽量注明时间），第828页。

往等方面区分开（如所谓"节步"），并不是从形象上区分男女。

但传教士这种观念居然得以持续，民国初年的《缠足有害唱》里劝道："男女分别从头上起，男女分别何曾在脚底"。这首歌里也说到"上帝造人是一样"，大致也是教会方面所做或至少是受教会影响之人所做。① 这一观念的持续提示着后之反缠足者有时也不过是抄袭前人的言说，并未仔细研究各种观念的真义。当然，类似的误解后来在民间也确实存在，民国时期一位作者回忆说，"前十几年，我的乳母对我先母说：'若不缠足，怎能分别男女？'"② 可知在对传统观念的误解方面，传教士与老百姓倒接近。③

随着世事变迁，以缠足约束妇女的士人观念后来却变成了趋新士人眼中的"世俗之论"。《皇朝经世文新编续集》在为《鄂抚端方劝汉人妇女勿再缠足说》写的编者按语中说："世俗之论皆谓，缠足者，所以约束闺阃，使之不敢放纵之意。"④ 再到北伐战争之后，类似观念已再降低为"怪议论"。天津妇女放足会的《放足歌》说："还有一种怪议论，只把女子当玩弄，怕她水性与杨花，裹住足来关住她。"⑤ 总的说来，进入民国后女子缠足以节步的观点已开始淡化，到北伐后逐渐消失。但四川南充县1932年禁止缠足的训令仍指出当地有"藉口礼教，曲为之辞，谓放足则行动易涉于乖张，缠足则进退始征乎闲雅"的见解。⑥ 而缠足与"风化"的关联仍以不同的形式存在，1934年江西省的禁止妇女缠足条款就是包括在取缔奇装异服的禁令之中的。⑦

前引宋恕提出用以比较的上海青楼女子则反映了当时反缠足士人的另一个重要观念，即缠足诲淫。据时人观察，光绪末年的"海上妓女，均为小足"。是时妇女皆重双足之修饰，"尤以娼门女子，更加推波助澜，于是纤足

---

① 《采菲录三编》，第3页。
② 老宣：《对于〈采菲录〉之我见》，姚灵犀编：《采菲录》，天津书局，1934年，第14页。
③ 老百姓的误解或者是西潮冲击导致中国传统崩散后的结果，或者是传教士的误解因西人的"话语权势"而成正解的后果；唯1870年时中国传统尚未受到强烈冲击，当时传教士持此说恐怕不是特意针对老百姓的观念，而是自己没搞清楚。
④ 杨凤藻编：《皇朝经世文新编续集》（二），台北，文海出版社1966年影印本，第1500页。
⑤ 《放足歌》，《采菲录续编》，第47页。
⑥ 《南充县政府训令》（1932年4月），南充县档案馆档案，全宗号2，目录号1，卷号6，第33页。
⑦ 《取缔妇女奇装异服》，1934年6月23日《新新新闻》（成都）。

绣鞋之诲淫风气,遂靡所底止矣。盖彼时选色,首注裙下",脚之大小胜过容貌,"因此娼家女子,无不盛饰厥足,以为迷客助淫之具也"。①反缠足者虽强调缠足与美丑无关,却又每斥缠足诲淫,实暗中承认小脚的性吸引力(即美)。②

具有诡论意味的是,在士人与大众中一向更趋近大众的传教士在反缠足方面有时却更偏向士人的观念。早在同治年间,北京长老会的曹子渔就认为:"缠足乃诲淫,邪状与淫戏淫画何以异?"③光绪年间英教士秀跃春申说足不可缠的理由,仍包括"跬步不端,实贻诲淫之羞。吾恐风化从此衰,人心从此坏,是败俗也。"④这样的观念其实与许多传教士所反对的以缠足来维持风化的中国士人观念一脉相承,缠足与反缠足这竞争的两方面有时竟分享着同样的思想资源。

1909年四川嘉定府段太尊对全足会的训词说:"三代以后,遇有一种荒淫之人,创出缠足之法,使妇女行走娉婷,步生金莲。初时不过淫乱之家尤而效之,久之相沿成习,凡生女者均以缠足为美观;不问受者如何痛苦,总以愈小愈佳。"⑤稍早署理四川总督的岑春煊在劝谕缠足的告示中说:"此事在做父母的,不过因为众人习惯的事;又怕女儿不缠足,将来不好对亲"。但"说到难于对亲这个念头,第一无廉耻,第二无知识"。无廉耻是因为"以小脚求媚于人,乃是娼优下贱的思想。世间喜小脚的,必是轻薄无行的男子,人有女儿,就不该许给他"。⑥

这样的议论大致传承了道学家抑制"人欲"的观念,具有强烈的价值判

---

① 藤窗寄叟:《莲钩碎语》,《采菲录》,第22—23页。
② 林维红教授已注意及此,不过她未将此与美丑联系起来看。参其《清季的妇女不缠足运动(1894—1911)》,《台湾大学历史学系学报》第16期,1991年8月。
③ 曹子渔:《缠足论》,《教会新报》(约同治九年),第834页。当时伉爽子著《缠足辨》驳斥说:"必欲以缠足为诲淫,则中国节孝祠中节妇皆缠足者也,曷尝淫?"(《教会新报》,约同治九年,第882页)此时中国传统尚具正面形象,到19世纪末传统崩散后,以传统为武器来反驳新说者就越来越少见了。
④ 秀跃春:《缠足论衍义》,《万国公报》第4卷(光绪十五年四月),第10366页。
⑤ 《纪闻》,《广益丛报》第7年第17期,宣统元年(1909)六月初十日,第11页。
⑥ 《劝戒》,《采菲录》,第4、7页。

断成分，只要与性吸引力相关，便是"无廉耻"、"娼优下贱的思想"和"轻薄无行"。这最可见趋新士人与大众的观念区别：对作父母的老百姓来说，缠足与否及缠的效果都与女儿的婚姻相关，正是所谓"终身大事"。他们恐怕还不一定先想到小脚的性吸引力，即使想到也未必就以为与"廉耻"相关。

观念的区别提示了反缠足的宣传一开始就有现实针对性不足的特点，在这方面传教士与士人的观念又相当接近。同治年间，有些中国人本以为"缠足乃家庭猥鄙之事，所关非重，亦可随众"，传教士德贞却以"人事莫重于世道人心"来驳斥这种观点。其对个人生活方式的道德化，与一些儒生将缠足与"妇德"相连的思路非常接近。德贞显然也援用儒家正统"妇德"观来反对缠足："或谓缠足为博翁姑之爱也。然德言功貌，未尝言足。使其足小如锥，人皆爱慕，而行如河东之吼，安贵有此足也。"①

不管原初的儒家学说如何，到近代则早已形成足即是貌的普遍认知，所以小足才会使"人皆爱慕"而可博翁姑之爱。小脚既已成为一种女性美的重要特征，人们的婚嫁选择必然与这种审美观密切相关。小足易嫁而大脚难以婚配，已是近代中国的社会风气，一般家庭或有意或无意皆会"随众"，个别与习俗相抗的家庭或许存在，但其通常不佳的结局恐怕更告诉别人"随众"的重要。

二、习俗、婚姻与近代中国的两个世界

近代西方传教士到中国后，小足与婚嫁的关系即引起了他们的密切关注。早在1876年，英人德贞就指出时人认为"天下民人皆系汉装，倘不缠足，势如鹤立鸡群，未能随众；将来受聘，因此恐难。"②德贞这篇早期的反缠足文章很值得细读，传教士要主动上门宣教，故多能得知民众缠足的真正理由（相比之下中国士人反不那么重视老百姓的观念），其说当较可信。综观全文，缠足一方的基本观点即落实在遵从风俗以"随众"之上。是否"随

---

① 德贞：《施医信录缠足论》，《教会新报》（约同治九年），第826—827页。
② 同上。

众"这一观察是深刻的,这意味着审美观念早已融化进社会习俗之中,脚与婚嫁的关系又更进一层。除个别愿意并且有经济社会等实力可以"遗世独立"者外,一般家庭不论是否在审美层面爱好小脚,仍不敢在社会习俗方面冒"鹤立鸡群"之险,因为结局是明确的,即"将来受聘,因此恐难"。

德贞反驳此观念的各种说法也颇有提示性,针对"风俗自古流传,势有不得不然"的观点,他认为"居家惟我为主,我行我法,安能附会他人。我不许我女缠足,我之外安得干预我事。是缠足一节,实在父母,权亦操之父母也。"这在当时西方恐怕都还是比较激进或理想的观念,生活于社会中的家庭,即使在那时的西方也不可能做到"我行我法",不过有此主张存在罢了。这样的意见要让一般中国人接受,在当时可以说几乎不可能。德贞进而驳斥"足既云小,纵言貌稍陋,亦可涵容"的观点说,"人之聘娶,因人乎?因足乎?"故"缠足之事与受聘毫无干涉也"。但足即是人的一部分,而且是那时与聘娶甚有关联的一部分;这既是事实也已成"常识",不是简单的否认可以取消的。

民国元年王伯辰在天津组织改良社会图书馆,其友阿辛作《缠足苦》俚词说:"要是不把脚来裹,人人都说真万难。有的说:为母的不把女儿管,任着意儿教他疯颠,好好的成了大脚片,将来的亲事怎么办?有的说:谁家的姑娘模样好,两只大脚讨人嫌;谁家媳妇倒亦俏,可惜脚大不十全。"[1] 据民初《晨报》所论,在北京,仍有"那些腐旧的人们,替他儿子订新妇,总要拣一个小脚的姑娘"。[2] 在 1914 年的成都,"提倡天足者虽多,而顽固不化者亦复不少;每值议婚之始,必问是否天足;往往有一闻天足二字即掩耳却走者,犹以不开通之商贾人家为最甚"。[3] 可知到民国初年,"若不缠足,难以找婿"[4] 的观念并未见大的改变,大致仍是时人的共识。

到北伐后的国民政府统治时期,这样的观念仍广泛存在。1933 年云

---

[1] 阿辛:《津门莲事记略》,《采菲录三编》,第 69 页。
[2] 李荣楣:《中国妇女缠足史谭》,《采菲录续编》,第 25 页。
[3] 《娱闲录·游戏文》第 5 期(1914 年 9 月 16 日),第 46 页。
[4] 《劝戒》,《采菲录三编》,第 2 页。

南一位女作者分析父母为女儿缠足的观念,其中之一即"女儿不缠足,恐寻不到女婿"。反之,"不但可以找到女婿,并且可以找到好女婿"。当地一位读过书的女性自述其何以要缠足的原因,首先就是父母希望她嫁个好姑爷。[1]1932 年有成都记者偶至四川绵阳所属各县乡镇,发现"缠脚之风仍盛,不但成年妇女无不小脚蹒跚、弱不胜衣,甚至一般幼女,年龄在十岁左右者,其父母仍强迫为之缠裹"。驻军长官虽一再严禁,却无实效。经多方调查,始知主要因为当地通行童年议婚风俗,而男方"只以脚之大小而定其爱憎。爱憎不在乎人,而在乎脚;故强令女家,竭力缠脚,否则拖延不娶,或以退婚为要挟"。女方遂不得不将女儿缠成小脚,"以迁就两家婚姻之圆满"。[2]

婚姻问题当然是最根本的考虑,但习俗本身也具有相当的影响力。1895 年立德夫人即注意到缠足的原因之一即是"此旧俗也"。两年后四川有女性给《万国公报》投稿述及缠足原因,也说"吾祖宗累代如是,今改易之,是背本也"。到 1900 年有人论禁缠足之阻力,首先仍是"虑联姻之不合俗"。[3]立异似乎从来不是中国大众的行为习惯,在大家都如此的时代,一般老百姓是很少会有意去违抗习俗的。正如清季四川巴县知县劝戒缠足的告示所说,"从前之碍难解放者,不过以独不异众、互相观望;兹既立会禁止,远迩一律,自可无庸过虑"[4]。实际的情形当然不像这位县官预测的那样简单,但他显然看到了问题之所在。

到 20 世纪 30 年代,云南一位"曾经热烈的参加过"放足运动、但感其"迄无多大成就"的人,将"一般人保守缠足陋俗的理由"搜集了数条,一是"缠足自古流传,不能违背祖宗",倘违背则"变成忤逆不孝的罪人"。同时,

---

[1] 坚贞女士:《一般父母为女儿缠足之心理的误谬》、乡姑娘:《致缠足女同胞的信》,《民众生活周刊》第 50 期,1933 年 5 月 20 日。
[2] 《绵阳缠足风盛》,1932 年 7 月 29 日《新新新闻》。
[3] 天足会闺秀:《缠足两说·匡谬》,《万国公报》第 77 卷,第 15275 页;蜀南赵增泽润琴氏:《劝释缠脚说》,《万国公报》第 99 卷(光绪二十三年正月),第 16785 页;冯守之、顾子省:《天足旁论》,《万国公报》第 139 卷,第 19492 页。
[4] 《巴县出示禁戒妇女缠足文》(宣统二年十二月二十六日),四川省档案馆藏巴县档案宣统卷,案卷号 647,缩微号 5。

也有观念已改变，有心要解放，却"不肯开先例"，倘先别人而作，"深恐被人笑骂，而一般闺秀又是最怕人议论的"。当地另一观察者也将"社会非议"列为不能不缠足的一条主要理由。因为真实行放足者少，"自己不敢轻易试尝，盖恐受社会间一般人之非议也"。且因大脚女子甚少见，不仅社会非议，倘上街，则"街头小儿亦将追随而嘲笑之"。①"怕人议论"的确是非常重要的因素，对于婚姻关系圈维持在相对狭窄区域的人来说，闺秀的名声是极为要紧的（其实男子亦然）。在婚姻主要靠媒人联系的时代，只要成为别人议论的目标，先已变成当地有争议的人物，于说亲实大有妨碍。而且，不从众随俗的不利后果非常明显，云南有些地方的女性即为妇女解放付出了代价："首先倡议放足的先烈们，是已经失去了她嫁人的资格"了；而主张天足的男性"从别处娶回的大脚妇人，也为人所不齿"。有人注意到，确有"某家因父亲的思想很新，不主张替女儿缠足；后来废了多少力，才嫁得一个穷苦人，而且还陪嫁了一些家产"。有此先例，一般人"更拼命地去把自己的女儿的脚缠小，以免将来的此种不幸"。其结果，虽然云南的天足运动几乎与民国肇基同时，但在实施20年后，反"不敢有人作再度的尝试"。②

早在1897年，张之洞在《戒缠足会章程叙》中已说"父母非不慈其子也，为其戾俗而难嫁也。是故俗之所染，可以胜礼；俗之所锢，可以抗令"。他主张"化民成俗必由学"，必使"其俗已动于学，然后以法从之"，方易生效。③辛亥革命前的革新派也注意到婚姻与缠足的关系："缠足一事，虽慈母之于儿女，不得不忍心害理以行之。揣其本意，亦甚可笑，盖恐将来不能嫁耳"。他们提出的解决方案也与张之洞的差不多："夫女子无学不能自立，虑其见弃于人，至残其肢体而不悔，亦足悲矣！"④

---

① 济民：《辟缠足的理由》、朱伯庸：《解放缠足与妇女解放》，《民众生活周刊》第51期，1933年5月27日。
② 印其：《缠足问题与妇女解放》、张仄人：《天足运动与妇女解放运动》，《民众生活周刊》第51期，1933年5月27日。
③ 《南皮张尚书戒缠足会章程叙》，《贵州文史丛刊》，1981年第10期。
④ 竹庄：《论中国女学不兴之害》，《女子世界》（三）（1904年3月），张、王忍之编：《辛亥革命前十年间时论选集》第1卷（下），生活·读书·新知三联书店，1960年，第922页。

张之洞提出的"化民成俗必由学"是以士为社会表率的传统四民社会积累下来的经验,在四民社会走向解体的近代中国①,这一历史经验也越来越失去实际的效力。后来兴起的反缠足宣传也可算是"学"的一种新方式,但其效力似乎也未超过传统方式。关键在于,"学"主要作用于观念的改变,而习俗虽包括观念又远不仅仅是观念,它更多是一种生活方式、一种社会行为。要转变"可以抗令"的深厚习俗,最主要的恐怕是在生活方式层面提供选择的机会和余地。后者虽一直在反缠足者的考虑之中(如各时期的不缠足会多订有关于婚姻的条款),却很少落到实践的层面。女儿出嫁问题是一般家庭中父母考虑的首要问题,在革新者却以为"甚可笑",最可见反缠足者思虑高远而不切实际。

鲁迅在述及清季剪辫的新人物遭社会的非议(注意他讲的主要不是来自官方的压制)时说,"推想起来,正不知道曾有多少人们因为光着头皮便被社会践踏了一生世"。故他认为,提倡女子剪发"又要造出许多毫无所得而痛苦的人",因为她们难以得到社会的接纳:"改革么,武器在哪里?工读么,工厂在哪里?"所以女子最好还是将头发"仍然留起,嫁给人家做媳妇去"。这些人"忘却了一切还是幸福,倘使伊们记着些平等自由的话,便要痛苦一生一世"。②鲁迅虽然说的是反话,但却看到了问题的实质,尤其是社会没有给向往"平等自由"的女子多少出路供其选择这一关键因素。女性在缠足问题上正面临同样的困扰,读书大概是惟一的出路,但若生于无经济实力的家庭便只能在"脚的痛苦"和"被社会践踏"而"痛苦一生世"之间做出抉择。

如果说,缠足是因"女子无学不能自立"对清季革新派还只是一种理想型的思考,那么在女子教育逐渐开展的民国,这已成为一个实际的社会现象。民国初年赛珍珠在安徽农村时,一小镇女子告诉她:女子若已受教育,

---

① 参见罗志田:《权势转移:近代中国的思想、社会与学术》,湖北人民出版社,1999年,第161—190页。

② 鲁迅:《头发的故事》,《鲁迅全集》第1卷,人民文学出版社,1981年,第462—465页。

则可不必缠足；反之则必须缠足，不然就嫁不出去。① 也就是说，小脚女子的潜在婚配对象只能在传统男子中选择，而天足女子则可寻觅新式夫婿。以前许多人认为受过教育的女子不缠足是教育的结果，这只见到问题的一方面。实际上也只有受过教育、有各级学校的文凭、获得"女学生"的身份认同，才可以不必缠足就能较容易地论婚嫁。然而在全民教育没有普及之前，能读书的女子终是少数，多数人即使有此愿望，也并无社会经济等各方面的实际能力，结果大多数女子仍处在"女子无学不能自立"的境地之中。

"女子无学不能自立"的社会现象提示着缠足与社会阶层的区分有直接的关系。这也有一个转变的过程，以前是上层人必缠足而下层人可以不缠，后来则反成为上层人才有能力选择是否缠足。同治年间一篇为缠足辩的文章指出："中国士大夫家贤女，但主中馈，以不预外事不出闺门为德，正不必放足以便大踏步日奔走于道路也。而且中国不缠之女多有之，乡间村妇、下贱女奴，不烦禁而多不缠矣，便奔走也。贤否不系此也，此固各行其是也。必欲一而禁之，其说未可厚非，其势万不能行。"作者主张以"和而不同"的原则，法"存而不论"的方式来处理缠足问题。②

这或者更多还只是理论的申说，但在等级社会之中，因婚嫁而改变社会身份是中外皆然的一种取向，这又与美是天生不变的还是后天可变的这样一个重要观念相关。日本在18世纪末19世纪初即曾有一个审美观的大转变，从以前认为美是天生不变的转化为美是可以通过美容修饰而改变的。更重要的是，与此相关的是一种"美丽可以变幸福"（这里的幸福当然是在一定时空限制之内的）的社会观念，即通过美容修饰来增加女性的吸引力，从而以婚姻方式改变身份和社会地位。正是在这样的审美观和社会观念下，出现了专门的美容书籍和早期的时尚杂志。③

在脚的大小与美丑直接相关的中国，缠足恰使女子具有"美丽可以变幸

---

① Pearl Buck, *My Several Worlds: A Personal Record* (New York: John Day, 1954), p.147.
② 伉爽子：《缠足辨》，《教会新报》，第882页。
③ 参见铃木则子《江户时期日本的镜子与美人》(*Reflecting Beauty: Mirror and Beauties in Edo Japan*)，"健与美的历史"学术研讨会（台北"中研院"历史语言研究所，1999年6月11—12日）会议论文。

福"的可能性。一般贫家女欲以嫁人而改变社会身份者,常凭姿色。但姿色是先天的,缠足则是后天的努力。过去俗语说"脚小能遮三分丑",方绚在《香莲品藻》中也说,"丑妇幸足小,邀旁人誉"。① 换言之,只要脚缠得好,即使相貌丑陋,也能博得人们的赞誉。故"贫小之家,望作门楣;而姿首平常,妆饰绵薄,极力缠剥,务求胜人"。② 可知缠足已成为一种上升性社会变动的途径,虽然真正成功实现社会地位转换者或不过是少数人,但到底提示了一个为更多人所向往的可能性和努力的方向。

改变社会身份这一愿望体现了实际的社会区分,但在总体趋新而区域发展差异甚大(包括社会变化速度及思想和心态发展的不同步)的近代中国,这一区分还不完全是以经济实力和社会名望为基础的上下层社会的区分,而部分是从价值观念到生存竞争方式都差异日显的两个"世界"的区分(这一区分与近代日趋明显的城乡差别有相当多的共相,但也未必总是一致)。要能够沿社会阶梯上升,在不同的新旧"世界"中生活竞争方式已有所不同。③ 但对身处"新世界"或向往"新世界"的女性来说,家庭的社会经济实力仍是最关键的因素之一:通常只有那些上层家庭的女性和有条件进新式学堂、或受新思想影响的女子才有可能放脚;因为她们放脚后,基本不存在嫁不出去的危险(即这一世界的男性审美观在受新思想影响后,有可能发生变化,转而喜欢天足女子)。

两个世界的形成及与之伴随的社会转变是个长期的过程,从四民社会到近代社会的一个明显转变即士绅对大众的社会影响逐渐向城市对乡村的影响过渡,或者说社会仿效的榜样已由士绅这一社会阶层转向城市这一社会区域(此仅大略言之)。宋恕在1902年已说:城里人已放脚,你们如果不放,"就说打扮,亦不时道、不好看呢!有句古话:'乡下人打扮,总赶城里

---

① 《丛钞》,《采菲录》,第21页。
② 番禺愚叟:《卫足说》,《万国公报》第97卷(光绪二十三年三月),第16658页。
③ 说详罗志田《权势转移:近代中国的思想、社会与学术》,第172—202页。这里所谓"两个世界"的区分是大体言之,若细分则也可以说有多个"世界",参见罗志田《新旧之间:近代中国的多个世界及"失语"群体》,《四川大学学报》,1999年第6期。

人的新式。'目今城里新式是放脚了",乡下人还不追随么。①

1909年四川巡警道的《戒妇女缠脚白话告示》说,时人不愿放足的三层难处之二即考虑到"放脚以后,从前的衣服鞋子,都用不着。若另外缝件长衣服,做双放脚鞋,既淘力又费钱"。巡警道开导说:"现在只禁缠脚,谁叫你改换长衣服。你看绅粮人家现在放脚的妇女,还是穿向来的衣服"。②这个观念后来仍延续,四川南充县1932年禁止缠足的训令指出:县属各场人民,智识仍旧闭塞,"不曰乡间择媳,缠足始易入选;即云家境贫乏,放足须制长袍"。该训令认为娶媳原重体魄坚强,而装束则应尚俭,传统的荆钗布裙即好,"又岂必装样入时,始称闺仪之足式"。③

这里特别有意思的是大脚与衣服（而不仅是鞋）的关联,放足者便需要缝"长衣服"或"制长袍",说明一般人认为大脚女子的穿着应与缠足女子不同,脚的大小与身份地位是相伴随的。从这一观念的延续中也可看出时代转变的明显痕迹:过去的长衣服或者只是区分一般人家和"绅粮"人家的不同,后面所说的"长袍"既然被认为是"装样入时",或即今所谓旗袍,则放脚就必须置备新式服装,正是民国社会"两个世界"的清晰例证。

正如民初那首《缠足有害唱》开头所说:"中华民国世界变,于今改良真可观。男儿剪发把学堂入",女子也"不穿耳眼不把足缠"。④这的确说出了"世界"的转变,但是否能入学堂才是关键的社会条件,无能力入学者恐怕就很难享受与"新世界"相伴随的社会待遇。民国后对于女性美的理想与要求也因社会阶层和地区之差异而有不同。山西各县的歌谣唱道:"破戏台,烂秀才,小足板子洋烟袋;火车站,德律风,大足板子毕业生。"⑤这首歌通过四种不时兴和时兴的社会现象,象征性地表述了从清末到民初新旧时代的社会转变。重要的是这些现象所代表的社会行为是伴生的,通常只有能乘火车打电话的学堂毕业生才能选择大脚（包括女性自选和男性择偶）。

---

① 《宋恕集》上册,第334页。
② 《演说》,《四川官报》宣统元年第5册（闰二月上旬）,第2页。
③ 《南充县政府训令》(1932年4月),南充县档案馆档案,全宗号2,目录号1,卷号6,第33页。
④ 《劝戒》,《采菲录三编》,第2页。
⑤ 《山西各县歌谣解释》,《近代史资料》,1982年第2期。

有条件受新教育的阶层（特别在城市中）对脚的审美观念的确在逐渐发生变化。1915年成都的《娱闲录》上发表《美人今昔观》一文说："昔之美人双翘以纤为贵，今之美人双趺以硕为佳"。但该文又说："昔之美人学绣，今之美人读书；昔之美人含豆蔻，今之美人吸雪茄；昔之美人三从四德，今之美人平等自由"。① 这里所说的"今之美人"，实即城市女学生流。作者当为男性，但这一观点恐怕只能代表他这一世界中部分男性的审美观，却不能代表整个社会的男性观点。有一首很能抓住新社会现象的山东民歌唱道："鞋也没有脸啦，烟袋也没有杆啦，钱也没有眼啦，新娶的媳妇也不怕人缠啦，儿子也不要爹啦，朋友夫妇也要翻脸啦。"② 这就明显体现出下层民众对社会新现象的不满，而女子不再缠足正是其中之一。

即使在受到新教育的这一世界中，也并非所有的男子都喜欢天足女子，仍不乏喜欢缠足者。1921年，东南大学陈鹤琴教授对266名男生进行填表调查，询问其理想妻子的资格。只有14.03%的男学生明确提出喜欢天足女子，而86%的学生没有明确这一点。③ 这至少可以说明在这86%的学生中，仍有喜欢小足的。周作人注意到，1925年的北京城里有些受过高等教育的男子仍然喜欢小脚，看到几个标致女学生，对其是天足甚感"可惜"。④

由于各地差异较大，不同的人观察到的情形颇不相同，有人认为北伐几年后，"男性对女性之美，已易标准，缠足之风亦为自然的绝迹"。过去尚小脚，"殆西俗东渐，天足大兴，一般男子，目光骤移。竟有'凡新皆美，凡旧必媸'之风气。俗必趋时，饰求革旧。命之曰摩登，呼之为时髦。旧有缠足之妻，多成弃妇；纤小难放之足，每致离婚"。小脚妇女"怨母之缠其足也，较〔从前〕以足大而怨母之弛其缠者，同一而弗异矣"。⑤ 但这最多只是部分城市的趋势，近代城乡之别渐甚，而有些读书人每习惯以其所见，概论全部，

---

① 《娱闲录·杂录》第15期（1915年4月），第71页。
② 谷凤田：《山东的近世歌谣》，《北京大学研究所国学门周刊》第13期，1926年1月6日。
③ 瑟庐：《现代青年男女配偶选择的倾向》，《妇女杂志》第9卷第11号，1923年11月。
④ 周作人：《谈虎集·拜脚商兑》，《周作人全集》第1册，台北，蓝灯文化事业公司，1992年，第272页。
⑤ 李荣楣：《中国妇女缠足史谭》，《采菲录续编》，第37页。

故不免使人产生所论不中的印象。

这位作者同时提出,缠足与否,盖皆出于女性"冀悦其夫之心理",故"足之放否,权实操之男性"。另一位观察者同意"缠足譬如一种商品,市场上若没有销路,还有肯制造这种货物的么?"他注意到,以前"天足会所以不易推行,就是因不易婚配。现今青年男子与各级学生,一听要配一位缠足之妻,即如受了死刑的宣告。可见不天足,反不易婚配了。"[①]这位观察者大致明确了持新观念的只是城市里能读书或向往上升的边缘知识青年,身处农村的一般老百姓其实还是另一番景象(详后)。

就是在城市中,口岸地区与内地小城即有差别,各中小县城之间也颇不一样。北伐时江苏宜兴"稍有资产之乡村女子,已有出外求学者;寻常人家之子女,亦大都入就近之学校而识字读书"。故"近来缠足之恶习,亦日渐减少"。[②]但同时安徽霍邱的情形便很不同,县里设有女高小学一所,两位女教员一来自江苏,一为留学生。她们衣着带江南风味,"短袖露肘,长衣及腰,半天足,着草鞋"。但该校的女学生"仍旧是缠足、理髻、长服,不为所化。相形之中,愈觉得这两位教员奇异的模样。因此社会一般人士,对时髦的她俩,就不免洪水猛兽的歧视。一般妇女,也有同样的心理。"[③]女学生尚且"不为所化",遑论"一般妇女"了。值得注意的是这里衣服的新变化,女学生仍穿象征其身份地位的"长服",而新派教师已穿长仅及腰(即短一些)的新式服装,再加上不能读书的贫家女子的传统短衣服,当时女性的新旧大致已有三类。

1927年时,有人正把福建省建瓯县妇女的服饰分为三类,第一类是"县城上、中两级的青年妇女",她们的服饰与前三五年的省会时髦妇女一样;第二类是"县城年长的妇女和乡村的妇女",其服饰仍是二三十年前的式样,浓妆厚抹,"足是缠得不满三寸长";第三类是"山乡的妇女",服饰不讲究,

---

① 老宣:《对于〈采菲录〉之我见》,《采菲录》,第16页。
② 徐方干、汪茂遂:《宜兴之农民状况》,《东方杂志》第24卷第16号,1927年8月25日。
③ 裴毅公:《皖北霍邱妇女生活的大概》,《妇女杂志》第14卷第6号,1928年6月。

但"足仍缠得窄窄的,有尚嫌不窄,用木头装在足踵下,假装小脚。"①

1933年一位"曾经热烈的参加过"放足运动的人总结云南男子对缠足的观念也分为三类:"一部分是新时代的知识分子,主张完全反对缠足;一部分是没有成见的,大概以为缠也可不缠也可,只听环境的转移罢了;又一部分是同妇女一般的见识,也爱好小脚。"② 最后所论"同妇女一般的见识"甚有意思,要么云南的妇女真的比男子更"爱好小脚",则一般所说女性依男性的好恶而修饰在特定时空里便不一定准确(当然,女性主义者也许会说这是男权意识已内化到女性思想之中);要么作者虽热烈参加妇女解放运动却其实不太尊重女性,无意中透露出其传统观念,即对"妇女见识"的轻视。

同样在1933年,广州有报纸报道"汉口市上有三种女人,四寸半高跟摩登女郎,三寸金莲的乡间小姐,还有截发而装脚的改组派。第一种是阔人的姨太太,第二种是纱厂的女工,第三种是中等人家的管家婆"。《成都国民日报》一署名文章就此则报道发表的评论注意到:"除去第三种的截发提到'发'之外,其余完全以'脚'为分类的标准"。③ 这一观察很有眼光,城市中的审美观虽然在转变,但旧有的审美观有意无意中仍在影响时人,他们对女性的脚仍有特殊的兴趣。在这方面女性亦然,林语堂即主张,女子放足是因为她们发现摩登的高跟鞋基本上可以代替小脚的作用,成为她们装饰身体、实现美的理想手段。高跟鞋使女子的体态更优雅,步伐更斯文,使人感到她们的脚确实看起来比实际要小。④

上述许多地区对缠足的度皆有三类人正说明审美观和生活习俗的转变仍在进行中,在此转变进程中两个世界的女性却互相看不惯;有意思的是不仅崇尚高跟鞋和旗袍的城市新女性看不起缠足女子,后者中不少人同样看不起前者。前引安徽霍邱的情形是一例,1935年时一个有意进行观察的上海游客在北平郊区西山一带看到"小脚的妇女依然风行,天足的则仅见"。

---

① 杨丽卿:《建瓯妇女的生活状况》,《妇女杂志》第13卷第8号,1927年8月。
② 济民:《辟缠足的理由》,《民众生活周刊》第51期,1933年5月27日。
③ 钜公:《品脚》,1933年4月20日《成都国民日报》。
④ 林语堂:《中国人》,学林出版社,1994年,第173页。

他发现,"烫头发、穿高跟鞋、画眉、点唇的女子"极少见,偶尔出现则当地妇女"一定说伊们是妖怪,甚而还说:'呦,瞧狮子狗!'把摩登妇女比作了狗。我想自以为摩登的妇女听了,一定要气煞。但伊们之不了解摩登妇女,也正和摩登妇女们看不起伊们是一样的。"① 的确,两个世界的人眼光甚不一样,1928年一位趋新人物讲到山西大同的赛脚会,觉得小脚女人的装饰"非常特别,大有'外人不见见应笑,天宝末年时势装'之慨"。② 这是典型的新"世界"人看旧"世界"人的眼光。而妇女解放运动者描绘另一世界的普通百姓则说:"伊们听到的都市妇女的一切,不过当作'世风不古'的噩耗,随着他人'慨然叹息'"。③

大体言之,旧世界的男性仍然保持着自己所认定的美的特征,在反映其心声的民谣中依旧歌咏着理想中的小脚女子。如江西丰城歌谣:"粉红脸,赛桃花,小小金莲一拉抓,等得来年庄稼好,一顶花轿娶到家";安徽霍城歌谣:"一对金莲在地下,回家对我爹妈讲,多办银钱接到家";河南卫辉歌谣:"小红鞋儿二寸八,上头绣着喇叭花,等我到了家,告诉我爹妈,就是典了房子出了地,也要娶来她"。④ 可见他们心目中的理想女性仍是小脚女子,这一世界的大脚女子自然面临难嫁的困境。如浙江余姚的歌谣所唱:"一个大脚嫂,抬来抬去没人要;抬到城隍庙,两个和尚抢着要。"在这一世界里,缠足与否不仅关系到是否好嫁,而且关系到所嫁婆家的优劣。所谓"裹小足,嫁秀才,吃馍馍,就肉菜;裹大脚,嫁瞎子,吃糠馍,就辣子"(河南彰德民谣)。此外,脚的大小也关系到媳妇在婆家的地位。四川蓬安的一首歌谣非常形象地说明了这一点:"一张纸儿两面薄,变人莫变大脚婆。妯娌骂我大脚板,翁姑嫌我大脚婆;丈夫嫌我莫奈何:白天不同板凳坐,夜晚睡觉各睡各;上床就把铺盖裹,奴家冷得莫奈何,轻手扯点铺盖盖,又是锭子[四川话拳头意]又是脚。"⑤

---

① 宛青:《平西农村妇女生活》,《妇女共鸣》第5卷第8期,1936年8月。
② 何伦:《大同妇女生活谈》,《妇女杂志》第14卷第1号,1928年1月。
③ 《农村妇女问题》,《妇女共鸣》第4卷第1期,1935年1月。
④ 李一粟:《从金莲说到高跟鞋》,《妇女杂志》第17卷第5号,1931年5月。
⑤ 刘经庵编:《歌谣与妇女》,《民国丛书》第4编第60册,第209—212页。

审美观直接影响到家庭生活与夫妻关系，大脚女子不惟得不到翁姑的喜欢，还会受到妯娌的藐视；更重要的是大脚可能缺乏对丈夫的性吸引力，对有一定经济社会实力的家庭来说，如光绪年间人所论，这可能会导致"夫男因此纳妾"①。或者可以说，这部分女性不愿意放足，是因为在她们那一世界，人们所认同的小脚美观念，特别是与此观念相关联的社会习俗，并没有多大变化。故缠脚再痛苦，也不得不为之。女子缠足现象到五四运动之后仍较普遍，直到40年代从中央到地方各级政府都还在努力禁止缠足，其根本原因即普通人的婚姻观念（小脚美的观念即其一）和婚姻行为大致维持不变。

对那些徘徊于两个世界之间的女性来说，究竟适应哪一边的审美观也是个问题。云南一位小学毕业的女性提醒缠足女同胞注意："缠足既得不到现代男子的赞美，更不可做婚姻的保障。因缠足反而失了自己社会上的种种地位和权利"，实不合算。但这里的关键仍然在于，有希望与"现代男子"成婚的，自然注意其审美观念；连希望也没有的，恐怕还是更注意"非现代"男子的观念。正如她观察到的，当地许多人便以为"我们州县上的女子，毫无知识，没有要求自由平等的见地，也没有争社会地位的本领和需要"。她认为这样的答案"一定会使政府难过"。②

在实际生活中，不管持现代观念还是非现代观念，一般女子恐怕很少会考虑政府的心情，这位女子却思虑及此，提示了近代中国的一个突出特征，即个人生活方式的泛政治化；这一特征在反缠足运动上表现得尤为明显，正是近代中国读书人否定小脚美观念的主要思想武器。对小脚的欣赏被冠以"病态"或"性变态"的标签显然具有极大的杀伤力，更由于缠足与种族强弱和国家兴亡的关联，特别是缠足变得野蛮而小脚成为"国耻"的主要象征（关于近代中国人对于女性身体与国家兴亡两者关系的认知，拟另文探讨），小脚在趋新读书人的认知中遂逐渐由美变丑。

与读书人比较，近代中国老百姓对小脚美的观念要维持得更为长久。

---

① 冯守之、顾子省：《天足旁论》，《万国公报》第139卷，第19490页。
② 乡姑娘：《致缠足女同胞的信》，《民众生活周刊》第50期，1933年5月20日。

不过，正像四民社会里士为其余三民楷模一样，在近代社会里，虽然城乡实是两种子文化（如阿Q所见，连切葱的方式也不一样），但城市正逐渐取代士的楷模这一社会角色。在民国的新旧分野中，城市通常比乡村更加趋新（准确说或者是城市中趋新者的比例远大于乡村）。如果城市人的观念改变，随着城乡的交流，最终农村人会逐步学习和追随城里人。当然，因城市自身也在变，城乡距离会长期存在；但具体到天足一点，理论上农村总能追到与城市同样的程度。如一位作者所说：妇女修饰的规律，"离不开'贫学富，富学娼'一句俗语！现在的娼妓与富女（太太、小姐、少奶奶、姨太太）既然不以缠足为美，竞尚天足；那么，乡下妇女与小家姑娘，自必争先仿效，从风而靡！"①这里的"娼妓与富女"正多指城里人，所以其对立面才是"乡下妇女与小家姑娘"。

读书人的观念终于逐渐被全社会所接受，小脚丑的观念越来越普及，到1949年后更已成为固定认知。在读书人自身在社会上日趋边缘化的环境下，小脚丑观念的最终普及似乎说明现代知识分子虽已不再有昔日士人的显赫声威，但其隐据"话语权势"的余威仍不可小视。这里当然要考虑介于城乡和大众与精英之间的边缘知识分子的影响和力量②，小脚丑这一西来精英观念能为大众所接受，很大程度上或即因为追随知识精英的边缘知识分子先已接受了这一观念，这一观念传播的过程只能另文探讨了。

（原载《近代史研究》，2000年第4期）

---

① 老宣：《对于〈采菲录〉之我见》，《采菲录》，第15页。
② 关于边缘知识分子，可参见罗志田《权势转移：近代中国的思想、社会与学术》，第216—240页。

■ 进一步阅读的文章

杨兴梅：《被"忽视"的历史：近代缠足女性对于放足的服饰困惑与选择》，《社会科学研究》，2005年第2期。

邓如冰：《晚清女性服饰改革：女性身体与国家、细节和时尚——从废缠足谈起》，《妇女研究论丛》，2005年第9期。

谢凤华、张学武：《中国妇女缠足放足探析》，《社会科学论坛》，2003年第12期。

李小江整理，"旧俗"课题组访录《最后的金莲：缠足与放足》，李小江等著《历史、史学与性别》，江苏人民出版社，2002年。

■ 进一步思考的问题

1. 古代妇女对"小脚"审美认同的成因何在？女性的现代性征如何体现？

2. 透过"不缠足"运动，女性的个人身体在通往社会身体的过程中如何被改造和建构？

3. 当"小脚"得到解放之后，又有了代表现代时尚的高跟鞋，女性身体的解放和审美的关系该如何看待？

■ 相关性阅读的文章和书目

张事业：《中国古代的恋足及其性心理》，《东方文化》，2001年第1期。

陈玉明：《士大夫与女性缠足》，《书屋》，2003年第6期。

高洪兴：《缠足史》，上海文艺出版社，1995年。

徐海燕：《悠悠千载一金莲：中国的缠足文化》，辽宁人民出版社，2000年。

罗苏文：《女性与近代中国社会》，上海人民出版社，1996年。

陈东原：《中国妇女生活史》，《民国丛书》第二编，上海书店，1990年影印版。

■ 相关文献、作品举要

梁启超：《戒缠足会叙》

康有为：《请禁妇女缠足折》

鲁迅：《忧天乳》

周作人：《天足》《拜脚商兑》《莲花与莲花底》

张竞生：《大奶复兴》

朱善芳：《缠足和解放的方法》

李一粟：《从金莲说到高跟鞋》

《临时大总统关于劝禁缠足致内务部令》

第四节 服装

导读

　　服装，作为现代身体必须的保护和装饰，可以说是和身体不可分割的，在人类文明的发展过程中，服装可以说是最能体现民族性、时代性、文化性的身体符号。而在从晚清到民国中国人的"身体"所经历的从传统到现代的一系列转换中，服装也经历了许多的变革。

　　旗袍和中山装作为民国时期最流行的服装，它们各自的产生、发展过程包含着丰富的文化和时代内涵。女性的旗袍就经历了从对满清男性服装的模仿而形成的宽松旗袍，到后来融合西方服装特点，朝着合身、长度变短的现代旗袍变化的发展过程，体现了现代女性服装注重女性性别特征的发展方向，特别是随着现代都市文化在中国的出现和发展，改变了女性着装的保守、单一的局面，使女性服装朝着个性、审美和时尚的方向发展。女性服装的个性化、时装化的发展态势，也反映了现代社会妇女角色和地位的改变。同时，随着女权主义男女平等思想的影响，女性着装也出现了"女扮男装"和女性服装"中性化"的趋向，这里所包含的性别追求是不容忽视的。

而中山装作为民国时期最具有普及性的男装,它的产生和流行更多显示的是服装的政治隐喻功能。中国古代的服装就具有非常突出的政治含义,变更衣冠往往是改朝换代的标志,同时,服装也是崇尚礼仪的中国传统社会表明身份、等级的重要符号。因而,相对于现代女性服装注重女性性征和个性时尚的特点,男性服装则在单一中突出的是服装的政治意义和实用功能。可以说,中山装以后,这种在日常生活中具有统一性的服装就不再出现了,这也说明"衣冠之制"的服装文化在现代社会已经解体,服装的意义已经从政治舞台回归到了日常生活。

这里选择的两篇文章分别着力于民国时期男性和女性服装的研究。陈蕴茜的《身体政治:国家权力与民国中山装的流行》一文详尽地描述了中山装的产生和流行过程,指出了国家权力通过服装对人们日常生活的影响。郑永福、吕美颐的《论民国时期影响女性服饰演变的诸因素》一文则主要对民国时期女性服装变化的趋向和特点及其内在原因进行了梳理和分析。

选文一

身体政治：国家权力与民国中山装的流行

陈蕴茜

服装是自人类文明出现以来重要的文化产物，它具有遮避风寒、保护身体、维持生命的功能。人类的服装行为受人的主体意识主导，它所体现的是人的生存状态以及人的自我意识，它具有满足自我表现与审美的功能。作为社会文化的产物，服装又具有象征性与标识性，是个人身份的标志，也是人们社会身份与等级的象征，因此，服装是一整套文化的象征系统。进一步而言，服装现象是一种精神与文化现象，它是社会心理与社会思潮的外在物化形式，它所反映的历史与时代精神就是服装作为符号的本质内涵。因此，服装是身体政治文化的重要组成部分。

民国时期，一种既区别于中国传统服装又区别于西服的新式服装——中山装开始流行，并成为代表中国形象的国服。中山装因由孙中山设计并率先穿着而得名，它具有象征着革命的寓意，并随着国民党统一中国、推广孙中山崇拜运动而成为正统服装，进而成为公务员制服，由此影响到全国各地。以往史学界关注的是中山装的诞生时间与过程，只有澳大利亚学者费约翰在《唤醒中国：国民革命中的政治、文化与阶级》一书中对中山装的象征意义略有提及。[①] 笔者认为，中山装是一种特殊的政治服装，它的流行与国民政府的推广密切相关，是国家权力渗透与人们自觉接受规训共同造就了中山装的流行，这场服装革命对中国人影响深刻。本文将对民国时期中

---

① John Fitzgerald, *Awakening China: Politics, Culture, and Class in the Nationalist Revolution*, Stanford University Press, 1996, pp.23—25.

山装的流行原因及过程展开全面研究，并解剖其所具有的政治功能与国家权力在其中的推动，进而重估国民党政权对中国人日常生活的影响。

一、中山装的诞生

中国人自古就明白服装具有重要的社会政治功能，《周易·系辞下》说："黄帝、尧、舜垂衣裳而天下治，盖取诸乾坤。"① 服装在古代礼制系统中占据重要地位，成为"辨名分，明等威"的工具，被作为调整家庭、群体和国家中人际关系的手段。它使等级制合理化，并促使人们认同社会价值。中国人一向重视服装，自材质、颜色、款式到饰物均有一整套范式，历代新王朝建立都要"改正朔，易服色"②。满人入关后，强制汉人易服，以至引起民众的强烈反抗，因此，对于中国人而言，关于服装的民族象征意义尤为重要。

作为反清革命的领袖，孙中山深谙改易服装的政治象征意义，也将断发易服视为革命性标志。早在 1912 年，孙中山就提出制定中国自己的礼服："礼服在所必更，常服听民自便……礼服又实与国体攸关，未便轻率从事。且即以现时西式服装言之，鄙意以为尚有未尽合者……此等衣式，其要点在适于卫生，便于动作，宜于经济，壮于观瞻，同时又须丝业、农业各界力求改良，庶衣料仍不出国内产品，实有厚望焉。"③ 显然，孙中山认识到服制与国体之间存在密切关联，因此，亲自设计既能体现革命精神、又符合中国人自身审美需求并兼具实用功能的新式服装。

孙中山感到西装穿着不便，而中国原有的服装过于陈旧、拖沓，因此，亲自致力于新服装的创制。关于中山装由孙中山创制，学术界没有疑义，但第一套中山装的诞生时间、地点与过程，学术界长期流传着两种说法：一说是孙中山以日本士官服、学生装为蓝本，进行改造，创制出第一套中山装。

---

① 《十三经注疏》，北京：中华书局，1980 年，第 87 页。
② 司马迁：《史记·封禅书》，北京：中华书局，1959 年，第 1381 页。
③ 孙中山：《复中华国货维持会函》(1912 年 2 月 4 日)，见《孙中山全集》，第 2 卷，北京：中华书局，1981 年，第 61—62 页。

它诞生于辛亥革命后的上海荣昌祥，由红帮裁缝王才运缝制。①另一说是孙中山1923年任广东大元帅时，主张以当时南洋华侨中流行的"企领文装"上衣为基样设计新装。他在企领加上一条反领，以代替西装衬衣的硬领；又将上衣的三个暗袋改为四个明袋，衣袋上再加上软盖，使袋内的物品不易丢失，并用洋服店老裁缝黄隆生当助手，制成世界上第一套中山服。②中山装的诞生时间与过程是追求历史所谓真实性的学者所要关注的，而笔者更关注中山装推广与流行的意义，以从深隐层面揭示中山装的社会功能及国家权力在背后的运作。

服装一定意义上是一种符号，而符号与其象征事物之间必须有某种共同的逻辑形式，使其能产生双向互动作用，从而使观者更容易感觉和把握符号的外在形式。中山装正是这样一种服装符号，它折射出三民主义理念与孙中山崇拜情结。中山装强调平民实用风格，而且寓意三民主义思想：前衣襟有五粒扣子，代表"五权分立"；四个口袋，象征"国之四维"；三粒袖扣，则表达"三民主义"。孙中山建立民主共和体制的三民主义理念在服装上得到完整体现，中山装成为"革命"在身体空间中的象征符号。孙中山带头穿着中山装，中山装成为革命与时尚的象征，风靡一时，而后中山装成为南京国民政府的统一制服。中山装的诞生，结束了中国几千年来袍服制一统天下的局面，颠覆了中国人原有关于传统服装与身体空间的观念。中山装的流行，也代表着服装平等化观念的出现，是中国服装发展史上一场震撼性的革命。

二、国家权力与中山装的流行

随着南京国民政府统治的巩固，蕴涵三民主义理念与孙中山崇拜情结的中山装，自然成为国民政府的统一制服。制服是现代政治中科层制的产物，政府要求官员及工作人员穿着制服的目的就是通过服装的统一而达到

---

① 叶亚廉、夏林根主编：《上海的发端》，上海：上海翻译出版公司，1992年，第336页。
② 尚明轩主编：《孙中山的历程：一个伟人和他的未竟事业》，北京：解放军文艺出版社，1998年，第598页。

身体空间与思想意志的统一。而统一必然带来排斥个性,因此,制服就是让在制度中的人通过服装与身体空间的整齐划一而丧失个性,从而使主体得到重塑而变得温驯,实现政府所要求的规范化。像中山装这样带有政治象征意义的制服,更加体现出制服的政治功能,即统治者通过对服装的控制达到对穿着者思想上的统治。因此,可以说,制服与空间、制度时间一样,都是统治者对人们进行规训与塑造的重要载体。

本来,对于泱泱大国的乡土中国而言,进入政府工作的穿制服者只是少数,中山装作为政府工作人员制服应该影响有限。但是,在"崇拜革命"的火热年代,具有革命象征意义的中山装迅速为进步青年所接受与崇尚,中山装也就成为一种时尚服装。加之 1925 年后国民党大力提倡崇拜孙中山,中山装的流行也不仅仅是时尚流行的问题了,而是国家对民众服装引导的结果。

国民党对于中山装的推广主要是采取从机关、学校开始,将中山装塑造为革命的、进步的、时尚的服装,然后进一步向民众传输,从而实现对人们身体的规训。早在 1928 年 3 月,国民党内政部就要求部员一律穿棉布中山装①;次月,首都市政府"为发扬精神起见",规定职员"一律着中山装"。②1929 年 4 月,第二十二次国务会议议决《文官制服礼服条例》:"制服用中山装。"就此,中山装经国民政府明令公布而成为法定的制服。③

但是,服装行为是个体行为,在制度并不严厉的情形下,许多人并没有严格按规定穿着中山装,真正在政府机关内严格推广中山装是在 20 世纪 30 年代。广东省是国民党最早的根据地,又是孙中山的故乡,当地政府对于推广中山装不遗余力。1930 年,广东省政府提倡用国货,穿国货中山装。④1933 年 1 月,国民党中央委员会执行委员陈肇英向中央提交《重厘服制严用国货案》,指出"吾国近来男女服装"多用洋布制作,导致"利权外溢,风俗内偷,为立国之大病",因此,建议"重厘服制,以定人心,顾及本源,

---

① 《薛内长的谈话》,载《中央日报》,1928 年 3 月 28 日。
② 《地方通信·南京》,载《中央日报》,1928 年 4 月 9 日。
③ 内政部年鉴编纂委员会:《内政年鉴》第 4 册,上海:商务印书馆,1936 年,第 F13 页。
④ 《粤提倡国货穿国货中山装》,载《中央日报》,1930 年 3 月 26 日。

以崇国货……文职公务员党员须一律着用国货中山装"。① 行政院批复，除党员服装须党务系统批准外，其余均穿中山装。此后，各地均将中山装定位为制服。1934 年，陈仪"入主闽政，公务人员均先后加以训练，中山装风行一时"②。次年，南京特别市政府规定"办公时间内一律穿着制服"，严厉"取缔奇装异服"，穿中山装，且质料"必须国货"。③ 随后，江西省政府颁布《江西省公务员制服办法》，中山装成为全体公务员的统一着装，而且规定"制服质料，以本省土布或国货布匹为限"，"春秋两季灰色冬季藏青色"④。1936 年 2 月，蒋介石下令全体公务员穿统一制服，式样为中山装。⑤ 从此，中山装真正正式成为全国公务员的统一制服。

冯玉祥主豫期间，对于推广中山装最为得力，规定河南开封政界一律改服中山装，各官厅内，不准长衣人出入，即使女界亦已有剪发穿中山服者。后省政府又通令，各机关职员因薪水不发，经济困难，由各机关代做棉制服一身棉风衣一件，一律灰色，暂由公家垫付。⑥ 它为黑色中山装，帽子与衣服颜色相配，严格纪律。⑦ 1929 年，张学良东北易帜后，下令"统一已成，政治及应划一"⑧，后又规定东北各级机关人员一律着中山装。⑨ 公务员统一穿着制服，实际上是现代科层制在对人实行统一管理的必然结果。

---

① 《陈委员肇英提议重厘服制严用国货案》，载《国立中央大学日刊》，1933 年 3 月 1 日。
② 刘超然等修、郑丰稔等纂：《崇安县新志》卷六《礼俗·风俗》，崇安县志委员会，1942 年铅印本。
③ 《生活化军事化生产化艺术化推行第一期工作计划》，见首都新生活运动促进会编印《首都新生活运动概况》，1935 年，第 14 页。
④ 《赣省府研究整齐公务员服装拟一律中山装》，载《中央日报》，1935 年 9 月 9 日；新生活运动促进总会编印《民国二十四年全国新生活运动》（上），1936 年，第 317 页。
⑤ 《蒋院长令饬公务员穿制服》，载《中央日报》，1936 年 2 月 19 日。
⑥ 胡云生：《开封之"中山"化》，见《冯玉祥在开封》，开封：河南大学出版社，1995 年，第 177—178 页。
⑦ 南阳市档案馆藏，卷宗号 2，1—17，转引自李向东《辟其田畴、正其经界——简述 1930 年代河南南阳县的田赋整理》，载《南阳师范学院学报》，2006（8）。
⑧ 辽宁省档案馆编：《奉系军阀档案史料汇编》，第 8 册，南京：江苏古籍出版社，1990 年，第 73—76 页。
⑨ 参见郭正秋：《易帜后蒋张在东北地方政权上的合作与争斗》，载《理论学刊》，2006（5）。

1927年后的中国是一个党治国家，在确立三民主义教育宗旨后，孙中山崇拜开始向各级学校推广，因此，中山装也开始成为各级学校师生的统一制服。1935年，河南省政府规定，学校"男教职员，应一律着中山装"①。次年，国民政府教育部专门规定："学校教职员服中山装为原则，但颜色式样须一律"；同时，学生也必须穿中山装，学生服装式样："衣裤中山装"，"帽徽用青天白日党徽"。②其实，早在1931年中山装就出现于课本中，并被称作"完美的衣服"，以引导学生穿着中山装。③

　　显然，国民党通过中山装将学生进一步纳入三民主义党化规训体系之中。于是，一般学校都开始将中山装作为学校制服，并严格规定师生统一穿着中山装。1939年福建德化师范学校成立后规定，学生"不得自由穿着"，"男穿黑色中山装制服，佩戴布制方形胸章、金属制三角形校徽"。④天津官立中学也规定全体师生统一穿着灰布中山装⑤。公立学校规定学生穿中山装是自然之事，但私立学校也是如此，如江苏丰县私立又平职业中学规定，学生须缴纳制服费，校服是黑色中山装。⑥广东省吴川县世德学校规定参加军训的学生制服为中山装。⑦作家秦牧1942年曾在桂林漓江桥畔一座中学任国文老师，平时均穿蓝布中山装。⑧

　　如果说中学教师和中学生穿着中山装，为的是接受三民主义规训，并体现出中学生应有的严谨、沉着气质，那么小学生穿着中山装则有点少年老成的意味，更能体现国民党推广中山装进而普及孙中山崇拜与三民主义教育

---

① 河南省政府行政报告处编：《河南省政府行政报告》（1935年9月），1935年，第17页。
② 《教育部订定的高中以上学校军事管理办法》（1936年1月），见《中华民国史档案资料汇编》，第五辑第一编教育（二），第1314—1316页。
③ 蒋镜芙编：《新中华社会课本》，第5册，第11课，上海：中华书局，1931年。
④ 江中卫：《抗日战争时期的德化师范》，见《德化文史资料》第13辑，《民国时期教育专辑》，1992年。
⑤ 刘家狻、汪桂年：《回忆母校天津官立中学》，见《天津文史资料选辑》第27辑，天津：天津人民出版社，1984年。
⑥ 县政协文史办公室：《丰县私立职业中学简介》，见《丰县文史资料》第8辑，1989年4月。
⑦ 韦燕徽：《张炎创办的世德学校》，见《吴川文史》第4辑，1986年12月。
⑧ 紫风：《爱侣·诤友》，见《女作家的情和爱》，天津：天津人民出版社，1991年，第124页。

的目的。国立中央大学实验学校在《为儿童卫生事致家长信》中，要求男孩子"大一些的最好穿着中山装"①。有的学校在儿童节举行健美比赛，将一套中山装作为奖品奖励给获得银奖的小学生②。从当时的《申报》广告来看，小学生中山装也极为流行，经常刊登专门为小学生提供中山装的广告。如上海国民书局销售中山童装，称"小学生宜服中山童装，以资不忘开国元勋，又能增进革命思想"。次年，国民书局又与新华书局、久和袜厂联合销售小学生中山装，并给予特价九折优惠。③小学生穿着中山装并非局限于大城市，而是在全国各地均较普及。山西省娄烦县第二高等小学规定，学生须统一穿着中山装和童子军服，并对风纪扣要求甚严。④西康省德格县县立小学、白玉县省立小学、巴安县县立小学的学生们都穿中山装制服，教职员工除藏族外也着中山装。⑤40年代初，广东省和平县岑江中心小学规定高年级学生均须穿中山装，且须结上风纪扣。有位学生因"脖子被勒住，感到憋气，特别在夏天更难受"，因而忘记结风纪扣，被班会罚款二角。⑥可见，小学生着中山装在民国时期是较为普遍的现象。

当然，人们对于规章制度的执行总有懈怠的时候，国民政府教育部门规定教师须穿中山装，但有的教师并未严格遵令，因此，各省教育厅视察时会进行督导。如广西省政府教育视察团发现教师并未统一着中山装，而是穿洋货西装和长衣便服，这不仅"形色碍观，即对政府提倡节俭，服用土布之意旨，亦大相刺谬"，视察团批评这些教师不仅不起表率作用，反而"任意奢靡，隳蔑政府法令"，重申学校教师须一律穿中山装。⑦为使教师养成穿着

---

① 《为儿童卫生事致家长信》，载国立中央大学实验学校编印《国立中央大学实验学校校刊》第14期，1929年。
② 黄一德：《纪念日的日记》，上海：上海儿童书局，1931年，第50页。
③ 《申报》，1928年5月23日广告；《小学生中山装》，《申报》，1929年6月3日，增刊广告。
④ 李润宇、阎门：《回忆母校——娄烦第二高等小学》，见《娄烦文史资料》第2辑，1987年7月。
⑤ 孙明经摄影、张鸣撰述：《1939：走进西康》，济南：山东画报社，2003年，第211、212、214页。
⑥ 吴日扬：《桃李无言下自成蹊——缅怀政治启蒙老师黄华明同志》，见《和平文史》第13辑，1998年。
⑦ 广西省政府教育厅导学室编印：《广西省政府教育视察团教育视察报告》，1934年，第297—298页。

中山装的习惯，一些教师集训班特别规定制服为中山装。著名作家严文井的父亲就曾参加过这类集训班，制服为中山装。[1]总体而言，民国时期的学校教师和学生在强制之下，逐步养成穿中山装的习惯，江苏徐州西服店老板回忆时说："学校的老师和学生则喜欢穿中山装或三个口袋的学生装。"[2]

为进一步引导规范人们的服装，国民政府又规定集团结婚的礼服为中山装。随着蒋介石倡导新生活运动，集团结婚在全国各地广泛开展，中山装作为婚礼礼服，在社会上影响日益增强。1942年2月，湖南省新生活运动促进会制定的《湖南省新生活集团结婚办法》第五条规定："新郎穿蓝袍黑褂或中山装。"[3]不少地方的集团结婚也有此规定。如湖北省来凤县政府于1944年9月制定《来凤县第一届集体结婚办法》，并于"双十"节在县政府大礼堂举行第一届集体结婚仪式，"男一律着中山装"。[4]抗战胜利后集团结婚在城市依然盛行，许多地方政府"规定新郎必须穿中山服"[5]。1946年11月12日下午3时，"广州首届集体结婚礼"举行，有29对新人参加，新郎全部穿深蓝色中山装，[6]而这一天恰恰是孙中山诞辰80周年庆典，新郎穿着中山装更具纪念意义。

政治服装是否具有生命力与流行能力，一方面是政府主导的结果，另一方面则与服装本身是否具有舒适便利的特性相关，更与其是否能够迎合时人的审美情趣相关。冯玉祥曾说，"中国的长袍大褂"，"使人萎靡懒怠，必须改良"，而且"糟蹋布料，妨碍行为"，而"中山先生提倡的中山服……中西兼长，至美至宜"，因此，"今日已盛行"。[7]中山装恰恰是在特定时代能够符合人们生活、审美与政治需求的服装，因此，中山装成为民国时期最为流行

---

[1] 严文井：《关于萧乾的点滴》，见《严文井》，北京：人民文学出版社，1995年，第355页。
[2] 吴永敏等口述、沈华甫整理：《徐州西服业的发展经过——亚东服装店的前前后后》，见《徐州文史资料》第4辑，1985年1月。
[3] 转引自谢世诚等：《民国时期的集团结婚》，载《民国档案》，1996（2）。
[4] 来凤县档案馆：《来凤县民国实录》，来凤1991年内部印行本，转引自徐旭阳《抗日战争时期湖北后方国统区社会风俗的改良》，载《江汉论坛》，2005（7），第75页。
[5] 《双十佳节集体结婚》，载《中央日报》，1946年9月18日。
[6] 《广州最早的集体婚礼》，见《中外婚俗奇谈》，广州：广东旅游出版社，1986年，第341页。
[7] 冯玉祥：《我的生活》，哈尔滨：黑龙江人民出版社，1981年，第560页。

的服装。

早在北伐之后,中山装就成为人们认同的时尚服装而在广大城镇流行开来。据《河南新志》记载,自1927年5月"国民军入豫,凡有公职者,俱服中山式制服,而袍褂式之礼服,乃日见减少"①。次年,江苏徐州社会团体工作人员、教育界人士开始穿中山装,甚至布店职员也都换穿中山装,店方先行支付服装费用,而后再在薪水中扣除,"全体同装,观感一新。同业人员为之赞赏,思想顽固者私下讥之,此举是为创新,后渐有效行之者"②。看一座城镇是否有政治新气象,只需从人们是否穿着中山装即可判断。报人董秋芳在致鲁迅的信函中谈到某城的变化时称:"尤其引人注目的是,穿中山装的人,不论有胡子的,或者光下巴的,到处可以看到了。"③中山装随着国民党北伐胜利与南京政府的建立而在全国各地逐渐普及。

30年代后,中山装在公务员与学生中更为流行。1936年出版的山东省《东平县志》记载,该县"各机关学校亦多着短衣,但衣式衣料与民众迥殊,名曰中山服,曰制服"④。广东省电白县"公教人员,则多服制服"⑤。福建省明溪县"民国以来改穿服制,短者中山装、学生装或西装"⑥。在许多地方,中山装已经不局限于机关公务人员或学生穿着,而成为一般流行的服装。江西省吉安县"以便服言,时髦多作西装、中山装"⑦。据当时的旅游指南书籍记载,重庆"男子皆喜欢穿淡灰色布制中山装",一个原因是政府在公务员及学生中的推广,另一原因是"卢作孚氏提倡之影响,因民生公司制服即规定如此"⑧。其他社会团体也将中山装作为统一的制服,推动了中山装的流行。

---

① 《河南新志》上册(1929年铅印本),河南省地方编纂委员会整理重印,第124页。
② 陈仲言:《清末民国时期徐州社会大观》,见《徐州文史资料》第14辑,1994年10月。此文为回忆录。
③ 董秋芳:《灰城通信(第一封)》,载《语丝》第5卷第1期,1929年6月3日。
④ 张志熙修、刘靖宇纂:《东平县志》卷5《风土》,1936年铅印本。
⑤ 邵桐孙等纂:《电白县新志稿》第2章,《人民·生活·衣服》,1946年油印本。
⑥ 王维梁等修、廖立元等纂:《明溪县志》卷11《礼俗志·服饰》,1943年铅印本。
⑦ 《吉安县志》(40卷,1941年铅印本),见《中国地方志民俗资料汇编》,华东卷(下),第1147页。
⑧ 陆思红编:《新重庆》,上海:中华书局,1939年,第180页。

中国红十字会总会职员的工作服装即为中山装。[①]一些商家为使自己的商店面貌一新，为员工定制中山装作为店服。福建省台江县国药行"老板还为全体店员，裁制了一套工作服，上衣系密扣中山装，下衣配上西装裤，使店员服装整齐精神饱满"[②]。民国时期的人们都以穿中山装为荣，中山装成为城镇中一道风景线，广西省同正县"今则稍稍复兴国货，而丝绸次之。高等人物或长衫马褂，或洋装，或中山装者"[③]。当著名画家丰子恺1938年到桂林时，看到满街都是穿着灰色制服的人。[④]中山装在桂林极为普及，只是当地人不称其为中山装而称"广西装"，它与中山装没有差异，所差者一顶帽子，"规定是布质的"，这种广西化的中山装已经"差不多深入农村，普及各界，公务员、学生无论军、农、工、商，下至挑负贩，都是那套灰制服。"[⑤]较为偏远的陕西沔县、湖南怀化、云南镇雄、甘肃和政等地男子普遍穿中山装[⑥]。云南个旧利滇化工厂"发给各工友每人灰金龙细布中山装一套"[⑦]。总体而言，中山装的流行迅速且传播区域广阔。如1935年后，新疆呼图壁县男子即流行穿中山装，[⑧]僻居新疆、内蒙与青海三地的土尔扈特人也穿中山装。[⑨]台湾光复后，中山装随着国民党势力的渗透而迅速流行。1946年，台湾《民报》的广告中已经有台北商家称可以应急制作中山装[⑩]。

从全国各地的地方志、报刊及回忆录来看，中山装出现于全国各地。无

[①]《总会职员服装一律改用中山装》，载《中国红十字会月刊》，1937（25）。
[②] 李益清：《解放前南台国药行业》，见《台江文史资料》第9辑，1993年。
[③] 曾瓶山修、杨北岑纂：《同正县志》卷6《风俗》，1932年铅印本。
[④]《桂林初面》，《丰子恺游记》，桂林：广西师范大学出版社，2004年，第38页。
[⑤] 徐祝君等著：《桂林市指南》，桂林：前导书局，1942年，第16页。
[⑥] 怀化市志编纂委员会：《怀化市志》，北京：生活·读书·新知三联书店，1994年，第798页；《镇雄县志》，见《中国地方志民俗资料汇编》，西南卷（下），北京：书目文献出版社，1991年，第753—754页；和政县志编纂委员会编：《和政县志》，兰州：兰州大学出版社，1993年，第422页。
[⑦]《经理张大煜请求社会处调解的函件》（1946年2月15日），见《云南工人运动史资料汇编（1886—1949）》，昆明：云南人民出版社，1989年，第399页。
[⑧] 呼图壁县志编纂委员会：《呼图壁县志》，乌鲁木齐：新疆人民出版社，1992年，第590页。
[⑨] 张体先：《土尔扈特部落史》，北京：当代中国出版社，1999年，第315页。
[⑩] 台湾：《民报》，1946年7月6日广告。

论是国民党政治中心区域的江苏小镇，还是国民革命发源地的广东、福建两省诸县，也无论是西北的渭南地区，或者是西南的四川、云南诸县，甚至是作为英国租界的山东威海，国人均流行穿着中山装。① 中山装在国家权力的推动下成为民国时期最流行的服装。

三、中山装的政治寓意与规训功能

服装在社会中具有重要的象征功能，由此，也会引导人们对服装背后的象征意义的记忆，进而认同服装所代表的某种意识形态。康纳顿在研究记忆问题时，特别强调服装对人的记忆形成的功能。他说："任何一件衣服都变成文本特质（textual qualities）的某种具体组合……服装作为物化的人与场合的主要坐标，成为文化范畴及其关系的复杂图式；代码看一眼就能解码，因为它在无意识层面上发生作用，观念被嵌入视觉本身。"② 中山装比一般意义上的制服更具有政治象征意义，容易使人们将具有三民主义象征意义的"代码"透过穿着中山装的身体实践嵌入身体空间而化约为无意识，而这种无意识实际上对人的影响最为深入。

由于中山装是与孙中山及国民革命联系在一起，因此，在时人眼中，中山装成为革命、进步的代名词，穿着中山装就被定义为拥护革命。1927年，精明的上海商人立即制作中山装出售，并称"青天白日旗帜下之民众，应当一律改服中山装，借以表示尊重先总理之敬意"③。当然，中山装作为象征革命的服装，一方面成为真正拥护革命者乐意穿着的服装，但同时也会被政治投机者所利用。1928年7月，周作人在致友人信中说："两三年前反对欢迎

---

① （川沙县）北蔡镇人民政府编印：《北蔡镇志》，1993年，第160、344页；长汀县地方志编纂委员会编：《长汀县志》，北京：生活·读书·新知三联书店，1993年，第843页；渭县地区地方志编纂委员会编：《渭南地区志》，西安：三秦出版社，1996年，第769页；南川县志编纂委员会：《南川县志》，成都：四川人民出版社，1991年，第660页；云南省马关县地方志编纂委员会：《马关县志》，北京：生活·读书·新知三联书店，1996年，第812页；威海市地方史志编纂委员会：《威海市志》，济南：山东人民出版社，1986年，第708页。
② 保罗·康纳顿：《社会如何记忆》，上海：上海人民出版社，2000年，第32页。
③ 《申报》，1927年6月26日广告。

孙中山，要求恢复溥仪帝号的总商会（会长还是那个孙学仕）已发起铸'先总理'铜像，并命令商会会员一律均着中山服了！"① 显然，政治投机者通过穿中山装来表达对国民党政权的"认同"与"忠诚"。

中山装同时成为国民党的象征。在民国时期的一些漫画中，穿着中山装者就是国民党的代言人。例如，1927年，江西南昌附近一座小城的农民协会里挂着一幅讽刺画，画上的一侧是孔庙，另一侧是世界公园，"世界公园里陈列了三个座位，中间是马克思的像，左边是列宁的像，右边的座位空着；另一面画着一个孔庙。在世界公园与孔庙的中间，一个穿着中山装的男子背了孙中山的像往孔庙中走去。旁边写着：'孙中山应陈列于革命的世界公园中，但戴××一定要把他背到孔庙里去'。"② 这幅漫画明确将矛头指向戴季陶将孙中山思想儒学化，这里中山装成为国民党的代名词。在国民党官员自己看来，穿着中山装就是代表党人身份。曾任西康军队特别党部少将书记长的张练庵曾回忆，为见蒋介石，特"在思想上作了准备，决定不穿军装，穿中山装，以党人身份去谒见"③。因此，尽管中山装成为民国时期的流行服装，但就根本而言中山装是与国民党紧密相连的。当然也有例外，中山装一度成为革命与激进的代名词，当国民党清党时，穿中山装已经不是国民党的象征，而是比国民党更为革命与激进的共产党员的身份象征。据日本东洋文库保存下来的一份清党文件中记载，由于清党运动的扩大化，在广州一次清党行动中，军警将凡是穿西装、中山装和学生服的，以及头发向后梳的，统统予以逮捕。④ 事实上，共产党人一直也将中山装视为人革命与进步的服装，延安的共产党人均着中山装。国共合作时期，在重庆工作的红岩村工作人员也将中山装作为工作制服。⑤

---

① 周作人：《知堂书信》，北京：华夏出版社，1994年，第154页。
② 朱其华：《一九二七年底回忆》，上海：新新出版社，1933年，第45页。
③ 张练庵：《西康政坛纪事》，见《中华文史资料文库·政治军事篇》，第6卷，北京：中国文史出版社，1996年，第277—278页。
④ 日本东洋文库缩微胶卷：《国共合作清党运动及工农运动文钞》，转引自王奇生：《清党以后国民党的组织蜕变》，载《近代史研究》，2003（5）。
⑤ 言扬："红岩村"的生活标准》，见《陪都星云录》，上海：上海书店，1994年，第20页。

民国时期中山装已经成为公务员及教育界人士中最流行的服装，穿中山装的人就会自然而然被认为是官员。著名报人张慧剑就曾记述，他穿着中山装去浙江金华一所村小学观光，引起"全校震惊，师生狼奔豕突，如大祸之降临"，原来因他穿着中山装，学校师生误将他当作县督学。① 显然，民国时期中山装成为官员权威的象征，在一个对权力与权威极其崇拜的国度，中山装的流行受到制度化力量的支撑而逐渐演变为全社会的习俗。

孙中山是革命者与民族主义者，他发明的中山装就具有民族主义色彩，因此，必须用国货制作，这样才能真正起到纪念孙中山的作用。一般商人虽然是为推销国产布料，但也能够认识到中山装的纪念意义与民族主义象征意义："中山装为孙总理在时，因其便利适意，故乐穿之。后总理逝世国人欲以之纪念总理，故名之曰中山装。"但是，"日来穿中山装者，其材料大多用舶来品，如华达呢、哔叽之类，致使利权外溢"，"中山装既可定为吾国国民服装，其料宜以国货为之。既可提倡实业，益足见爱国之心"②。商人都知道中山装"一可以抵制外货，二可以发扬国光"，因此，有的厂家还专门为"纪念总理而发明"中山装原料——中山呢，"质料坚固，鲜色齐备，极合裁制各项服装"。③ 毗邻上海的江苏省江阴县20世纪30年代大量生产中山呢④，南京也是如此。⑤ 据《江苏省乡土志》记载，1936年，江苏有102家棉纺织厂，产品以中山呢等为主。⑥ 中山呢主要用于制作中山装，远销全国各地。福建莆田、仙游就流行用上海运来的男女线呢制作衣服，俗称"中山布"⑦。与此同时，全国各地工厂也大量生产中山呢，如中山呢在河北省高阳县成为当地主要的纺织品⑧。此外，四川巴蜀、山东平度、广西桂林等地工厂

---

① 《衣服》，见张慧剑《辰子说林》，南京：南京新民报社，1946年。
② 《国人欲以之纪念孙总理者请注意下文》，载《申报》，1927年6月29日。
③ 《申报》，1928年3月3日广告。
④ 王维屏：《江阴志略》，见《方志月刊》第8卷，第4、5期合刊，1935年4月，第56—57页。
⑤ 杨大金：《现代中国实业志》，上册，长沙：商务印书馆，1940年，第96页。
⑥ 王培棠编：《江苏省乡土志》，上册，长沙：商务印书馆，年代不详，第92—93页。
⑦ 蔡麟整理：《解放前涵江镇商业概况》，见《莆田文史资料》第4辑，1989年4月；仙游地方志编纂委员会：《仙游县志》，北京：方志出版社，1995年，第1024页。
⑧ 吴知：《乡村织布工作的一个研究》，上海：商务印书馆，1936年，第219页。

也大量生产中山呢①。大量中山呢（布）的出品，保证了中山装的国货制作。

商人从商业利益的角度推广国货中山装，知识精英则从服装的政治象征功能出发，提倡用国货中山布制作。1928 年 7 月，张恨水曾在北平《世界晚报》副刊上撰文《中山服应用中山布》②。由于国货运动是民国时期政府主导、广泛推广的一场社会经济运动，因此，国民党各级政府从爱国、振兴民族经济的角度来提倡穿着国货中山装。1930 年，广东"省党部令各县普照各工作人员，一律穿国货中山装制服，提倡国货"③。1935 年，河南省政府又规定，学校中山装的"原料均限用国货"④。可见，人们对于中山装的民族主义象征意义理解之深。

穿中山装是与爱国相关联的，而当穿着中山装的身体进入社会视野之中时，这个身体也应该是爱国的、革命的、进步的，如果穿着中山装的人是背叛民族利益者，那么必然受到人们的唾弃。江苏常熟一位清朝拔贡出身、做过江苏提学使署幕宾的蒋志范，民国后任上海同济大学教授，抗战开始时高呼血战到底，但后来却投靠日本人。当时上海某小报登载一幅漫画，把他绘成一个四不像的丑角，头戴花翎顶帽，身穿中山服装，脚拖东洋木屐，淋漓尽致地刻画出这个"三朝元老"的毕生"功业"。⑤本来中山装是民族主义的化身，但如此穿中山装者只能是孙中山民族主义的叛徒，遭到人们的鄙夷。不仅中国人视中山装为民族服装象征着崇尚三民主义，日本人也同样认为。1933 年 1 月，日军攻入山海关城后，"大肆搜捕，凡着中山装者杀，着军服者杀，写反日标语者杀……"⑥在日本全面侵入华北后依旧如此，凡

---

① 剑花楼主：《巴蜀鸿爪录》，见《近代史资料》总第 85 号，第 144 页；山东省平度县地方志编纂委员会编印：《平度县志》，1987 年，第 307 页；钟文典：《20 世纪 30 年代的广西》，桂林：广西师范大学出版社，1998 年，第 357 页。
② 水（即张恨水）：《中山服应用中山布》，载《世界晚报》副刊《夜光》，1928 年 7 月 9 日。
③ 《粤提倡国货穿国货中山装》，载《中央日报》，1930 年 3 月 26 日。
④ 河南省政府行政报告处编：《河南省政府行政报告》（1935 年 9 月），1935 年，第 17 页。
⑤ 《人物轶事·蒋志范》，见《常熟掌故》(《江苏文史资料》第 56 辑)，江苏文史资料编辑部，1992 年。
⑥ 郭述祖：《长城抗战第一枪》，见《中华文史资料文库·政治军事编》，第 3 卷，中国文史出版社，1996 年，第 587 页。

遇到青年男子穿中山装、学生装者即予杀死。①1945年，日军侵入赣南，在江西省兴国县20多个村庄疯狂杀戮，"穿中山装制服、理平头或西装头的青年人"，成为"他们重点屠杀的对象"。②所以，在沦陷区，人们不再穿中山装，"'长袍马褂'又卷土重来，中山装反存之箱箧"③。中山装不是一般的服装，而是与孙中山及民族主义存在内在联系的政治服装。

罗兰·巴特曾经指出："服装总包含有叙事性因素，就像每一个功能至少都有其自身的符号一样，牛仔服适于工作时穿，但它也述说着工作。一件雨衣防雨用，但它也意指了雨。功能和符号之间（在现实中）的这种交换运动或许在许多文化事物中都存在着。"④中山装不仅是一种服装，更是一种象征。中山装作为服装的功能已经被弱化，而其隐含的政治意义却被强化。人们认为中山装应该是国人统一的服装，因此，出现让孔子也穿中山装的现象："浙江诸暨某校，悬挂孔子遗像，衣服作中山装，记得孔子曾经说过：'麻冕，礼也……吾从众'。现在大家都穿中山装，根据服从多数的意义，那孔子自然有改穿中山装的必要呢！"⑤从另一个角度去解读，则可以理解为，让孔子穿中山装是人们对国民党推广中山装的讽刺。

中山装是纪念孙中山的服装，自然纪念孙中山的仪式最好穿着中山装。1929年11月，为纪念孙中山诞辰，广州贫民教养院音乐宣传队"穿着特定的灰色中山装制服，巡行表演，场面壮观"⑥。参加孙中山纪念仪式不仅要穿着中山装，而且须更加庄重。郭沫若曾专门穿中山装去中山陵谒陵，由于天气炎热，"谒陵的人差不多都把外套脱了"，但他为保持虔敬，"连中山装的领扣都没有解开"⑦。在革命者的眼中，孙中山是伟大的革命先行者，面对孙

---

① 南京师范大学侵华日军南京大屠杀研究中心主编：《战时日本贩毒与"三光作战"研究》，南京：江苏人民出版社，1999年，第359页。
② 黄健民、肖宗英：《日军入侵兴国罪行录》，载《党史文苑》，1995(10)。
③ 陈仲言：《清末民国时期徐州社会大观》，见《徐州文史资料》第14辑，1994年10月。
④ 罗兰·巴特：《流行体系：符号学与服饰符码》，上海：上海人民出版社，2000年，第295页。
⑤ 血滴：《孔子穿中山装》，载《中央日报》，1929年5月6日。
⑥ 《贫教院音乐宣传队总理诞日巡行表演》，载《广州民国日报》，1929年11月9日。
⑦ 郭沫若：《谒陵》，见《南京印象》，上海：群益出版社，1946年，第37页。

中山的陵寝，中山装更加神圣而庄严。不仅像郭沫若这样的革命者如此看待中山装，即便普通人也将中山装视为非同一般的服装，当人们提到中山装时，自然而然地联想到孙中山、总理信徒、官员、公务员和学生。苏青曾在其作品中有过这样的描述："一个鼠目短髭、面孔蜡黄的拱背小伙子，他也穿着中山装，只是同悬在他对面的孙中山先生遗像比较起来，恐怕他就给孙先生当佣役也不要，因为他有着如此的一副不像样、惹人厌恶的神气。"① 在作家眼中，穿中山装，就应该具有孙中山事业继承者应有的形象，而态度恶劣与形象猥琐的公务员穿中山装，实在是对孙中山的亵渎，与中山装的象征寓意不符。

中山装在民国服饰中的显赫地位，使不少服装店以经营中山装为主，特别是各地颇孚声望的服装店。上海荣昌祥号曾因为孙中山生前在该店"定制服装，颇蒙赞许"而生意兴隆，并称"民众必备中山装衣服"。当"国民革命军抵沪"之际，荣昌祥号为提倡服装起见，低价销售中山装。② 同样，南京李顺昌店"经营西服和中山装，尤以中山装颇享商誉"，而且因蒋介石在该店定制中山装更加声名显赫。③ 中山装成为当时许多服装店的主要产品，也成为裁缝眼中的"国服"，如湖南民间歌谣《裁缝工歌》中有："清朝末年到民国，衣服式样有变更。中山装，称国服，一般穿的是对襟。"④ 因此，在人们的记忆中，中山装是民国时期中国服装的代表。由于中山装是国服，民国后期一些重要的国家政治仪式，中山装就成为指定服装。1943年8月，林森去世，为其葬礼奏哀乐的大同乐会会员按照规定一律着中山装。⑤ 因为林森生前是国民政府主席，奏乐者穿着中山装才能体现出国家主席葬礼的庄严与神圣。

中山装既是流行服装又是具有进步政治象征意义的服装，人们对于穿

---

① 苏青：《结婚十年》，北京：中国国际文化出版公司，2005年，第47页。
② 上海《民国日报》，1927年3月26日广告。
③ 王淑华：《忆南京李顺昌服装店》，见《江苏文史资料集粹》（经济卷），第224—226页。
④ 《裁缝工歌》，见《中国歌谣集成·湖南卷》，北京：中国ISBN中心出版社，1999年，第181—182页。
⑤ 许文霞：《我的父亲许如辉与重庆"大同乐会"》，载《音乐探索》，2001（4）。

中山装有着特殊的感情，中山装频频出现于文学作品中，有的作品将穿着中山装作为一种追求来表现。如郁达夫小说《唯命论者》的主人公买彩票中奖后，其太太首先想到的是"这一回可好了，你久想重做过的那一套中山装好去做了"①。显然，中山装成为人们生活中一种向往的服装。由于中山装缝制相对于传统布衫而言工艺讲究，因此，中山装也成为民国时期一种相对奢侈的服装。有意思的是，中山装成为日常报刊弹词的主角，著名报人熊伯鹏写过《只偷衣服未偷人》，描写主人公只有一件赊账制作的中山装，被偷后请"福尔摩斯"寻找的趣事。②由于中山装成为民国时期最流行的男式服装，因此，中山装也成为衡量薪俸的标尺。当1946年物价飞涨而薪俸降低时，人们的评价就是通过中山装来说明，连堂堂《中央日报》都说："一月薪津，半套中山装。"③可见，中山装在人们日常生活中的普及地位与重要象征意义。

就社会功能而言，"服装系统，不仅象征了行为范畴的存在，而且造成了这些行为范畴的存在，并通过塑造体形，规范举止，成为习惯"④。中山装对于引导人们通过身体实践而实现意识形态隐性化规训具有重要影响，因此，有的国民党党员自觉认为，中山装是每个党员应有的着装，以便促进党员团结。北京党员杨某上书中央："凡本党党员概须着中山装，佩党徽于左胸，党徽由中央党部备给，制服由各党员自向党部制服厂定制，制服厂办法另定之。"⑤还有的认为，穿着中山装就不能出入娱乐场所，应予以取缔。为此，新生活运动促进总会特向行政院请示，是否规定穿中山装者不得出入娱乐场所。行政院批复，因"无明文规定非公务员不准穿着"中山装，因此，对于"穿中山装西装出入娱乐场所"，"自无严格取缔必要"⑥。虽然行政院如此解释，但从中可以看出，在人们的意识中，中山装是神圣而庄严的，穿着

---

① 郁达夫：《唯命论者》，见《郁达夫选集》，下册，济南：山东文艺出版社，2003年，第597页。
② 熊伯鹏：《糊涂博士弹词》，长沙：湖南人民出版社，1987年，第125—126页。
③ 《寒风处处催刀尺》，载《中央日报》，1946年10月24日。
④ 保罗·康纳顿：《社会如何记忆》，第33页。
⑤ 杨海帆：《中国国民党暂行辅助规则》，中国第二历史档案馆藏，卷宗号2-239《关于改进国民党党务意见》（1930年3月）。
⑥ 《穿中山装西装出入娱乐场无取缔必要》，载《中央日报》，1936年8月11日。

中山装就应自觉维护其形象，这实际上是人们对中山装背后所隐含的政治要求的自觉认同，中山装的规训功能已经得到完美呈现。中山装本身具有整齐、严肃的风格，穿着中山装者给人以威严感。由此，为对吸毒者进行规训，北平市禁烟联合办公室规定烟毒戒除所训导员一律穿中山装。[①] 总之，中山装作为具有政治寓意的服装，它对穿着者进行着三民主义的隐性规训，从而使孙中山崇拜与三民主义具有更为深远的影响。

四、结　语

服装的流行是与人们的审美需求相关，而审美又不单纯为个人心理因素所决定，它同时也是政治因素、社会因素、商业因素共同作用的结果。中山装的流行，主要源于国家权力的推广，人们在政治因素的影响下，逐步形成中山装代表革命、进步、文明的审美认同。人们生活于社会关系之中，服装从来都是界定个人社会价值的重要符号之一，因此，一般人们都希望通过穿着服装迎合社会价值取向来强化自己的社会形象，进而体现自身价值。在民国公务人员与学生大量穿着中山装的社会氛围中，中山装的流行也就成为自然。而民国时期的商人生活于民族资本主义谋求发展的特殊时期，他们在追求利润的同时，谋求民族工业的发展，自然而然成为推行国货运动的生力军，因此，商人对于中山装的流行也起了积极的作用，而且中山装与中山呢的广告进一步宣传并强化了中山装的政治象征意义。正是在多重因素的影响之下，中山装在民国时期成为流行服装，并进而成为国服。从某种意义上说，中山装是时代的镜子，它折射出中华民国作为新兴民族国家力图通过推广民族服装重塑中国人的身体政治。

服装是人们思想观念的外在表现，中山装的流行，体现出作为国民革命领袖和民主共和制度化身的孙中山在人们心目中的地位。由于渗透着孙中山崇拜情结及三民主义寓意，中山装成为具有强烈国家色彩的政治性服

[①] 北京市档案馆藏，卷宗号J5-2-765-94，《北平市禁烟联合办公室关于烟毒戒除所训导员一律着中山装的通知》（1946年3月1日）。

装,因此,中山装作为一种统一的制服必然具有对人的身体与精神进行塑造与规训的功能。国民党一直努力将国民塑造成为忠于党国的三民主义信徒,从国旗到国歌,从中山路到中山纪念堂,再到中山公园,无不围绕三民主义党化教育展开社会文化的建设,因此,推广中山装只是其推销三民主义意识形态的又一隐性权力技术的运用。

服装具有表达人们情感、改变人的形象、满足心理需求的功能,人们通过服装符号将思想、情感演绎为身体实践,进而达成社会共识。因此,中山装对于引导人们形成共同的政治、思想、文化与情感认同起到了积极作用。中山装的推广与流行,促成了中国传统袍式服装向西方短式服装的转型,改变了中国人"交领右衽,上衣下裳"的服式习惯,也改变了中国人对服装的审美习惯与实用标准。中山装不仅作为一种政治服装而流行全国,而且作为中西文化融合的服装而深受国人喜爱。中山装是爱国、进步、文明的象征,更是继承孙中山遗志的象征,满足了近代中国人意欲表达的政治情感,引起思想共鸣,这是中山装能够流行的真正社会思想基础。

中山装是中国现代民族国家建构过程中出现的具有特别意义的服装,是既体现民族性、又体现现代性的服装。与此同时,它成为国民的认同方式以及体现群体意识的符号,具有独特的社会文化价值。正因为如此,中山装的推广与流行与近代民族国家的建构进程相同步,而其内在民族主义特性与孙中山符号一样具有持久的生命力,中山装因此流行于民国时期。

(原载《学术月刊》2007年9月号)

选文二
论民国时期影响女性服饰演变的诸因素

郑永福　吕美颐

衣食住行的风俗文化中，服饰历来是涉及面最广，最能迅速与直观的反映社会时尚的部分之一。女性服饰从一个侧面，生动具体的反映了女性生活的景象，折射出了时代的风云变幻。在中国服饰史上，中华民国时期的女性服饰有着重要地位，它以中西交融、满汉交融为特色，充分展示了这一时期女性服饰大跨度的历史变革，突显了人性化、个性化和近代化的时代特征。其中，旗袍"国服"地位的确立，演绎了女性服饰的华彩乐章。民国时期的女性服饰，总体来说是朝着自然、简便、时尚、美观的趋向演变的，这种趋势的背后是社会的进步与女性主体意识的强化。本文拟对影响民国时期女性服饰变化的诸多因素，做一初步考察。

一、清末民初从等级着装向自由着装演变

中国一向有"衣冠王国"之称。传统"冠服"制度既体现了古老的中华文明，又表现出某种不可逾越的等级制度。清代实行的是"满汉分途"、依制着装的制度，这是君主专制时代服饰的特点。历朝《大清会典》严格规定了上至皇后、太后，下至朝廷命妇的服制，包括朝服、吉服和一般礼服。其中女性官服中的朝冠、朝褂、朝袍、朝裙、领约、采帨、朝珠等服饰，在颜色、绣纹、质地、式样等方面，均按等级作出了具体规定。命妇的礼服，于凤冠、霞帔之外，在胸前背后的补丁上以仙鹤、锦鸡、练雀等图案表示出不同的品级。清朝律例严禁着装方面的僭越行为。一般平民妇女在许可范围

内，实行满汉分途，这与男性的全盘满化有所差别，是清初统治者默许在风俗习惯上"男从女不从"的结果。满族妇女的典型着装是上梳两把头，身着宽大旗袍，足登花盆底鞋；汉族妇女的典型着装则为，平头圆髻，上穿滚边袄衫，下着长裙，脚穿弓鞋。两种装束分别代表了中国历史上服装式样最基本的两种形制，即衣裳连属制（深衣制）和上衣下裳制。

作为一种民俗，一种文化，服饰既有其承传性，又有其变异性。在君主专制的严格限制下，服饰相对来说比较稳定，但其仍是缓慢流动的活水。20世纪最初的10年，是清王朝最后的10年。由于政治变革、经济发展及东西文化的进一步交流，女子服饰有了更多的变化，式样的翻新主要表现为服装肥瘦长短、领袖尺寸、纽带位置、衣裤鞋帽搭配的变化，以及色调的匹配等等。其中，有几个引人注目的特点。其一是西式服饰开始受到女性青睐。洋布、洋绉、洋帽、洋装成了时髦的东西。妇女中也有人着西式服装，但主要限于男式西装、男式大衣和礼帽。一种头梳东洋髻，身穿高领窄袖长袄素长裙、足登皮鞋的中西合璧式着装亦称时髦。其二是女尚男装风气流行一时。一批妇女解放的先行者，为扫去女性柔弱之气，纷纷着男装。其三是女学生装颇引人注目。一些新式学堂的女学生身着无任何镶饰的窄袖袄、长裤，脑后垂辫，还有人戴鸭舌帽或有檐的分瓣帽，给女性着装带来了一股清新空气。教会女学堂往往要求学生统一置办"操衣"，平时及参加集会统一着装，令人耳目一新。女性的传统服饰，在追新求异的潮流中，受到了冲击和挑战。

辛亥革命推翻了清王朝，结束了绵亘数千年的君主专制制度。服装变革方面最重要的成果，是取消了服饰上的等级制度，千百年来以衣冠"昭名分、辨等威"的作法被废弃。1912年的《中华民国临时约法》确立了中华民国人民一律平等，无种族、阶级、宗教之区别的基本原则。在这一原则指导下，1912年7月临时参议讨论了男女礼服制式，计3章12条，10月3日由大总统颁布执行。这是一种不讲身份的礼仪着装。男式分大礼服与常礼服，为西装和长袍马褂。女式礼服为上衣下裙，有领。衣长至膝、对襟，周身加绣饰，左右及后下端开衩。裙长至脚，中幅平，左右打裥。社会舆论对此规定褒贬不一，众说纷纭，因此一直未严格执行。当时，公众场合的普遍着装是男士长袍马褂与西装并行，女士多为上袄下裙。与清不同的是按等级穿着的现象不见了，人们开始可以比较自由的选择服装的式样和色彩。由于满族贵族统治地位的丧失，着满装不再带有强制性，社会上很快出现了"大半旗装改汉装，宫袍裁作短衣裳，脚跟形势先融化，说道莲钩六寸长"[①]的情景。

民国初年是一个新旧交替的时期，服饰上的多样化也反映了这一时代特征，"西装东装，汉装满装，应有尽有，庞杂至不可名状"[②]。无论男装女装均是如此。一些时髦女子往往新旧相杂，打扮得不满不汉、不中不洋，不伦不类。服装式样多元化的同时，服装面料和颜色也更加多样化。[③]

二、"摩登时代"的女性服饰

民国时代，社会上流行的女性着装，大体有三类。一类是传统的汉族女装，即上衣下裙或上衣下裤。衣有大襟、对襟、斜襟的区别，有长短的变化，下摆则有直角、圆角、弧形之分，衣领和袖管亦或高或矮，或宽或窄。第二类是旗袍的兴起。作为满族妇女传统着装的旗袍，经过民初暂短的沉寂，走上了汉化和西化的道路，五四运动前再度兴起。北京出现了这种情况："髻鬟钗朵满街香，辛亥而还尽弃藏，却怪汉人家妇女，旗袍个个斗新装。"[④]由于流行于西方的"曲线美"的意识逐渐为人们所接受，传统直线剪裁方法形成的满汉女装胸、肩、腰、臀完全呈平直的状态开始改变。第三，女着男式西装状况被西式连衣裙所代替。这种衣裙能充分显示女性腰部的柔美、纤细和颈部的优美线条，往往是时髦女性的首选。1930年1月9日上海大华饭店举办了一场"国货时装表演"，女子服装种类之多，令人眼花缭乱。西装、旗袍之外，还有服务于各种专门用途的学生服、礼服、婚纱服及供游泳、骑马、打高尔夫球穿的运动服。女性服装的多样性可见一斑。与女装相匹配的还有中西式帽子、丝质或貂皮的围巾、呢绒或毛皮大衣、手笼、提包等。

---

① 《时尚新谈改装妇人诗》，李家瑞编《北平风俗类征》，上海书店，1996年，第242页。
② 《闲评二》，《申报》，1912年9月8日。
③ 张朋川、张晶：《瓷绘霓裳——民国早期时装人物画瓷器》，文物出版社，2002年，第79—97页。
④ 雷梦水：《北京风俗杂咏续编》，北京出版社，1987年，第101页。

20世纪30年代,另一种女性专用品——文胸,亦传入中国。先是舶来品,接着上海霞飞路上出现了第一家名为"古今"的胸罩店,以"量身定做"的方式来满足人们的需求。①

时髦女时装的流行范围,主要在代表时尚前沿的大城市,特别是上海。作为中外经济文化交流窗口的上海,成了全国服饰中心。据说,巴黎的时新服饰,三四个月就会流行到上海。各地大中城市,又往往以上海是瞻。一首流行俚语说道:"人人都学上海样,学来学去不像样,等到学了三分像,上海又变新花样。"②实际上服饰上的地域差别很大,大城市与中小城市,沿海城市与内地城市,城市与农村,始终存在较大的差距。常常是某种服装在大城市已经过时,而在中小城市才开始流行,农村和偏远地区却可能还未曾见过。人们这样描述这种现象:30年前江南流行的衣服,在山东的村镇中仍有人穿着。③实际上,整个民国时期,广大农村妇女最普遍的打扮是身着大襟袄和长裤,头梳圆髻(女孩子为大辫),脚穿尖口布鞋。南方不少地方的农村妇女,则有式样别致的围裙,衣服多为布制。时髦或条件好些的,则用绸缎,并在衣裤和鞋子上加上鲜艳的花边或绣上精美图案。极少数富有人家的女子,才追赶时髦,着旗袍、大氅、围巾。

应该特别指出的是,20世纪二三十年代,中国人的服装出现了一次大的革命。这就是男性中山装和女性旗袍的流行,以至于这两种服装事实上已成为中国的"国服"。辛亥革命后,孙中山先生曾邀请上海荣昌祥西服号设计一种新式男服,希望既能吸收西服合体、又能顾及节约与方便,这就是后来的中山装。20世纪20年代末,南京国民政府重新颁布《民国服制条例》时,中山装被确定为男子礼服之一。20世纪二三十年代女性服装也经历了一次重要演变,即旗袍的异军突起。20世纪20年代,经过五四思想解放运动的洗礼,人们的观念和审美情趣有了很大变化,至北伐军北进时,旗袍已风行一时。此时的旗袍已与传统宽大、平直的旗袍不同,逐渐吸收了欧美服

---

① 卓影编著《丽人行·民国上海妇女之生活》,古吴轩出版社,2004年,第82页。
② 胡朴安:《中华全国风俗志》下篇,卷2,上海文艺出版社,1988年,第15页。
③ 黄士龙:《中国服饰史略》,上海文化出版社,1994年,第249页。

饰讲究曲线适体的特点，长度缩短，腰身收紧，曲线突出，袖子渐短。张爱玲在《更衣记》中把这种变化，描绘成是从"严冷方正"、"具有清教徒的风格"，向"烘云托月忠实地将人体轮廓曲曲勾出"的转变。[①]20世纪20年代后期至30年代，旗袍在领、袖及袍身的高低、长短、式样等方面，不断发生变化。时而领高及耳，时而领低若无，时而袖长及腕，时而短至露肩，袍身亦或短至膝盖，亦或长至脚面。30年代末，还出现了一种"改良旗袍"，其设计在整体和各个细节上更趋成熟，各种花色、质地的旗袍出现在广大妇女身上。城市中，上至政要夫人、名门闺秀，下至女学生与家庭主妇，大多把旗袍视为正装。引人瞩目的宋氏三姐妹即经常身着旗袍出现在各种公众场合，乃至国际舞台上。旗袍几乎成了那个时代中国新女性的标准服装，成了具有民族象征意义的"国服"。1947年英国未来女王伊丽莎白公主即将举行婚礼时，意外收到了上海鸿翔时装公司赠送的一件贺礼——洋溢喜庆气氛和古朴风韵的漂亮旗袍，而且穿着十分合体，公主特意写了感谢信，此事引起了极大轰动。同年，鸿翔公司精制的6款旗袍，在芝加哥国际博览会上又荣获了银奖，从此，旗袍走向了世界服装舞台。[②]

　　旗袍的出现是一种历史的选择，是中西结合与满汉融合的产物。"它的出现是抛弃中国传统服装宽袍大袖的旧貌，吸取西方的审美趣味，大胆的体现女性曲线美的创举。它是利用传统服饰，融合中西美学标准的成功尝试，也是大众审美风尚中现代因素的展现。"[③]

　　20世纪二三十年代，衣服的新奇并非是时髦与摩登的全部内容，与服装配套的装饰从头到脚，还包括了首饰、化妆与美容等。民国以来，女性对于发式在装饰上的重要性越来越重视。辛亥革命后，在一些激进的女权主义者中，曾流行日本式的东洋发式，后又掀起过暂短的剪发热，但很快受到北洋政府整顿风俗的打击。"五四"前后至北伐战争，剪发又流行起来，那时，短

---

① 张爱玲：《更衣记》，《流言》，第65—72页，无出版年月，转引自罗苏文《女性与近代中国社会》，上海人民出版社，1996年，第322—323页。
② 黄志伟、黄莹：《中国近代广告》，学林出版社，2004年，第76—77页。
③ 蒋广学、张中秋：《凤凰涅槃——华夏审美风尚史》，河南人民出版社，2000年，第105页。

发被视作进步和知识的象征，广州等地方的女界成立了"女子剪发社"，表示"为节省时间、金钱与便利工作，特提倡女子剪发"①。上海有的理发店为招徕顾客，登出这样的广告词："女子剪发，全球风靡，秀丽美观，并且经济，式样旖旎，梳洗容易，设施新异，手艺超群，闺阁令媛，请来整理。"②大约20世纪20年代初，上海的"百乐"等理发店开始经营烫发项目。30年代，这种舶来发式便在全国大中城市流行起来，至40年代，由于电烫的出现，烫发则更加盛行。但就大多数妇女而言，特别是农村妇女，主要还是梳成发髻，有圆型、横竖S等造型，饰有金银、玉质的簪、钗、钏等饰物。未出嫁的女孩，多脑后垂辫。显示其时髦与否的主要是额前式样繁多的留海。

鞋子的革命起自缠足的废除，这是一个持续了几十年的过程。清末民初便出现了与天足相匹配的放足布鞋、革履与丝袜，至20年代高跟皮鞋开始流行，几乎成了旗袍的配套装束。高跟鞋使女性的身材显得高挑挺拔，平添许多妩媚，深受女性欢迎，从女界名流、明星，到职业妇女、家庭主妇、女学生，穿着极为普遍。就连经济不发达的西部城市成都，穿者也不少，有一首民谣戏谑道："西式皮鞋挺后跟，申江买价十三元。只愁下雨街头滑，稍不留神仰面翻。"③与此不协调的是，小脚弓鞋与高跟鞋并存的现象触目可见，经常成为漫画家笔下讽刺的对象，表明缠足陋俗在部分妇女中仍然存在。

中国女性的化妆术有古老的历史，"女为悦己者容"，就包括了化妆。近代以来，化妆品和化妆手段，在传统之外，又增加了许多西化的成分，20世纪30年代，象"密丝佛佗"、"伊莉莎白雅顿"等外国名牌化妆品，其广告也已频繁出现在报纸、杂志上。不论是上海先施、永安等大百货公司，还是一般街头小杂货店，各种档次的化妆品都可以买到。化妆品的使用面很广，连以朴素著称的女学生也不例外。1922年北京《晨报副刊》的一篇文章曾惊呼："北京某学校的女学生，自修室的桌上，雪花膏花露水的数目，竟比钢笔

---

① 天津《大公报》，1920年5月9日。
② 转引自罗苏文《女性与近代中国社会》，上海人民出版社，1996年，第177页。
③ 杨燮等：《成都竹枝词》，四川人民出版社，1982年，第201页。

和墨水瓶的数目,要多两倍!"① 1929 年天津《大公报》披露,一些女校"每位 lady,除了抹红涂白之外,还要剃眉毛涂咀唇",以至梳洗房的镜子不够用了。② 在好莱坞影星的影响下,传统的工笔画似的平面化妆法已不时髦,流行的是立体感强的带有眼影的化妆方法。但是,对于女性要否化妆向来有不同看法,抨击的舆论很多,素面朝天不施粉黛的女性大有人在,特别是女学生。而那些鹄首鸠面的穷苦妇女,基本与此术无缘。

三、影响女性服饰流行的诸种因素

时尚是部分人引发的风气和爱好。引领女性时装潮流的,从地域看非上海莫属,从人群看则几经变化。清末民初,青楼女子一时曾起了"服装模特"的作用。不少人对她们的职业嗤之以鼻,但又效仿她们的穿着打扮,曾出现过"妓女效女学生,女学生似妓女"③的现象。"五四"前后清纯的女学生备受青睐,成了公众眼中的摩登女性的形象代表,上海曾有传言说,要想看上海滩最摩登漂亮的小姐们,只要每个礼拜天上午到亿定盘路中西女塾的大门口等就行了。20 世纪 30 年代,城市公共空间更加拓展,模特、女影星、交际花、女界名流的穿戴举止都成了人们争相效仿的对象。实际上,影响服饰潮流除政治制度外,还有诸多因素。

第一,审美观念对服饰演变的影响甚大。审美观念的变化,直接影响着女性自身在服饰方面的取舍,以及社会对其接纳的程度。中国传统的审美观讲究阳刚阴柔、男女有别,表现在穿着上则是不管男女惯用褒衣博带。女性身体的孱弱,衣服的飘逸,特别是缠足,竟成了美的标志。近代以来提倡个性解放,崇尚自由、自主、自然的思想解放潮流,冲击着传统的审美观,妇女运动也在其中起了催化作用。一时,崇尚身体健美和着装体现人体自然曲线,成为不少人新的审美观念。这是大众现代审美时尚不断生长的结果,是推动服装变革的深层背景和最主要的动力。

---

① 章洪熙:《僭越的忧虑》,《晨报副刊》,1922 年 11 月 10 日。
② 思夷:《lady 们的脸》,天津《大公报·小公园》,1929 年 11 月 28 日。
③ 《自由谈》,天津《大公报》,1912 年 3 月 20 日。

服饰的变革只是生活方式变革的一部分,在衣食住行等方面,它最易得风气之先,往往成为社会风尚变迁中人们关注的焦点之一。而对时尚服饰的态度,又或多或少反映出新旧观念的冲突。当时女子的时髦装束,就常为社会所不容,受到舆论的谴责,甚至是政府的干预。小说《子夜》中,乡下来的吴老太爷,见到身着高衩旗袍、架着二郎腿的年轻女子,竟差点昏厥。即便在容易接受新潮的知识分子中,也不是一下子都能接受新观念的。他们中一些人在惶惑中自嘲道:"旧的忘不了,新的学不会,是我们过渡时代的人们的一个通病。左也不是,右也不是,中也不是,是人们的一种痛苦。"①最可称奇者,是权力的干预。北洋时期,北京政府曾以维持所谓的社会风化为由,公开干涉妇女的穿戴。1917年北京警察厅发布公告:"查近来衣服式样竟为奇异,几于不中不西。而妇女衣服日趋紧小,亦殊失大家风范。""若于公共集合场所服之游行,实于风俗观瞻两有妨害。"因此"永禁"穿着。②上海也有议员提出《取缔妇女妖服之呈请》,而所谓妖服,不过是"女衫手臂则露出一尺左右,女裤则吊高至一尺有余",这样的衣服竟被认为"不成体统,不堪入目"③。直至20世纪30年代,在有些地方"露臂露腿"还被视为有伤风化。据说,韩复榘任山东主席时为此特发布过严禁奇装异服的命令。报载,1936年9月的一天,韩某外出"途中发现短袖露肘之摩登妇女,当即拘捕"。随后公安局又在城埠交通要冲捕获摩登女子50余人,均送交军法处。④这些情况,反映了新旧观念斗争的尖锐,以及社会风俗改革的艰难。但是,现代化的潮流有如青山难以遮挡的东流水,人们生活理念的变化和日常风俗的变迁是阻挡不住的。新的生活方式,总是会伴随新时代的到来而产生。

第二,时装展示与选美活动的开展,对推动服饰变化的作用不可低估。现代化带来了公共空间的扩展与公共活动的增加,20世纪30年代兴起的时

---

① 蒋梦麟:《西潮·新潮》,岳麓书社,2000年,第274页。
② 《警界维持风化》,《申报》,1917年8月19日。
③ 《取缔妇女妖服之呈请》,上海《时报》,1918年5月14日。
④ 上海《申报》,1936年9月4日。

装表演与选美活动，就体现了这一成果，也成为引领服装时尚和推动服装产业化的手段。早在20年代，上海的美亚织绸厂始将本厂产的绸缎精心设计成流行女装，在永安公司中央大厅搭建舞台，举办时装表演，以扩大产品销售。1930年该厂建厂10周年，又在上海大华饭店推出了"国货时装表演"，不少政界、商界要人前往，被邀请的明星穿着新奇式样的服装在展厅中依次登台亮相，盛况空前。永安等百货公司，亦经常在商场中自办大型时装表演，由公司女职员担当模特，同时以明星演唱、美容表演及其他操作演示等活动，招徕顾客。1934年11月鸿翔时装公司在上海百乐门舞厅举办了为社会慈善义演的时装表演会，特地请来了胡蝶、宣景琳等一批炙手可热的当红影星，穿起了专门为她们设计的时髦女装。此外，一些外国人开办的服装店也积极参与其中，南京路上的"朋街"，20世纪三四十年代，每年春秋都举办流行时装发布会，并由西洋女模特进行时装表演，声名远扬，不仅带来了西方时装的流行信息，还引进了先进的时装展示方法。[①] 当时的服装表演以上海为最，北平、天津等大城市紧跟其后，1929年1月17日，天津曾举办过大型"中西服装赛艳会"，展示了日本、德国、英国、美国、中国等五国民族服装，报纸上这样形容当时的盛况："丁字沽前，几若举国皆狂。"[②] 尽管这些表演主要是商业操作，但客观上成了引领服装时尚与潮流的新手段。

  20年代末兴起的选美活动，不同于晚清的"花国皇后"之选，主要是被选者的身份从妓女变成了名媛，更易为社会多数人所接受。20年代末上海举行了一次较大规模的"上海小姐"选举，中西女塾毕业生、永安公司郭氏家族的女公子郭安慈中选。1931年上海又举行了一次国际性的选美比赛。这种活动既是自身魅力的展示，也是一种服装展示活动。此外，那些频繁出入社交场合的影星、名艺人、交际明星、政要夫人等公众人物，从某种意义上来说，也起到了流动服装模特的作用。1927年宋美龄结婚时头上的婚纱，是一种包住整头、边沿有短流苏的丝绸头巾，30年代很多年份这种妆饰都以时髦而流行着。

[①] 卓影编著《丽人行·民国上海妇女之生活》，古吴轩出版社，2004年，第74、78页。
[②] 《记天津中西服装赛艳会》，《申报》，1929年1月29日、30日。

第三，大众传媒的推波助澜，也是影响服饰变化的重要因素。近代以来，大众传播媒介渐次发达。即以女子报刊来说，20世纪初已达40余种，民国期间种类增加得更快。这些报刊在传播服装信息、推动新式服装流行方面，发挥了重要作用。《申报》《大公报》《新民报》等影响较大的报纸，都辟有女性专栏，讨论妇女问题之外，常有女性时装、妆饰等方面的推介和讨论。推动妇女时尚方面影响最大的还有《良友》《玲珑》等杂志，杂志的主要内容是时尚与休闲，以倡导新式都市生活为宗旨，封面和内页多刊有名媛、贵妇、明星的时装照片，以及张光宇、叶浅予等名画家绘制的妇女时装设计画。各种女子报刊，此类内容更多，从服装到鞋帽，从化妆到美容，应有尽有。不少文章具体指导如何修饰成"摩登的脚"、"怎样使手美观"，新式服装的剪裁图样也时有介绍。特别是照相业的发展，为时装提供了除模特外，最形象、最具感染力的展示手段。大众传媒的介入，成为时装流行不可或缺的重要因素。

在民间，比报纸杂志影响力更广泛的还有一种广告宣传品，即月份牌。起自道光年间的月份牌广告，1912年后为了适应激烈竞争，题材越来越集中于时装美女，被称为"美女月份牌"。它向普通民众，包括最底层民众，展示了什么是摩登的女性，传播着最新潮的社会审美时尚。人们可以从不同时期和不同种类的月份牌上，追寻民国时期女性时装演变的轨迹。

第四，近代服装产业的产生与发展，为民国时期女性服饰演变提供了重要的物质基础。近代服装业的兴起，既是服饰发展的需要，又成了服饰不断发展变化的物质基础。20世纪20年代初，已有小批量的欧美女装进口。这种"袖大盈尺，腰细如竿，且无领"之装，"一箱甫启，经人道之，遂争相购制。"① 就国产而言，早在清末，上海就开始出现"衣庄"，"专办各色绸缎，时式新衣"。另有做衣服的成衣店，以苏（苏州）广（广州）二式最有名气。五四前后，中国服装业进一步发展，女性时装受到特别重视。上海出现了专卖妇女服饰的"女色部"。二三十年代上海的静安路、同孚路、霞飞路、四马路、湖北路等路段，是时装店最为集中的地方，其中最有名气的要算鸿翔和

---

① 《海上风俗大观》，转引自周锡保《中国古代服饰史》，中国戏剧出版社，1984年，第306页。

云裳。"鸿翔女子时装店"由金鸿翔创办于1917年,前身是一个专做西式女子服装的裁缝店,规模扩大后改为"鸿翔时装公司",厂店合一,楼上是工厂,楼下是店堂。该店以款式新颖,做工精良著称,因实行西方流行的立体剪裁,有"天衣无缝"的美誉。宋庆龄很喜欢在此做衣服,并亲自为公司题词:"推陈出新,妙手天成,国货精华,经济干城。"公司还聘请女影星陈燕燕作广告代言人,经营状况一直很好,被称之为"女服之王"。云裳时装公司创立于1927年,创办人为沪上交际明星唐瑛、陆小曼、裁剪师江一平等,虽很快易手,但该公司对推动女装大衣的流行功不可没。1937年开业的"朋街女子服装店",是德籍犹太人立纳西创办,最初主要为在华外国人服务,很快就成为上海女子时装界最有影响的地方,二战结束后易手为中国人经营。[①]另有明星、金泰、义利、景艺等30余家女装公司。在北京,声誉最高的要属瑞蚨祥,所做中式女装最为出色。一些大中城市也存在着规模不等的女子服装公司。女子服装业的兴起,使女装作为商品进入了消费市场,而为了追逐利润,厂商千方百计在样式、品种等方面下功夫,推动了服装业的发展。时装时代,悄然来到古老的中国大地。

作为女子服饰系列的鞋帽首饰等,其商品化的速度也很快。出售高跟女皮鞋和样时女鞋的店铺大大增加,报章杂志上随处可见带有图片的女鞋广告,式样之多,与当今女鞋已无多大区别。1919年《申报》上刊登了一个新开店铺"女色部"的广告,曰:"妇女应用物品一概俱全,精致时式,女鞋多至二三百种,惠顾女鞋,随赠真丝袜。"[②] 20世纪三四十年代的上海专卖女鞋的鞋店就有40多家。其实,比高跟鞋流行早的丝袜,其装饰的重要作用不亚于鞋子,国内亦有大量生产。传统的中国女性戴帽子以防风御寒等实用为主,西方妇女戴帽子则更重视装饰的功能。上海出现了专门的女帽店,如嘉伦女帽公司、美国女帽公司、百贲女衣帽店,大新、竭格斯专营女

[①] 黄士龙:《中国服饰史略》,上海文化出版社,1994年,第249—250页;黄志伟、黄莹:《中国近代广告》,学林出版社,2004年,第73、74页。
[②] 《申报》,1919年7月22日。

子用品的商店，以女帽经营为特色。① 一些著名的老字号帽子店，如京津的盛锡福、同馨和、同升和，也扩展经营，生产西式女帽，打出了"创造最新式的男女四季时帽"的广告，并附有戴西式女帽的模特照片。

首饰是利润很高的行业，女子首饰一直是首饰行业中收益最高的部分。因此专卖首饰的店铺和百货公司有增无减。上海的"老凤祥"，北京王府井、大栅栏等地众多首饰店，都不断在首饰的式样翻新上大做文章，这些地方也是城市女性最爱光顾的地方之一。可以看出，民国时期，以服装为主的女式系列用品，已经发展为具有一定规模的产业。

综上所述，民国时期，在各种因素合力的推动下，中国女子的服饰变化节奏明显加快，显示出了现代化、多元化的总趋势。当然，我国地域辽阔，人口、民族众多。就女子服饰而言，城乡、地域差别很大；汉族女性服饰的迅速变化与少数民族服饰坚守民族特色，也呈鲜明对比，各有其特色。这两点，也应受到更多关注。

（原载《中州学刊》，2005 年第 5 期）

---

① 中国征信所 1937 年《上海工商业汇编》，转引自罗苏文《女性与近代中国社会》，上海人民出版社，1994 年，第 320 页。

■ **进一步阅读的文章和书目**

刘力:《衣冠之制的解体:中国传统服饰的近代化——以清末服饰变革为中心的探讨》,《求索》,2007 年第 1 期。

卞向阳:《论晚清上海服饰时尚》,《东华大学学报(自然科学版)》,2001 年第 5 期。

张敏:《试论晚清上海服饰风尚与社会变迁》,《史林》,1999 年第 1 期。

[德]叶凯蒂:《清末上海妓女服饰、家具与西洋物质文明的引进》,《学人》第 9 辑,江苏文艺出版社,1996 年。

吴昊:《中国妇女服饰与身体革命(1911—1935)》,东方出版中心,2008 年。

黄强:《从天乳运动到义乳流行:民国内衣的束放之争》,时代教育(先锋国家历史),2008 年第 18 期。

王儒年:《欲望的想象——1920—1930 年代〈申报〉广告的文化史研究》一书中第四章有关服装的内容,上海人民出版社,2007 年。

■ **进一步思考的问题**

1. 民国时期的服装为什么会呈现出中西融合、满汉杂交的风格特点?这种风格特点对于服装的发展起着怎样的作用?

2. 中山装的款式特点与它的政治指向的关系如何?它如何通过对身体形象的规约控制人们的精神指向?

3. 晚清到民国的女装变化给女性身体形象的塑造带来了怎样的特点?

■ **相关性阅读的文章和书目**

刘志琴:《服饰变迁——非文本的社会思潮史)》,《东方文化》,2006 年第 6 期。

叶晖:《我国女性服饰流变中的性别权力关系探析》,《阴山学刊》,2005 年第 4 期。

瓦莱丽·斯蒂尔:《内衣 一部文化史》,师英译,百花文艺出版社,2004 年。

[法]罗兰·巴特:《流行体系:符号学与服饰符码》,敖军译,上海人民出版社,2000 年。

玛里琳·霍恩:《服饰:人的第二皮肤》,上海人民出版社,1991 年。

舒湘鄂:《现代服饰与大众文化学研究》,西南交通大学出版社,2006 年。

包铭新:《近代中国女装实录》,东华大学出版社,2004 年。

刘百吉:《女性服装史话》,百花文艺出版社,2005 年。

李芽:《中国历代妆饰》,中国纺织出版社,2004 年。

■ **相关文献、作品举要**

张爱玲:《更衣记》

周作人:《论女裤》,《穿裙与不穿裙》

第二编 思想启蒙和革命时代的身体言说

第一节 五四启蒙和身体解放

导 读

在政治和思想文化领域内,五四知识分子把晚清民族主义意义上的身体变革纳入到了范围更大也更具有摧毁力的个性解放运动之中,特别是与改变传统文化对生命力压抑和扭曲的状况相对应,在西学东渐之风的影响下,西方一些高扬人的生命力的学说受到了国人的青睐,如尼采的超人哲学等,只不过这种接受带着中国人的主观选择和理解:尼采倡导的是纯感官的身体,而在五四知识分子对原始生命力的提倡中,对生命本能与理性精神的倡导是并重的。

五四时期周作人对"灵肉一致观"、"自然人性论"的提倡,胡适对贞操观的论说,陈独秀对充满原始生命力的呼唤,鲁迅对吃人礼教的尖锐批判等都与传统伦理文化相对抗,可以说,"身体"在五四时期主要是在伦理道德的范围内被谈论的,身体话语是和反封建伦理道德的话语重合的,这使得五四对身体的关注并不具有西方启蒙话语从人的存在层面对身体的本体意义进行拷问的特征,无论是谈论性解放、婚姻自由还是贞操问题,五四新文化运动都是立足于对封建文化进行批判的立场，所以，五四的身体问题也就是伦理、道德的问题。

在"五四"这样一个传统价值观念逐渐崩溃、新的价值观念还尚待建设的时期，出现了很多悖论的现象，封建的和现代的、先锋的和落后的、进步的和腐朽的等对立因素同时出现，而很多现象的出现和一些问题的讨论都直接或间接与"身体"相关，涉及文化转型期的许多问题，因此"身体"同样是考察五四文化的一个核心问题。

道德问题是传统和现代的交锋中最为敏感的问题，也与人们的身体认知息息相关。本节的第一篇选文是陈方竞的《五四新文化运动关于"道德主义"的对话》一文，该文从"北大进德会"事件入手，对五四时期以蔡元培为代表的"新青年"群体与鲁迅、周作人为代表的"S会馆"在对待道德问题上的对峙以及后者对前者的超越进行了深入剖析，围绕道德问题的这些不同言论典型地反映了五四时期知识分子对待中西文化的不同态度和文化立场。

本节的另一篇选文是彭小妍的《性启蒙与自我的解放——"性博士"张竞生与五四的色欲小说》一文，该文通过对张竞生和五四色欲小说在当时的影响及其在文学史上地位的对比，说明了民族解放话语对个人解放话语所构成的压制。通过这篇文章我们也可以看到，个人身体的历史很容易被主导话语所篡改，唯一的办法就是尽可能地回到原初的历史场景，以还原真实的身体，也由此还原历史和文学的本来面貌。

选文一
五四新文化运动关于"道德主义"的对话

陈方竞

　　"道德主义"问题是"五四"思想文化领域变革中最沉重的话题,也是推动中国社会思想文化变革的核心问题,由中国自身变革要求主要是近代以来的西学东渐所引发,西学东渐又使这一问题变得相当复杂。

　　陈独秀创办《新青年》对清末民初思想文化格局的突破即着眼于此,提出"吾人最后觉悟之最后觉悟"在于"伦理的觉悟"[①],发动批孔及文学革命;但是,由其"共和制情结"及对中西思想文化认识之不足,其变革幅度是极其有限的。在伦理道德观上具有实质性意义的变革发生在1918年,表现在《新青年》上《狂人日记》的发表,"贞操问题"的讨论,对《娜拉》及"易卜生主义"的译介,"人的文学"的提出,尤其是《我之节烈观》和《我们现在怎样做父亲》的发表——对此,历来的文学史、思想史的评述,多归于"校"与"刊"结合的北京大学对整个社会的守旧势力的发难,这种认识是表面化的;实际上,在伦理道德观上,《新青年》与北京大学虽存在着深刻的矛盾,《新青年》并不具备抗衡之力——正是因为"S会馆"的对峙性存在与介入,使1918年成为《新青年》推动伦理道德观变革最富有力度的一年,而这恰恰是通过对《新青年》主导话语的超越和对北京大学道德化氛围的剥离与消解实现的。

　　蔡元培改造北京大学的核心举措之一是"整肃道德":一者这缘于他治学所重在伦理,在实践中极其注重道德人格理想建设;另者则有着民初中国

---

① 陈独秀:《吾人最后之觉悟》,《青年杂志》1卷6号。

社会的针对性，这在当时似乎显得更为紧要。刘纳在《嬗变》一书中依据大量史料提出民初中国社会"是一个变乱纷呈的时期，一个光怪陆离的时期，是一个名副其实的'乱世'"[1]："流品日滥的各类人物走马灯似地上台表演，赳赳武夫们正翻云覆雨、拥兵自贵，欺名盗世的政客们则播弄权谋、招摇煽惑、舞智弄巧"，"知识阶级的社会地位迅速降低"而争相攀附权贵，"那些挤不进或不愿挤进'新官僚'阶层"的"文人"则转向"骂世，警世"，甚且"混世，避世与售世"，"酒色文学"一时为甚[2]。这里还想提出当时人的记忆以印证。包天笑的《钏影楼回忆录续编》中有"军阀时代赌与嫖"一章，说"在中国的北洋军阀时期，也正是最混乱的日子，其恶化腐化的情形，笔难尽述。恶化的争权夺利，互相厮杀，继续不绝"，"腐化方面最显著的是'赌'与'嫖'，探其源也不脱'财'、'色'两字"，"不但军人腐化，官僚亦腐化"；他所举例，就有张作霖和绰号为"狗肉将军"的张宗昌，而且"不但武官好赌，文官也是多数好赌的，张岱杉先生就是豪赌客之一"。[3]如果走进"当年"历史，就不能不承认被称为国民党"四老"的吴稚晖、蔡元培、李石曾、张继于1912年发起成立"进德会"，1917年后蔡元培又把"进德会"置入北大，其所提倡的一系列"道德戒律"的针对性，对扼制"恶化腐化"之风的作用。但是，这又反映出他们对民初社会道德水准下滑产生的根本原因认识之不足。

伦理道德作为对人的文明规范，在人类社会发展历史过程中曾经起到相当重要的作用，这种作用是通过对人的自然本性中的"蛮性遗存"的道德抑制实现的；但是，当这种道德抑制形成的文明规范演变成准宗教性质的意识形态而渗透到人的全部精神生活中的时候，就不能不构成对根源于人的"蛮性遗存"的人的生命活力及潜能的束缚以至压抑，文明又反过来成为人类社会发展的羁绊。

在这方面，东西方文化发展的历史显现出深刻的不同。在西方文化发

---

[1] 刘纳：《嬗变——辛亥革命时期至五四时期的中国文学》，中国社会科学出版社，1998年，第113页。
[2] 同上书，第142—189页。
[3] 包天笑：《钏影楼回忆录续编》，香港大华出版社，1973年，第154—162页。

展中，以后来的生物进化论作为理论支柱的"文明"逐渐包含了两重含义：一方面是对生物进化意义上的伦理道德规范中的社会人的肯定，另一方面是对生物进化意义上的基于生命本能的自然人的肯定——这抑或可以看成是推动西方文明发展的两个传统，二者在历史长河中均获得各自独立存在的理论根基并得到长足的发展，在缺一不可的截然对立与交相作用下推动社会发展和人的文明进步。鲁迅在《文化偏至论》中提出欧洲"十九世纪文明"的理性原则泛滥，"弊乃自显"，人的"主观之内面精神"退化，"性灵之光，愈益就于黯淡"，而有"新神思宗徒"之反拨——恰恰在这方面，文学艺术显现出特有的作用，鲁迅对此冥悟颇深，著有《摩罗诗力说》，发掘与欧洲"十九世纪文明"的理性原则相对立而存在的"摩罗诗力"，其"孕于蛮荒"、承于"蛮野"的自然人性之表现，是与"新神思宗"一脉相承的[①]——在西方，文学艺术葆有的"走出伊甸园"的声音始终持续不断。中国文化也存在两种不同传统，却迥异于西方，二者在整体上相通互融，如儒与道产生之初均取"天人合一"，不过儒所重在"人"而道所重在"天"，但二者并不构成根本性对立。汉代，谶纬经学始以天象扼抑人事，实则是借天象操纵人事，而有魏晋时代之反拨，道与禅受推崇使"药、酒、女、佛"大盛，使"天"与"人"相切合而得到富于自然人性的表现，对中国文化发展具重要意义。宋代理学家承续并发展谶纬经学，视儒释道同源，所推出的宋明理学要起"八代之衰"，针对的就是魏晋玄学，把中国文化推向极端，即在"天理"与"人欲"框架中置入巫术即法术，使先秦尤其是魏晋的"天"与"人"和谐关系被肢解而呈悖反性发展，使"天人合一"之人性失"真"而"伪"。章太炎曾著《五朝学》，"以汉末与魏晋作对照，批驳后世所谓魏晋俗敝之说，用史实说明汉末淫癖之风远过魏晋"，认为"魏晋玄学实可纠汉末风气之弊"，但"后人不见汉末风气已坏至唐（中期以后）则尤甚这一事实，独斥魏晋，以致责盈于前，网疏于后，是极不公正的"。[②] 章太炎高扬魏晋玄学（文学）为鲁迅直接承续并发展，所针对的主要是宋明理学。我读谭其骧先生的《中国文化的时

[①] 鲁迅：《坟·摩罗诗力说》，《鲁迅全集》第1卷，第64页。
[②] 王元化：《思辨随笔》，上海文艺出版社，1994年，第29—30页。

代差异和地区差异》①一文的深刻感受是，不仅"儒家学说"两千年来"从没有建立起它的一统天下"，而且在汉末谶纬经学盛行之时，尤其是宋明理学产生并流行的七八百年间，表面上儒学（谶纬经学、理学）被抬到至尊地位，实则是社会风气最坏的时期——表现在上层社会，道学家开口闭口"仁义道德"，干的却是"男盗女娼"，而且两方面结合得恰到好处——这就是鲁迅一再提到的"中国人"须"研究自己"："道士思想（不是道教，是方士）与历史上大事件的关系，在现今社会上的势力"；"孔教徒怎样使'圣道'变得和自己的无所不为相宜"，"善于变化，毫无特操"，却又毫不感到作伪的难堪②。而在下层社会，则连那块"遮羞布"也不要了，恶俗淫癖风行，支配国民思想的完全是渗入佛法的道教迷信③。清末民初，理学式微，道教迷信却有甚无已，且染及政界、军界以及与官场相联系的嫖赌之风，即如张宗昌有每赌先嫖、赌输必嫖之癖好，嫖时要找"雏妓"，号称"开苞""见红"，"运气就来了"④。

显然，民初社会道德水准下滑产生的一个主要原因，是中国文化起码自宋代以来的畸形发展在近代的恶质化延续所致。同时期的文学，作为正统的诗文被纳入到文以载道的规范之中，理学之气甚重；至于宋至明清的词曲、小说虽不无自然人性因素，但却被排斥于正统文学之外，不仅影响极其有限，发展甚为艰难，而且由其存活于同样也藏污纳垢的民间社会，也难以葆有清新、鲜活的气息，甚或也如诗文，承担起修身教科书的职责⑤。这种状况在相当程度上影响了近代历史变革期的中国人对西方文化的认识，我们缺乏西式"天"与"人"截然相悖的"背景资源"，难以认识西方文明的双重内涵，更难以正确理解西方文化中与理性原则对立而追寻并肯定人的自然

---

① 谭其骧：《中国文化的时代差异和地区差异》，《复旦学报》，1986年第2期。
② 鲁迅：《华盖集续编·马上支日记》，《鲁迅全集》第3卷，第333、328页。
③ 陈方竞：《鲁迅与浙东文化》，吉林大学出版社，1999年，第161—179页。
④ 包天笑：《钏影楼回忆录续编》，香港大华出版社，1973年，第158—159页。
⑤ 鲁迅的《我之节烈观》等文章反映出他的一个认识，认为中国文化至宋代以后不再具备自我更新的潜能。这是他1907年以至五四时期借助于魏晋思潮而非晚明思潮以求变革的一个重要原因。

本性的传统,及其对社会进步所起到的重要作用。这导致了似相反实不无一致的两种倾向:一者对西方文明舍本逐末,即鲁迅在《文化偏至论》尤其是《破恶声论》中言及的,将"已陈旧于殊方"的"迁流偏至之物","举而纳之中国"①,"活身之术随变","灵府荒秽""而鸩毒日投",物欲横流,嫖娼纳妾之风愈盛,"适益以速中国之隳败"②。另者视这种对西方文明舍本逐末的倾向为民初社会道德水准下滑的根源,转向坚持"中学为体,西学为用",认为中国的精神文明远非西方可比,康有为、梁启超、严复包括林纾等即属此类人物;但他们的"定孔教为国教",不仅不可能根本改变民初社会现状,其结果充其量不过是重演宋明理学及其所滥觞的伪道学的恶作剧。

　　蔡元培较之康梁等维新派人士显然前进了一步,他主张中西文化会通,但他对前述中西文化在整体上之不同缺乏认识,一再强调的是中国传统道德规范中的"义"、"恕"、"仁"与西方近世文明中的"自由"、"平等"、"博爱"的内在一致性③。这又反映出他与维新派人士不无相通之处——对西方,他也难以真正认识与理解西方文化中与近世文明相悖且对此起到反拨作用的自然人性论④;面对中国,他同样以整肃道德即成立"进德会"来抵制民初道德水准下滑⑤。所以,1919 年 3 月林琴南以"覆孔孟、铲伦常"之"罪名"攻击北大,蔡元培的反驳即推出"进德会",说:其"基本戒约有不嫖、不娶妾两条。不嫖之戒,决不背于古代之伦理;不娶妾一条,则且视孔孟之说为尤

---

① 鲁迅:《坟·文化偏至论》,《鲁迅全集》第 1 卷,第 46 页。
② 鲁迅:《集外集拾遗补编·破恶声论》,《鲁迅全集》第 8 卷,第 25 页。
③ 蔡元培:《对于新教育之意见》,《东方杂志》第 8 卷第 10 号。进北大后他的《在育德学校演说之述意》(孙松龄记录,刊于 1918 年 2 月 20 日《北京大学日刊》和 1919 年 4 月 15 日为北京高等法文专修馆开学典礼所书条幅都对此一再加以强调。见高平叔:《蔡元培年谱长编》(中),第 188 页。
④ 蔡元培 1916 年夏所著《华工学校讲义》,他在"德育三十篇"中对"自由与放纵"、"爱情与淫欲"的分析,反映出他以中国传统伦理道德为标准对西方文明中的自然人性表现的拒绝。(《蔡元培全集》第 2 卷,中华书局,1984 年,第 436—437、444—445 页)
⑤ 蔡元培:《北大进德会旨趣书》,高平叔编,《蔡元培全集》第 3 卷,中华书局,1984 年,第 124—128 页。

严矣"①。显然,"进德会"的"道德戒律"是确立于在中国已然烂熟而显"文明过剩"致使人性扭曲而"伪"的伦理道德规范之上的,而非前述鲁迅言及的中国国民性的根本缺失之上。这在变革时代新文化中心的北大,其所起到的负面作用是可想而知的。

具体考察"进德会"在北大确立地位及势力的过程,是可以感到这与置入《新青年》的北大势所必然地呈现出的思想文化变革取向的矛盾。蔡元培1918年1月19日发起组织北大进德会,四个月后北大进德会才正式成立。5月24日,蔡元培发表《致北大进德会会员函》,公布已入会会员人数,并告知5月28日开成立大会,会前"以通讯的记名投票法,选举评议员及纠察员"②。但28日成立大会,又以"检票未毕,未知结果"为由,会议改为请李石曾、朱一鹗还有此前已在北大名噪一时的何以庄等四人演说。蔡元培最后发言,再次为"进德"正名:"德者,积极进行之事;而本会条件,皆消极之事,非即以是为德,乃谓入德者当有此戒律",并以孟子所谓"有不为而后可以有为",说明已显消极的进德会的积极意义③。6月1日的《北京大学日刊》公布了当选为评议员、纠察员的七十五人大名单;但6月29日的进德会评议员、纠察员第一次会议,出席二十九人,不及半数,主要"议决":同意李大钊提议,废除纠察员,被举之纠察员悉改为评议员;"废除原定甲、乙、丙等级,以不嫖、不赌、不纳妾三条为入会者之必要条件",其余五条戒律,由会员自由认守;增添惩处措施,即会员有破坏戒律者,通信劝告,仍犯,经会员十人以上签名报告,调查属实后由评议会宣告除名④。

围绕进德会的"道德戒律"的矛盾冲突,在《新青年》同人中亦有反映,《新青年》4卷2号(1918.2.15)发表的两篇文章即针对于此而似成对垒。首篇为陈独秀的《人生真义》,文章列举古今中外的宗教家、哲学家、科学家对"人生真义"的解释而一一驳斥,提出自己对"人生真义"的界定:其中一

---

① 蔡元培:《致〈公言报〉函并答林琴南函》,1919年3月21日《北京大学日刊》第338号。
② 见1918年5月24日《北京大学日刊》第145号。
③ 见1918年5月30日《北京大学日刊》,又可参见高平叔《蔡元培年谱长编》(中),人民教育出版社,1996年,第101页。
④ 见1918年7月4日《北京大学日刊》,又可参见高平叔《蔡元培年谱长编》(中),第109页。

则为"社会是个人集成的,除去个人,便没有社会;所以个人的意志和快乐,是应该尊重的";还有一则更具挑战性:"执行意志,满足欲望(自食色以至道德的名誉,都是欲望),是个人生存的根本理由,始终不变的(此处可以说'天不变,道亦不变')。"文章最后用特大号字提出:

> 个人生存的时候,当努力造成幸福,享受幸福;并且留在社会上,后来的个人也能够享受。递相授受,以至无穷。

其后的一篇题为《新青年之新道德》(陶履恭)的文章,援引前文中为陈独秀批驳的孟子的"修身"然后可以"齐家治国"之说,指责"今人""不思克己修身"却"臧否社会","惟社会之是责,他人之是谤,则其诋评社会,又何异于诋评一己?"——是将进德会之"道德戒律"视为"新青年之新道德"的。

但是,我以为绝不能因为如上"矛盾"而低估了进德会在北大具有的重要位置及其势力、影响之大。如前所述,进德会为蔡元培主持,校评议会成员皆为该会领导成员,截至1918年5月24日,入会者已有四百六十八人,其中职员九十一人,教员七十六人,学生三百零一人,人数居北大各社团之首。如果考虑到这是北大各社团中惟一的与"校政"直接相联系的组织,影响到聘退、提职、加薪等一系列待遇,就不难理解陈独秀、钱玄同等新文化倡导急进者为什么也列名为该会的评议员、纠察员,同时也能感受到用以"绳己"、"谢人"、"止谤"的"道德戒律"对他们的身心束缚与压迫。1918年1月23日,到北大不久的周作人申请入会,成为乙种会员;但他每天回到"S会馆"都要面对正在做"官"又不得不守着一个"无爱的婚姻"的大哥(鲁迅),很难想象他是如何在二者之间获得心理平衡的,但却可以推见来自进德会的压力。周作人入会当日,即蔡元培发起进德会四天后,北大学生查钊忠致函蔡元培,说"校役"何以庄"尚志安贫,情切梁鸿之操;乐饥茹苦,事殊季布之钳",且"文采斐然","苟得栽培,正未可量",次日又有北大二十四人联名致函蔡元培,再提何以庄"身为仆役,不辍于学","观其文稿,亦清顺通达,《四书》多能背诵",并"附其所作文稿三篇",请校长"量才拔调,俾任相当职务"。如上函件及何之文稿,一望可知为桐城文之余脉,蔡元培将这些函件均刊载于1918年1月26日《北京大学日刊》(第56号),并在该期日刊上复函作答,表示当"欢成诸君之美意",此人"已调入文科教务处"①。由此可见,北大渗透着理学之气的道德化氛围之浓厚。蔡元培进一步把进德会的势力及影响推及校外之社会,允许校外人士参加且可进进德会评议会。1918年3月21日的《北京大学日刊》,刊登教育部来函,宣布"大总统令",即蔡元培1917年12月29日即被授予"二等大授嘉禾章";同时载有日本东京"廓清会"评议员高岛米峰的致蔡元培函,称道《时事新报》所载《北大进德会旨趣书》"极以为善",又载有《廓清》杂志(第8卷第3号)对北大进德会的赞辞,认为"进德会之起,确为支那对于现代道德及政治上自觉之一机运"②。

我由此进一步认识到,进德会由其势力及影响在客观上起到的为林琴南远不可及的消解五四新文化变革性的作用。而这是历来的文学史、思想史不曾言及或避而不谈的;因此,尤其值得提出,其典型事例就是"陈独秀被逐出北大"事件。我注意到《新青年》6卷4号(1919.4.15)与其他各期的不同,即破例在最后加了个"附录",发的是陈独秀的《我们应该怎样?》——陈独秀的文章在《新青年》上从未这样发表过,且此文内容也与胡适执编的该期主调有别。陈独秀在文章中谈着"有自觉智力的人"的"顺世堕落的乐观主义"和"厌世自杀的悲观主义"这两种"危险的人生观"。如果说后者与刚刚发生的梁巨川的自杀有关,那么前者何指呢?所说"道德的意识,被和一般动物同样的贪残、利己心……逼迫而去",此即"发见了自己堕落以至灭亡的原因";又说"四面黑暗将我们团团围住,不用说这都是我们本性上黑暗方面,和一般动物同样的贪残利己已造成的恶果。有这些恶果,才造成我们现在这样难堪的烦闷生活";并说"由个人的努力,奋斗,利用人性上光明的方面,去改造那黑暗的方面","自然以我们努力的强弱为标准"。这种忏悔中的励志图新,在陈独秀已发表的文章中是绝无仅有的;

---

① 高平叔:《蔡元培全集》第3卷,中华书局,1984年,第128—130页。又可参见高平叔:《蔡元培年谱长编》(中),第78—79页。
② 高平叔:《蔡元培年谱长编》(中),人民教育出版社,1996年,第85页。

肯定相爱互助及道德意识对人的与动物相联系的自然本性的抑制与改造作用，这与前述他一年前也是谈人生观的《人生真义》迥异。这使我自然要思考与这篇文章写出几乎同时发生的"陈独秀被逐出北大"事件的因由。我在了解此事真相过程中深感资料匮乏，几乎惟一有说服力的是胡适的一封信，考虑到此信写于胡适与陈独秀早已分道扬镳、行同路人的 1935 年末，且又是写给事件的肇事者汤尔和的，应该说是有几分真实的。胡适说，汤尔和"是当日操纵北京学潮的主要人物，他自命能运筹帷幄，故处处作策士而自以为乐事"①。是他 1916 年向蔡元培举荐陈独秀担任北大文科学长一职，并出示《新青年》十余本，还告知陈正在北京及所住旅馆而促成了陈进北大②；又是他于 1919 年 3 月 26 日晚关于"辞去陈独秀问题"的会议上③，声称陈独秀嫖娼，违背进德会戒律，应去职离开北大。胡适在那封信中说：

> 三月廿六夜之会上，蔡先生颇不愿于那时去独秀，先生（按，指汤尔和）力言其私德太坏，彼时蔡先生还是进德会的提倡者，故颇为尊议所动。我当时所诧怪者，当时小报所记，道路所传，都是无稽之谈，而学界领袖乃视为事实，视为铁征，岂不可怪？嫖妓是独秀与浮筠都干的事，而"挖伤某妓之下体"是谁见来？及今思之，岂值一噱？当时外人借私行为攻击独秀，明明是攻击北大的新思潮的几个领袖的一种手段，而先生们亦不能把私行为与公行为分开，适堕奸人术中了。④

胡适认为，蔡元培虽"颇不愿于那时去独秀"却又"颇为尊议所动"，而

---

① 胡适：《致汤尔和》（1935.12.23）附《胡适手抄汤尔和日记和跋》，《胡适书信集》（中），北京大学出版社，1996 年，第 668 页。
② 蔡元培：《我在北京大学的经历》，陈平原等编《北大旧事》，北京三联书店，1998 年，第 36 页。
③ 胡适：《致汤尔和》（1935.12.23）附《胡适手抄汤尔和日记和跋》，《胡适书信集》（中），北京大学出版社，1996 年，第 668 页。此外应注意，1919 年 3 月 26 日，蔡元培又接到教育总长傅增湘函，该函提出《新潮》"逾学术范围之外""启党派新旧之争"，责蔡元培不加疏导之失。
④ 胡适：《致汤尔和》（1935.12.23），《胡适书信集》（中），第 675—676 页。

并不把这视为是"外人""攻击北大的新思潮的几个领袖的一种手段",原因在于他"不能把私行为与公行为分开",是切中要害的。蔡元培在《北大进德会旨趣书》中就提出:"今人恒言:西人尚公德,而东方尚私德;又以为能尽公德,则私德之出入,不足措意,是误会也。吾人既为社会之一分子,分子之腐败,不能无影响于全体","私德不修,祸及社会,诸如此类,不可胜数"①。这是否言之成理呢?如胡适所说:"我并不主张大学教授不妨嫖妓,我也不主张政治领袖不妨嫖妓,——我觉得一切在社会上有领袖地位的人都是西洋人所谓'公人'(Public men),都应该注意他们自己的行为,因为他们的私行为也许可以发生公众的影响。但我也不赞成任何人利用某人的私行为来做攻击他的武器。"②胡适的分析是有道理的,不过他事过十多年后言之,不如他当时的一些文章更能切入要害。在中国传统文化中将公、私德相对立而认为私德有害于公,产生于宋明理学,即将"天理"与"人欲"连在一起,主张凡"人欲"必危及"天理",而把人的自然本性、生命欲求视为一切罪恶、灾害产生的根源。蔡元培不分公、私行为之别而提出的进德会的道德戒律,要害似乎就在这里。因此,针对的并非仅仅是几个人,或者说主要不是有"嫖妓"行为的陈独秀一类"五四"显赫人物,是要造成北大整体上的"道德净化"。这是否也成为了五四新文化的发源地北京大学的一种"传统"?进而说是北大影响下的五四新文化运动的一种"传统"?周作人作为北大中人,几年后反思五四新文化运动时,正是这样提出并思考问题的。他就提到:"主张自由恋爱的记者因教授之抗议而免职,与女学生通信的教员因学校(北大)之呈请而缉捕。"③值得进一步提出的是后者。北京大学经济系的一位教授杨栋林写给某女学生一封情书以表爱意,这本是现代社会文明人的个人行为,该女学生竟将情书公之于众——这恰是不道德的行为,却居然在北大引起"公愤":"在便所里写启事的"有之,"张贴黄榜,发檄文"者有之;在舆论声讨中,这一个人的纯粹"私行为",竟然被渲染成"全校之不

---

① 高平叔:《蔡元培全集》第3卷,中华书局,1984年,第124—125页。
② 胡适:《致汤尔和》(1936.1.2),《胡适书信集》(中),第678页。
③ 周作人:《五四运动之功过》,1925年6月29日《京报副刊》,署名益喋。

幸，全国女子之不幸"；更有甚者，"称杨先生的信是教授式的强盗行为，威吓欺骗渔猎（？）女士的手段，大有灭此朝食，与众共弃之之概"①。这使我想到北大的现代评论派，"正人君子"的雅号就是支持他们的《大同晚报》奉送的，这对他们是贴切的，所以被鲁迅接过来作为标签，使其形神毕现，那副道德面孔的形成，不是可以追溯到北大的这一"传统"吗？如陈西滢在那封著名的《致志摩》的信中说："鲁迅，即教育部佥事周树人先生的名字"，他有"贵乡绍兴的刑名师爷的脾气"，"是做了十几年官的刑名师爷"②——不仅是以"官"奚落，而且加之以为顾亭林詈为"天下之大害"、"百方虎狼"、"窟穴"于自京师各部至各级地方衙门的绍兴师爷（《郡县论》）之恶名——这显然已经不是据理争辩，而是故意混淆公、私行为，借道学家的"道德"制裁以灭口，但却居然还摆出一副"绅士"腔调，可见其拙劣。

如果充分看到北大道德化氛围的弊害及其势力与影响，可以发现"S会馆"独立性存在的价值，以及充分认识到《新青年》4卷5号（1918.5.15）发表的鲁迅的小说《狂人日记》和周作人的译作《贞操论》的意义。这两部作品既有内在联系，又明显存在着不同，表现在以不无一致的方式对《新青年》主导言论的超越，但同时却又是从不同角度展开对北大的道德化氛围的剥离与消解。

首先是对《新青年》主导言论的超越。《贞操论》是日本女诗人、文学批评家及古文学研究者与谢野晶子所著。周作人在译文前有一篇简短的介绍文字，说《新青年》征集关于"女子问题"的议论，"近几月来，却寂然无声"，原因在于："大约人的觉醒，总须从心里自己发生。倘若本身并无痛切的实感，便也没有什么话可说。"这就是说，一者"女子问题"的提出，核心在"人的觉醒"；二者认识问题的关键在于要有"痛切的实感"，这与章太炎治学注重人生体验相关。但借助于日本文学家的作品来提出并认识问题，显示了

---

① 钱理群：《周作人传》，北京十月文艺出版社，1990年，第295页。引文见周作人的《一封反对新文化的信》。
② 载1926年1月30日《晨报副镌》。

周作人对文学的倚重①，反过来说，文学赋予了周作人认识问题的特殊的视角，这与鲁迅以小说《狂人日记》介入"五四"相一致，是对文学修养极其匮乏的《新青年》主导话语的超越。所以，对于周作人对《贞操论》的译介，要与他几个月后写的《人的文学》这篇文章结合起来理解。周作人在《人的文学》②中说：

> 我们要说人的文学，须得先将这个人字，略加说明。我们所说的人，……是说"从动物进化的人类"。其中有两个要点：（一）从"动物"进化的,（二）从动物"进化"的。我们承认人是一种生物。他的生活现象，与别的动物并无不同。所以我们相信人的一切生活本能，都是美的善的，应得完全满足。凡是违反人性不自然的习惯制度，都应排斥改正。但我们又承认人是一种从动物进化的生物。他的内面生活，比他动物更为复杂高深，而且逐渐向上，有能够改造生活的力量。所以我们相信人类以动物的生活为生存的基础，而其内面生活，却渐与动物相远，终能达到高上和平的境地。……这两个要点，换一句话说，便是人的灵肉二重的生活。……这灵肉本是一物的两面，并非对抗的二元。兽性与神性，合起来便只是人性。

这不仅反映了周作人从文学视角出发对"人"之本质的认识的深化，更主要的是，这是中国近代西学东渐以来第一次较完整地表现出对西方文明中的人学思想的双重内涵及其发展演变的深刻理解，有助于改变民初康、梁以至蔡元培从中国固有文明出发对西方文化的自然人性论表现出的拒绝；就此而言，他的认识又是对西方近世文明中的外在于人的理性原则的否定，提出"灵"与"肉"、"神性"与"兽性"对立统一于人的自然本性之上，反映出他与西方现代主义的联系。正是基于此，周作人敏锐地发现中国的宋明

---

① 周作人一方面以《欧洲文学史》的课程介入北大的学术化氛围，另一方面又以对俄国、东欧及南非的文学作品的译介介入《新青年》主导话语，这显然根源于他与"S会馆"主要是鲁迅的深刻联系。
② 载《新青年》5卷6号（1918年12月15日）。

理学以规范人的两性关系为基点的先验理性本体建构的非人性的性质，其突出表现就是所谓"贞操道德"。在这方面，周作人同样表现出对《新青年》主导话语简单化的欧美取向的超越，贞操问题就是借助于深受中国固有文明影响的日本较早表现出的反叛思想提出的，这也与鲁迅不无一致。值得注意的是，从灵与肉的两性关系出发立论的《贞操论》，可以引发对进德会的"基本戒约"中的"不嫖"、"不娶妾"的模糊性的质疑：

> 世间的夫妇，多有性交虽然接续，精神上十分冷淡；又或肉体上也无关系，精神上也互相憎恶，却仍然同住在一处：这样的人，明明已经破了精神的贞操了。可是奇怪，贞操道德非但不把他们当作不贞的男女看待，去责备他；只要他们表面上是夫妇，终身在一处过活，便反把他当作贞妇看待：那又是什么缘故呢？
>
> 倘说是属于肉体的，男女当然是绝对不能再婚。不但如此，如或女子因强暴失身，男子容纳了奔女，便都已破了贞操，一生不能结婚了。又如为了父母兄弟或一身一家的事情，不得已做了妓女的人，便永久被人当作败德者看待……反过来说，倘若肉体上只守着一人，即使爱情移到别人身上，也是无妨。这样矛盾的事，也就不免出现了。

文章着力揭示"贞操道德"所造成的人的生活的虚伪性，提出："我对于贞操，不当他是道德；只是一种趣味，一种信仰，一种洁癖"；"我所以绝对的爱重我的贞操，便是同爱艺术的美，爱学问的真一样，当作一种道德以上的高尚优美的物事看待"。这里显现的"贞操"，分明是人性美的赞歌。

最早响应周作人的是胡适，他在《新青年》上发表了《易卜生主义》和《贞操问题》，这抑或可以看成《新青年》主导话语在与"S会馆"的联系中的深化。但是，一者《贞操论》主要体现为艺术家的理想；胡适的思想则更具社会学意义，如他归国后迅即写出《归国杂感》[①]，写从上海回故乡徽州再到北京一路上所见所闻，对中国社会二十年几乎毫无进步的特有的敏感，就可

---

① 载《新青年》4卷1号（1918年1月15日）。

以看出他所说"人生的大病根在于不肯睁开眼睛来看世间的真实现状"①，反映出他直面社会现实的思想个性。这近于鲁迅，而且他刚刚体验了在婚姻上进退两难的境遇，也近于鲁迅。二者，周作人译介《贞操论》坦言，不想借此"论中国贞操问题"，这有他"还未见这新问题发生的萌芽"的悲观②；但胡适非但积极入世，且较之周作人（尤其是鲁迅）要乐观得多，因而就此对中国社会问题的触及也较之周作人的《〈贞操论〉译记》要激烈且深入得多。在这方面，胡适更主要是对《新青年》主导话语的延续与推进。《易卜生主义》及《娜拉》等剧作的译介有着中国问题的直接针对性，这与挪威社会情状更近于中国相关，表现在易卜生剧作关注的主要是在挪威积弊甚深的家庭及夫妻关系问题，以及这一问题与社会"服从多数的迷信"即社会"习惯"的联系，这正是有着"中国问题"背景的胡适冥悟最深的。《易卜生主义》从解剖"家庭"夫妻关系的"恶德"入手，揭示为男性主张的"妇道"在男女两面存在的虚伪性，而这恰恰为社会的"法律"、"宗教"、"道德"所维护，其结果是："这种不道德的道德，在社会上，造出一种诈伪不自然的伪君子，面子上都是仁义道德，骨子里都是男盗女娼。"我以为，这里提出了一个五四时期的伦理道德观变革中最富有变革意义的问题，即道德的实践性问题，这是鲁迅以浙东学术的实践性品格为背景在他的早期论文中深刻阐发③，并在《狂人日记》中披露，而在前述周作人及胡适的文章中一再言及的：道德应在人的实践中具有表里如一、言行一致的性质而并非在自相"矛盾"中滥生"诈伪"、"无特操"、抑人以"贞操"而容己以"纵欲"，这是道学家之伪道学的根本弊害。胡适由此出发，进一步在《贞操问题》中列举刚刚揭载于报端的"表彰节烈"的新闻，溯及北洋政府1914年颁布的《中华民国褒扬条例》第一条第二款所言"妇女节烈贞操可以风世者"及《施行细则》对此的解释，分析法律维护的寡妇守节、烈妇殉夫、未嫁而夫死的女子守贞不嫁甚至做烈

---

① 胡适：《易卜生主义》，《新青年》4卷6号（1918年6月15日）。
② 周作人：《〈贞操论〉译记》，《新青年》4卷5号（1918年5月15日）。
③ 陈方竞：《对鲁迅与章学诚联系及其"五四"意义的再认识》（《社会科学战线》2001年第3期），后面对此有具体分析。

女所体现的"贞操道德"的非人性,提出这是"野蛮残忍的法律","在今天没有存在的地位"。由此亦可以看出北大进德会的道德戒律堂而皇之地存在的社会根源。

  需要提出的是,周作人和胡适用以破"贞操道德"以见宋明理学为代表的中国伦理型文化之弊害的,是以生物进化论为理论根基的自然人性论,他们旨在提倡体现"人的觉醒"即所谓"辟人荒"、"从新要发见'人'",① 但侧重点却在于现代性爱(灵与肉的结合)关系的实现,或曰追求"真挚专一的异性恋爱"②,认为这是现代社会两性之间的爱情、婚姻、家庭的基础,从而有五四时期产生空前影响的"娜拉出走"模式,这自然具有重要的变革意义。但是,自然人性论在西方文明中有深厚的基础,性爱关系的提出是顺理成章的;但中国文明中缺乏认识这一西式文明的"背景资源",这不仅限制了中国人对它的接受,而且影响了中国人对它的理解——20世纪中国文学中的这一性爱关系表现即呈现为"一收就死,一放即滥"这样一种病态特征。这确实涉及对中国社会及思想文化不同于西方的特殊性的认识。鲁迅就一再谈到中国一面"宛如文明烂熟的社会",一面"分明现出茹毛饮血的蛮风"的"两极端的错杂"的怪现象③。尤其是在"五四",《新青年》主导话语的"肯定一否定"二元简单对立模式,又常常把问题推向极端。张崧年从提倡现代性爱关系出发,不就有"把行了几千年的婚姻制度从根废除"④的惊世骇俗之论吗?所以,作为五四新文化的接受与支持者的蓝志先(公武)对于破"贞操道德"的质疑⑤,就不能因其向传统道德的复归而不予理会。蓝志先的质疑抓住了周作人与胡适的性爱观的提出之短,即仅仅依据新旧对立或中西之别,而非中国自身的历史与现实,认为这难以"确实"地区分出"爱情"和"情欲"的不同;相反,他提出"贞操是节制性欲的道德",是对破坏"夫妇关

---

① 周作人:《人的文学》,《新青年》5卷6号。
② 胡适:《答蓝志先书》,《新青年》6卷4号《讨论》。
③ 鲁迅:《马上支日记》,《语丝》周刊第89期(1926年7月26日),见《鲁迅全集》第3卷,第332页。
④ 张崧年:《男女问题》,《新青年》6卷3号。
⑤ 见《新青年》6卷4号"讨论"栏中蓝志先的《答胡适书》和《答周作人书》。

系"的"一种道德的制裁",所针对的就是民初社会现实中"不能节制性欲的病的事实";而且,他对"主张破坏婚姻制度"和"情欲"的"放纵无节制",必然出现"共妻和乱婚"等"野蛮社会的现象"的担忧,也并非杞人忧天。高长虹后来不就有《论杂交》,说"家庭和婚姻的束缚尤其是女子的致命伤","杂交对于女子解放有可惊的帮助","是(女子)解放的唯一途径"①,而被鲁迅视为不负责任的可笑之谈②;还可以提出吴稚晖,他是中国近代最早的男女杂交论的鼓吹者,他早在《新世纪》上有《评鞠普君男女杂交说》,将欧西之强归于男女杂交所致,提出男女不杂交种不进,不杂交种不强,不杂交种不智,不杂交种不良——"大同之世,乃一杂交之世",并将此归之于"科学化"人生观③。但,蓝志先的质疑又分明站在为北大进德会的道德戒律辩护的立场上,把"自由恋爱"等同于"乱婚",认为"贞操道德"虽在"道德实践上本来有许多不可通的地方",但"只要把旧说改造一部分,那种种矛盾也便可以解决";并坦言自己曾"娶过一妾",但已经"遭归","时时良心苦痛","忏悔自己""犯过不贞操的罪恶",这使他的洋洋万言的辩驳更显得"理直气壮"。显然,进德会的道德戒律及其依据的理学的根本症结并非在所谓现代性爱之缺失,进一步说,"五四"伦理道德观的变革也并非仅仅在现代性爱之提倡中可以得到深化的。

这使我们把目光转向鲁迅。鲁迅在《新青年》上开首的文章是《我之节烈观》④,这明显是承续胡适的《贞操问题》的话题而作,但标题即表明这有别于周作人、胡适就此的发难。《我之节烈观》开篇从提出上海灵学会的"捣鬼"入手推出"节烈救世说",文章又是着眼于所谓"女子是'阴类'""主内"这类道士(方士)的"阴阳内外的古典"(阴阳五行说),来剖析"贞淫与否,全在女性"和"历史上亡国败家的原因,每每归咎女子"等"社会的公意"的

---

① 载《狂飙》周刊第 2 期(1926 年 10 月 17 日)。
② 鲁迅 1926 年 12 月 5 日写给韦素园的信,见《鲁迅全集》第 11 卷,第 513 页。
③ 罗平汉:《吴稚晖别传》,华夏出版社,1999 年,第 180—186 页。
④ 载《新青年》5 卷 2 号(1918 年 8 月 15 日),署名唐俟。

形成的①。这使我们想到《狂人日记》发表后，鲁迅在给许寿裳的信中对自己创作缘由的解释：

> 前曾言中国根柢全在道教，此说近颇广行。以此读史，有多种问题可以迎刃而解。后以偶阅《通鉴》，乃悟中国人尚是食人民族，因成此篇。此种发现，关系亦甚大，而知者尚寥寥也。②

《狂人日记》即是以小说方式对《新青年》主导话语的超越，同时又超越了"贞操问题"的提出。作品中"狼子村"的"挖出"人的"心肝""用油煎炒了吃"以"壮胆"的恶俗；巫医"何先生"的"诊"病，"无非借了看脉这名目，揣一揣肥瘠"，"也分一片肉吃"；又溯及"他们的祖师李时珍做的'本草什么'上，明明写着人肉可以煎吃"；尤其是"他们的方法，直捷杀了，是不肯的，而且也不敢，怕有祸祟"，所以"布满了罗网，逼我自戕"，"他们没有杀人的罪名，也偿了心愿"等等。可见狂人所说"仁义道德"即礼教"吃人"，正是通过道士巫术的种种迷信妄说实现的。鲁迅在公开发表的作品中从未将此直接归于"道教"，而多归于"巫医"、"道士"、"讲理学的老监生"即"礼教化的道士"或"道士化的礼教徒"的巫术③；这缘自他对民间社会生活的感悟而形成的深入思考的文学表现，对民间宗教素怀崇尚之心而排斥巫术，认为这直接危及的主要是单四嫂子、祥林嫂甚至包括子君一类女性的生命。对此，《我之节烈观》有具体的分析："古代的社会，女子多当作男子的物品……后来殉葬的风气，渐渐改了，守节便也渐渐发生。但大抵因为寡妇是鬼妻，亡魂跟着，所以无人敢娶，并非要他不事二夫。这样风俗，现在的蛮人社会里还有。中国太古的情形，现在已无从详考。但看周末虽有殉葬，并非专用女人，嫁否也任便，并无什么裁制，便可知道脱离了这宗习俗，为日已久。由汉至唐也并没有鼓吹节烈。直到宋朝，那一班'业儒'才说出'饿死事小失节事大'的话，看见历史上'重适'两个字，便大惊小怪起

---

① 鲁迅：《我之节烈观》，《新青年》5卷2号，署名唐俟，见《鲁迅全集》第1卷，第118、120、123页。
② 鲁迅1918年8月20日致许寿裳的信，见《鲁迅全集》第11卷，第353页。
③ 陈方竞：《鲁迅与浙东文化》，吉林大学出版社，1999年，第175—179页。

来。出于真心，还是故意，现在却无从推测。其时也正是'人心日下，国将不国'的时候，全国士民，多不像样。"① 宋代主张儒释道三教同源的理学家无法解释国势日见其衰的原因，而把亡国败家的罪恶归于女子；其中起到重要作用的即道士思想，但这已不同于老庄道家者言，主要从汉末方士以阴阳五行之术解释儒家经书而形成的谶纬之学发展演变而来。这种思想在民间社会有深厚的基础，鲁迅在《阿Q正传》中写"未庄人"如对"男女之大防"历来非常严的阿Q也懵懵懂懂地知道："中国的男子，本来大半可以做圣贤，可惜全被女人毁掉了。商是妲己闹亡的，周是褒姒弄坏的；秦……虽然史无明文，我们也假定他因为女人，大约未必十分错；而董卓可是的确给貂蝉害死了。"② 所以，"国民将到被征服的地位，守节盛了；烈女也从此着重"，以为把几个"节烈"的女子"称赞一通，世道人心便好，中国便得救了"。③ 对此，周作人在后来的文章中有进一步的解析，认为这是"野蛮民族的礼法"④，是"宗教以前的魔术"⑤，是"萨满教的礼教思想"⑥。他列举"四川督办因为要维持风化，把一个犯奸的学生枪毙，以昭炯戒"，"湖南省长因为求雨，半月多不回公馆去，即'不同太太睡觉'"说：

> 中国据说以礼教立国，是崇奉至圣先师的儒教国，然而实际上国民的思想全是萨满教的（Shamanistic 比称道教的更确）。中国决不是无宗教国，虽然国民的思想里法术的分子比宗教的要多得多。讲礼教者所喜说风化一语，我就觉得很是神秘，含有极大的超自然的意义，这显然是萨满教的一种术语。最讲礼教的川湘督长的思想完全是野蛮的，……他们的思想总不出两性的交涉，而且以为在这一交涉里，宇宙之存亡，日月之盈昃，家国之安危，人

---

① 鲁迅：《我之节烈观》，《新青年》5卷2号，署名唐俟。见《鲁迅全集》第1卷，第120—121页。
② 鲁迅：《呐喊·阿Q正传》，《鲁迅全集》第1卷，第499页。
③ 鲁迅：《我之节烈观》，《新青年》5卷2号，见《鲁迅全集》第1卷，第121页。
④ 周作人：《谈虎集·野蛮民族的礼法》。
⑤ 周作人：《雨天的书·托尔斯泰的事情》。
⑥ 周作人：《谈虎集·萨满教的礼教思想》。

民之生死，皆系焉。①

这势必把人的性欲，尤其是人的两性关系，看成是一种罪恶的渊薮；这种禁欲主义的存在，又必然产生对妇女的歧视，把妇女视为不净的动物，视为万恶之源②。北京大学的进德会的道德戒律的确立不也正是基于此吗？如蔡元培在《北大进德会旨趣书》中所说：

> 吾人既为社会一分子，分子之腐败，不能无影响于全体。如疾症然，其传染之广，往往出人意表。昔仪狄作酒，禹饮而甘之，曰："后世必有以酒亡其国者。"遂疏仪狄而绝旨酒。司马迁曰："夏之亡也以妹喜，殷之亡也以妲己。"子反湎于酒，而楚以败；拿破仑惑于色，而普鲁士之军国主义以萌。私德不修，祸及社会，诸如此类，达于极端。而祸变纷乘，浸至亡国者，宁非由于少数当局骄奢淫佚之余，不得已而出奇策以自救，遂不惜以国家为牺牲与？……往昔昏浊之世，必有一部分之清流，与敝俗奋斗，如东汉之党人，南宋之道学，明季之东林。风雨如晦，鸡鸣不已。而今则众浊独清之士，亦且踽踽独行，不敢集同志以矫末俗，洵千古未有之现象也。③

蔡元培由"酒色亡国"之古训而确立的"不嫖，不赌，不娶妾"以至"不吸烟、不饮酒、不食肉"，难说这些道德戒律"无中外，无新旧"之别④。前述胡适谈到中西之别而认为蔡元培"不能把私行为与公行为分开"⑤，即所谓"私德不修，祸及社会"，不就是缘于宋明理学含有的"超自然"的"法术分子"之染吗？我注意到鲁迅在《我之节烈观》中的一段用了括号而不显分明的"声明"："现代鼓吹节烈派的里面，我颇有知道的人。敢说确有好人在内，

---

① 周作人：《谈虎集·萨满教的礼教思想》。
② 陈方竞：《鲁迅与浙东文化》，吉林大学出版社，1999 年，第 178—179 页。
③ 高平叔：《蔡元培全集》第 3 卷，中华书局，1984 年，第 124—126 页。
④ 《北大进德会旨趣书》，《蔡元培全集》第 3 卷，中华书局，1984 年，第 126 页。
⑤ 胡适：《致汤尔和》（1936.1.2），《胡适书信集》，北京大学出版社，1996 年，第 678 页。

居心也好。可是救世的方法是不对,要向西走了北了。但也不能因为他是好人,便竟能从正西直走到北。所以我又愿他回转身来。"应该说,蔡元培、蓝志先等相当多的新文化的支持者与宣传者,同时又是进德会道德戒律的维护者,都可归入这"好人"之列,虽不过是在"名教的斧钺下"承袭了"多数古人模模糊糊传下来的道理",却也要归入"用历史和数目的力量,挤死不合意的人"的"无主名无意识的杀人团"①之中,愈可见"五四"伦理道德观变革之艰难。

  鲁迅更为重视的是道德实践的一致性,他对此的思考显然要比周作人更为深入:一者他认为道士思想有别于道教而根源于方士②,反映出他对宗教本质的深刻理解而反对将道学宗教化;二者他并不认为道士或道学家是禁欲主义者。就后者而言,《呐喊》主要着眼于"国民性",并未有具体反映;但《狂人日记》披露"偶阅《通鉴》"以见"仁义道德""吃人",显然还有更深的含义——鲁迅在《随感录五十九 "圣武"》中就说:"威福,子女,玉帛"之为"纯粹兽性方面的欲望的满足",是历代帝王乃至"一切大小丈夫"的"最高理想";并说"我怕现在的人,还被这理想支配着"。③对这种"兽性欲望"的抨击在鲁迅的创作中似乎更有生命力,他直至30年代还在写《中国的奇想》《男人的进化》等文章④。研究者注意到鲁迅为写《中国小说史略》和《汉文学史纲要》,搜购了多部道教经典,其中对宋代理学影响较大的就有《抱朴子校补》《南华真经副墨》《道贯真源》⑤。《抱朴子校补》分内外篇:"'内篇',言神仙方药、鬼怪变化、养生延年及禳灾却祸之事,反复论证神仙的存在,详授修身炼丹方法,概述道教各种方术,包括养生、医术、仙药、辟谷、房中术、禁咒、符箓等;'外篇'论时政人事,强调儒道互用双修,提出'以六经训俗士,以方术授知音',即把道教的巫术和儒家的纲常名教相结合,排斥了出自农民起义的早期道教,使道教进一步受统治阶级的扶植、利用,加速了上层

---

① 鲁迅:《我之节烈观》,《新青年》5卷2号,冒名唐俟。见《鲁迅全集》第1卷,第123页。
② 鲁迅:《华盖集续编·马上支日记》,《鲁迅全集》第3卷,第333页。
③ 载《新青年》6卷5号(1919年5月)。
④ 见《准风月谈》。
⑤ 姚锡佩:《鲁迅对道教的思考及遗存的道书》,《鲁迅研究月刊》,1996年第2期。

化。"① 这种内"神仙养生"而外"儒道应世"的互为补充与支撑,是道士思想的"本原"而为历代帝王接纳,同时又是道学家"使'圣道'变得和自己的无所不为相宜"②的根源所在;"仁义道德"与"男盗女娼"恰到好处的结合,何谈道德的实践性?这正是鲁迅谈到的中国社会"两极端的错杂"③产生的根源。民初社会一面是《褒扬条例》,一面是嫖赌成风,不也根源于此吗?鲁迅针对此而写出小说《肥皂》和《高老夫子》——那个主持"移风文社"而正在为"重圣道""以挽颓风"在报上征文的四铭,骨子里与街头觊觎"女色"的小流氓何尝两样!他禁不住为耳根满是"积年的老泥"的太太买"肥皂",不就是为了补偿求之不得的嫖淫之欲吗?在我看来,这种"做戏的虚无党"④,是鲁迅深感"文明古国"留给 20 世纪中国最致命的精神祸患。他就说过:"人往往憎和尚,憎尼姑,憎回教徒,憎耶教徒,而不憎道士。懂得此理者,懂得中国大半。"⑤——语义沉重,人们是可以体味得出的。

(选自陈方竞《多重对话:中国新文学的发生》,人民文学出版社,2003 年)

---

① 姚锡佩:《鲁迅对道教的思考及遗存的道书》,《鲁迅研究月刊》,1996 年第 2 期。
② 鲁迅:《华盖集续编·马上支日记》,《鲁迅全集》第 3 卷,第 333 页。
③ 同上书,第 332 页。
④ 同上书,第 328 页。
⑤ 鲁迅:《而已集·小杂感》,《鲁迅全集》第 3 卷,第 532 页。

选文二
性启蒙与自我的解放
——"性博士"张竞生与五四的色欲小说

彭小妍

在《一份杂志和一个"社团"》当中,王晓明认为五四时"许多人是从一些非常特别的角度"来提倡个人主义和个性解放的:"或者强调个人对社会的责任,'小我'与'大我'的关系,竭力把个人主义描绘成勇猛入世的动力;或者号召婚姻自主,冲出旧式家庭,反抗道德传统……把个性解放的标准规定得非常具体,似乎个性受到的全部压抑,都来自传统的社会规范。现在我明白了,这些特别提倡的角度正是《新青年》个性的自然流露。你本来就是想救世,自然会鼓吹个人对社会的责任;你本来就是要反传统,自然会把个性解放的矛头都引向它。认真说起来,'五四'时代提倡的个人主义,虽然还是用同一个名词,与西方的个人主义却有绝大的不同。知道了这一点,也就不用再花冤枉力气,到三十年代以后的中国知识分子身上去寻找西方式的个人主义了"。①

我同意王晓明的看法:五四一代对"个人主义"和"个性解放"有特殊的诉求,而且不必在五四"中国知识分子身上去寻找西方式的个人主义";但是我却认为有必要花点力气,去探讨当时所谓"个人主义"和"个性解放"的真正内涵。这种诉求在五四文化脉络中形成什么样的风气,在文学作品中又展现何种风貌呢?夏志清所谓的五四中国作家"感时忧国"的情怀,学界和一般读者早已耳熟能详;但是五四一代固然以中国"大我"的解放为前

---

① 王晓明:《一份杂志和一个"社团":论"五四"文学传统》,《今天》,1991年3—4期,第104页。

提，对个人"小我"的解放如何诠释？文学作品又如何处理"大我"和"小我"之间的关系？

举例来说，二三十年代以"自我"为题材的"私小说"（the I-Novel）风行一时，丁玲、郁达夫都以此闻名，故事主角都是耽于色欲、追求性解放的男女青年。当年张资平专写"肉欲"小说，主题都是男女主角追求自由的性关系，不是三角、四角恋爱，就是乱伦、婚外情，几乎部部作品都是畅销书[①]；又如强调感官色欲描写的新感觉派作家——施蛰存、刘呐鸥、穆时英等，以超现实主义和心理分析的手法创作，摆明了反"写实"、反"浪漫"的姿态，也引起文坛的广泛注意。[②] 这些作品强调的是自我的解放，而且似乎把自我的解放和性解放看成是同一回事。我们甚至可以说，对这类作家而言，性解放成为个人解放的前提，而个人解放则是国家民族解放的首要条件。这是一个很有意思的现象，而这种现象，就二三十年代的文化脉络而言，代表了什么样的意义？

其次我们要探讨的是，就文学理论的主张而言，这类强调性解放的作品，是否针对当时《新青年》所主导的政治批判文学路线，而蓄意创造一种反动的文类？如同王晓明所说，当年"文学研究会"主张的是"写实主义"，似乎企图"为文坛提供一个主导性的中心机构"；又说"创造社所以要打出他们自己并不十分信仰的为艺术而艺术的旗帜，就是为了向文学研究会争夺理论的主导权"。张资平和郁达夫都是创造社的中坚分子，他们的小说描写对性解放的向往和对性压抑的不满，是否反映出创造社蓄意"争夺理论的主导权"呢？如果答案是肯定的，我们就更有必要探讨究竟这类色欲小说透露的文化内涵是什么。

进一步我们要问的是，五四的"正统文学"（literary canon）是否由于某些文艺理论的主导，而有意无意地排除了这些探讨个人解放（也就是性解放）的作品？不然的话，如张资平和新感觉派作家等曾各领一时风骚的作

---

① 皮凡：《〈红雾〉的检讨》（1930），收入史秉慧编，《张资平评传》，第 3 版，上海开明书店，1936 年，第 110 页。第一版为现代书局，1933 年。
② 参考严家炎：《新感觉派小说主要作家》，收入李欧梵编，《新感觉派小说选》，台北允晨文化公司，1988 年。

家,为什么会在文学史上消失呢?凡此种种,毫无疑问地,牵涉到文学史编撰和重写的议题。而今天要为这类作家重新定位,我的建议是,应该从心态历史(l'histoire dementalité)的角度出发,先重建当年的文化脉络,然后探讨这类色欲小说反映出什么样的文化心态。

就这个角度而言,我们就不能不谈到当年轰动一时的"性博士"张竞生。张氏于1923年在《晨报副刊》上引发了一场"爱情定则"论战,不旋踵间声名大噪。如果我们比较一下当时另一场影响深远的辩论,也就是"科学与人生观"论战,也许能得到一点线索:为什么今天我们只记得"科学与人生观"论战,而"爱情定则"论战却几乎被遗忘了?这是值得我们深思的问题。"科学与人生观"论战的议题是:科学能否作为人生观的基础?以地质学家丁文江和哲学家张君劢为双方的代表。"爱情定则"论战,则由北京大学哲学系教授张竞生的"情人制"和"爱情定则"理论,引发出一系列的回响。这两场论战几乎同时在《晨报副刊》展开,"科学与人生观"论战由五月初转载张君劢的《人生观》开始到六月份共登21篇;"爱情定则"讨论起始于4月29日张竞生的《"爱情定则"与陈淑君女士事的研究》,到六月末共登36篇。张氏替悔婚另嫁的陈女士辩护,指出婚姻的基础是爱情,而爱情是"有条件的"、"可比较的"、"可变迁的"。而张氏的理论,事实上是以反婚姻制为基础的。

我之所以要比较这两场论战,主要意在指出值得注意的一个现象:参与"科学与人生观"论战的多为知名学者,如胡适、孙伏园、梁启超、吴稚晖等,而参与"爱情定则"讨论的,除了文人如鲁迅以外,几乎全是名不见经传的一般读者。这个现象可能是某种重要事实的指标,而由于五四研究一直偏重于民主和科学救国方面,这个事实便被忽略了。笔者要指出的事实是,民主、科学的关怀可能属于五四精英文化(élite culture)的层面,而一般多数民众真正关心的多半是家庭、婚姻、爱情等问题,因为这才是个人能切身体验到的。五四时有关性教育、爱情婚姻和优生学的刊物不胜其数,足以反映这一事实。例如上海文艺出版社在20世纪20年代就出了一套《世界婚姻文化丛书》,都是翻译西洋有关这方面的名著。篇名尚可考的有11本,其中包括英国著名性学家卡本特(Edward Carpenter, 1844—1929)的《爱史》。优生学家潘光旦就于1934年起陆续翻译霭理斯(Havelock Ellis, 1859—

1939）的《性心理学》。著名的教育家蔡元培也有不少文章谈婚姻和美育的。张竞生生而逢时，这就是为什么他一心推动的性启蒙运动能在当时掀起一阵旋风吧。

在谈张竞生对婚姻、爱情和性美学的观点之前，先看看他的出身背景，也许较能帮助我们了解他的理论。张氏于1888年生于广东。众所周知，广东以出革命家闻名，如建立太平天国的洪秀全，还有首创民国的孙中山。张氏于1907年在新加坡偶遇孙先生，受其影响，决定前往北京就学，并从事反清革命。不料他经商的父亲反对儿子远行，年方19岁的张竞生便一状告到地方衙门，最后县官竟判决做儿子的诉胜，张竞生终于如愿得偿，离乡就学。① 儿子逼老子法庭相见，在当年可谓惊世骇俗，张氏果然天生反骨吧。

张竞生对中西方乌托邦传统都相当熟悉。由他的重要著作《美的社会组织法》，可知他曾研究过太平天国的乌托邦理论。在书中，他指出他心目中"美的社会"的京都不是北京，而是太平天国的首都南京。他写道："不必说南京气候较暖，尘土不扬，最优处是他的虎踞石头，俯瞰长江，为南北交通的要道，是中外通商的咽喉。并且南京自太平天国灭亡后，被了清军所摧残，到而今尚是荒凉遍地，户口萧条，我们在此建筑安排，大可自由布道，不是如北京满处已被许多腐败的民居及衙门所占住。"②

张氏的著作中也表现出他对西方的乌托邦传统并不外行。他于1919年得到法国哲学博士学位，论文研究卢梭的教育理念。20年代末期他曾翻译卢梭的《忏悔录》。他在《美的人生观》中，特别声明他写书的目的是创造一个可以实行的制度，并以柏拉图的理想国作为借镜："古来许多理想的乌托邦，不能见诸实行，似乎为创造法无大用处的铁据。实则所谓乌托邦，如柏拉图的理想共和国等，虽然是与现在的社会不能适用，但安知后来进化的社会，永久不能实行这样制度吗？"③ 他摆出融合科学、哲学、美学方法的姿态，鼓吹由美的观念着手，改革国民的性观念，达到美的人生的理想；他在此书

---

① 参考陈漱渝，《性博士传奇》，《联合文学》，7卷4期，1991年，第64页。
② 见《晨报副刊》，1925年9月30日。
③ 《美的人生观》，上海北新书局，1927年第5版，第155—156页。

中所建构的，可说是一个性美学的乌托邦蓝图。他的计划涵盖食、衣、住、行各方面的美化，还有性育、娱乐等的开放观念：从饮食的品质、方法、妇女内衣、内裤的设计，居家住屋的设计、建筑，儿童性教育的推动，到裸体跑步、裸体游泳、儿童男女集体裸体游戏的提倡，应有尽有。张所建立的乌托邦蓝图，无论能否实行，从它受到的瞩目程度来看，至少反映出五四一代对理想社会的憧憬。

《美的人生观》这样的书，在 1925 年一年之内可以出到第三版，可能是今天的读者难以想象的，连张竞生自己都觉得意外。他在第三版的序中说道："于一年中本书竟能刊至第三版，不免使作者又惊又喜了。"[①] 同年 9 月 4 日至 30 日，《美的社会组织法》在《京报副刊》上连载，进一步铺陈张氏的性美学乌托邦体制。全书第一章分成四部分，（1）使女子担任各种美趣的事业，（2）情人制，（3）外婚制，（4）新女性中心论。第二章《爱与美的信仰和崇拜》，分成三部分，（1）纪念庙——合葬制—古葬品的价值，（2）各种赛会，（3）情人的信仰和崇拜。第三章《美治政策》，内容包括人种改良、美的北京、情育与性教育、游戏与军国民、交际与国际、情人政治等。全书的中心思想是女子是美的化身，应该在"美的社会"中散播"美趣"的概念。他认为社会的稳定和进步，其基础在于两性间美满的关系和合理的工作分配，例如男性适合机械和劳力方面的工作，女子适合需要爱心和耐心的工作等。至于这种工作分配方式是否"合理"，我们今天当然会有不同的看法。爱情和工作的分配是 19 世纪末法国乌托邦社会主义者富里耶（Charles Fourier, 1772—1837）的基本概念。很明显的，张竞生是继承了他的思想。另一位影响张氏的乌托邦社会主义者是圣西门（Saint-Simon, 1760—1825），张氏在《美的人生观》中，把人分成几等，认为有"一班终日坐食无事的闲人"，有工人、信差等劳力者，有艺术家、学问家等劳心者；而最高等的是"组织家与创造人"，这类人应该是新社会的领导者。这些都极类似圣西门所谓"组织家"的主张。

由于强调两性关系的协调，性育成为张氏乌托邦理论中的重要课题。

---

① 见《美的人生观》，第 IX 页。

他提倡性美学，以生理卫生课本的语言，公然分析男女性器官的构造和功能、女性性反应等，用意是打破一般人对性的羞耻感，使人了解性交的目的不是生理发泄，而是感官色欲的享受，使男女双方由"肉"的享受达到"灵"的升华境界。① 在传播这些概念的过程中，他自创了不少名词，例如"神交法"、"第三种水"等，闹了不少笑话。

西方性学（sexology）早在亚里斯多德前后就形成学术性讨论的传统，张竞生在20世纪的中国从事传播性育的工作，居然会流为街坊笑柄，恐怕不是民智未开一句话交待得清楚的，或许问题出在整个国族对"性事"所抱持的态度吧。我们可以说，张竞生是蓄意创造一种"性话语模式"（sexual discourse），因为只有先争取到公开言谈的权力，才可能进一步打破心理上和行为上的禁忌吧。

张竞生所谓"神交法"指的是男子性交时应尽量避免射精，因为他认为男女性交目的不在生育，而是由"情玩"达到"意通"②。他说道："用我'神交的方法'，即能一方面得到性育的真意，不在其泄精而在其发泄人身内无穷尽的情愫；一方面，又能得到男女交媾的使命，不在生小孩，而在其产出了无穷尽的精神快乐。"③ 周作人本来大力拥护他的性美学，但对他这一类的理论颇有微辞。周氏指出《素女经》就有类似的说法"夫精出则身体怠倦，耳苦嘈嘈，目苦欲眠，咽喉干枯，骨节解堕，虽复暂快，终于不乐也。"周氏又说道："这种'情玩'，在性的病理学上称作'触觉色情'（tactile eroticism），与异性狎戏，使性的器官长久兴奋不能得究竟的满足，其结果养成种种疾病……而神经衰弱尤为主要的结果。"④

---

① 参考《美的人生观》，第1章，第4节，第93—114页。
② 张氏写道："……故善用神交法者，无往而不得到'意通'的真义……因为他不用劳形疲神于泄精的耗费，而能得此游神于六合的妙境……'情玩的方法'，即使男女只用游戏、玩耍、甚而至于亲吻，抱腰，握乳，都是免于交媾，而能得到性欲的满足……"《美的人生观》，第103页。
③ 《美的人生观》，第101页。
④ 见《沟沿通信之二》，载《晨报副刊》，1925年8月27日。周氏自己提供英文tactile eroticism的说法，并指出他的根据是医学博士R. S. Tamey的著作 Love（1916），病理篇第十六章"无感觉"。

张竞生的本意是打破中国人对性的禁忌，周作人欣赏他的就是这点。周氏写道："张先生的著作上（指《美的人生观》）所最可佩服的是他的大胆，在中国这病理的道学社会里高揭美的衣食住以至娱乐的旗帜，大声叱咤，这是何等痛快的事。"① 但是在突破传统禁忌的同时，张氏似乎又铺陈了另一个神话；他的"神交法"乍读之下有些类似今天一般所谓的"前戏"，但他的描述方式的确带着浓厚的神秘色彩，难怪周作人会发难。但是我们回顾这一段争论，重点不在哪一方有理，而是双方都振振有辞，态度严肃，把它当成一个议题来讨论。今天我们大约很难想象有任何学者会在报章杂志上谈论这类问题吧？

张竞生创办的《新文化》月刊，宗旨就是推广性育和提升妇女的社会地位。创刊号在1927年1月1日发行，第一个专栏讨论的是"妇女承继权"的问题，其次是"性育栏"、"美育栏"、"文艺杂记栏"和"批评辩论栏"。值得我们重视的是，当时著名的无政府主义者吴稚晖、张继和学者蔡元培，都写文章支持妇女继承权。张继又提供一篇讲稿，《情感化与群众化的艺术》，他说道："……兄弟是革命党，常想若我不能从革命改造社会，即要以艺术来改造人心……"《新文化》创办的用意，正是从"改造人心"着手，扭转世风。而为了要达到这个目的，张竞生用大胆的言论、惊世骇俗的手法，果然一时之间吸引了不少读者。张氏也极懂得运用读者的心理，《新文化》每一期的批评辩论栏，就是和读者交流的最佳管道。据说《新文化》出版后，"读者函件常常如山的堆积在案头"，而他总是不厌其烦地以公开方式或私下答复。无怪乎一出版就受到欢迎，每期的销路都超过两万册，比当时最畅销的《生活周刊》销路还多。② 第六期卫中的一篇讲稿，大力宣扬"新妇女建立新

---

① 见《沟沿通信之二》。
② 据范基平《我所知道的张竞生》说，《生活周刊》销到五万册是以后的事。《新文化》出到第六期就停刊了。据陈漱渝《性博士传奇》表示，"美的书店"之所以会关门，《新文化》之所以会停刊，张竞生自己有说辞是，当时在上海书业工会中得势的江苏籍的苏商，因嫉妒"美的书店"营运顺利，所以和当地警局勾结，控告张氏出售淫书，经常到店里来抄走书籍，最后书店只好关门。而根据褚问娟表示，张氏的职员曾卷大批公款潜逃，这可能也是书店倒闭的原因。

中国",也算是为《新文化》的宗旨作了最佳的注解。这样一份曾风靡一时的杂志,今天知道的人居然寥寥无几,可以说从我们的文化史上湮没了;原因何在?

张竞生企图鼓吹个人的性解放,提升妇女的地位,最终目的是建立一个"美的社会",这种乌托邦式的憧憬,也只有五四一代的特殊历史文化环境才能产生;而他的思想能在当时激起广泛回响,也正因为群众不满现世,渴望摆脱传统的禁忌、向往鼓励个人解放的新社会。每个人心目中理想的蓝图也许不尽相同,至少求新求变的心理是一致的。这一类憧憬是否曾在文学作品中反映出来?如果我们以这个角度,重新回顾文学史上被误解、或被排拒在"正统文学"之外的作家,例如郁达夫、张资平以及"新感觉派"作家等,会发现他们之所以不受重视,主因是他们的作品追求色欲和个人解放,似乎不符"感时忧国"的尺度。然而仔细阅读他们的作品,他们所追求的个人解放,难道和"大我"的解放相冲突吗?或者说,这些作家真如评家所言,是"颓废、唯美、内省",而完全没有意识到国家和民族的危机?

试读郁达夫以颓废青年"质夫"为男主角的一系列作品,例如《茫茫夜》(1922)和《空虚》(1922)。质夫是双性恋者,耽于色欲,却苦于无法自由追求性的解放。他和迟生的同性恋,[①]不能见容于社会。质夫动身到A地教书,渐渐忘记了迟生。但是"代此而兴,支配他底全体精神的情欲,便分成了二个方向一起作用起来。一种是纯一的爱情,集中在他的一个年轻的学生身上。一种是间断偶发的冲动。这种冲动发作的时候,他完全成了无理性的野兽,非要到城里街上,和学校附近的乡间的贫民窟里去乱跑乱跳走一次,偷看几个女性,不能把他的性欲的冲动压制下去。"[②] 除了在色欲的

---

① 同性恋或自恋情结等问题在二三十年代有许多讨论,例如《新文化》第六期(1927年9月)就有一篇谢瑟翻译霭理斯的《女学生的同性爱》;潘光旦的《中国文献中同性恋举例》(1931),收于潘于1934年起所翻译的霭理斯著《性心理学》,北京三联书店,1988年第2版,第516—547页。按潘氏曾在1924年在《妇女杂志》10卷11号发表《冯小青考》,分析冯女自恋的倾向。小说也有描写同性恋的,如沈从文的《虎雏》(1931),郁达夫的《她是一个弱女子》(1932)等。

② 《茫茫夜》,《郁达夫文集》第1卷,香港三联书店,第130页。

满足上遭到挫折,另一个使他伤感的问题,是军阀割据、日寇入侵、祸国殃民;换句话说,他最大的痛苦是,无论个人的性事或国事,作为一个知识分子他都"无能"为力。质夫寻求解脱的方式是极富象征意义的。例如《秋柳》中,故事一开始就描写质夫房间内摆设的书籍。除了几本《唐诗选》、他的《一九二一年日记》以外,就是一本洋书:William Morris(1834—1896)著的 The Earthly Paradise(《人间乐园》,1868—1870)。① 而《人间乐园》一书,正是英国维多利亚时代乌托邦作品的经典之作,摆在质夫床头,其中含意,不言自明。有趣的是,他既然解救不了中国,便决定解救一名姿色平庸、无人关照的妓女海棠:"他自家对自家起誓说:'我要救世人,必须先从救个人入手。海棠既是短翼差池的赶人不上,我就替她尽些力罢。'"② 虽然看来牵强,也算是发泄了质夫爱国的情绪。

再看张资平,他的主题总是不离三角、四角恋爱,甚至婚外情、乱伦等"不合法"的爱情,而实际上这类蓄意破坏体制的恋爱关系,在他的小说中经常是对传统婚姻制度的挑战。例如他的作品《苔莉》(1926)中,苔莉的丈夫公然拥有三妻四妾,似乎是天经地义的。而她和丈夫的亲戚克欧相恋,却不能见容于社会。克欧自忖道:"社会上本不少抱着三妻四妾的人,但没有人批评他们半句,假定自己和苔莉一个人对一个人的恋爱成立时,那我们就马上变为万目所视万手所指的罪人了,社会上像这些矛盾的事情本是很多的。"③ 这等于是指控现有的婚姻制度下,男女贞节观的不平等标准。克欧最后认清了整个问题的症结所在——他和苔莉都没有罪,真正的罪魁祸首是目前的社会体制,而他们的恋情,是不由自主的,换句话说,是人性的自然流露:"总之自己和苔莉的亲昵,罪不在她,也不在我,是一种不可抗的力使然的"。他开始向往远走他乡,在那里没有人会指责他们的婚外情是罪恶:"我们可以离开N县,离开T省,离开祖国,把我们的天地扩大,到没有人

---

① 郁达夫小书里写的是英文作者和书名。
② 郁达夫:《郁达夫文集》,卷1,第308页。
③ 《冲积期化石·飞絮·苔莉》,北京人民出版社,1988年,第338页。《冲积期化石》根据泰东书局1922年初版,《飞絮》根据现代书局1926年初版,《苔莉》则根据创造社1926年第3版,及现代书局1931年第9版。

知道我们的来历,没有人非难我们的结合,没有人妨害我们的恋爱的地方去!"。故事结局时,为了追寻一个自由恋爱的"伊甸园",他和苔莉双双投海而死——因为只有在另一个世界他们才能"赤裸裸地背揽着背跳舞"。现世不能容纳他们的不合法恋情,只有死亡之乡才是他们心目中的乌托邦。

作家表现的,是个人追求解放过程中遭遇的困境和挫折,而这些困境都指向社会改造的必要与必然。试想个人"小我"的解放,如果没有一个包容开放的社会,怎么可能达成呢?无怪乎张竞生性解放的乌托邦蓝图会在五四一代产生,也难怪当年他在性启蒙上的努力造成那么大的回响。而私小说(the I-Novel)、色欲小说(the erotic fiction)和新感觉派小说等,之所以会在二三十年代大放异彩,显然和当时社会上普遍的性解放需求有直接或间接的关联。这一类的小说大多反映出当时流行的性话语模式,[①] 有的以象征式(例如《她是个弱女子》)、[②] 超现实式(例如新感觉派作品)、[③] 甚至教条式(例如张资平作品)的叙事方法,表达出作家对性压抑的不满。而这类曾风靡一时的作品长期被埋没,和张竞生在中国现代文化史上的消失,[④] 恐怕都是政治干预、道德标准转换、或文艺路线变迁所使然吧?

事实上就五四整体文化层面而言,不只是这些被埋没的作家应该挖掘出来,一般公认的五四"写实大师"如沈从文、巴金等,也值得我们重新评

[①] 例如强调感官色欲的刺激,灵与肉的挣扎,男主角因纵欲过度而形体枯萎、脸色惨白、神经衰弱、甚至咯血、得肺痨等等。

[②] 小说中的女主角郑秀岳是双性恋者,故事中她的身体和心智成为两种不同意识形态的战场,象征中国被不同的强权和意识形态所瓜分。参考拙作《郁达夫小说中的弱女子形象》,《中国时报·人间副刊》,1922 年 3 月 2 日。亦可参考拙作"Eros and Self-Liberation: A Study of the Notorious Dr. Sex and May Fourth Erotic Fiction", a paper delivered at the Conference on "Rethinking Critical Theory and Chinese Literary Studies"(March 20—22, 1992, U. C. L. A.)

[③] 参考李欧梵《新感觉派小说选》,第 3 页:"施蛰存……自称走入'魔道',而其实是一种与众不同的超现实的实验——如《魔道》《夜叉》《在巴黎大戏院》……在这类作品中,透过表面生活在上海的中产阶级心理,他时而制造出一种歌德式(Gothic)的魔幻意境,时而用一种极主观的方法描写潜意识中的色欲(Eros)、外界的感官刺激、以及内心压抑的问题……"。

[④] 以新近出版的《中华民国文化史》为例,在 1200 余页的篇幅中,张竞生的名字从未出现。此书为史全生主编,长春市吉林文史出版社,1990 年。

价。沈从文1928年到1929年发表的苗族故事系列，包括《七个野人与最后一个迎春节》《龙朱》《媚金、豹子与那羊》及《神巫之爱》等，特意把苗族社会塑造成一个人间乐园。苗人以打猎耕作为生、以物易物、礼敬神明、崇尚自然，而最引人注目的是青年男女间打破婚姻束缚的性关系；只要两情相悦，即可相约到山洞中尽情欢爱。至于"官方"则代表外来的恶势力，企图毁灭这个世外桃源。这样的作品，表现出对无政府主义乌托邦的憧憬，似是五四"写实主流"之外的"异数"，因此这些作品一直未获正视。①再看沈氏的《八骏图》（1934），描写一群大学教授虽然满脑子自由恋爱的思想，却没有勇气摆脱传统的束缚；他们觊觎姿色撩人的新女性，给到处泛滥的性爱象弄得魂不守舍。对沈从文而言，这种集体意淫的怪现象，是传统的包袱和天性起冲突的结果。②在《看虹摘星录后记》（1945）中，他指出性压抑是违反人性的，甚至会导致社会道德败坏、政治腐败。沈氏这样的推断，似乎有危言耸听之嫌；但如果从本文一开始就提出的角度来看，他的推论方式，不正流露出五四一代将"性事"和"国事"等量齐观的心态？换句话说，沈氏的结论是："小我"（个人）在性道德上未达到完全的解放之前，"大我"（国家）是不可能得到真正解放的。

由于沈从文许多作品宣扬性自由思想，在中国大陆曾被认为是色情作品。凌宇就曾经指出："有时，沈从文对这些青年男女的爱情描写，如在《雨后》《阿黑小史》里，几乎到了肆无忌惮的地步、这在当时就受到过责难，至

---

① 夏志清认为苗族故事"与现实几乎毫无关系"，并攻讦沈从文"过于迷恋'牧歌境界'与对事实不负责任的态度"。见《中国现代小说史》，传记文学出版社，1979年，第217页。英文版于1961年初版。

② 见沈从文：《沈从文文集》，香港三联书店，1983年，卷11，第50—51页："比如近二十年来谈解放，在男女关系重造问题上，中层阶级知识分子对于这个问题取予之际所感到的困难，以及填补生命空虚的方法，就无不可归纳成三五个公式。……社会中那个性的道德的成见，最初本随同鬼神迷信而来，却比迷信更顽固十分，在人类生活中支配一切。教徒都能娶妻生子的今日，二千年前僧侣对于两性关系所抱有的原人恐怖感，以及由恐怖感而变质产生的痼欲不净观，却与社会上某种不健康习惯相结合，形成一种顽固而残忍的势力，滞塞人性作正常发展。近代政治史上阴谋权术的广泛应用，阿谀卑鄙所形成的风气的浸透，即无不可见出有性的错综问题在其间作祟。"

今也还有人将他们看成渲染色情的黄色作品。"① 沈氏许多作品从传统的道德标准来说，的确都是有问题的。例如《三个男人和一个女人》(1930)写的是恋尸狂 (necrophilia)，《虎雏》(1931)写的是大学教授的同性恋倾向。这一类作品为何会在当时流行，而今天，我们是否应该注意到这类作品在当时文化脉络中的含意？陈平原在《中国小说叙事模式的转变》中指出："不能说某一社会背景必然产生某种相应的小说叙事模式；可是某种小说叙事模式在此时此地的诞生，必然有其相适应的心理背景和文化背景……在具体研究中，不主张以社会变迁来印证文学变迁，而是从小说叙事模式转变中探求文化背景的某种折射，或者说探求小说叙事模式中某些变化着的'意识形态要素'。"② 我赞成这种看法，而本文的用意也就是借某一种文学形式的"存在"，探讨它反映了什么样的"心理背景和文化背景"，进而了解它之所以会在当时产生的意义。

或许我们可以作这样的结论：就整体而言，毫无疑问的，救亡图存是五四作家创作的动机；文学研究会的"问题小说"以中国人的集体意识为重点，而相对的，创造社作家如郁达夫等的"色欲小说"则强调由个人意识的解放（例如性解放）达到国族的解放。两派作家由于意识形态上的抗争，形成文艺理论上对立的局面，而最重要的是，在文艺实践上各自创造了不同的文体风格。实际上这两种或偏重集体解放、或偏重个人解放的倾向，并不限于文学研究会和创造社作家；而且两派作家也可能在不同的时期会选择不同的取向。只有详细的个案研究，才能帮助我们了解个别作家在创作历程中所展现的多样风貌。

本文虽然只谈到五四的色欲小说 (erotic fiction) 在文学史上重新定位的问题，以此类推，我仍甚至可以引导出其他小说文体的研究：例如当时曾风行一时的文人童话、自传体 (autobiographical account)、人像画 (character portrait)、独白体 (sustained monologue)、象征体 (symbolism)、仿讽史诗

---

① 《从边城走向世界》，北京三联书店，1987年，第213页。
② 陈平原：《中国小说叙事模式的转变》，台北久大文化股份有限公司，1990年，第3页。

（mock epic）等等。① 我们尝试重新评估五四一代的作品时，如果能参考陈平原的说法，"否定没有形式的'内容'或者没有内容的'形式'"，也许能从五四文学批评传统的"阴影"下走出来吧？（王晓明）

（选自王晓明主编《二十世纪中国文学史论》（第二卷），东方出版中心，1997年，本文对原文的注释有删节。）

---

① 李欧梵指出鲁迅的作品经常实验各种文体，而事实上我们可以说五四作家大多有类似的倾向。见 Leo Ou-fan Lee, *Voices from the Iron House: A Study of Lu Xun* (Indiana University Press, 1987), pp.57—58。

■ **进一步阅读的文章和书目**

葛红兵、郭玉红:《病重的中国——"五四"新文化革命中的"身体"隐喻》,《西北师大学报》,2007年第2期。

倪婷婷:《非孝与道德情感的困境》,《文学评论》,2004年第5期。

《论自杀——"五四"前后知识群体的激烈行为与价值选择》,黄东兰主编,《身体·心性·权力》,浙江人民出版社,2005年。

■ **进一步思考的问题**

1. 中国传统文化肯定、重视身体的思想表现在哪里?五四文化是如何对待中国传统中的身体思想的?

2. 全面地看,人性的被压制是由于哪些因素的作用?五四知识分子从反封建伦理的目标出发,怎样解释中国人的人性压制问题?

3. 在五四这样一个倡导个性解放的时代,郁达夫等作家的身体叙事具有一种怎样的意义?它所存在的问题是什么?

■ **相关性阅读的书目**

周与沉:《身体:思想与修行》,中国社会科学出版社,2005年。

杨儒宾:《中国古代思想的气论和身体观》,台湾巨流图书公司,1993年。

蔡壁名:《身体与自然——以〈黄帝内经素问〉为中心论古代思想传统中的身体观》,台湾大学出版社,1997年。

黄俊杰:《东亚儒学史的新视野》,华东师范大学出版社,2008年。

黄克武、张哲嘉主编:《公与私:近代中国个体与群体之重建》,中研院近代史研究所,2000年。

李今:《个人主义与五四新文学》,北方文艺出版社,1992年。

王跃:《变迁中的心态:五四时期社会心理变迁》,湖南教育出版社,2000年。

汪民安:《尼采与身体》,汪民安主编,《身体的文化政治学》,河南大学出版社,2004年。

■ **相关文献、作品举要**

周作人:《上下身》《贞操论》(译文)、《北沟沿通信》

胡适:《贞操问题》

鲁迅:《我之节烈观》《略论中国人的脸》

张竞生:《美的人生观》

陶孟和:《论自杀》

第二节 革命·文学·身体

导 读

从早期革命文学到三四十年代的战争文学、阶级文学,身体都是一个被作家们反复书写的对象。在一个革命的年代,人们的日常生活往往会打上政治的印迹,即使是最为个人化的恋爱也同样会被赋予政治的眼光,革命中身体的书写涉及的是个人与集体、战争与人、小资产阶级与革命、革命与先锋等种种话题。在意识形态话语中,身体的感性和个人性意味着一种危险,会对意识形态所要求的稳定、有序的结构造成干扰和伤害,但是,革命无法祛除人的感性本能,因此身体总是革命需要严加防范的对象。不过,身体的感性本能对于革命并不都是负面的意义,身体可以是革命激情的动力,同时,革命的胜利也需要个人的献身来保障,因此,革命与"身体"就是需要时时保持平衡的一对关系。20年代流行一时的"革命+恋爱"小说就体现了革命与个人情感的相互支持、相互激发。

因此,通常所认为的文学的政治性与审美性的二元对立其实并不存在,因为求助于审美也是一种政治需要。无论文学如何认同政治的力量,文学表现革命都必须通过情感的因素作为"转换器"。革命文学作为一种审美可以对革命起到宣传、鼓动作用，但是，革命的宣传不能仅仅是标语口号，它还需要把政治的目的蕴含在个人化的情感体验中，蕴含在个人的身体中，只有借助审美所具有的情感性力量，而非单纯的政治口号和理论宣传，革命的感召力和权力的控制才会旷日持久、深入人心。

不可否认的是，由于意识形态对文学创作的直接干预，在很多时候，真实的个人身体经验都是被遮蔽的，不过也应该看到，身体是具有主体性的，它对感性经验的展露并不一定是直接的，可以通过各种迂回曲折的方式来表达，这就需要人们在文本的间隙和边缘处去发现隐藏的感性本能，这也是身体为我们重新审视文学史提供的可能。

本节选文的第一篇是黄子平的《革命·性·长篇小说》，该文梳理了从清末民初的言情小说到五四以后以茅盾为代表的长篇小说再到新中国成立后的长篇小说的小说体裁的发展过程，其中主要阐述了这些不同的时期"性"与革命的纠缠及其所反映出来的问题，同时，该文也揭示了在反映革命的文学中，打动读者的常常不是那些冠冕堂皇、"卫生的"的政治话语，而是那些复杂、暧昧的个人话语，而女性的身体符号在这之中往往成为揭示一个时代的心理冲突的叙事焦点。

另一篇选文是刘禾的《女性身体与民族主义话语：生死场》一文，该文通过对《生死场》的重新解读，发现了萧红作品被民族国家话语所覆盖的女性身体经验，从而使萧红的作品从男性批评话语中剥离出来，该文认为，萧红以其自身的性别视角对女性生存境遇的审视及其对女性生存现实所发出的超越战争本身的批判和质疑是深刻的。刘禾的这一研究也正体现了"身体"的感性内涵是无法被遮蔽的，它具有从边缘处瓦解主流的研究价值。

选文一
革命·性·长篇小说
——以茅盾的创作为例

黄子平

一

在20世纪的中国，有关"革命"的言说，跟有关"性"的言说，性质上似乎很难将二者相提并论，数目上亦无法等量齐观。"革命'和"性"，无论是作为"图腾"还是作为"禁忌"，我们似乎不是讲述得太多（顶礼膜拜，欢呼赞颂，大喊大叫），就是谈论得太少（喊喊嚓嚓，欲言又止，三缄其口）。其实这不是一个"量"的问题，而是一个"方式"（由谁说、对谁说等等）的问题，一个话语空间（场所、渠道、网络）的切割、分配和连结的问题。"一面固然是荒淫与无耻，然而又一面是严肃的工作！"①经由类似这样的切割划分和安顿之后，就可以顺"理"成"章"地讲述和谈论它们了。实际上这种切割划分不可能是僵硬的一分为二，显然存在著无数复杂的连结、渗透、置换和再划分。比如说，"性"是可以纳入"严肃的工作"里来大谈特谈的。最现成的例子是作为"基本国策"的"计划生育"，人们在全国范围内大张旗鼓、图文并茂、耳提面命，详尽讲解与'性'和"生殖"有关的器官解剖学，直至家喻户晓，并付诸具体实践。反过来，用谈论"性"的方式来讲述翻覆天地、颠倒乾坤的"革命"，从来就没有停止过。详细描述和分析这种种复

---

① 见茅盾《关于编辑〈中国的一日〉的经过》，《中国的一日》，生活书店，1936年9月。五六十年代在中国大陆风靡一时的长篇小说《青春之歌》里，亦反复出现这一警句。

杂的讲述方式,将会牵扯出一个世纪以来,有关政治、性别、欲望、快感、道德、权力、知识等等的相互纠缠著的庞大叙述网络,还需要作更大量的调查和钻研。我在这里想尝试提出来讨论的只是一个很小的切入点,一个从文学样式或体裁出发的观察角度,并且尽量围绕著像茅盾这样的一二个作家的创作生涯来引证材料。

这样,问题就变成:我们怎样用"长篇小说"来讲述"革命"和"性"?

二

清末民初梁启超们兴起"小说界革命",在他们雄心勃勃的、粗糙的小说类型学中,罕见"长篇小说"(社会全景史诗)和"短篇小说"(社会全景的"横截面")这样的分类。其时著重的主要是"性质上之分类"(社会小说、历史小说等等)。最早完整体现他们的类型观念的,是可能出于《新小说》主编梁启超之手的《中国唯一之文学报〈新小说〉》。此文详列《新小说》杂志准备刊登的各类小说,分为历史小说、政治小说、哲理科学小说、军事小说、冒险小说、探侦小说、写情小说、语怪小说、劄记体小说和传奇体小说等十种。小说既是"文学之最上乘",担负了"以不可思议之力"救国济民改良群治的崇高使命,这篇发刊报导读起来颇似某种"建国方略",只不过要建的是一个小说理想国,种种分类恰似在这小说乌托邦中作行政区域的划分。

实际上,匆匆忙忙"以西例律我国小说"而建立的小说类型学在这里直接体现了近代话语空间和言说模式的全面转型、调整和过渡。所要解决的仍然是那延续至今近百年来念兹在兹的伟大焦虑:怎样用世界通用的"语言"把我们自己几千年的"故事"继续讲下去或争取讲出来?怎样将我们中国已有的和将有的"故事"讲进世界的"大故事"里去?因此,一时自惭形秽地反省说:

> 西洋小说分类甚精,中国则不然,仅可约举为英雄、儿女、鬼神三大派,然一书中仍相混杂,此中国之所短一。①

---

① 《小说丛话》中侠人语,《新小说》第 13 号,1905 年。

一时又毫不觉得生硬地命名《红楼梦》是"种族小说",《水浒传》为"虚无党小说",《镜花缘》为"科学小说"。一方面积极引进新项目:

> 小说界革命"必自输入政治小说、侦探小说、科学小说始。盖中国小说中,全无此三者性质,而此三者,尤为小说全体之关键也。"①

一方面仍希望"统战"旧体制咸与维新:将"语怪小说"、"劄记体小说"和"传奇体小说"不伦不类地赫然列入建制之中。一时激烈抨击旧格局,一言以敝之曰:中国小说综其大较"不出诲淫、诲盗两端"②。一时又用新命名将"诲淫"的《金瓶梅》起死回生:

> ……可征当时小人女子之情状、人心思想之程度,真正一社会小说,不得以淫书目之。③

先贤的种种努力和挣扎,堪称艰苦卓绝,用心良苦。但其中最令人感兴趣的,莫过于"言情小说"在小说'建国方略'中的地位和文学历史中的实际演进了。

"新小说批评家在区分不同小说类型时,将其划归不同等级,有大力提倡的(如政治小说),有一般赞赏的(如社会小说),也有严格控制的(如言情小说)。"④他们认定"小说种类之区别实足移易社会之灵魂":"小说种类有区别,各视其观感所就,而收效亦有区别。"⑤所谓收效有别,不只是感染效果的大小,也包括了价值的正负。而"言情小说"在这个类型等级制中,地位相当暧昧微妙。在前引《新小说》的发刊报导中,"写情小说"恰好位于新项目(政治、历史、…冒险、探侦)与旧体制(语怪、劄记体、传奇体)

---

① 《小说丛话》中定一语,《新小说》第15号,1905年。
② 任公《译印政治小说序》,《清议报》,第1册,1898年。
③ 《小说丛话》中平子语,《新小说》第8号,1903年。
④ 陈平原《"新小说"类型理论》,《小说史:理论与实践》,北京大学出版社,1993年。我这篇论文从陈平原的"新小说"类型研究中积益良多,特此志谢。
⑤ 棣(黄小配)《小说种类之区别实足移易社会之灵魂》,《中外小说林》第1年第13期,1907年。

的夹缝中,聊备一格(注明"题未定")。其理甚明,"小说界革命",本来革的就是旧小说"诲淫诲盗"的命:

> 本报宗旨,专在籍小说家言,以发起国民政治思想,激厉其爱国精神。一切淫猥鄙野之言,有伤德育者,在所必摈。①

但自《红楼梦》以来(再往上推则包含了《西厢记》《金瓶梅》等)的"言情"传统势力太大了,实在无法漠然视之,须特设"写情小说"一项加以安顿,并且作出"科学"的界定:

> 写情小说。人类有公性情二:一曰英雄,二曰男女。情之为物,固天地间一要素矣。本报窃附《国风》之义,不废《关雎》之乱,但意必蕴藉,言必雅驯。②

请注意这里的"公性情"、"要素"等"科学新名词"。在晚清先驱者粗糙的小说类型学中,男性权力的独断论是显而易见的,所谓"历史"、"政治"、"军事"、"哲理"、"科学"、"冒险"、"探侦",无一而非英"雄"(男性)驰骋论说的独霸领域。而"写情小说"也者,亦不过是为这"英雄血"辅以蕴藉雅驯的("卫生的")"美人泪"罢了。其中深含的恐惧和焦虑,是切莫跌入"诲淫"的说部老陷阱里去。"小说界革命"对"性"的欲拒还迎姿态,于焉隐隐然呈现。

空间的划分切割同时就是空间的连结沟通:春色关不住,红杏(性)出墙来。极力鼓吹的"政治小说"等成绩平平,"言情小说"不待提倡却早已汹涌而至。且不说引进的西洋小说中原就有缠绵悱恻哀艳动人如林译《茶花女》《不如归》者,亦不提"政治小说"中最受欢迎的总是《东欧女豪杰》之类的女革命党传奇(高旭:"娶妻当娶苏菲亚,嫁夫当嫁马志尼。"),但看那几年内铺天盖地而来的言情小说,大都采取林纾所说的"拾取当时战局,纬以美人壮士"的叙事策略暗度陈仓,以儿女私情写天下兴亡,"英雄血"反而

---

① 《中国唯一之文学报〈新小说〉》,《新民丛报》十四号。
② 同上。

成了"美人泪"的点缀。言情小说这一类型更在辛亥革命后迅速膨胀,一时间侠情、奇情、苦情、痴情、哀情、怨情、艳情、忏情、惨情、妒情、丑情、喜情和滑稽言情小说等等百花齐放,蔚为奇观。如此滥情,难怪新小说批评家要大声疾呼,汲汲于严辨"淫词惑世与艳情感人之界线"了。①

"吾侪为小说,不能不写情欲,却不可专写情欲。"②这话听起来特别像后来常说的"革命嘛,不可不革,亦不可太革"。清末民初的"言情小说"在"发乎情止乎礼义"上拿捏得甚有分寸,按照陈平原的研究:

> 它们的毛病"不是太淫荡,而是太圣洁——不但没有性挑逗的场面,连稍为肉欲一点的镜头都没有,至多只是男女主人公的一点'非分之想'。"③

说来令人难以相信,甚至被鲁迅列入"狭邪小说"("言情小说"的"右翼"?)的《海上花列传》(韩邦庆),尽管题材是当时上海的淫窟纪实,也正如张爱玲所指出的,其中实在很少色情成分。④《品花宝鉴》(陈森)乍看是大写乾旦与其恩客的同性恋,最终也以它的陈词滥调所铺排的"纯情",令试图在其男色题材的处理上有所发现的研究者大失所望。⑤在"政治小说"中,"巾帼英雄"(革命女侠)为了政治而忘情;在"哀情小说"中"节妇"为了名教而绝情;在"狭邪小说"中,"倌人"(妓女)为了金钱而薄情,文学史家陈平原只好用"无情的情场"来概括新小说的"爱情世界"。⑥相对于"五四"小说家如郁达夫、张资平、郭沫若辈在"性"描写方面的大胆直露惊世骇俗,他们的前辈可以说是自愧不如。

与小说类型在量上的无穷扩散与堆积相对应,清末民初的小说家显然

---

① 光翟:《淫词惑世与艳情感人之界线》,《中外小说林》第1年第17期,1908年。
② 树珏:《再答某君书》,《小说月报》7卷3号,1916年。
③ 陈平原:《二十世纪中国小说史》(第1卷),北京大学出版社,1989年,第214页。
④ 张爱玲:《张看》,台北,皇冠出版社,1979年,第177—178页。
⑤ StePhen Cheng, Flowers of Shanghai and the Late Ching Courtesan Novel, dess, HarvardU, 1979, pp.14—15.
⑥ 陈平原:《二十世纪中国小说史》(第1卷),北京大学出版社,1989年,第211页。

急于用一种编纂类书的方式，安顿归置那个转型时代包罗万象的材料。在"政治小说"中罗列政论和时事，在"谴责小说"中串连轶闻和黑幕，在"言情小说"中展览哀情和怨情（"艳情尺牍大全"），在"狭斜小说"中写作"花丛历史"和"嫖界指南"，革命和批判、情和欲，一概都是资讯和知识，由小说家收集、铺陈、分类和整理。"辞气浮露笔无藏锋"，"虽云长篇形同短制"①，鲁迅的这两句判词专指"现形记"式的谴责小说而言，但从总体上看，也可以当作清末民初小说叙事的战略情势的一个概括。

但也许《孽海花》（曾朴）有点异样。曾朴懂法文，亦颇热衷于革命思潮，本意是要把《孽海花》写成一部历史小说，模仿雨果的《悲惨世界》和巴尔扎克的《人间喜剧》等法国名著，全面刻画中国从1870年到民国前夕的政治动荡。已经有研究者指出《孽海花》从它的欧洲文学摹本那里所得甚少，②它是否像作者自称的那样具有"复杂的结构"是否"波澜有起伏，前后有照应"而且"可以随便进止"，其实并不那么重要。我们要问的是，一个风流妓女（傅彩云或者赛金花）的进退行止是如何成为那个庞大政治历史"全景"的叙事轴线？王德威对此有一个精彩的回答：

> 不错，赛金花是一个颓废无行的女人。但又有谁比她更有资格，引导我们进入一个腐败堕落、聚散不定的世界？在《孽海花》中，三教九流充斥，男女贵贱乱交。这样紊乱的社会人际关系为彼时政治、商业、革命及洋务等不同领域的相与交杂，提供了隐喻模型。赛金花风情万种，以淫逸无行的方式，加速满清帝国道德及政治的崩溃，但另一方面，她不也是一个在最后关头改变了国家命运的女英雄吗？③

---

① 参看鲁迅：《中国小说史略》第28篇，北京，人民文学出版社，1958年。
② Peter Li, "The Dramatic structure of Niehaihua", in *the Chinese Novel at the Turn of the Century*, ed. Milena Dolezelova-Velingerova, Toronto: University of Toronto Press, 1980, p.150.
③ 王德威《寓教于恶》："当中国无助地受到列强蹂躏之时，是赛金花挺'身'而出，在卧榻之上劝服了瓦德西，使中国免于更难堪的羞辱。……《孽海花》凸显了近代中国文化上最可争议的一则神话传奇。在中国古典小说中，我们很少看见傅彩云这样的女性人物，以如此的活力穿梭于社会的公众及私人领域，并在行动上表现出集政治、伦理与性行为一体（转下页）

小说中最意味深长的一幕是写傅彩云在欧洲时与俄国虚无党女革命家夏丽雅结下友情，彻夜聆听夏畅谈革命理想。夏丽雅为刺杀沙皇而丧命，似与后来傅彩云在八国联军统帅的床上拯救黎民的行为遥遥相对。"狭邪"与"革命"的多重变奏，是经由女性身体符号的种种置换来演出的，为国捐"躯"、献"身"革命的多重隐喻解释，就一直延伸到40年代丁玲的《我在霞村的时候》①。

顺便说一句，《孽海花》也和晚清以来的许多"政治小说"（如梁启超的《新中国未来记》等等），以及后来茅盾的大部分长篇"全景"小说一样，没有写完。

三

梁启超们的"革命"早已被新的一轮激进社会运动所取代，他们的"新小说"到了茅盾主持并革新《小说月报》的年代，也已经被称为"旧派小说"了。二十年风水轮流转，"诲淫诲盗"老帽子重新落到它们头上，但人们都往往只能道其然，不能道其所以然。只有茅盾尖锐指出旧派小说在思想上的共同错误有一，曰"游戏的消遣的金钱主义的文学观念"；而技术上的共同错误有二，曰"只知道'记账式'的叙述法，而不晓得小说重在描写"，曰"只知主观的向壁虚造，不晓得客观的实地观察"。救治之法，乃在引进欧洲自然主义。思想上借助近代科学的武装：

（接上页）的魅力。赛金花或傅彩云的故事似乎告诉我们，为国捐'躯'可以从字面上解释，尽忠报国不必以贞洁为前提，万恶之首的淫或许能以一种迂回方式拯救国家的危机呢。傅彩云的浪漫冒险嘲弄了传统孔孟之道从修身到平天下一以贯之的逻辑，将诸恶之首的'淫'变成了救赎民族伤痛的灵丹妙药。……这个人物表现了曾朴头脑中两种意识形态的冲突：她一方面代表了晚清开明知识分子的玩世不恭和自嘲，另一方面又代表了革命宣传家'嘉年华会'式的离经叛道思想，然而，这则神话不也可能是'仅仅表达了'男性最不可救药的性幻想"么？（见《小说中——晚清到当代的中文小说》，台北，麦琪出版有限公司，1993年，第128页。）

① 参看王德威《作了女人真倒楣？——丁玲的"霞村"经验》，王德威《寓教于恶》，第327—335页。

> 自然主义是经过近代科学里的洗礼的,他的描写法,题材,以及思想,都和近代科学有关系。…我们应该学自然派作家,把科学上发见的原理应用到小说里,并该研究社会问题,男女问题,进化论种种学说。①

技术上采用实地的观察和客观冷静的描写。以恋爱为例,旧派小说家"风流自赏"所以一写恋爱"便满纸是轻薄口吻,肉麻态度,成了'诲淫'的东西。"而——

> ……自然派作者对于一桩人生,完全用客观的冷静头脑去看,丝毫不搀入主观的心理;他们也描写性欲,但是他们对于性欲的看法,简直和孝悌义行一样看待,不以为秽亵,亦不涉轻薄,使读者只见一件悲哀的人生,忘了他描写的是性欲。这是自然主义的一个特点,对于专以小说为"发牢骚","自解嘲","风流自赏"的工具的中国小说家,真是清毒药;对于浸在旧文学观念里而不能自拔的读者,也是绝妙的兴奋剂。②

应该说是一语中的,诊断很准确,药方也开得够分量。五年以后(1927),茅盾由上海到广州再到武汉之后,躲起来动真格儿的自己著手来写小说了,他有没有采用这"消毒药"和"兴奋剂"来讲述"革命"和"性欲"呢?③ 多年(1980)以后,茅盾回顾说:

---

① 茅盾:《自然主义与中国现代小说》,《小说月报》,第13卷第7期,1922年。
② 同上。
③ 茅盾开始他的小说创作生涯的时刻,在也写作《蚀》(即《幻灭》《动摇》《追求》中篇三部曲)、《虹》(未完成长篇)和《野蔷薇》(短篇集)的那些日子(1927年8月—1930年8月),他的"身"和"心"两方面都正处在"革命"与"性"纠缠夹攻的历史情势困扰之中。一方面,茅盾从大革命失败的武汉经由庐山(牯岭)辗转逃回上海,是蒋政府的通辑犯。另一方面,由于与组织失去联系,未能赴南昌参加起义,又兼丢失一张二千元的支票,而被视为"贪污"乃至"叛徒",直至1981年去世后才得以恢复党籍。一方面,在上海边写作边服侍发低烧生病的妻子(由双方祖父在长孙长孙女年幼时包办定亲,因茅盾母亲的坚持而成亲。另一方面,亡命京都时与四川籍秦德君女士同居,秦女士是长篇小说《虹》的素材提供者和实际写作的合作者,且为了茅盾两次回上海堕胎。请参阅日本学者是永骏的《论〈虹〉(转下页)

> 我提倡过自然主义，但当我写第一部小说时，用的却是现实主义。我严格地按照生活的真实来写，我相信，只要真实地反映了现实，就能打动读者的心，使读者认清真与伪，善与恶，美与丑。①

这跟他在此十七年前（1963）的说法又有矛盾：

> 一九二七年，我写《幻灭》时，自然主义之影响，或尚存留于我脑海，但写《子夜》时已有意识地向革命现实主义迈进，有意识地与自然主义决绝。②

自然主义、写实主义、旧写实主义、批判现实主义、现实主义、革命现实主义、社会主义现实主义以及"革命现实主义与革命浪漫主义的两结合"，这些令人头昏脑涨的许多"主义"注定要困扰茅盾的一辈子。这些命名的你方唱罢我登台，这些"主义"的盛衰和浮沉，作家读者批评家在这些"主义"间的"决绝"与"迈进"，直接铭记了当代主流意识形态的形成、巩固、修正和式微，无法等闲视之。在30年代中后期，逐渐确定将Realism的译名由"写实主义"改为"现实主义"应是其中的一个关键。

但无论茅盾当年如何"混同"、后来如何"严辨"自然主义和写实主义的界限，他的主张和创作实践都标志了中国小说的叙事模式在向着曾朴们的未竟之功努力：更"科学"地写出动荡时代的社会全景。从文学样式或体裁的角度来说，是向"记账式"的"类书模式"告别，是努力把"短篇联缀"的"伪长篇"写成真正的巴尔扎克或托尔斯泰式的"长篇小说"。在这种真正的长篇小说中，"革命"不再是泄私愤揭阴私的所谓"谴责"，"性"也不再是肉麻浅薄的"风流自赏"，而是交织在一幅有机的广阔社会图景之中，每一个局部和细节都因了置身其中而深蕴"时代性"和"社会性"。

（接上页）——试探茅盾作品中的"非写实"因素》，台北，中研院文哲所"现代文学国际研讨会"，1993年12月。以及《我与茅盾的一段情——秦德君手记》；香港《广角镜》，第151期，1985年4月。

① 茅盾《创作生涯的开始》，《茅盾专集》，第1卷上册，福建人民出版社，1983年，第613页。
② 《茅盾给曾广灿的一封信》，《中国现代文学研究丛刊》，1981年第3辑，北京出版社，1981年，第126页。

如果说鲁迅的拿手是短篇小说，茅盾则对长篇小说情有独钟。以明快的社会科学武装了自己，又研究了欧洲近代文学思潮的演进，加上在大革命旋涡里的一番经历，茅盾是立意要写时代精神，写社会的全局及其发展，写社会的尖锐矛盾和重大题材的，他的那些构思，显然只有"长篇小说"能够容纳。茅盾曾回顾说：

  "那时候，我觉得所有自己熟悉的题材都是恰配做长篇，无从剪短似的"，"总嫌几千字的短篇容纳不下复杂的题材"，"一九二八年以前那几年里震动全世界、全中国的几次大事件，我都是熟悉的，而这些'历史的事件'都还没有鲜明力强的文艺上的表现；……我以为那些历史事件须得装在十万字以上的长篇里才能够抒写个淋漓透彻"。①

"先进的社会科学"给了我们占有社会全景的信心和雄心，但在具体创作中，却可随时体会到把握"全景"洵非易事。因为没把握，茅盾才将他的第一部作品《蚀》写成了三部似断实联的中篇小说。其实，茅盾的长篇小说创作往往自行暴露了所谓把握"全景"的虚幻性。结构最完整的《子夜》原意要将城市和乡村的场景交替呈现，最后却半途而废，把不忍割舍的第四章留在书中，成为"未及发展的小结构"。《虹》的未完成当与跟合作者秦德君女士的分道扬镳有关，前七章（四川部分）和后三章（上海部分）的质量参差及结构的不衔接亦相当明显，惠师长公馆部分的一笔带过更显出作者的无奈。雄心更大些的，如《霜叶红似二月花》：

  ……打算写从"五四"到一九二七这一时期的政治、社会和思想的大变动。②

《锻炼》的计划更宏大，要写整个抗战八年，准备写五部连贯性的长篇：

  企图把从抗战开始至"惨胜"八年中的重大政治、经济，民主

---

① 《我的回顾》，《茅盾自选集》，上海天天书店，1933年。
② 茅盾：《霜叶红似二月花》新版后记。

与反民主，特务活动反特斗争等等，作个全面的描写。①

结果是，这些宏伟计划都远远没有完成，都又成了他另一部长篇的名字所说的，只写出了"第一阶段的故事"而已。"长篇小说"这个暗含卢卡契所谓"整体性"神话的名目，颇像《子夜》中吴荪甫的那个悲剧性的"企业乌托邦"，深深寄托了茅盾难舍难分、不离不弃的浪漫迷思。

但是，我们并不能因未能实现的企图而轻看茅盾在择取题材提炼主题时的宏观眼光，以及建构现代长篇小说叙事模式的全部用心。茅盾对当时新旧文坛均有相当了解，他深知如何重组那时的话语空间，选定重拳出击的空位。在《读〈倪焕之〉》这篇重要文章里，他首先指出鲁迅的《呐喊》中，有"老中国的暗陬的乡村，以及生活在这些暗陬的老中国的儿女们，但是没有都市，没有都市中青年们的心的跳动"。而《彷徨》中虽有《幸福的家庭》和《伤逝》两篇，"也只能表现了'五四'时代青年生活的一角，因而也不能不使人犹感到不满足"。接着茅盾又举郁达夫的《沉沦》、许钦文的《赵先生的烦恼》、王统照的《春雨之夜》、周全平的《梦里的微笑》和张资平的《苔莉》五篇作品为例，指它们"只描写了一些表面的苦闷"，"没表现出'彷徨'的广阔深入背景"，"缺乏浓郁的社会性"。② 这篇写于1929年的文章用排除法为茅盾自己两年来的创作作"历史定位"，眼光和手腕都相当老到。在"广阔深入的背景"下，写出都市青年具有"浓郁的社会性"的苦闷，茅盾发现并创造了"时代女性"的形象系列。

茅盾发现，"时代女性"的幻灭、动摇和追求，是穿梭织就这社会全景的最有利的经纬线。女性的身体符号，再次成为揭出一时代心理冲突的叙事焦点。在别人只看到"革命加恋爱"的地方，茅盾看到"革命"与"性"的光怪陆离的纠葛。在革命政府所在地武汉——

> "'要恋爱'成了流行病，人们疯狂地寻觅肉的享乐，新奇的性欲的刺激；……在沉静的空气中，烦闷的反映是颓丧消极；在紧

---

① 茅盾：《〈锻炼〉小序》。
② 茅盾：《读〈倪焕之〉》，《文学周报》，第8卷第20期，1929年。

张的空气中,是追寻感官的刺激。所谓'恋爱',遂成了神圣的解嘲。""单身的女子若不和人恋爱,几乎罪同反革命——至少也是封建思想的余孽"①。

与以"英雄血"(如《玉梨魂》中的何梦霞"战死武昌城下")来点缀的"美人泪"不同,"时代女性"的苦闷本身就是"革命"的产物,她们的身体在"革命"中得到解放,也可能被"革命"所伤害,她们的放浪形骸既是对旧道德的一种"革命",亦可能危害"革命"本身。

高举"浓郁的社会性"的革命大纛,写"性"说"欲"的合法性于焉建立。最有说服力的"读者反应"要数当年的激进左派批评家钱杏村,他从政治上批判《蚀》甚严厉,但却非常赞赏茅盾对"恋爱心理"的高超描写:"表现了两性方面的妒忌,变态性欲,说明了性的关系,恋爱的技巧,无论是哪一方面,作者都精细的解剖到了"。论到《幻灭》里的慧女士,钱杏村颇感遗憾地说:"要把她写得在思想在动作双方都放荡一些就好了。"他因此很欣赏《动摇》里的孙舞阳,显然比慧女士有魅力多了。钱杏村最激赏的是茅盾写出"中年人对于青春恋的回忆的叙述,是那么的沉痛那么的动人",以至在评论中整页整页地抄下《动摇》第四章中方罗兰与方太太色情意味颇浓的对话来做例证。②

瞿秋白则干脆用阶级分析法为《子夜》中的性爱描写保驾护航:

> 我们从这许多不同的女性表现上,认出她们的阶级来。至于恋爱问题,吴少奶奶之与雷参谋,是恋爱逃不了黄金的。林佩珊与杜新箨是拿恋爱当顽艺,充分表现著时代病的产儿。而真正的恋爱观,在《子夜》里表示的,却是玛金所说的几句话:"你敢!你和取消派一鼻孔出气,你是我的敌人了。"这表现一个女子认为恋

---

① 《幻灭》,《茅盾全集》第1卷,人民文学出版社,1984年,第71页。
② 钱杏村《茅盾与现实》:"孙舞阳,'是个勇敢的大解放的超人',她的恋爱行动是很坦白的,言行一致,在她'拥抱了满头冷汗的方罗兰;她的只隔一层薄绸的温软的胸脯贴住了方罗兰剧跳的心窝;她的热烘烘的嘴唇亲在方罗兰的麻木的嘴上;她放了手,翩然自去'的一段话和她的行动里,写得淋漓尽致了。"(《现代中国文学作家》第2卷,泰东图书局,1930年。)

爱要建筑在同一的政治立场上,不然就打散。①

瞿秋白将性活动径自视为"阶级性"的表现的看法,甚至直接影响了《子夜》的创作。他在读茅盾的原稿前几章时建议说,"大资本家愤怒绝顶而又绝望就要破坏什么乃至兽性发作"。吴荪甫被工潮逼得焦躁不已时强奸王妈的情节就这样加上去了。②有意思的是,曾跟文学研究会打过笔仗的学衡派吴宓当时对这一描写甚表赞赏,③而"第三种人"的韩侍桁则大不以为然。④

其实,将异常的性行为派给反动阶级以便淋漓尽致地描写,并不自《子夜》始。《动摇》里的劣绅胡国光,把自己的妾送给儿子去"共",与陆慕游同奸一个小孀妇,煽动流氓攻打妇女协会,捉了剪发女子用铁丝贯乳游街,用木棍捣进阴户弄死等等,简直无恶不作。性泛滥和性扭曲投射了整个社会法理制度的崩溃,解放妇女的运动演化为蹂躏女性的疯狂嘉年华会。茅盾更在《子夜》的"双桥镇"部分,借写劣绅曾沧海和他的儿子曾家驹,把胡国光及其儿子胡炳的故事又讲了一遍,且不顾结构上的游离坚持不肯删去这第四章,可见茅盾对此类场景的近乎偏执的热爱。⑤这些场景若是用"短篇小说"来处理会显得分外触目,有碍观瞻,置诸"长篇小说"的复杂结构之中,就只不过是社会全景中必不可少的一角,其功用只是暴露反动阶级的

---

① 见瞿秋白的《读子夜》《中华日报》副刊《小贡献》,1933年8月13日。其实玛金和被她骂为取消派的苏伦之间并无恋爱关系,在罢工的紧要关头开完紧张的会议,只剩下他们俩人时,苏伦暗示玛金要"两边工作":"性的要求和革命的要求,同时紧张!"甚至试图强暴她。在同一章中,茅盾不时写到女党员间的同性恋动作:"躺在床上的蔡真,把身子沉重地颠了一颠,就坐了起来,抱住了玛金,轻轻地咬着玛金的颈脖。玛金不耐烦地挣脱了身,带笑骂道:'算什么呢!色情狂!'"见《子夜》第14章,《茅盾全集》第3集,人民文学出版社,1984年,第445—454页。
② 茅盾:《〈子夜〉写作的前前后后》,《茅盾专集》第1卷上册,福建人民出版社,1983年,第712页。
③ 云(吴宓):《茅盾著长篇小说〈子夜〉》,见天津《大公报·文学副刊》,1933年4月10日。
④ 韩侍桁:《〈子夜〉的艺术,思想及人性》,见《现代》第4卷第1期,1933年11月1日。
⑤ 吴组缃一直不太佩服茅盾笔下的农村描写,晚年曾专门撰文细析《春蚕》的不写实处,早在《子夜》刚发表不久,就在一短文中直截指出曾沧海是胡国光的化身,而这个土豪胡国光,"恐怕是作者脑筋中凭空想象出来的,故不免有许多乱七八糟的过火的描摹"。见《文艺月报》第1卷创作号,1933年6月1日。

荒淫与无耻罢了。

在中国革命的巨大历史冲突中写时代女性的苦闷，心的历程，不同的命运，以及在人物的"多角关系"中给性行为的异常作阶级定性（"土豪劣绅"、"大资本家"）或路线划分（"取消派"），女性的身体成为政治和意识形态搏斗和争夺的战场，而女性的身体符号亦成为茅盾与（男性）读者之间的交换客体。但"科学"的洗礼不单在使文学家能鸟瞰社会全景、结构复杂线索、赋予情节性格心理以"深度"，更须落实到叙述语言上的"客观冷静"。

茅盾对自己客观描写的方法是很自信的。在为他的中篇三部曲《蚀》辩护并向创造社的激进批评家反唇相讥时，虽然他承认《追求》中确实渗有自己悲观的思想和倾向，但是——

> "我诚实的自白：《幻灭》和《动摇》中间并没有我自己的思想，那是客观的描写"，"我是用了'追忆'的气氛去写《幻灭》和《动摇》，我只注意一点：不把个人的主观混进去，并且要使《幻灭》和《动摇》中的人物对于革命的感应是合于当时的客观情形"。①

那么所谓"客观的描写"到底是怎么一回事呢？简言之，就是"客观地写出人物的主观"。一定的人物在一定程度上替代了作者的解说性角色。故事是通过小说中不同人物的"感应"叙述出来的。小说的叙述语言是一种"混合语言"，各种人物的内心独白与作者的叙述始终交织在一起汇成了叙述流。外部的具有重大历史意义的现实同人物内心的精神世界不断地发生冲突，这种内心独白通常是以"半直接引语"来表述的。捷克学者普实克对此有很好的分析：

> 作者的目的是让我们看到一切，直接感受和体会所有的事情，排除任何介于读者与小说所描写情景之间的中间物，使读者身历其境，成为这一切进行中事件的目击者。②

---

① 茅盾《从牯岭到东京》，《小说月报》第19卷第10号，1928年10月10日。
② J. 普实克：《茅盾》，曹大明等译，《茅盾专集》，第2卷下册，福建人民出版社，1983年，第1524页。

他举的例子是《子夜》的开头部分,"僵尸"吴老太爷在夜上海的"风化"过程。"这段经历是以客观描述形式呈现给读者的,但其中已不乏那老头的思想和言语,亦不乏具有感情色彩的评价"。老头实在不情愿到上海这花花世界来,但是乡下正在闹土匪和闹红军,"让老太爷高卧家园,委实是不妥当。这也是儿子的孝心。吴老太爷根本就不相信什么土匪,什么红军,能够伤害他这虔奉文昌帝君的积善老子!但是坐卧都要人扶持,半步也不能动的他,又有什么办法?"这几句里已经交织了吴荪甫父子的"半直接引语"和叙述者的客观转达。乘小火轮到上海后,又上了风驰电掣般的"雪铁龙","吴老太爷闭目养了一会神以后,渐渐泰然怡然睁开眼睛来了",接着就交替表现了老头眼里看到的外部现实和他的反应(时而是直接引语,时而是半直接引语)。于是读者就直接目击了吴老太爷看到的致命的色情景观。在"先进的"社会科学和"客观的"自然科学的双重掩护下,我们已然与旧派小说的"风流自赏"划清了界线,从"海淫海盗"的古老帽子下成功地突围而出,建立起现代长篇小说的叙事安全区。

四

文学史家王瑶指出,自《子夜》以后,现、当代"史诗性"长篇小说已形成一个"传统":

> 这个传统应该说是茅盾开创的。后来出现的一些著名作品,如写土改的《太阳照在桑乾河上》《暴风骤雨》,直到当代的长篇《创业史》《红旗谱》《青春之歌》《保卫延安》《上海的早晨》等等,都可以说是具有"史诗性"的作品。①

但读一读王瑶列出的这些作品,你会发现革命已经变得如此圣洁和纯真了,对比之下,革命长篇小说的开山祖反而显得有可能是一个对女性胸部有偏执狂的笨拙作家。革命的成功使人们"翻了身",也许翻过来了的身体

---

① 王瑶:《茅盾对中国现代文学的历史贡献》,《茅盾研究论文选集》,全国茅盾研究学会编,湖南人民出版社,1983年11月。

应是"无性的身体"?革命的成功也许极大地扩展了人们的视野,在新的社会全景中"性"所占的比例缩小到近乎无有?革命的成功也许强制人们集中注意力到更迫切的目标,使"性"悄然没入文学创作的盲区?也许革命的成功要求重写一个更适宜青少年阅读的历史教材,担负起将革命先辈圣贤化的使命?实际上我们可以提出一个相当长的问题单子来讨论。研究者已经分析过,从不太干净的歌剧《白毛女》,到比较卫生的电影《白毛女》,再到绝对圣洁的芭蕾舞剧《白毛女》,中间存有种种复杂的过程。① 从50年代的《青春之歌》到90年代的《白鹿原》,"革命"和"性"在文学中的重重纠葛,当作另文论述。

当代中国大陆的小说类型学是"人民共和国"权力机构的直接对应。成文的文学史一律将小说按"工业题材"、"农村题材"、"革命战争题材"来划分,文学生产显然已经纳入计划经济作有效管理。小说的"美丽新世界"在地面的实现程度已远远超出梁启超们的想象,较之当年设想的丰富多彩,话语空间的划分已变得如此的线条明快。讲述"生产"(农业的或工业的),讲述"斗争"(历史的或现实的),以前有过"无情的情场",如今但见处处有"战场"。"英雄血"还在,但那是"集体英雄",集体英雄是中性或无性的,不分男女。"美人泪"?"时代女性"已经脱胎换骨,成长为"党的女儿"。永远是"党的女儿"而不是"女人"或"女性",因为政治父权的身份是凭借女儿的身份来界定、来确认的。对描写这种女儿历尽艰辛最终扑向党的怀抱的小说,茅盾在为其政治上的正确性辩护的同时,有理由抱怨其结构的单薄。② 而茅盾自己的旧作,却也须面对用新时代的口径来重作解释的困境。其中的一种策略是"历史主义",即以时代的分隔来承认其当年的合理性,并立刻强调如今已

---

① 孟悦:《〈白毛女〉与"延安文艺"的历史复杂性》,《再解读:大众文艺和意识形态》,唐小兵编,牛津大学出版社,1993年。
② 茅盾《怎样评价〈青春之歌〉?》:"尤其在描写环境(自然环境和社会环境)方面,作者的办法不多,她通常是从一个角度写,而不是从几个角度写;还只是循序渐进地写,而不是错综交叉地写;还只能作平视而不能作鸟瞰。"《中国青年》1959年第4期。

不可效仿。① 但茅盾也会看到,"反动阶级"享有性描写特权的传统,仍在当代革命长篇小说中得到延伸。《创业史》中富农姚士杰对素芳的强暴,《苦菜花》中女三青团员被国军的轮奸,反讽地同时成为那些年里青少年性启蒙和性恐吓的教材。当年"新小说"批评家呼吁分清"淫词惑世与艳情感人之界线",但最后仍不得不归结到金圣叹评《西厢记》时的"读者反应理论":"淫者见之谓之淫,贞者见之谓之贞。"因此,即使是极卫生的革命长篇小说,也可能会是奇道异僧交给贾瑞的那柄"风月宝鉴",全赖读者正看反看了。

因此,我们如何讲述"革命"和"性"的问题,同时也是我们怎样阅读"革命"和"性"的问题。革命是用暴力改变社会体系的社会行为,革命也改变了人们在历史时空中的位置,革命改变了人们的身体(头发的故事,三寸金莲的故事),革命也可能改变了人们谈论和阅读自己身体的方式。"性"并非身体的全部,却仿佛成为隐藏在身体深处的某种神秘性和本源性的东西,成为"科学"探测的领域,成为"革命"所要解放或压抑或牺牲的能量。经过"近代科学"洗礼的写实主义长篇小说,是一种试图从整体上把握社会全景的叙事方式,现实中分散孤立的事实在其中被彼此协调地组织起来,在一个自足的作品世界里获得一种普遍联系和等级秩序。如果革命推翻了原有的政治、伦理、道德和身心秩序,如果我们"身"不由己地卷入了革命的洪流,我们还能用这种宏大的叙事方式至少在语言层面重建一种秩序么?或许那些表面上结构完整的文本恰恰向我们自身掩盖了某些重大的不完满,或许本世纪以来那些始终未写完的"长篇小说",反而铭记了我们在这天翻地覆的年代里,安身立命的悲剧性挣扎吧?

(原载《文艺理论研究》,1996年第3期)

---

① 张白山《谈茅盾的〈蚀〉》:"《蚀》在相当程度上是一部文献性的长篇,我们阅读时不能随便忽略它所具有深刻的时代意义。……要求男女关系的解放在那个特定历史阶段中是具有积极意义的,作者勇于暴露的男女关系,基本上符合于那个时代的要求。只是作者对性爱的场面做了较露骨的描写,对青年读者可能有些副作用。但我们读时应体会到作者只不过借恋爱故事展开人物的活动,表现人物的性格,所以我们也应该透过恋爱事件深入地探索它的主题思想,切不可抱着不正确的态度去'欣赏'这些恋爱场面的细节描写,这是今天阅读《蚀》时应当注意的。"《文艺学习》,1955年11期。

选文二

女性身体与民族主义话语:《生死场》

刘　禾

萧红,一位来自东北的女作家,生活在民族危机的时代并身受其苦。她写下了几部长篇小说,以及数量丰富的短篇小说和散文,回应着民族生死存亡之际的危机,直到她在1942年过早离世。[①] 作为一名小说家,她在文学史家的笔下,要比另一些女作家,如凌叔华、张爱玲、庐隐等幸运得多,因为后面这些女作家直到最近,仍在中国文学中多多少少处于边缘地位。此种现象部分是由于鲁迅经久不衰的影响力,因为他曾经指导过萧红,并高度评价她在30年代的作品,除此之外也还因为在大多数男性批评家的眼里,萧红并未将自身局限在女性生活的"琐屑细节"之中,而是触及了民族存亡与反帝斗争的宽广主题。虽然这种不无裨益的解读保证了萧红在中国现代文学中的经典位置,而无论这一经典位置与其他大家相比是何等偏于低下,但其代价是它抹除了萧红对于女性与民族国家思考中的深刻张力。

我讨论萧红的目的,并非要抬高这位作家的经典地位,而是为了批评民族国家取向以及由男性宰制的文学批评实践,因为它们应该对挪用萧红作品服务于民族主义的目的这一做法负责。我承认我反感将经典化视为每个人与生俱来的权利这一"天赋人权"(entitlement)的话语。有关权利与"天赋人权"的话语在使批判性思考成为可能的同时,亦同样会使之无能为力。正是在这里,我的女性主义研究取向从某些修正式的女性主义批评出发,主要关注在已经确立的文学经典中女性的缺席或者边缘化位置。当然,修正

---

① 英语世界对萧红生平与著作的研究,见葛浩文。

式批评的重要性仍有待进一步的认识，但中心与边缘的二元修辞其本身却并不能产生有活力的批判性思考。人们只能面对这样一个事实：有些人被历史地降到边缘地位，而另一些人却有意选择边缘位置，以更好地向中心发动进攻。① 举例说来，虽然在文学史上囊括以前处于边缘位置的作家，会使文学经典与以往有所不同甚至有所改进，但是，这一做法究竟是必然会向经典规范化本身这一思想进行挑战，还是通过赋予一个更为自由，也更为多元的表象，反而强化了这一经典规范？当斯皮瓦克说，"我们正在尝试的，不仅仅是以反经典规范来扩大经典规范，而是废黜经典规范化的方法"的时候，她也许过于乐观了，但我认为在她的陈述背后隐含的批判性洞识，是值得深铭于心的。②

萧红以她本人的一生和著述与民族主义话语的斗争，可以从多方面关系到中国现代批评及其民族主义意识形态的性别化状况。自打《生死场》作为鲁迅发起的"奴隶社丛书"之一种（其他两本为叶紫的《丰收》，萧军的《八月的乡村》）发表后，这部作品的接受与评价，一直受民族国家话语的宰制，这种宰制试图抹煞萧红对于民族主义的暧昧态度，以及她对男性挪用女性身体这一策略的颠覆。③ 大多数评论者将它视为一部"民族寓言"，一部充满爱国主义精神的反帝国主义作品。其结果是，今天人们如果意识不到那一高度发达的、体制化的、男性中心的批评传统，就无法真正解读萧红的创作，因为这种批评传统限制并决定着对小说意义的理解。然而，文学批评实践中的这种性别政治迄今为止，尚未引起那些身陷其中的评论者与文学史家的注意。④

用"民族寓言"去解释萧红作品的基调最初始于鲁迅和胡风。众所周

---

① Suleiman 在《颠覆的意图》（*Subversive Intent*, pp.11—32）一书中对于法国先锋派运动的性别化边缘政治所作的分析，精彩地说明了这一点。
② 斯皮瓦克：《教学机器之外》（*Outside in the Teaching Machine*），第 276 页。
③ 参见《萧红研究》。
④ 葛浩文是一个著名的例外，他不十分赞成把《生死场》归入反帝抗日作品一类。而与萧红小说民族国家式解读法更为激进地决裂的出色著作，见两位大陆女批评家孟悦和戴锦华，第 174—199 页。

知，鲁迅和胡风分别为《生死场》的第一版写了序言和后记。作为"奴隶丛书"的编者，胡风在后记中赞扬书中体现的抗日精神和中国农民爱国意识的觉醒："这些蚁子一样的愚夫愚妇们就悲壮地站上了神圣的民族战争的前线。蚁子一样地为死而生的他们现在是巨人似地为生而死了。"① 相比之下，鲁迅虽然没有在他后来被广为引用的序言中把民族之类的字眼强加于作品，但他仍然模糊了一个事实，即萧红作品所关注的与其说是"北方人民对于生的坚强，对于死的挣扎"，② 不如说是乡村妇女的生活经验。鲁迅根本未曾考虑这样一种可能性，即《生死场》表现的也许还是女性的身体体验，特别是与农村妇女生活密切相关的两种体验——生育以及由疾病、虐待和自残导致的死亡。鲁迅本人的民族兴亡的眼镜，清晰体现在他有意提及上海闸北的火线，以及北国的哈尔滨，或是英法的租界，这造成了鲁迅对萧红作品的阅读盲点。

对于《生死场》这部小说，除去鲁迅和胡风奠立的生硬的民族主义的解读外，是否可能有不同的阅读？我对《生死场》的分析，关注的是作为意义争夺（contestatory meanings）之重要场所的农妇的身体。围绕萧红本人为这部小说 1935 年版设计的封面图案（黑色的块面包含小说的标题，并叠印到深红色的背景上）展开的一场争论，似乎暗示了不同读法的可能性（见图 3）。毋庸赘言，批评家对这幅画的确切含义一直观点不一。有人说画中的黑色的块面喻示着一座旧碉堡，而背景上的深红色代表在抗日战争中死难的东北人民的鲜血。另一些观点认为那片黑色块面实际上代表的是日本统治下的满洲国地图。③ 只有一位刘福臣在一篇讨论萧红的绘画及其他艺术创作的文章中指出，那片黑色的图案是一幅妇女头像的剪影，而切过封面的斜线则象征着中国被切割的国土。他认为，向上仰起的农村妇女的脸庞和划过她嘴角及脖颈的笔直线条表现了与日本侵略者浴血奋战的东北人民的愤

---

① 胡风：《读后记》，第 3 页（葛浩文英译，第 280 页），收入《生死场》。
② 鲁迅：《生死场》序言，第 1 页。
③ 刘福臣：《萧红绘画琐谈》，收录于《萧红研究》，第 209—210 页。

怒和力量。①虽然刘福臣没有解释萧红何以用女性的而非男性的头像来代表东北人民，他的文章还是暗示了一种从性别角度解释萧红封面创作的可能性。不过这一可能性由于民族国家话语的遏制而未能展开。或许更有说服力的解读是，如若那片黑色勾勒的是女性头像，又与满洲国的地图相契合，那么完全有理由认为，图中斜穿而过的线条不仅象喻中国领土的分裂，而且也象喻着民族主体的分裂。同理，若是封面的深红色块可以联想为东北人民的鲜血，则也可将这同一片深红理解为女性的血，因为小说对女性之躯的表现总是与流血、伤残、变形与死亡密切关联的——不论是由于生育、被殴、疾病，还是自尽。女性身体的无所不在，在民族国家话语上投射了一道全范围的阴影，并一力坚持在东北农村的生死搏斗中添加女性身体的异质性意义。当然，人们不一定接受以上的读法，但值得注意的是，围绕《生死场》的封面设计引发的争论质疑了在以往的萧红研究中盛行不衰的单一的民族主义的诠释，因而至少开辟了多种阅读的可能性空间。

女性身体与民族主义的关系是什么？批评家经常诧异萧红的"抗日小说"何以要包罗如此繁多的乡村妇女生活的细节，何以直到最后几章才涉及日本侵略的事件。孟悦和戴锦华在她们出色的著作《浮出历史地表》中，曾对《生死场》从女性主义角度作过评价。虽然她们没有直接与民族国家话语交锋，但已开始试图从女性的身体体验去看待生与死的意义。②在此我想将她们对《生死场》的分析再向前推进一步，说明女性的身体为观察民族国家的沉浮提供了批评的视角，而不是反之亦然。

小说中女性身体的界限，主要是通过农村妇女对于生育、疾病、性、衰老与死亡的体验来界定的。尽管这部小说暗示着生死轮回的佛教观念，但在某些人物身上却并不拥戴佛教的信仰；恰恰相反，它强调的是女性身体的困境，将其受伤害的意义落实在此生此世当下的社会经济语境中，而不是放置在因果报应的世界里。死，是身体可怕的分解，而不是对生活之苦难的最终规避。贫穷、无知、阶级剥削、帝国主义以及父权制皆达成共谋关系，试

---

① 刘福臣：《萧红绘画琐谈》，收录于《萧红研究》，第210页。
② 参见孟悦和戴锦华，特别是第174—199页。

图使农村人民,特别是妇女,降低到动物的生存层次上。

虽然小说中的妇女无止无休地生育着,但旺盛的生育力被投以一束令人震惊的否定的目光。生育的过度,使这个村庄的贫困更加恶化;更为糟糕的是,在生儿育女的过程中,女性的身体遭受了严重的惩罚。当叙事者描述这个独特的女性世界时,她的语言交替浸满着同情与嘲讽——同情产妇所承受的肉体痛苦,嘲讽在本能驱使下的传宗接代无异于自我毁灭式的灾难。她的同情闪现在对妇女分娩场景的描写:"赤身的女人,她一点不能爬动,她不能为生死再挣扎最后的一刻。"① 除了五妹的大姐之外,另有三名村妇在一个独立的章节中生下孩子。金枝的分娩因其丈夫在分娩之日的前一个晚上仍欲行房事,而变得更为艰难。在王婆的帮助下,她生下一个女婴,但这个女婴却在一个月后,被她自己的亲生父亲摔到地上,一命呜呼。李二婶错结姻缘,几乎付出了一生的代价。甚至二里半的傻媳妇,也在分娩的世界里挣扎。正值婴儿出世的一刻,"窗外墙角下谁家的猪也在生小猪"。叙事者频繁地将人的性和生育与动物的交配繁衍并列在一起,时时几近讽刺。"牛或是马在不知不觉中忙着栽培自己的痛苦。夜间乘凉的时候,可以听见马或是牛棚做出异样的声音来。牛也许是为了自己的妻子而角斗,从牛棚里撞出来了。……在乡村,人和动物一起忙着生,忙着死……"

生活与生育是女性面对的可怖现实,死亡亦如是。小说短短的篇幅内充斥了无数的死亡——有杀婴,有绝症,有战争以及瘟疫。虽然男人难逃死亡的命运,但女性似乎更为经常地屈从于死神的威胁。在大多数情形下,叙事者将女性受难者一个一个地呈现给我们。在这些牺牲品当中,包括王婆摔死的自己三岁的女儿小钟,以及她长大成人后死去的女儿冯丫头;金枝的那个被亲生父亲杀害的小女孩;一同上吊而死的北村的老婆婆和她的孙女;美丽的月英因瘫痪而又无人照看,终致身死;最后,二里半的媳妇和孩子都在战争期间死去。相形之下,男人很少死亡这一叙事安排,只是因为他们影响到妇女的生命,才是有意义的。当金枝成为寡妇,并被迫自谋生路时,作者并没有告诉我们她的丈夫是何时、何地、为什么以及怎样死去的,

---

① 萧红:《生死场》,第70页。

而妇女死亡的方式，如王婆的自杀事件，却获得了远为细腻的处理。整部小说有两名试图自尽的女人，一个是日军占领前的王婆，另一个是日军占领后北村的老妇。她们有一个而且是共同的原因：即，她们失去了爱子。叙事者没有详尽描述王婆听到自己儿子被政府处决的噩耗后内心的悲痛，却转而将笔触径直落实在自杀行为的生理外观及其带来的身体残损上。她所呈现的是王婆嘴角堆起的泡沫，肿胀的胃和两腮，她可怕的嚎哭，眼中鬼一般的凝视等等身体细节。王婆的自杀既未表现成英雄行为，又不是反抗社会，在这里，惟一触目惊心的是可怖的身体的毁形。

由于农村妇女的生活与自己的身体密切地生活在一起，所以小说中受病痛折磨所致的身体的变形与死亡的毁形比比皆是，而且不分轩轾。月英曾是打渔村最美丽的女人。她瘫痪之后，她丈夫开始失去耐心，而且全然抛弃了她。他拒绝给她水喝，而且为了进一步折磨她，又在她的床上放了一堆砖头，作为她病弱身体的支撑物。当村里的女伴前来探望她时，发现她因为长久得不到照看，身体的下半部已浸泡在粪便里。而从前的美人就这样被折磨成形状可怕的怪物：

> 她的眼睛，白眼珠完全变绿，整齐的一排前齿也完全变绿，她的头发烧焦了似的，紧贴住头皮。她像一头患病的猫儿，孤独而无望。……她的腿像两双白色的竹竿平行着伸在前面。她的骨架在炕上正确的做成一个直角，这完全用线条组成的人形，只有头阔大些，头在身子上仿佛是一个灯笼挂在杆头。
>
> 月英的下体腐烂成蛆虫的巢穴。王婆试着帮月英擦洗时，小小的白色蛆虫甚至掉在她胳臂上。月英终于死了，不过那是在她亲眼从镜子中目睹了自己身体的毁形之后。

女性之躯任人摆布的无望还体现在乡村妇女的性经历中，而这份经历总是与怀孕相关。与男性身体相比，女性身体表现的是女性对自己命运的无法自主。这种无法自主倒不是因为性欲望是一种动物本能，而是由于欲望连同贞节的意义都由父权制决定着，都只服务于男性的利益。金枝发现自己未婚先孕时陷入了莫大的恐惧和绝望，这种处境使她转而开始害怕和憎恨自己的身体：

> 金枝过于痛苦了，觉得肚子变成个可怕的怪物，觉得里面有一块硬的地方，手按得紧些，硬的地方更明显。等她确信肚子有了孩子的时候，她的心立刻发呕一般颤嗦起来，她被恐怖把握着了。奇怪的，两个蝴蝶叠落着在她膝头。金枝看着这邪恶的一对虫子而不拂去它。金枝仿佛是玉米田上的稻草人。

女性在自己的身体防线被诸如暴力、疾病、伤残等打破时，常常会感受到自我遭到侵害，然而怀孕的意味却十分暧昧。怀孕的意义必定是由某一通过将女性身体规范化来控制妇女行为的社会符码所决定。在这里，金枝将她的婚前孕理解为一种身体的畸变（邪异），将她腹中的非法胎儿视为外来的侵犯物。那一对自由交配的蝴蝶反衬的是她作为一个女人在人类社会中面对的走投无路的绝境；男权中心的社会体制要控制她的身体，苛求她的贞节，惩罚她的越轨行为。她的身体如同稻草人一样，被抽空了内容，简约成一个被父权制预定了功能的能指。这一性别化的知识由母亲传输给女儿，是母亲禁止着金枝走近河畔，，因为河畔的男人勾引过金枝："福发的媳妇，不就是在河沿坏的事吗？全村就连孩子们也是传说。唉！……那是怎样的人呀？以后婆家也找不出去。她有了孩子，没法做了福发的老婆，她娘为这事羞死了似的，在村子里见人，都不能抬起头来。"实际上不仅仅是金枝重蹈福发媳妇的道路，而且勾引她的人不是别人，恰恰是福发的外甥成业。同他之前的福发一样，成业对他所勾引的女人从来不曾放在心上。无论他们在什么时候遭遇，他只是推倒她，以全身的重量压在她的身体上。他从不曾亲吻她，亦没有温柔的话；毋宁说，成业之所作所为完全受基本欲望的驱策。由金枝的母亲安排、欲掩盖女儿耻辱的二人之间的婚事，所重复的也不过是中国父权制家庭古老的夫妻对抗（conjugal hostility）的故事。丈夫时常斥责妻子："懒老婆，白天呢做什么来？"而出嫁没几个月，妻子就渐渐学会了如何诅咒丈夫，并"渐渐感到男人是严凉的人类！那正和别的村妇一样"。

小说笔墨所及的农村妇女当中，王婆得到了特殊的关注，因为她要求村里的妇人尊敬她，而且在某种程度上，她也要求她自己丈夫的尊重，因为她本人拥有不同寻常的智慧、言语的权利、勇气、以及独立的心智。她年青的时候，曾离家出走，为反抗自己第一个丈夫的纵欲行为而永远离开了他。而她现在的丈夫赵三，是第三个。村里的女人常常聚集在王婆的家里，倾听并吸取着她的故事。王婆关于生与死的深奥知识，来自她本人关于爱、遗失、贫困与忧愁的亲身体验。当她讲述故事的时候，便一如在以权威的身份宣讲着妇女的"历史"，而她的听众，所有的女人，完全被她的语气和音调所震撼。自打中国妇女在男性中心的历史编纂学中被否认了主体位置以来，讲故事或是长舌妇般的唠叨，成为女性之间传达她们关于生与死之独特知识的惟一工具。《生死场》中王婆讲述的故事之一，是有关她三岁的女儿的致命的一摔。当她说话的时候，一道闪电陡然划破天空，而讲述者突然失去常音，仿佛魂不附体：

"……啊呀！……我把她丢到草堆上，血尽是向草堆上流呀！她的小手颤颤着，血在冒着汽从鼻子流出，从嘴也流出，好像喉管被切断了。我听一听她的肚子还有响；那和一条小狗给车轮轧死一样。我也亲眼看过小狗被车轮轧死，我什么都看过。……

"我的孩子小名叫小钟呀！……我接连着煞苦了几夜没能睡，什么麦粒？从那时起，我连麦粒也不怎样看重了！就是如今，我也不把什么看重。那时我才二十几岁。"

这是如此鲜明地充溢着流血的鼻子、嘴、喉咙、小手与肚子的悲惨印象，正是从她对死的深切体验里，王婆领会了人类生命的无常。也正是这种知识，赋予她一种强有力的性格，以及一副悲天悯人的心肠，所以她四处奔走，帮助村里的女人生育，照看病中的村妇，甚至骑上一匹老驴去屠宰场。然而王婆在父权制社会里作为女人的困境，也是造成她最终弃绝女性身份的直接缘由。她自杀未成之后，为替自己的儿子报仇雪恨，她开始教导自己的女儿成为一名女战士。当日军入侵东北时，王婆加入了男人们为民族的生死存亡而战的行列。不足为怪的是，从这时起直到小说的结尾，她的权威体现在村里的男人作为民族战士的日渐提高的重要意义上。

这便将我们引领到萧红本人对民族主义立场上来，这是胡风在其后记当中有意强调过的。我们只要把萧红对日军占领前的农村生活图景的描写和萧军的《八月的乡村》稍作比较，那么，萧红态度的暧昧性就马上进入我们的视野。不难看出，萧军小说中的乡村世界与萧红笔下的悲惨生活毫无共同之处。例如《八月的乡村》里有一段游击队员小红脸思念家乡的描述，就是颇具典型意义的："他（小红脸）默默地想着太平的日子。什么时候他再可以自由自在地咬着小烟袋去耕地？是不是可以将欺负过他底人们，和硬占了他底田地的日本人，杀得一个不剩？"① 这种太平的景象是萧红小说中所没有的。两萧眼中的社会图景如此不同，惟一可能的解释是他们的作品里孕含着不同的性别因素。萧军的作品重在描绘男人的自足和戎马情状，而萧红却侧重于乡村女性的状况和命运。在《生死场》中，不论是占领前还是日据时期，女人的故事使作者无法将现存的父权——男权社会理想化。国家的劫难既不能解释、也不能抹去女人身体所承受的种种苦难。

萧红在后七章中清楚表明，国家与民族的归属感很大程度上是男性的，这种归属与认同赋予乡村男性农人以民族主体意识，使他们得以克服自己低下的社会地位去向他们的女人传播新的福音。比如，王婆的丈夫老赵三，就对民族主义的说教有着极高的热情，并热衷于向寡妇宣传：

> 那夜老赵三回来得很晚，那是因为他逢人便讲亡国、救国、义勇军、革命军，……这一些出奇的字眼，……他把儿子从梦中唤醒，他告诉他得意的宣传工作；东村那个寡妇怎样把孩子送回娘家预备去投义勇军。小伙子们怎样准备集合。老头子好像已在衙门里作了官员一样，摇摇摆摆着他讲话时的姿式，摇摇摆摆着他自己的心情，他整个的灵魂在阔步。

在老赵三心中，他的宣传工作提高了他自身的价值。由于获得了新的自我定义，穷苦的男性农人得以借助民族主义超越自己低下的社会地位。这个得到认可的新定义在一个新的权力话语中仍将男性置于主体地位，因此，它与一个"衙门里的官员"并无根本区别，不过是旧有父权体系的翻版。

---

① 萧军，第4页。

耐人寻味的是，小说中参军的农妇无一例外都是寡妇，她们必须在以某种自戕方式拒绝其女性身份之后，才能成为中国人并为民族国家而战。男性的情形则全然不同。民族主义不仅给予男性以新的自我定义，同时还重振了他们的"男子汉"之气。在村人出发远征前立誓忠于祖国的庄严场合中，李青山的演讲明确无疑地传达出民族国家话语的性别涵义："弟兄们！今天是什么日子！知道吗？今天……我们去敢死……决定了……就是把我们的脑袋挂满了整个村子所有的树梢也情愿，是不是啊？……是不是……？弟兄们？"具有反讽意味的是，喊声先从寡妇群里传出："是呀！千刀万剐也愿意！"寡妇在响应这一号召的同时丧失了自己的性别，加入了弟兄们的行列。人们几乎可以在她们的誓言中，识别出悲剧性人物秋瑾的类似的声音。①

小说中抗日情绪的高潮集中在第十三章。然而，这一章并没有去肯定民族主义，而是叙述了民族主体的诞生过程。比如，老赵三在其过去的生命岁月里和其他人一样，不过是一个乡村家庭的家长，以及不敢反抗东家的懦弱的农人。他"从前不晓得什么叫国家，从前也许忘掉了自己是哪国的国民"，只有通过一种话语——民族国家话语，老赵三才发现了自己作为"中国人"的存在，（重新）构造了民族主体的复活。在向自告奋勇的战士们讲话时，他喷涌着强烈的民族主义热情：

> 国……国亡了！我……我也……老了！你们还年青，你们去救国吧！我的老骨头再……再也不中用了！我是个老亡国奴，我不会眼见你们把日本旗撕碎，等着我埋在坟里……也要把中国旗子插在坟头，我是中国人……我要中国旗子，我不当亡国奴，生是中国人，死是中国鬼……不……不是亡……亡国奴……

这段话有着一切民族国家话语的共同特征，如个体在一个共有空间（"中国"、"国家"）里采用主体立场发言（"我"、"我是"等等），并由此获得新的

---

① 秋瑾（1875—1907），是为共和国革命而英年就义的女烈士。英语世界对其生平与著述的研究，见 Rankin, *Emergence of Women at the end of the Ch'ing*；Spence，第 83—93 页。秋瑾本人的著述，见《秋瑾集》。

自我定义和发现新的生命意义("拯救国家")。就连那个离开自己的山羊就无法生活的二里半,最后也成为这样的主体。

与其他角色不同的是,二里半是个跛脚,因此可以说他的男性特征被象征性地阉割了;不仅如此,他同动物之间那种不寻常的依附关系,也使他的身份更接近女性。王婆时常关爱自己的毛驴并同它讲话,而二里半正与她一样,也把自己的山羊视为家庭的一员。正是这种"女性"特征妨碍着二里半像别的男人一样爽快地投入抗日救国的行列。当村民说服他交出羊作为献祭仪式上的牺牲时,他却设法找到了一只公鸡去代替,从刀下救出了老山羊:"只有他没曾宣誓,对于国亡,他似乎没甚伤心,他领着山羊,就回家去。别人的眼睛,尤其是老赵三的眼睛在骂他:'你个老跛脚的东西,你,你不想活吗?'"然而二里半最后还是表明了自己是一个"男性"——小说结束在二里半出发寻找革命军的情节上——但那是在他的妻子和孩子去世之后。他从一名沉溺于自身的农民向民族国家主体的转型,再一次说明,成为民族国家主体的关键对男人和女人是有所差别的。父权——男权的体系是以财产来衡量确立男人在社会中的地位和价值的,而妻子儿女正是男人财产的重要组成部分。因此,当日本侵略者夺走他们时,二里半才起来抗日,从一个"自私"的农民转变为一个爱国者。民族主义话语通过赋予他新的主体位置,从而使这个男人获得"阳刚之气"。这一转变同失去丈夫的女人金枝的下场相比,表明在男性和女性之间,成为"中国人"的过程是十分不同的。在小说中,作为寡妇的女人只可能有两个下场:或是否定自己的女性身份,加入到"弟兄们"的行列,却无法分享那些男人所占有的自尊和地位,并最终像王婆的女儿一样被杀害;或是像金枝那样,为了生存而在男性的欺凌中挣扎。

金枝长期忍受丈夫的折磨,丈夫死后去哈尔滨城里作缝穷妇。惟恐被日本人抓住,她以泥抹面,直到自己看起来像一个又老又丑的乞婆,方才作罢。在进城的路上,她果然遇到一群日本兵,而日本兵一开始拦住她,看过她的样子便把她安全放过。逃脱日军之手的金枝,却又落入省城一个中国男人的魔爪。作为缝穷妇,她必须到主顾的家里,而在一次找活的过程中,金枝又被强奸。这一经验使她对女性的命运有了深切的认识;因此,当王婆斥责日本兵切开中国孕妇的肚子，残杀女人和婴儿的暴行时，金枝的反应是："金枝鼻子作出哼声：'从前恨男人，现在恨小日本子。'最后她转到伤心的路上去：'我恨中国人呢？除外我什么也不恨。'王婆的学识有点不如金枝了。"金枝所获得的知识，是以身体为代价的。为使自己的身体不再受男人所扰，她决定落发为尼。使她大失所望的是，村里的尼姑庵年久失修，于是她深感将来的路上毫无希望可言。小说结尾处，无家可归的金枝与走向革命的二里半形成了鲜明的对照。

有趣的是，尽管种种证据表明的是相反的结论，男批评家对小说大意的关心，使得民族主义的解读在萧红研究中非但不是例外，而且是惟一的解读规则。在40年代，当时极为重要的批评家茅盾评论萧红的另一作品《呼兰河传》时，虽然与胡风观点不同，却同样是依据投身民族主义阵营的程度来判断作者的成就的。简言之，他批评萧红没有参与民族国家的斗争。例如茅盾在缅怀萧红在香港的最后岁月时写道：

> 在1940年前后这样的大时代中，像萧红这样对于人生有理想，对于黑暗势力作过斗争的人，而会悄然"蛰居"多少有点不可解。她的一位女友曾经分析她的"消极"和苦闷的根由，以为"感情"上的一再受伤，使得这位感情富于理智的女诗人，被自己的狭小的私生活的圈子所束缚（而这圈子尽管是她咒诅的，却又拘于惰性，不能毅然决然自拔），和广阔的进行着生死搏斗的大天地完全隔绝了，这结果是，一方面陈义太高，不满于她这阶层的知识分子们的各种活动，觉得那全是扯淡，是无聊，另一方面却又不能投身到农工劳苦大众的群中，把生活砌底改变一下。这又如何能不感到苦闷而寂寞？①（着重点为笔者所加）

的确，萧红没有表现胡风曾在她的作品里发现的那种民族主义热情。事实上在抗战后期，她甚至不再介入全国作家抗战协会的反战宣传活动。②

---

① 茅盾、萧红：《呼兰河传》前言，第10页。葛浩文英译，第280—290页。
② 葛浩文，第78页。

但作为被茅盾贬为"情感富于理智"的女性,萧红所投身的是另一场斗争。那场斗争没有赋予她任何义务去接受茅盾关于个人和集体的观念以及他关于社会、民族、战争的男性中心意识形态。对《生死场》和《呼兰河传》的作者而言,"生"与"死"的意义主要体现在个人的身体,特别是女性的身体上,而不仅仅在民族兴亡,因此毫无理由把她"缺乏""民族主义"热情看作是一种败笔或缺陷。茅盾所不能理解的是:萧红并非不想抗日或对民族命运不关心——她的困境在于她所面对的不是一个而是两个敌人:帝国主义和男性父权专制。后者会以多种多样的方式重新发明自身,而民族革命亦不例外。

这一困境十分生动地呈现在她写于 1936 年的一篇短文《失眠之夜》里。萧红在抗日战争爆发之际这样写道:"坐在驴子上,所去的仍是生疏的地方;我停留着的仍然是别人的家乡。家乡这个观念,在我本不甚切,但当别人说起来的时候,我也就心慌了!虽然那块土地在没有成为日本的之前,'家'在我就等于没有了。"萧红的怀疑主义直指她的情人萧军,后者的民族主义热情在她看来,恰恰是一种男性中心的情感。萧红对沦陷中的东北故乡的暧昧态度,使她与情人萧军之间的怀乡之情形成了鲜明对比。萧红似乎很难与萧军那种热切悲壮的思乡之心发生共鸣,她从一个女性的角度向"家"这个概念提出了质疑:"而我呢?……你们家对于外来的所谓'媳妇'也一样吗?"①

"我家是荒凉的",这是萧红的叙事者在《呼兰河传》中一再重复的一句话。在叙事者家乡的村里有两座庙,老爷庙与娘娘庙——甚至连庙里的神仙也服从于性别的区分。老爷庙里的泥像个个"威风凛凛,气概盖世"的威猛相,而娘娘庙的泥像却慈眉善目,温驯而屈从。读者可以知晓,这些泥塑的神像几乎全是男人造的:

> 可见男人打女人是天理应该,神鬼齐一。怪不得那娘娘庙里的娘娘特别温顺,原来是常常挨打的缘故。可见温顺也不是怎

---

① 萧红,《失眠之夜》。

优良的天性，而是被打的结果。甚或是招打的原由。①

诚然，作者本人年方二十便离家出走，原因在于她的父亲，那个在她心目中体现父权制之邪恶的形象，力图逼迫萧红屈从于一场指定的婚姻。②在1936年与作者其他类似的散文同时发表并收入《桥》这一文集的《初冬》一篇，萧红的叙事者表达了自己坚定的决心，永远不再踏入他父亲的房子一步："那样的家我是不能回去的，我不愿意受和我站在两极端的父亲的豢养……"③，"这一父亲的形象，在萧红漂泊无定的青岛、上海、东京以及许多其他地方的短暂而充满风暴的生涯中，一直让她梦系魂牵，直到她1942年病逝于香港。④

正如我在前文指出的，萧红并不身处文学史上亟待重写的的边缘化作家之列。恰恰相反，历史本身必须参照被普遍接受的诠释，通过再解读萧红本人复杂的写作行为，来经受批判性审查。诚然，中国现代批评史上，女作家这个附属范畴（subcategory）本身就是以"民族"文学的名义发明出来并得以合法化的，但是，这一"民族"文学却不能将其自身的性别化条件命名为男性的。这一附属范畴使得男性批评家可以把女性的写作纳入更大的民族范畴，就像国家将"妇女"的范畴运用到政治动员上。而我此处刻意凸显

---

① 《呼兰河传》，第174页。这部作品1940年11月29日完成于香港，她去世后才出版。
② 在其自传体作品《永远的追忆和憧憬》（见萧红，《代表作》，第3—4页）中，作者将自己的父亲描摹成一个全然没有人类的同情心与宽容的男人。他是呼兰当地一个有影响的学者以及有势力的豪绅，却鄙视并时常殴打自己的亲生女儿。萧红的母亲对女儿亦很严酷。全家之中惟一爱她的人是她的祖父，但在家里却没有权力，而且实际上是家里被抛弃的人。
③ 萧红，《初冬》，收入萧红，《代表作》，第7页。
④ 实际上，萧红不仅仅在自己的写作行为中，介入女性身体的象征领域中激战方酣的对抗性话语。萧红本人的一生，便是由一组长系列的绝望的尝试组成的，她是如此孜孜不倦地试图区分作为女人与作为中国人的意义。早在她与萧军逃离日军统治时期的东北之前，萧红已经开始规避开她暴戾专制的父亲。在她随后与萧军在上海等地漂流的岁月里，她又不幸遭受后者持续的虐待与身体的侵犯。当她无法忍受他的暴力时，她所能做的常常是离家出走。曾有一次她为了躲避萧军一段时日，出走之远竟离开中国，远渡日本。由于中日两国在1936年的恶劣关系，选择日本作为自己偶居的国度，是值得进行症候式解读的。无论背后原因到底是什么，萧红的抉择说明她强烈希望保护她的身体与心智不受男性的宰制，即使这意味着她本人会从她自己的祖国被放逐出来，孑然一身流浪在敌对的国家里。

的这种性别化的文学批评实践,一直是民族主义话语得以生产的主要场所。在这样的知识框架里,在一个民族国家取向以及男性宰制的批评传统中,解读文学文本(无论是传统的,还是现代的)这一长期的实践,是可以轻而易举地得到证明,而且完全无法遭受质疑的。① 因此,除开将女性写作视为一种歧异之声外,我还将女性主义者对女性作品的诠释,看作介入现代文学批评霸权式实践的一种干涉行为。民族文学、民族国家取向的文学批评、学科与机构建制必须被打开、质问并进行完全的反思,这至少也该聊备一说。

(刘禾《跨语际实践——文学,民族文化与被译介的现代性(中国,1900—1937)》,生活·读书·新知三联书店,2002年。)

■ 进一步阅读的文章和书目

王德威:《从头谈起——鲁迅、沈从文与砍头》,王晓明主编《批评空间的开创》,东方出版中心,1998年。

王德威:《革命加恋爱——茅盾,蒋光慈,白薇》,《现代中国小说十讲》,复旦大学出版社,2003年。

南帆:《文学、革命与性》,《文艺争鸣》,2000年第5期。

贺桂梅:《性/政治的转换与张力——早期普罗小说中的"革命+恋爱"模式解析》,《中国现代文学研究丛刊》,2006年第5期。

段从学:《20世纪中国文学的性与国家》,叶舒宪主编《性别诗学》,社会科学文献出版社,1999年。

[美]安敏成著,姜涛译:《现实主义的限制——革命时代的中国小说》,江苏人民出版社,2001年。

■ 进一步思考的问题

1. 革命文学对个人欲望和情感的描写怎样才能与政治对文学的要求达到一种有机的融合?

---

① 正如我在《发明与干涉》(*Invention and Intervention*)一文中指出的,中国大陆的女性批评家最近开始用"女性文学"和"女性传统"之类的词语,力图从男性中心的批评文字中收回女性的创作。

2. 个人记忆如何影响我们对革命的叙事？

3. 如果说个人体验总会在意识形态文学的边缘和裂隙中存在，那么，我们在面对文本的时候，如何理解显在主题和文本细节的关系？

■ 相关性阅读的文章和书目

[英]特里·伊格尔顿著，王杰、傅德根、麦永雄译，柏敬泽校：《美学意识形态》，广西师范大学出版社，1997年。

陈建华：《"革命"的现代性——中国革命话语考论》，上海古籍出版社，2000年。

费约翰著，李恭忠、李里峰等译，刘平校：《唤醒中国国民革命中的政治、文化与阶级》，生活·读书·新知三联书店，2004年。

吉尔马丁：《国民革命时期（1924—1927年）的性别、政治文化和妇女动员》，易先飞译，载李小江等编《性别与中国》，生活·读书·新知三联书店，1994年。

旷新年：《1928：革命文学》，山东教育出版社，1998年。

刘小枫：《这一代人的怕和爱》，生活·读书·新知三联书店，1996年。

[法]吉斯塔夫·勒庞著，佟得志、刘训练译：《革命心理学》，吉林人民出版社，2004年。

朱晓东《通过婚姻的治理——1930—1950年中国共产党的婚姻和妇女解放法令中的策略与身体》，汪民安主编，《身体的文化政治学》，河南大学出版社，2004年。

■ 相关文献、作品举要

茅盾：散文《我走过的道路》，杂文《享乐主义的青年》《"革命"与"恋爱"的公式》，小说《蚀》《虹》《子夜》

蒋光慈：小说《冲出云围的月亮》，杂文《纪念碑》《关于革命文学》

洪灵菲：小说《爱情》《前线》

萧红：小说《生死场》《呼兰河传》

丁玲：小说《在医院中》《我在霞村的时候》

鲁迅：杂文《革命文学》

郭沫若：杂文《革命与文学》

第三编 都市文化中的身体想象和身体消费

第一节
女性身体与都市的文学想象

导 读

除了"五四"以外,民国时期最重要的"身体"凸现还发生在二三十年代以上海为代表的都市文化中。在新兴都市享乐主义的氛围下,对感官的沉迷和对肉欲的陶醉成为了二三十年代都市文化的主要特征。在这一文化氛围中,五四的一些主题在得到延续的同时也发生了转换,如性爱问题一直是五四以来文化和文学的热点话题,而在20年代末的都市文化氛围中,这一问题仍备受关注,只不过,都市文化把五四的个人解放思想直接置换成了性解放的观念,如《幻洲》杂志对不同于"五四"的新的"灵肉观"的提倡,张竞生的性解放观念等。

在二三十年代的海派文化中,女性身体是各方关注的焦点,各个门类的艺术对都市的表现都离不开女性身体,从"新感觉派小说"到现代绘画艺术,从好莱坞电影到月份牌画报,女性身体无处不在。在这些文学艺术家的笔下,女性身体往往投射着多重因素:都市想象、男性欲望、现代人的内心焦虑、新的生活观念等,但唯独缺少的是对女性真实的身体的表现。

本节的第一篇选文是陈建华的《"乳房"的都市与革命乌托邦想象》一文,该文对茅盾小说中由乳房的"凝视"所显示出来的作者内心的欲望和焦虑进行了分析。同时,作者由都市文化中各类艺术对女性身体的表现入手,说明这些女性身体不仅带着"性话语"所强调的生理特征,而且也在西方现代绘画观念的影响下,表达了有关"人体"审美的观念,这些都与20年代的都市文化息息相关。

另一篇选文是李欧梵的《脸、身体和城市:刘呐鸥和穆时英的小说》一文,该文对"新感觉派小说"作家刘呐鸥小说中女性的脸和身体的描写特点进行了文化学的分析,作者认为这种描写深受好莱坞电影文化的影响,也体现了男性对女性的窥看,该文还分析了穆时英小说在女性身体形象描写上对刘呐鸥的模仿以及超越。

选文一
"乳房"的都市与革命乌托邦想象

陈建华

茅盾的早期小说《蚀》三部曲里，对"乳房"的描绘，就质量与频率而言，在新文学里冠绝一时。他使用的一套乳房的语汇，包括"乳峰"、"乳尖"、"乳头"等，构成他小说里"时代女性"身体话语的主要部分。虽然在他之前就有人使用"乳房"等语，且传统的"乳"、"奶"乃至"酥胸"等语汇仍活跃在当时的文学中，有的至今仍在使用中，但茅盾不仅丰富、更新了描绘人体的文学语言，也体现了某种源自于西方启蒙理性思潮有关"人"的观念、有关观察方式上的科学性，因此也给他小说的叙述视点带来重要影响。

一、茅盾的"乳房"凝视

茅盾早期小说里，尤其是慧女士、孙舞阳和章秋柳这些充满"时代性"的女子，在外形上个个长得健美如"模特儿"，尤其都有一对高耸的"乳峰"。稍举数例，如慧女士：

> 穿了紫色绸的单旗袍，这软绸紧裹着她的身体，十二分合式，把全身的圆凸部分都暴露得淋漓尽致[①]。

写孙舞阳的"圆软的乳峰在紫色绸的旗袍下一起一伏的动"[②]，章秋柳

[①] 《幻灭》，《小说月报》，18卷9号（1927年9月），第31132页。
[②] 《动摇》，《小说月报》，19卷2号（1928年2月），第31884页。

"袅娜的腰肢和丰满紧扣的胸脯"①,这些女子的特"性",都投身或想往革命,革命成为她们实践解放的理想空间。她们生活在革命运动中,仅为革命理想而尽其天职,就不必受家庭或男子的约束。性的自由是解放的标志,而健美的乳峰意味着健康和性爱的愉快。茅盾在20年代末开始写小说,有意创造一种"革命加恋爱"的新样式,而"乳房"带来革命浪漫性,这些富于热力的女性身体给革命涂上一层玫瑰色,至少表达了革命也应该是健全的、美的想法。在革命乌托邦的空间里,展开"乳房"的美学想象,从而探索"时代女性"的自由个性。这样的写法,不仅与鸳蝴派的爱情小说截然两样,即如张资平对"乳房"的使用有发明之功,但在文学表现的丰富多彩与美学想象则远逊于茅盾。

他的"时代女性"之所以"特异",还不光在于"乳房"的乌托邦想象,且依靠"特异"的观点和"观念"。"乳房"的使用,诉诸视觉想象。无论是"乳"或"奶",性别特征并不明显。在它们指谓液体时,强调母性。它的女性的形廓特征常通过附加形容词,如"丰乳"、"大奶"等。相形之下,"乳房"具有体积感,且明指女性,因此也诉诸性欲。在叙述空间里,"乳房"的语言再现所强调的是视点,是被视的对象;再现方式显示观察、感受对象的方式。因此在对"乳房"的美学感受中,活动着现代的认知方式,突出了视觉的功能。

随着传统诗意的"酥胸"话语的消失,和新文学的"乳房"占据了文学领域,我们的观察和表述人、人体的方式在意识系统里悄悄地改变着。在茅盾的"乳房"话语的背后,就包含着要求文学话语科学性的观点,即将人和社会作为客观观察、表现的对象,而在再现"乳房"时,所凸显的是"看"的行为。在茅盾的"乳房"话语出现之前,关于中国人放眼看世界之后,从西洋绘画、照相技术乃至电影的引入,在视觉与主体意识方面所引起的变化过程还有待研究。茅盾小说空间里的"乳房",在作为被凝视对象的同时,自身即呈现为一种"凝视"的行为,隐含主体意识的再现要求。

茅盾观察时代女性的好奇心,源自于他的革命经验。据他的回忆,

---

① 《追求》,《小说月报》,19卷8号(1928年8月),第32654页。

1926年大革命挫折后:"我离开武汉,到牯岭去养病。襄阳丸的三等舱里有一个铺位上像帐幔似的挂着两条淡青色的女裙。这用意也许是遮隔人们的视线,然而却引起了人们的注视。我于是在这'人海'的三等舱里又发现在上海也在武汉见过的两位女性。"①作者所看到的仅是挂着的女裙,而在叙述空间里,"视线"、"注意"、"发现"与"见过"这些词却讲出了更多的故事和欲望,有关作者的和别人的,过去的现在的。他没有见到这"女裙"背后的人,然而在唤醒了的记忆里,所浮现的是以前在上海也在武汉见过的女性,都是在他构思中的小说里的人物。那是他的欲望,穿透了"女裙"的"遮隔"而见到了她们。同样的在来自"人海"的"视线"中,不仅活跃着形形色色的欲望,而他也在阅读着他们的欲望。无论茅盾自己是否意识到,当他自己的欲望浮动在这"视线"之海上,充满了自然与社会之间的空白与张力。

在郑逸梅所谓那种"凝酥"的感受中,意味着物我两忘的美学境界,那么上述茅盾的生活观察,突显了视觉功能,其中显出人与社会、主体与客体之间的分界。众所周知,茅盾强调文学创作的科学观察,受到法国"自然主义"的影响,除了他自己明言的左拉之外,不可忽视的是莫泊桑。他的文学旅程开始不久,我们可发现他与"自然主义"的美妙初恋,即在《幻灭》中写到静女士和强猛相爱,一起在庐山度过一个"狂欢的星期,肉感的星期",其中发出对乳房的礼赞:

> 爱的戏谑,爱的抚弄,充满了他们的游程。他们将名胜的名字称呼静身上的各部分;静的乳部上端隆起处被呼为"舍身崖",因为强常常将头面埋在那里,不肯起来。新奇的戏谑,成为他们每日唯一的事务。他们忘记了一切,恣情地追寻肉的享乐②。

莫泊桑(Guy de Maupassant,1850—1893)在小说《一生》里,描写于连和简娜新婚之后,在山中旅行的一个星期里,两人之间享受爱的戏谑和欢乐:

---

① 茅盾:《几句旧话》,《茅盾专集》,第1集,第366页。
② 《幻灭》,《小说月报》,18卷10号(1927年10月),第31315—31316页。

在简娜向右侧睡着的时候，她的左乳常常暴露在苏醒的晨光里。于连注意到，就把这个乳叫做"轻浮"，而把另一个乳叫做"知己"，因为它的玫瑰色的乳头似乎对他的亲吻更为敏感。两乳之间的沟道被称做"母道"，因为他常常在那里流连忘返；而另一更为隐秘之处被唤做"通往大马士革之路"，那是为了纪念那个奥塔山谷的①。

在这新婚旅行的段落里，莫泊桑极其细腻地刻画了女主人公的有关性爱游戏的体验和感受，同时也揭示了于连的粗鲁好色，隐伏着她后来对于爱情的幻灭。不过在茅盾的前期作品里，这一次静小姐和强猛之间的爱情，是最玫瑰色、最光明的，也是最初、最后的一次。那种在风景胜地欢度新婚蜜月的情景，在后来茅盾的小说里听到回声，却常常成为不可追及之过去。如在《动摇》里写到方罗兰回忆起他和方太太刚结婚，那年夏季在南京，"在雨花台的小涧里抢着拾雨花石"。在短篇小说《创造》里，男主人公君实回想起他和娴娴在莫干山避暑，两情融洽达到了"幸福的顶点"。然而茅盾在《虹》里写到梅女士与柳遇春的新婚之夜，只剩下梅对柳的厌恶之情了。这些都反复显示了《一生》中类似情节的影响②。

茅盾作品里对于"乳房"常取特别的视角，如《追求》里：

在微淡的光里，曹志方依稀看见两颗樱桃一般的小乳头和肥白的锥形的座儿，随着那身体的转移而轻轻的颤动③。

在更多的情景里，作者奇特的视点并不限于乳房。在《动摇》里写到方罗兰：

---

① "A Woman's life", in *The Portable Maupassant*, ed., Lewis Galantiere（New York: The Viking Press, 1961）, pp.449—450.
② 但莫泊桑在该书中有些描写十分大胆。茅盾说："莫泊桑的《一生》中也有几段性欲描写颇不雅驯，然而总还在情理之中，不如中国的性欲描写出乎情理之外。"尽管还是在"情理之中"，如果我们将上面两段引文相比，可发觉在茅盾这方面还是有禁区，所受的影响是适可而止的。见茅盾：《中国文学中的性欲描写》，《茅盾文艺杂论集》，第 246 页。
③ 《追求》，《小说月报》，19 卷 8 号（1928 年 8 月），第 32656 页。

看见小学生的队伍中卓然立着孙舞阳。她右手扬起那写着口号的小纸旗,遮蔽阳光,凝神瞧着演说台。绸单衫的肥短的袖管,从高举的手膀上落卸去,直到肩头,似乎腋下的茸毛,也隐约可见①。

可资比较的是,在左拉(Emile Zola,1840—1902)的《娜娜》(*Nana*)中有一段描写:

娜娜光着身子从容不迫走向舞台。她对于自己肉体的魔力,有绝对信心。她披着一块细纱,然而,她的圆肩,她那高耸的乳房和粉红色的乳头,她诱惑地扭来扭去的大屁股,非常肉感,和她整个肉体,从那透明的薄纱里看得清清楚楚。这是爱神刚刚从水中冒出来,头上没有戴面纱。娜娜举起两只手臂时,她腋下金黄色的腋毛,在脚灯的照耀下,台下观众们看得清清楚楚②。

且不说两者的场景相似,而对于众目所聚的"腋毛"的描写何其相似乃尔!其时茅盾自称是左拉的信徒,此言不虚,《娜娜》也是他极为欣赏的③。在三部曲中不时表现女性肉体,尤其是乳房的魅力,虽然不像左拉那么夸张、火爆,但在精神上一脉相承。

茅盾以洞见的笔触,通过他自己的或别人的视线,揭示一种欲望的焦点,呈现在"人海"的"视线"里。在《追求》里的王仲昭:

章女士吃吃地艳笑了。她翩然转过身去,旋一个半圆形,让睡衣的下幅飘开来,裸露了膝弯的阴面,这里的白皮肤上有两个可爱的小涡。然后她又纵身坐在窗台上,凝眸看着天空,并没注

---

① 《动摇》,《小说月报》,19卷2号(1928年2月),第31911—31912页。
② 左拉著、钟文译:《娜娜》,台北:桂冠图书,1993年,第30页。
③ 茅盾的《汉译西洋文学名著》(1935)一书中有"左拉的《娜娜》"一章,即把此小说看作左拉的代表作。见《茅盾全集》,第30卷,北京:人民文学出版社,2001年,第423—429页。文中提到娜娜扮演"爱神"而"半裸体上台"的情节。

意到仲昭的脸色已经有了些变化①。

这些描绘里，在男性欲望的窥视之间，闪烁着兴奋、迷惑和犹疑。女性对于窥视欲望的控制，以及叙述者对于人物视线的操纵，都表现出小说世界及其再现手段的复杂生动性。对于视点或视线与主体意识的关系的表现是更为凸现的。如果把这些放到女性解放与文化秩序现代化同步的大背景里，"乳房"的聚焦也象征着性别的焦虑：当男性以传统的解放者自居时，却感受到女性的欲望及其走向公共空间的自由意志的压力。

对于这几个视点——孙舞阳的"腋下的茸毛"，章秋柳的"膝弯"的"小涡"等——我们不得不惊叹茅盾目光的厉害！这些描绘拓展了现代文学的"肢体"语言，也拓展了人体美感经验的领地。据有的材料说，美国好莱坞电影的内容，在女性身体的表现方面，到30年代才把镜头的重点从大腿移到胸部②，那么茅盾在发展"乳房"语言方面显然要比好莱坞更为先进，也更有想象力。这并不奇怪，上海的性文化市场一向发达，受赐于晚清以来的风流余韵，比美国的清教徒文化要放肆得多。如1925年徐欣夫导演的《战功》，就有裸露女乳的镜头③。其实我们看鸳蝴派的文学，在女性形象的文化消费方面不遗余力，如他们的杂志上的"封面女郎"，从《妇女时报》《礼拜六》，一直到《良友》《红玫瑰》《紫罗兰》等，就很有探索性，成为都市文化的日常景观。但这些女郎的身体都覆盖得较为严密，也没有好莱坞式的大腿和胸脯的展示，尽管"封面女郎"的设计及其印刷传统推动了好莱坞式的"影星"文化的形成。围绕着"红玫瑰"、"紫罗兰"等杂志名称，他们也发展了"名花美女"的文学话语，但或许在语言上不能摆脱"酥胸"式的审美方式，因此对于人体美的文学表现收获有限。

茅盾在人体和性感方面的文学探索，也与他有意改进中国文学里的性描写有关。在1927年发表的《中国文学内的性欲描写》一文里，茅盾认为中国文学的怪现象是，一面是禁欲的礼教与"载道"的文学传统，一面是文

---

① 《追求》，《小说月报》，19卷9号（1928年9月），第32747页。
② Alexander Walker, *Sex in the Movies* (Baltimore: Penguin Books, 1969), illustrations, no.14.
③ 见《半月》第4第7号所载照片。这部电影由大中华影片公司拍摄，故事也与"模特儿"有关。

学中大量存在赤裸裸的性交的实写。这样的描写是变态性心理的表现，没有文学价值。产生这种"不健全的性观念"的表现的原因，是"禁欲主义的反动"和"性教育的不发达"[①]。更重要的，茅盾所描写的这些"视点"，并非由于一时的兴之所至，而是得到了一种新的观点——科学地观察和表现生活——的有力支撑，在文学上更得力于"自然主义"。这也仅在他的早期作品里灵光一现。这种视点是个人化的，充满世俗情调。正如那些小说人物沉浮于都市的欲望之海中，感到焦躁、失落，而搜寻自己灵魂的家园，却一再幻灭和失望。而这些欲望的凝视，含有某种不无揶揄的生命的歌吟，从中发现了焦虑与饥渴，给人的存在的形态带来某种启示。对于作者来说，在他更清晰地听到来自"历史"的命令并将自我交付于那个"无产阶级"的"意识形态"之前，这些"视点"的再现也同样表达了他对生活的独特而紧张的感受方式，能使他在纷乱不安的欲望世界里，更能倾听那种现代人心底的激情呼喊，如从章秋柳那里发出的："我是时时刻刻在追求着热烈的痛快的，到跳舞场，到影戏院，到旅馆，到酒楼，甚至于想到地狱里，到血泊中！只有这样，我才感到一点生存的意义。"[②]

二、视像万花筒：模特儿、裸体、曲线美

《动摇》里有一段描写，殊有趣：

> 这天很暖和，孙舞阳穿了一身淡绿色的衫裙；那衫子大概是夹的，所以很能显示上半身的软凸部分。……她的衫子长及腰际，她的裙子垂到膝弯下二寸光景。浑圆的柔若无骨的小腿，颇细的伶俐的脚踝，不大不小的踏在寸半高跟黄皮鞋上的平背的脚——即使你不再看她的肥大的臀部和细软的腰肢，也够你想象到她的全身肌肉是发展的如何匀称了。总之，这女性的形象，在胡国光

---

① 《中国文学内的性欲描写》，《茅盾文艺杂论集》，第 246—258 页。
② 《追求》，《小说月报》，19 卷 7 号（1928 年 7 月），第 32515 页。

是见所未见[1]。

所谓"胡国光是见所未见",是在"女性的形象"上反映的城乡差别,也是洋场文化现代性的一种表现。孙舞阳是省里派来负责妇女协会的,既然与史俊、赵赤珠是知交,想必也应当从上海来的。且不说高跟皮鞋之类的穿着装扮,"她的全身肌肉是发展的如何匀称",说明她的身材是一种标准型的,所谓"发展",是说这样的身材得之天然,亦须按照一定的标准加以培育。茅盾小说中三部曲里"几个特异的女子自然很惹人注意。有人以为她们都是'模特儿',是某人某人;又有人以为像这一类的女子现在是没有的,不过是作者的想象"[2]。这样的"形象"固然经过作者的艺术提炼,在现实生活里还是有所张本,并非根据上面说的那种生活中的具体"某人某人"的"模特儿",而与那种当时美术上使用的代表"人体美"的"模特儿"有联系。如在《幻灭》里写到慧女士在雨中:

> 她的绸夹衣已经湿透,黏在身上,把她变成一个新鲜的"模特儿"[3]。

本来慧女士穿旗袍,已经"把全身的圆凸部分都暴露得淋漓尽致",现在绸夹衣被雨淋湿,看上像"模特儿"一样,几同裸体。这里也是故意展示"性"点,所谓"新鲜的"略含快感,实际上叙述者在向读者暗送秋波。不过这个"模特儿"的比喻极有意思:这些女性身上不仅带着"性话语"的强调生理特征的符码,还含有有关"人体"的审美与伦理的典律,与20年代的都市文化息息相关。

从"模特儿"身上颇能折射出20年代上海文化的浪漫色彩,她的舶来文化的异质性既刺激了都市欲望,又引起不安和争议。作为一种特殊的职业及其作为再现的象征指符,跨越社会空间、道德伦理和文艺生产等领域,在观念上与"美女"、"裸体"等混同。裸体画早在19世纪后期进入中土,

---

[1] 《动摇》,《小说月报》,19卷2号(1928年2月),第31889页。
[2] 《从牯岭到东京》,影印本,第32827—32828页。
[3] 《小说月报》,18卷10号(1927年10月),第31302页。

如1872年《申报》,载《沪上西人竹枝词》:"洋画纷纭笔墨枞,琉璃小镜启晴窗;爱和裸逐知何事,为说波斯大体双。"①"模特儿"一词几时开始使用尚需考察。在1910年代,报纸上常见出售"裸体照相"的广告。即使在20年代初"模特儿"一词开始流行时,仍有不同的译法,如"模岱尔"、"模特尔"等②。但它成为家喻户晓,显然与现代美术教育采用西法有关。刘海粟(1896—1994)创办上海美术专科学校,自1914年将绘画科改为西洋画科,开始雇用着衣模特儿③。从1917年上海美专展出人体习作,刘海粟被骂为"艺术叛徒"起,所谓"模特儿之争"持续了达十年之久。因此围绕模特儿问题,一方面不断被守旧卫道人士诋毁为"丧心病狂,败坏风化",并受到官方的明令禁止。另一方面新派人士奋起自卫,如1924年上海美专教师倪贻德(1901—1970)发表《论裸体艺术》一文,从西方美术史、形式美、生命力等角度分析了人体艺术的价值。他讥刺那些"自己抱了三妻四妾而偏要说人家的自由恋爱为丧风败俗"的人,并且指出"为模特儿者以肉体之美显示于人,当得上是一种无上的光荣"④。

20年代中期的文化消费市场上,"模特儿"或"裸体"畅通无阻。如《红玫瑰》杂志中程瞻庐的《模特儿三字经》、沈禹钟的《模特儿》,《家庭》杂志中PM生的《裸体美与裸体画》等,成为通俗文学中的时尚风景⑤。以1925年7月6日上海最风行的消闲小报《晶报》为例,第四版上几乎都是有关裸体照相的广告。如一则《美女照相》的广告,一个叫马代尔(即"模特儿"之

---

① 见《申报》,25号(1872年4月23日,阴历),第3版。按:此竹枝词辑入顾炳权编:《上海洋场竹枝词》,上海书店出版社,1996年,第26页。另被引入李超:《中国油画史》,上海人民美术出版社,1995年,第18页。两书所录在个别文字上与原刊于《申报》者有出入。
② "模岱尔"见徐卓呆:《小说观赏上应注意之要点》,《游戏世界》,22期(1923年3月)。"模特尔"见《小说世界》,3卷7期(1923年8月)。
③ 熊月之主编:《老上海名人名事名物大观》,上海人民出版社,1997年,第278页。按:1922年刘海粟作《上海美专十年回顾》一文,提到他在1915年就开始雇用"人体模特儿",事实上"模特儿"这一译的产生和使用,大约在1910年代末或1920年代初。参朱金楼、袁志煌编:《刘海粟艺术文选》,上海人民美术出版社,1987年。
④ 见李超:《中国油画史》,第51—52页。
⑤ 《红玫瑰》,2卷3期(1925年8月);《家庭》,6期(1922年6月)。

谐音）的鉴赏家说："上海的裸体美女闹翻了。我是最喜欢这件宝贝的，这样东奔西走的想买，忙个不亦乐乎。但是看来看去总是这几只老野鸡在那里现身说法，看得麻烦极了。昨天我……买到了一盒五十幅的美女照相，觉得肌肤莹洁，身段苗条，极尽肉体曲线之美，温柔香甜之乐，眼界为之一新。"另一则是新新美术馆发售"最新人体模特儿照相"的广告，说"为提倡真美起见特价两星期"云云。另有东亚美术公司、中国美术社、环球美术社等几家，都以"裸体美女画"为招徕。尽管做这些生意的无非是"美术社"，且也不无提倡"真美"，而这里显然把"裸体"就等同于"美"。其实"裸体"不一定就是"美"，当时给美术学校做模特儿的，身材也不一定美，那些愿意给美术社做模特儿的，就更难说了。像马代尔所说的"温柔香甜之乐"，与其说是纯粹美感的"鉴赏"，不如说含有"意淫"的狂想成分。有趣的是每个广告都附有裸体照片，且不说与这小报的印刷质量一样糟糕，当这些画片与有关"性病"的广告混杂在同一版面上，如治疗"可怕之白浊"的，或如"节育防毒器"的："凡入花丛，欲免染毒者，不可不用。"所谓"花丛"指的是妓院，似乎对这类"美术"的色情性质起了衬托作用，不过色情印刷品含想象成分，其作用与嫖妓到底有区别。

中国小说里早就有裸体，而西洋裸体的输入，是在1910年代中期。当小说杂志进一步市场化，裸体美人就先后在《小说时报》《小说大观》《小说月报》等杂志上出现，都是西洋的绘画或雕塑的名作。20年代前半期，在周瘦鹃的《半月》上，裸体画像频频出现，如"巴黎美术学校之人体写生"照片，包括电影剧照、私人信片、装饰图案等多种形式。如画家胡亚光的《半月光明》一图，一个西洋女子在月光下，背后两翅张开，身披长袍而露出一乳，这就带有象征的意思。1926年创刊的《良友》画报，显然将人体纳入启蒙教育的轨道，旨在健全国民身心与国家现代化。从"今年法国美术展览会"到"美国选美竞赛"的及时报道，说明对人体美的培养及崇仰是先进文明国的流行风尚。对古希腊维纳斯爱神雕像的解说："这像所以名贵，在它表现一种神圣庄严而优美的神态"。介绍波提切利（Botticelli, 1445—1510）《亚比利之诽谤》：亚比利"遇见赤裸裸的真理即退避"；介绍提香（Titian, 1488—1976）"绘美女的神技"，及其裸体的"爱与真理"的意蕴。

值得注意的是，画报中有些插图，显示人体本身已经脱离了写生的再现，而成为艺术形式的试验场，更直接受到欧洲现代主义新潮的影响。如万籁鸣的《夏天的午后》与《日落》，露乳的女体用典雅的线条勾出，被置于日出海面的背景中，或在融合中西图案的窗框里，具象征性的装饰画风，显然源自于英国琵亚兹莱（Aubrey Beardsley, 1872—1898）的"新艺术"（Art Nouveau）运动，而有意融入中国风格。《良友》里也介绍了万籁鸣的《人体表情美》专集，收入人体创作百余幅。梁得所在序言中说，"他的笔调由严整的线条趋于现代化而创作的笔触——这进程仿佛西洋美术经历长期写实而到现代各新派因此他是工作不偷巧而同时有勇胆。"并说，"我们觉得作者所给予阅者的，是阅者对于美术的要求。"[①]似乎暗示读者的欣赏水准的提高。

在这样勾画的背景中，在鸟瞰式的小说与美术的交界地貌中，能进一步测知茅盾小说里的女性特征——尤其是隆起的"乳房"、"乳峰"，怎样盘错交杂了各种文化脉络，却深深根植于都市文化的土壤。那种"健全"的女性身体，既在人种、生理的层面上强调了性别的科学构成，乃是促使国民体质现代化的必要前提，也在象征表意和文学生产的层面上迎合雅俗两方面的潮流，既满足市民对于情色狂想的需求，又突出了人体的审美与教育功能。正是在这样的都市地貌上，可见茅盾小说里女性对"真理"的追求或作为"历史"的"真理"显现，凸显出茅盾的反叛——却发挥艺术想象，塑造出向"革命"飞翔的"时代女性"——如她们投身于革命洪流自由恋爱的"特异"表现，乃至体现进步时间意识的"寓言性"。或许正因为作者的都市情结眷恋之深，才使他在革命遭受挫折之际激增超越自我的忧患意识，也使小说形式产生飞跃。

另一方面，茅盾的女体描写既折射出复杂的文化脉络，因此那些具体的描写在文本的语境中，产生各别的意义，互相间不必水乳交融，却形成一种众声喧响的整体。茅盾对"人体美"的理解无疑属于超越性的一派，这里不妨从小说外面引证材料，可得到更清晰的印象。1929年茅盾在日本写《虹》

---

① 见《良友》画报12、14期，万籁鸣插图；15期，梁得所：《人体表情美序》；17期，《替善"绘美女的神技"》；18期《今年法国美术展览会出品》；20期《美国选美竞赛》。

的时期,有散文描写他在浴场,通过水面的倒映,看到隔壁浴场的"她的倩影",先想起民间传说里的阴阳镜,一半映出阴间的事,另一半映出阳间的事,于是他"下意识地更将头放低些,却翻起眼珠注视这沟通两世界的新的阴阳镜":

> 蓦地一个人形印在我的眼里了。只是个后身。然而腰部的曲线却多么分明地映写在这个水的明镜!如果我是有一个失去了的此世间的恋人的呀,我怕要一定无疑地以为阳间的我此时正站在阴阳镜前面看见了在冥国的她的倩影!
>
> 一种热烈的异样的情绪抓住了我。那是痴妄的,然而同时也是圣洁的、虔诚的①。

这个欲望之眼中的"倩影"媒嫁于幻象中的"阴阳镜",又产生假设的"冥国"的"恋人"。这语言的"表演"也迂回曲折,别有鬼趣。然而有时候对"肉体"的超越性不那么令人信服,如《追求》里写到章秋柳,觉察到过去同她有过一吻之恋的张曼青似乎在追求朱女士,但她又直觉地意识到朱女士实即为庸俗之辈,于是朱女士眼中的章秋柳:

> 她的每一个微扬衣袂的手势,不但露出肥白的臂弯,并且还叫人依稀嗅到奇甜的肉香。……而尤其使她不快的,是她自己的陪坐在侧似乎更衬托出章女士的绝艳来。朱女士并不是生的不美丽,然而她素来不以肉体美自骄,甚至她时常鄙夷肉体美,表示她还有更可宝贵的品性的美……②

读者不一定完全分享作者在描写章秋柳的"绝艳"时所流露的那种倾心,但这里对于朱女士的明显讽刺则多半会发出会心的微笑。这里反映了一般在人体美丑问题上的灵肉两分的思维模式,但作者的讽刺里似乎表示:

---

① 茅盾:《速写二》,《小说月报》,20卷4号(1929年4月)。另见《茅盾文选》,上海青春出版社,1937年,第296—297页。
② 《追求》,《小说月报》,19卷8号(1928年8月),第32645页。

一种缺乏"肉体美"的"品性的美"难以获得同情,更何况朱女士的品性实在也谈不上美。随便指出,我在前面已经谈到,从茅盾所描写的女身上发出的香味与中外文学的渊源,其实这看法还不够全面。我们看《晶报》上,马代尔就有"温柔香甜之乐"的话,当然比较俗气,与章秋柳"奇甜的肉香"不能同日而语。

女性身体的意义的模棱两可之处,茅盾不止一次写到女体淋雨的那副尴尬相。前面引过慧女士像"新鲜的模特儿",其实这一句不写,对人物和情节都没有什么损害。《追求》里写到章秋柳在急雨中,"完全不觉得身上的薄绸衫子已经半湿,黏在胸前,把一对乳峰高高的衬露出来",这时她去医院看过自杀未遂的史循,出来遇雨,显得颇狼狈,"她只觉得路上的行人很古怪,都瞪着眼睛对她看。"① 她对这种实际上并不礼貌的"古怪"没什么反应,换言之,像这样描写"乳房"的细节描写,仅呈现为一种注视对象,这与其对情节发生作用,不如说在效果上会分散阅读的注意力,而在视觉上产生不无愉快的刺激。这样的性消费策略在《虹》里有所收敛,当然这是和梅女士的主观意识的加强相一致的:

> 若断若续的雨点忽又变大变密。因而梅女士到了"二百四十号"时,单旗袍早已淋湿,紧粘在身上,掬出尖耸的胸部来。聚集在这房子里的六七位青年看见梅女士像一座裸体模型闯进来,不约而同发出一声怪叫。但是看见梅女士板着脸没有丝毫的笑影,一些想说趣话的嘴巴只好暂时闭紧了,等待着适当的机会②。

这里"裸体模型"即"模特儿",其实写雨中美人早在李渔(1611?—1680)的小说里就已经有了。如《拂云楼》写一群轻薄少年在西湖断桥下,兴高采烈地看那些在雨中仓皇奔走的女子:

> 独有两位佳人,年纪在二八上下,生得奇娇异艳,光彩夺人。被几层湿透的罗衫粘在玉体之上,把两个丰似多肌,柔若无骨的

---

① 《追求》,《小说月报》,19卷7号(1928年7月),第32510页。
② 《虹》,《茅盾全集》,第2卷,第254页。

身子,透露得明明白白,连那酥胸玉乳也不在若隐若现之间。……可见纯是天姿,绝无粉饰。若不是飓风狂雨,怎显出绝世佳人①。

那时对女子的体形的审美要求是"天然",所谓"酥胸玉乳也不在若隐若现之间",应当说还有一点重量,这点晚明文化的余绪,经过有清一朝,大约中国人种越变越弱,女子的胸脯也愈益扁平。但这里尽管"若隐若现",根本不能跟茅盾所描写的"乳房"、"乳峰"比,那几乎是全盘西化,其中不无文字想象的魔力。其实应用"模特儿"这件事也不见得自然,然而带来对于"人体美"的观念变化,在"曲线"一词上可见一斑。如前面所引的茅盾在日本浴场窥见的"腰部的曲线",马代尔形容的"极尽肉体曲线之美"。在三四十年代,围绕着"人体"、"曲线"、"自然"等观念的论说,涉及东西方文化异同等问题,众说纷纭。小说家徐訏(1908—1980)认为,"西洋很早的定论是:一切线条以曲线为最美。""而一切曲线又都在女子的肉体上。于是学画者必以学模特儿为根底。""所以在服装上,衣服裹着身体,把屁股、乳峰突在外面,算尽曲线之能事。"②这和刘海粟主张人体写生是一致的,照刘的说法,"人体的微妙的曲线能完全表白出一种不息的流动,变化得极其活泼,没有一些障碍。"③

"曲线"风靡二三十年代的上海,几乎没有新旧文化的界限。在鸳鸯蝴蝶派那里,《礼拜六》周刊上鉴因《关于中国的女性美》说:"女子自有天赋的一种曲线美,远非姹紫嫣红,锦上添花的人工装饰可比,故此女子的美,在天然的曲线,但曲线美须要身体健康,心情活泼,才能充分的表现"。因此作者认为真正的曲线美,在城市里是找不到,只有"乡间的劳动女子身上求之……只有她们才具有美人的资格。"④另如周瘦鹃编《半月》《紫罗兰》等杂志,在美术装帧设计上不惜工本,得到同行好评,且每期封面总是由月份牌

---

① 李渔:《觉世名言十二楼》,见《中国话本大系》,江苏古籍出版社,1991年,第138—139页。
② 《论中西的线条美》,见许道明、冯金牛选编:《徐訏集:文学家的脸孔》,上海:汉语大词典出版社,1993年,第25—27页。
③ 《刘海粟艺术文选》,第38页。
④ 《礼拜六》周刊,542期(1934年2月24日)。

名画家画的时髦美女像。因此有人说他"处处要显出他的美术思想来……可见他对于曲线美,有特别的好感呢"①。

茅盾小说里有一例写"曲线",不是写女子,因此很别致。那是章秋柳决心感化、改造史循之后,那天史循看上去很精神,于是章秋柳"以艺术家鉴赏自己得意杰作的态度审视着史循的新刮光的面孔。……尤其是那有一点微凹的嘴角,很能引起女子的幻想。这两道柔媚的曲线,和上面的颇带锋棱的眼睛成了个对比,便使得史循的面孔有一种说不出的可爱"②。这里史循更像一个男模特儿,其实也不是没有根据,当时的美术学校经常雇用男模特儿做写生练习。二三十年代的"模特儿"文化尽管已经相当西化,但我们仔细看构筑女体的语言,自己文化的底子还在那里,不可能像徐訏那样把东方、西方的线条特征区分得那么泾渭分明的,比方李渔笔下"柔若无骨的身子",茅盾描写孙舞阳的小腿也是"柔若无骨"。至于后来梅女士成为"东方美人",描写体态特征就出现更多的套语了。

总之,茅盾小说里的女性身体,既有革命乌托邦的空想成分,也强烈地反映了都市欲望。通过对女体的多姿多彩的语言构造,他开拓了欲望和狂想的领域,表达出敏感的笔触,在现代文学中别树一帜,这一点下面还要讲到。茅盾的女体语言既吸引了都市的欲望,同时也是诱惑的表现。对于这方面茅盾并非完全天真,他既把城市青年或小资产阶级作为他的读者对象,其目标之一也在于争取当时的文学市场。在《从牯岭到东京》中,他明确提出"革命文艺"的"地盘"问题,要把那些看惯通俗小说的读者拉过来。在指责新文学作家很少关注市民读者之后,他提出"代替了《施公案》,《双珠凤》等,我们的新文艺在技巧方面不能不有一条新路;新写实主义也好,新什么也好,重要的是使他们能够了解不厌倦"③。

为革命文艺争夺地盘,主要指的是从占据通俗文学市场的"鸳蝴派"那里争夺过来。从20年代起,茅盾本人与鸳蝴派颇有一番瓜葛。1921年他接

---

① 非小说家:《小说家的脾气》,《红玫瑰》,3卷40期(1924年)
② 《追求》,《小说月报》,19卷9号(1928年9月),第32749页。
③ 《茅盾专集》,第1集,第345页。

过商务印书馆的《小说月报》,担任主编,与周作人、郑振铎等人组成"文学研究会",于是月报一改旧派作风,成为新文学堡垒。这一番改革自然招致旧派不满,如当时旧派巨子袁寒云(1890—1931)就刻薄讥刺,说这些"革新"的小说"太臭",连送给人家"包酱鸭"也不要①。此后在他们主办的报章杂志《晶报》《星期》与新派的《小说月报》《文学旬刊》之间,常有笔仗,相持不下。茅盾作《自然主义与中国现代小说》一文,对鸳蝴派算总账,大肆指斥"黑幕"及"章回体小说""毫无价值"。文中还拿周瘦鹃作为例子(未指名道姓),说他的小说是"记账"和"报告","连描写都没有",意谓算不上文学②。

　　双方争论以至壁垒分明都是事实,但在20年代末到30年代初的一段时间里,有些现象表明"新"、"旧"两派之间界线模糊,不像后来文学史家分得那么清。在"人体美"问题上就是如此。如周瘦鹃一向被认为是"礼拜六派"的主将,而他是《良友》初期的主编。1928年8月,他主编的《紫罗兰》杂志这一期也称为"解放束胸运动号",即主张女子身体的自然发育,不戴"束胸"(即胸罩,或奶罩),同时刊出十余幅女子的裸体照片,基本上都是外国女子③。这样提倡女性的"健美"体质,其实也颇激进,与茅盾小说里所描写的不谋而合。有趣的是《动摇》里的孙舞阳,正是一个讨厌"束胸"的新式女子。在小说将近结束时,写到地方上的土豪劣绅策动暴乱,革命力量不得不撤退。方罗兰注意到孙舞阳的胸脯,"看惯的软肉的颤动"突然不见了,原来孙听说敌人捉到新派女子,就用铁丝穿刺她们的乳房,于是束了胸。但是最后在尼姑庵前面:

　　　　孙舞阳很锋利的发议论了;同时,她的右手抄进粉红色衬衣里摸索了一会儿,突然从衣底扯出一方白布来,撩在地上,笑着又说:

---

① 袁进主编:《鸳鸯蝴蝶派散文大系·艺海探幽》,上海:东方出版中心,1997年,第47—48页。原刊《晶报》,1922年。
② 《自然主义与中国现代小说》,《小说月报》13卷7号(1922年7月),见《茅盾文艺杂论集》,第83—90页。
③ 《紫罗兰》,3卷10号(1928年8月)。

"讨厌的东西,束在那里,呼吸也不自由;现在也不要了!"

方罗兰看见孙舞阳的胸部就像放松弹簧似的鼓凸了出来,把衬衣对襟上钮扣的距间都涨成一个个的小圆孔,隐约可见白缎子似的肌肤。她的活泼的肉感,与方太太并坐而更显著。方罗兰禁不住心荡了①。

《动摇》发表于1928年初的《小说月报》上,而《紫罗兰》的"解放束胸运动号"出现在同年8月。有意思的是这样的巧合,是不是受影响还在其次。在这个问题上,所谓旧派的作家更着眼于民族国家的建设,与茅盾的那种"国际主义"的人性解放不一样。

(选自陈建华《革命与形式——茅盾早期小说的现代性展开1927—1930》一书的第七章中的两部分内容,复旦大学出版社,2007年)

---

① 《动摇》,《小说月报》,19卷3号(1928年3月),第32027页。

选文二
脸、身体和城市：刘呐鸥和穆时英的小说

李欧梵

一、摩登女郎的脸和身体

摩登女郎在刘呐鸥小说集的第一个故事《游戏》中就戏剧性地登上了舞台。她在她男同伴的眼里是这样的：她有"一对很容易受惊的明眸，这个理智的前额，和在它上面随风飘动的短发，这个瘦小而隆直的希腊式的鼻子，这一个圆形的嘴形和它上下若离若合的丰腻的刘呐鸥嘴唇"①。这个男性叙述者还兴奋地评价了她"那高耸起来的胸脯，那柔滑的鳗鱼式的下节"。她走在街上时，她的行动矫健而敏捷。而在接下来的小说《风景》中，里面的女主角也有类似的娇小的肢体，"男孩似的断发"，"理智的"前额和直线的鼻子，但她的眼睛是"敏活而不容易受惊的"。而且，她有"一颗小小的，过于成熟而破开了的石榴一样的神经质的嘴唇"②。在第三个故事《流》里，女主人公是个革命者，她被描绘成一个"男性化"的现代女子。肌肤是浅黑的，发育了的四肢像是母兽一样地粗大而有弹力。断了发，但是不曾搽过"司丹康"——一种流行的男性发油。③在第五个故事《两个时间的不感症者》中，她出现在跑马场的大看台上："一位 sportive 的近代型女性。透亮的法国绸下，有弹力的肌肉好像跟着轻微运动一块儿颤动着，"不过，她也一样有小

---

① 刘呐鸥：《游戏》，见《都市风景线》，上海：水沫书店，1930年，第6—7页。
② 刘呐鸥：《都市风景线》，上海：水沫书店，1930年，第23页。
③ 同上书，第47页。

小的"樱桃儿似的唇"。①

这个肉感的"游戏的"现代女子短发，有"理智"的前额、樱桃嘴、一双受惊的或不容易受惊的眼睛、隆直的希腊鼻、浅黑的肌肤、高耸的胸脯和"柔滑的鳗鱼式的"身体，从中我们可以看出点什么来呢？其实刘呐鸥人物肖像中的某些特点是一目了然的。似乎脸比身体带着更多的色情。在刘呐鸥的情欲主义的勾画中，嘴和唇总受格外关注，它们是刘呐鸥笔力的焦点，也方便他作各种比喻：嘴就像可以被吞食的水果，但同时嘴也可以贪婪到吞食掉她的欲望对象。至于那"希腊鼻"很显然是西方的，而樱桃嘴却是传统的女性美的理想特征。女主人公的眼睛和嘴唇，或张或合，都可能有现代渊源——袭自好莱坞影星，尤其是刘呐鸥最钟爱的琼·克劳馥（Joan Crawford）和葛丽泰·嘉宝（Greta Garbo）。主人公的短发可能是基于当时的时髦：那是当时都市年轻女子的流行发型，尤其是大学生，其时她们已不爱"电烫发"。主人公的"浅黑肤色"又是当时的另一个时髦标记——女性教育中日渐风行的女子体育运动的一个副产品。②而健康的肤色被认为是应该有点黑的，和古典的中国女性理想——肌肤赛雪——形成了强烈对比。自然，刘呐鸥有时也赞颂那雪白的肤色，但那可以被视为是一种种族幻想。③不过，肤色在刘呐鸥的女主人公肖像画中似乎不像她们敏捷的行动所象征的"游戏"本性那样引人注目。显然，这些脸是由一些同时从现实和幻想中抽取的悖反元素构成的。如果说女主人公的脸和那些月份牌上的女子形象有些共同点（比如，第二章里讲到的电影明星阮玲玉的樱桃嘴和1930年的月份牌女郎很相似），那她们的身体就会让人想起《良友》杂志上的无数健

---

① 刘呐鸥：《都市风景线》，上海：水沫书店，1930年，第93页。
② 这种时髦甚至还进入了电影，见电影《体育皇后》，孙瑜导演，1934年。
③ 在弗兰兹·范农（Franz Fanon）的著名论著《黑肤白面》（1952）中，有力地论证了这种带着殖民意味的幻想。但在刘呐鸥的小说中，我不认为种族是什么关键因素，他的小说也没有对黑人表示什么特别的种族歧视。当《游戏》里的女主人公要求她的旧情人给她买一辆"飞扑"，和雇两个"黑脸的车夫"时，那并不一定是指黑人；如果他真是指的黑人，那这意象也是从好莱坞电影中来的。要说有一个脸部特征表明了刘呐鸥显然是喜欢西方类型的，那就是"隆直的希腊鼻"。下一章会讲到颓废诗人邵洵美对他的希腊鼻是多么引以为傲，他还自绘了一张鼻子像作为个人签章。

美女郎——穿泳装或着运动衣的学生、电影明星,她们或划船,或打球或骑自行车(在月份牌上也能看到同样的姿势)。总之,所有这些身体特征都是为了表示一种新的、健美的现代女性形象已经浮出地表。

1934年刘呐鸥在《妇人画报》上发表了一篇名曰《现代表情美造型》的文章,他很有洞见地写道:

> 这个新型可以拿电影明星嘉宝、克劳馥或谈瑛做代表。她们的行动及感情的内动方式是大胆、直接、无羁束,但是在未发的当儿却自动地把它抑制着。克劳馥的张大眼睛,紧闭着嘴唇,向男子凝视的一个表情型恰好是说明着这般心理。内心是热情在奔流着,然而这奔流却找不着出路,被绞杀而停滞于眼睛和嘴唇间。男子由这表情所受的心理反动是:这孩子似乎恨不能一口儿吞下去一般地爱着我,但是她却怪可怜地不敢说出来。这里她有着双重的心理享受。现代的男子是爱着这样一个不时都热热地寻找着一个男人来爱,能似乎永远地找不到的女子。把这心理无停地表露于脸上,于是女子在男子的心目中便现出是最美、最摩登。①

这种有癖好的性压抑"理论",很明显地带有男性视角的印记。其男性主导前提——"这孩子爱着我……但不敢说出来"——伴随着一种古怪的"维多利亚"式的性欲"窒息"气氛("热情找不着出路"),似乎和女主人公"大胆、直接、无羁束"的个性形成很大反差。尽管刘呐鸥的言论很大胆,他依然不敢把现代女性的身体作为她们性感的焦点。他其实可以不参照克劳馥的脸,而描摹玛琳·黛德丽(Marlene Dietrich)的腿,也即黛德丽在她最著名的影片《蓝天使》中频频亮相的那两条腿,此片当年在上海也备受欢迎。刘呐鸥对克劳馥脸庞的"重读"也令人想起罗兰·巴特对"嘉宝之脸"的现象分析:"嘉宝的脸依然属于电影中会令观众欣喜的时刻。人会在人的影像中迷失,有如迷药一般。脸庞代表一种血肉的具体呈现,既难以触及又难以

---

① 刘呐鸥:《现代表情美造型》,见《妇人画报》,18期,1934年5月,第16页。

抛弃。"① 刘呐鸥的时代恰逢嘉宝的脸在世界影坛成为绝对偶像的时候，因为在30年代早期，好莱坞影星的脸在好莱坞工厂的大规模广告营销之下已成了"全球"商品；每年，好莱坞工厂向世界各地的报刊杂志提供超过一百万张的影星照。但刘呐鸥并不仅仅是个消费者和电影观众，他是第一个大胆拥抱这种形象并把她们带入他自己的以上海都会为小说背景的现代中国作家。因此他不仅让我们一睹女主人公的带"异域风"的面貌，而且也给了我们一种如何看她们的方式。他的小说因此提供了一个男性偷窥的永久个案——欲望的快乐来自对女性的窥看。

女性喻体作为男性偷窥的客体，以及其中包含的性别和欲望的含义，在目前的美国电影理论中是被广泛探讨的一个课题。诚如劳拉·穆尔维（Laura Mulvey）在她经典的论文《视觉快乐和叙事电影》中提出的，"看的快乐被分割成两部分——主动/男性和被动/女性。决定性的男性注视把他的幻想投射在女性身体上，而后者亦被相应地风格化"②。彼得·布洛克斯（Peter Brooks）还进一步论述说，在西方现实主义小说中，偷窥欲是和"认知欲"——认知的快乐——相环相生的。"视觉领域中的身体同时是认知和欲望的最好客体。认知即欲望，欲望即认知。"③ 就此而言，"男人作为认知的

---

① 引自玛丽·安·多尼（Mary Ann Doane）：《尤物：女性主义、电影理论、心理分析》，纽约和伦敦：鹿特爵，1991年，第47页；见罗兰·巴特：《神话学》，纽约：希尔和王，1972年，第56页。

② 劳拉·穆尔维（Laura Mulvey）：《视觉快乐和叙事电影》，见《视觉的和其他的快乐》，伦敦：麦克米兰，1989年，第19页。窥看欲的定义来自彼得·布洛克斯（Peter Brooks）的《身体作品》，剑桥：哈佛大学出版社，1993年，第98页。在这些理论话语中，脸和身体是紧密相关的，因为在电影的特写停顿中，脸就成了观众的注意力焦点。尽管脸"属于身体中不易受主体注视影响的部分"，它依然是身体中"最具阐释性，最值得关注的部分"。如苏珊·斯图亚特（Susan Stewart）所言，"如果是脸部揭示了身体所无法揭示的深度和复杂性，那是因为眼睛，有时还有嘴唇是朝向深不可测处的开口……脸成了文本，这是一个需要被阅读需要诠释才能获得存在的空间"。见苏珊·斯图亚特：《论渴望：微型、巨型、纪念、集体的叙述》，巴尔的摩：约翰·霍普金斯大学出版社，1984年，第125—127页。引自多尼，第47页。但斯图亚特的论述似乎不适用于刘呐鸥的小说，因为刘呐鸥的女主人公的脸并无多少深度和复杂性。

③ 彼得·布洛克斯：《身体作品》，第99页。

主体,他把女人的身体放置在认知的客体位置上。通过视觉观看行为来声称揭示真实——或者就把客体推入了终极谜面"①。如果把这种西方性别模型套在刘呐鸥的小说上,我们很快会发现刘呐鸥小说中的男性注视者并不是为了偷窥或认知。刘呐鸥小说世界中性的不平等并不是因为男性的主动,相反,是男性的被动造成的,由此最终才会抽空通过不停的男性注视女性堆积起来的性欲能量。因为,如前面所说,刘呐鸥小说中的女性作为视觉观看客体的身体其实是不完全的,所以被动的男性所追求的事实上是一个幻象,一个穿戴着所有外国服饰的异域理想人物。有两处资料特别值得关注,它们显然是刘呐鸥在构造他的现代女主人公时汲取过灵感的。

二、女性身体肖象

穆时英对刘呐鸥的现代男性遭遇摩登女情节的模仿是既有创造性又有趣的。像刘呐鸥一样,他征用了都会景观里所有的灯红酒绿处,尤其是舞厅。他的情节,也像刘呐鸥一样,也聚焦在男性主人公邂逅摩登女郎或说尤物上。这种邂逅不仅导致了可想象的男性败北的结局,而且其过程也包含了更精妙的形式和细节。标题《骆驼·尼采主义者与女人》的小说可以令你一览穆时英的独特天赋。在故事的开头,男性主人公引用了尼采的《查拉图斯屈拉如是说》的句子,但又迅速地把尼采的骆驼比喻转换成一种商品名称,他于是燃起了一支"骆驼"牌香烟,闲逛过一个又一个的都市游乐场所:回力球场、舞厅、赌场、酒吧、Beauté exotique 和 Café Napoli,在咖啡馆他遇到了一个极其异域化的现代女子:"她绘着嘉宝型的眉,有着天鹅绒那么温柔的黑眼珠子,和红腻的嘴唇。"②他挑逗她的方式是先给她一个挑战:"小姐,我要告诉你,你喝咖啡的方法和抽烟的姿态完全是一种不可容恕的错误。"那女郎一笑,请他共进晚餐,然后在吃饭的时候,"她教了他三百七十

---

① 彼得·布洛克斯:《身体作品》,第97页。
② 穆时英:《骆驼·尼采主义者与女人》,见《圣处女的感情》,上海:良友出版公司,1935年,第56页。

种烟的牌子,二十八种咖啡的名目,五千种混合酒的成分配列方式。"①吃完饭,坐街车回时,他感到"一阵原始的热情从下部涌上来,他扔了沙色的骆驼,扑了过去,一面朦朦胧胧想:'也许尼采是阳痿症患者吧!'"至此,所有的哲学面具都脱落,肉体的欢乐升上来。

很显然这个故事部分地模仿了刘呐鸥的《游戏》,但同时也是对其程式化相遇的一种讽刺。穆时英的故事更令人满意是因为他的男女主人公更旗鼓相当,这样他们随之而起的性爱收场也合情合理。而且穆时英通过把香烟——一种最常见的商品——的色情意味"资本化",把文本的意味又往前推进了一步,这种方式是刘呐鸥想象不到的。里面的男主人公一边玩着孤独的抽烟游戏,一边把尼采句子中的换喻和隐喻进行置换,这为他以后碰上那个也抽着烟的现代尤物进行了铺垫:那显然是一个无可抗拒的性诱引。由此吸烟就混同食物和饮料成了完美的性"揶揄"。而最终,他们在一辆街车上做了爱——不是在刘呐鸥的耀眼的越野车上,但一样勾魂摄魄。相比于刘呐鸥的《游戏》,穆时英笔下的性爱场面更激动人心,因为他的主人公不再受任何古怪的阻碍。

和刘呐鸥不同,穆时英把他的笔墨集中于女性身体上。其中的"经典"文本是他最著名的小说《白金的女体塑像》。如标题所暗示的,这个故事讲一个医生对一个女子身体的"探究",该医生过着现代式生活,以准时著称。那个偶然走进他诊所的女子,她的身体最初是被这样描述的:"窄肩膀,丰满的胸脯,脆弱的腰肢,纤细的手腕和脚踝,高度在五尺七寸左右";当她坐下来时,医生注意到她的"脸是一朵惨淡的白莲"。她说她感到衰弱,没胃口而且饱受失眠之苦。医生的诊断(以内心独白的方式呈现在括弧里)是她患着"没成熟的肺痨",要不就是"性欲的过度亢进"。②在病情询问后,他就要她脱下所有的衣服以便对她的身体做检察:

> 把消瘦的脚踝做底盘,一条腿垂直着,一条腿倾斜着,站着一

---

① 穆时英:《骆驼·尼采主义者与女人》,见《圣处女的感情》,上海:良友出版公司,1935年,第59页。
② 穆时英:《白金的女体塑像》,上海:复兴书局,1934年,第3—5页。

个白金的人体塑像，一个没有羞惭，没有道德观念，也没有人类的欲望似的，无机的人体塑像。金属性的、流线感的，视线在那躯体的线条上面一滑就滑了过去似的。这个没有感觉、也没有感情的塑像站在那儿等着他的命令。①

这番描述确实精彩绝伦：那身体，就像是艺术躯体雕像，既去除了脸，也和脸风格不一。脸的病态柔弱几乎不曾暗示身体的"性欲过度亢进"。那像无生命之物一样站立的身体，成了医生，以及读者可以偷窥的最好景观。小说对身体肤色——白金——的格外强调也给身体增加了一层"混血"意味：一个中国女子有和西方白人女子一样的肤色。那么，她是不是就是刘呐鸥笔下自由、大胆而随便的现代女性的复制品？这个故事对白金女体的个性没做任何描述，这身体似乎可以嫁接到一个相当传统的居家女性头上。此外，那身体也不曾被物化为刘呐鸥小说中常见的汽车的喻体。在医生的消毒过的诊所里，那女体似乎是一种自在物，和都会的物质文化没有任何联系。所以她也便成了医生的纯粹观赏"物"。其导致的色情可以说是美学的，就像一个艺术家看着一个模特——线和形的组合，或是一个医生面对病人时所应感到的纯粹解剖学。不过，当医生叫他的病人躺到床上去后，她裸露的躯体无疑激起了他的欲望。其实早在女病人的裸体展露前，医生就已经开始在猜测了：他诊过很多女子的身体，"看到裸着的女人也老是透过了皮肤层，透过了脂肪性的线条直看到她内部的脏腑和骨骼里边去的；怎么今天这位女客人的诱惑性就骨蛆似地钻到我思想里来呢？谜——给她吃些什么药呢……"②

就像鲁迅《狂人日记》的主人公——也被表达为一个病例研究的个案——对中国文化本质的热狂思索一样，这里的医生的困惑也值得分析。因为这个女病人本人没做出什么性诱惑的动作，因此医生的欲望必然是他自己压抑的性幻想所致。但穆时英对挖掘男性心理深度不感兴趣。相反，他集中笔墨描述医生被语言所唤起的越来越强烈的性欲。和施蛰存小说中

---

① 穆时英：《白金的女体塑像》，上海：复兴书局，1934年，第13页。
② 同上书，第11页。

的内心独白方式一样，穆时英的医生那混乱的沉思也有意识地经由无标点的句子叙述出来——一种穆时英独创的意识流，其时中国的其他作家还不懂如何在"语言上"组织意识流。这样，当医生注视着那斜躺在床上的裸体时，小说中就出现了下面这段在括弧里的无标点文字：

>（屋子里没第三个人那么瑰艳的白金的塑像啊"倒不十分清楚留意"很随便的人性欲的过度亢进朦胧的语音淡淡的眼光诡秘地没有感觉似的发射着升发了的热情那么失去了一切障碍物一切抵抗能力地躺在那儿呢……）[1]

这种实验以今天的标准来看是相当"原始"的（半个世纪后，台湾作家王文兴在他的小说《背海的人》里确实要写得更圆满）[2]。但它的确不仅有助拆解现代中文的句法构造——中文的标点规则是依照英文的（因为古汉语是没有标点的），而且，因为人称的省略给重复和自由联想提供了充分的语意空间。由此，当医生最后诉诸祈祷（其本身就明显是个异国仪式）时，他的内心独白就成了一连串片语的反复："主救我白金的塑像啊主救我白金的塑像啊主救我白金的塑像啊主救我白金的塑像啊主救我白金的塑像啊主救我……"[3] 这里，标点的省略轻易地建立了一条平等置换链，使上帝和白金塑像在主人公激动的"意识"流里变得可以互换，仿佛那医生就是在向白金塑像祈祷一般。因此，这错置的向上帝的祈祷成了对白金女神的迷乱的膜拜（也就不用说，中文里的上帝是不用大写的）。对一个把基督教当作现代式生活之一部分的凡俗中国主人公来说，这样的"偶像崇拜"并不导致亵神，倒是会增进情欲的芬芳。

另一方面，在语言层面上，因为主体医生"我"在中文中可以简单地转换成白金女体口吻下的"我"——甚或在所有格里都可以转换，这样问题就出来了：是谁要从谁那儿得到拯救？是医生在为他自己祈祷，祈祷能摆脱女

---

[1] 穆时英：《白金的女体塑像》，上海：复兴书局，1934年，第11页。
[2] 英译见爱德华·亘尼（Edward Gunn），绮色佳：《康奈尔东亚专论》，1993年；参见他论王文兴的文章，载《中国现代文学》，1卷1期。
[3] 穆时英：《白金的女体塑像》，上海：复兴书局，1934年，第15页。

病人的身体诱引得到拯救吗（如果加了标点，字面意思应该是怎样的）？还是白金体的主人公，那女病人需要救赎？或是我们推测，那医生其实已经占有了她的身体，因此在同时为他俩的救赎祈祷？在我看来，这些简单的重复和文字游戏正好是一种风格化的策略，以此来制造一种弥漫全文的讽喻性色情效果。因此，这里的女性身体，不仅刺激着男主人公性欲，也推动着作者的行文欲望。不过，除了这些炫目的创意，故事的内容是相当传统而且明显是男性沙文主义的。和这个白金的女体接触之后果是，那单身的男医生最终结了婚：被他女病人的身体所唤起的性欲，现在找到了一个简易的对象，或说，出口——他的新婚妻子，经由婚姻制度而神圣化的一个"占有物"。

在《Craven A》中，女性身体多了一层隐喻的，甚而是寓言的维度。故事开始时，第一人称的男性叙述主人公看到一个坐在歌舞餐厅里的女郎静静地抽着 Craven A 香烟。当那"纯正的郁味从爵士乐里边慢慢儿的飘过来"时，他开始非常专注地阅读起她来，用夸张的比喻来描述她的身体和脸，这样她的身体很快就变成了一张国家地图。他全景似的注视带着我们从那女郎的头发（黑松林地带）看起，到眼睛（湖泊）、嘴（火山，中间颤动着一条火焰）、胸脯（两座孪生的小山），一直往下看到南方"更丰腴的土地"（下体），直到他的视线被桌子挡住，他还要低下脑袋去：

> 在桌子下面的是两条海堤，透过了那网袜，我看见了白汁桂鱼似的泥土。海堤的末端，睡着两只纤细的、黑嘴的白海鸥，沉沉地做着初夏的梦，在那幽静的滩岸旁。
>
> 在那两条海堤的中间的，照地势推测起来，应该是一个三角形的冲积平原，近海的地方一定是个重要的港口，一个大商埠。要不然，为什么造了两条那么精致的海堤呢？大都市的夜景是可爱的——想一想那堤上的晚霞，码头上的波声，大汽船入港时的雄姿，船头上的浪花，夹岸的高建筑物吧！①

女性身体的"地貌"显示了一幅非常特殊的"景观"，其中积聚着大量

---

① 穆时英：《Craven A》，见《公墓》，上海：现代书局，1933年，第110页。

的"力比多能量"。里面的每一个"景点"都得到精细的刻画,以激人观赏和诠释。这样,当我们追随着主人公漫游的目光,我们也把自己的理解加诸其中。由此,阅读过程就是游历"文本的快乐",直到我们最终抵达身体地图的港口,并猛然意识到:如果说那两条海堤是她的两腿,海鸥是她的鞋子,那"三角形的冲积平原"只可能是她的"维那斯三角洲"。那这"港口"如果不是指女性的阴道口,又能是什么呢(在中文中,港口的字面意思就是港湾的嘴)?相应地,那"大汽船入港时的雄姿"只能是指男性生殖器的挺进!中国作家中还从来不曾有人这么大胆地做这样的色情幻想!不过,同时,穆时英对港口夜景和夹岸高楼的描述倒也是真实的:这个海港比喻看来是那么真实,以至于这最后一块女性身体地形可能失去它的幻想维度。他当时的读者很可能实实在在地把它和上海城联想在一起。

小说写到这个关键的地方,在这个港口/城市潜在的色情和寓意完全呈现出来之前,在叙述人幻想里推演的欲望却突然停顿了,故事一下又转换到了舞厅的现实中来。那梦幻身体的拥有人是舞厅里的舞女,而随着故事的发展,我们也知道了她是一个寂寞的人,被周围舞男似的一群人既崇拜着,又轻视着;只有里面的男主人公对她表示了真正的怜惜。因此这种习见的情节又抽空了前面由身体地图所滋生的力比多能量。那我们又如何来诠释这种从幻想到现实的逆转呢?为什么在一个原本相当传统的故事里会出现这样一个奢华的身体比喻,其理由何在?我们很可以想象当代读者面对这样的一副"地图"会做何想:因为这幅"民族"地图很显然展示了中国地貌,他们可能会觉得那是对可敬的民族主义的污辱。

穆时英的这篇小说出版时,像萧红、萧军这些更具爱国情怀的作家也同时在把他们遭日军践踏的满洲里比作是女人的身体[①],他们当时已很受以鲁迅为首的上海文坛的赞赏。相形之下,穆时英的这幅色情身体地图就像是跟民族主义老调唱有意的、非政治的反调。又或许这幅地图属于完全不同的一个范畴:把祖国母亲视为魅力无穷的女性神话,借此来压倒"自以为是

---

① 刘禾分析萧红的《生死场》的文章,见她的著作:《跨语际实践:文学、民族文化、翻译的现代性、中国,1990—1937》,斯坦福大学出版社,1995年,第199—213页。

的男性主体"。如果真是这样的话,那这个故事堪比汉民族的男性祖先传说,就像鲁迅在《补天》里所描绘的,汉民族从女娲——盘古的女性对应者,她有巨大的女神身体——补天的传说里苏醒过来;她这一次是从一个懒洋洋的梦里苏醒过来,并产下了"文明"这个小东西。但鲁迅所描绘的神话女神肖像中,其潜在的色情因他对伪文明人的辛辣讽刺而悬搁了;而在穆时英的小说里,惟有女性身体的色情力量得到了抒发。

是不是光是脸和/或身体的外表特征就足以使一位小说女主人公成为一个尤物?安·多尼(Ann Doane)认为尤物是"一个散发着某种无边际不安的,预示着认识论创伤的人物。她最令人震撼的特性也许是,她永远不是她所表现的那个人。她所携带的威胁不是完全易辨的、可预见的或可把握的"①。换言之,多尼似乎暗示了,尤物是那类带着神秘气息的人物,而她们那难以预见的威胁常常是直接针对男人的。就此而言,穆时英的白金女体里确实含有这种气息和威胁,她确实不是医生所能完全把握和认知的一个女人。我们也同样可以说,《Craven A》里的女主人公也不真正是那个别人眼中的人,或她的身体引导别人以为她是的那种人。如果说穆时英成功地创造了女性那美妙无比的身体,那他似乎难以勾画她们的心理和行为。在一个女性身体不受优待的文化传统里,穆时英的努力比起西方现代社会的作家来,应该说是更具"先锋"意味的。

前面提到,穆时英把刘呐鸥的程式——两个柔弱善感的男人去追逐一个带异域风的摩登女子——推到了荒谬的极限,《骆驼·尼采主义与女人》是其中一例。另一例则是一篇更长的小说——"被当作消遣品的男子"。里面的女主人公被描绘成一个"在刺激和速度上生存着的姑娘,Jazz,机械,速度,都市文化,美国味,时代美……的产物的集合体"(似乎例举的这些还不足够)。而她的容貌是完全被描画成一只"真正危险的动物"。②到后来,我们得悉那尤物其实是个白天住在宿舍里、晚上泡舞厅的大学生。和刘呐鸥一样,穆时英也尽其所能地征引好莱坞明星:Vilma Banky 的眼、Nancy

---

① 多尼,第1页。
② 穆时英:《被当作消遣品的男子》,见《公墓》,第12页。

Carrol 的笑、Norma Shearer 的脸。① 不过，后面的故事，也即男主人公的追求和他最终的失败拖得实在太长，其结局也太一目了然。在《五月》中，穆时英塑造了一个美丽的欧亚混血的女主人公，她有一个复杂的家庭背景，自身受的是西式教育，但她行事则像是一个传统家庭里的端庄少女。她对一连串男人的诱引丝毫不带尤物的信号。在这个明显的反差里，她的身体几乎不被提及；我们不过借着一个模糊的脸的轮廓看到一幅纯真的肖像——星眸半睁，就像洁净的池塘里的深夜睡莲，而她的鼻子，又是那样挺直！②

另一个在身体、长相和行为之间有分裂的极端例子是他的小说《黑牡丹》。穆时英在故事中又塑造了一个极其异域化的女主人公，"高鼻子的长脸"，鬓角上有一朵"白的康纳生"，耳朵下挂着两串"宝塔形的坠子，直垂到肩上——西班牙风呢！"这个梦幻般的人物是直接从好莱坞的电影上裁剪下来的——即嘉宝演的玛塔·哈丽（Mata Hari），能歌善舞。和男性叙述人狎昵了一阵，再紧跟着和警方展开一场追击后，她最终发现自己逃到了一个富裕的单身男人的隐居别墅；后来，当那叙述人去拜访他的那个单身朋友时，她假装她已是那男人的妻子，并显出一副快乐的样子，让那性欲骚动的叙述人嫉妒不已。③ 为何这样一个奇妙的女子在一个完全不可信的结尾里会扮演一个这么传统的角色？为什么，这些拥有夺人心魂的身体和长相的女子（极少例外），会在一个感伤的"温柔乡"——一个致命的断裂点——上岸，并借此消解她们那致命的诱惑？

我们很可以把这个"致命的断裂"归之于穆时英作为小说家的技巧局限，虽然他确乎是才华横溢的。但我在穆时英和刘呐鸥的小说里所发现的，他们笔下现代女主人公性格的不均衡和断裂问题并不能仅仅归之于技巧问题。我们需要把这个文学和"文本"问题放在一个产生这些作品的更大的文化语境里来考察。中国批评家自然会在穆的个人生活中去找线索，因为现代文学中确实鲜有作家会有这样的创作热情去描写舞厅和舞女。穆时英生

---

① 穆时英：《被当作消遣品的男子》，见《公墓》，第 13 页。
② 穆时英：《五月》，见《圣处女的感情》，第 117—118 页。
③ 穆时英：《黑牡丹》，《公墓》，经济日报出版社，第 215—234 页。

前的朋友都证实说他的确过着和他的男主人公一样的生活，不舍昼夜地去舞厅追逐他心爱的舞女——并最终娶了她。① 在诸如此类的记叙中，艺术确乎模仿了生活：穆时英对他的小说女主人公的角色塑造确实，至少部分地，受了他自身和他相识的舞女的影响，他对她们有无法控制的同情和爱。这种同情无疑给他的小说注入了感伤的成分。这种惯常阐释所先见设定的一个重要观点需要重申：如果说穆时英生活中最重要的女人是一个舞女，那他小说中的核心场景就是舞厅本身。作为上海夜生活的中心场所（见第一章），舞厅在所有的小说创作里，都是表现都市的关键所在。穆时英比任何其他的现代中国作家都更善于营造舞厅的情调和气氛，这要归功于他从电影里学来的一种最合适的表现技法。刘呐鸥是相当随意地把舞厅当作他的女主人公的"首席"场所，而穆时英则把舞厅变成了他的电影小说的中心内景。

（选自李欧梵《上海摩登——一种新都市文化在中国 1930—1945》一书第六章的部分内容，北京大学出版社，2001 年）

---

① 黑婴：《我见到的穆时英》，刊《新文学史料》，3 期，1989 年 8 月 22 日，第 142—145 页。参见叶灵凤：《30 年代文坛上的一颗彗星——叶灵凤先生谈穆时英》，见《四季》，香港，1 期，1972 年 11 月，第 27—30 页。

■ 进一步阅读的书目

姚玳玫:《想象女性》,中国社会科学出版社,2004 年。

周小仪:《唯美主义与消费文化》,北京大学出版社,2002 年。

■ 进一步思考的问题

1. 新感觉派小说作为新一代海派,与此前的一些海派作家如张资平等对女性身体的描写有何不同?

2. "身体"在构筑中国人的都市经验中具有怎样的作用?

3. 在二三十年代的海派文化中,五四文化、商业文化、传统封建文化,也包括兴起的革命文化等可以说共时性地存在着,如何从身体的角度评价它们之间的关系?

■ 相关性阅读的文章和书目

[美]玛莉莲·亚隆著,何颖怡译:《乳房的历史》,华龄出版社,2003 年。

让-鲍德里亚:《仿真与拟像》,汪民安、陈永国、马海良主编,《后现代性的哲学话语——从福柯到赛义德》,浙江人民出版社,2000 年。

许道明:《海派文学论》,复旦大学出版社,1999 年。

李今:《海派小说与现代都市文化》,安徽教育出版社,2000 年。

■ 相关文献、作品举要

刘呐鸥:小说《游戏》《风景》《礼仪和卫生》《两个时间的不感症者》

穆时英:小说《白金的女体塑像》《被当作消遣品的男子》《上海的狐步舞》《骆驼·尼采主义者与女人》《Craven A》

鲁迅:《"京派"与"海派"》《流氓的变迁》《上海文艺之一瞥》

沈从文:《论"海派"》《关于海派》《论穆时英》

《幻洲》半月刊:《灵与肉号征文启事》、骆驼《我的灵肉观》

刘呐鸥:《现代表情美造型》

张竞生:《性史》

第二节 商业文化与女性身体的艺术消费

导　读

在二三十年代以上海为代表的都市文化中，女性身体不仅是作家们想象都市的符号，同时，其他艺术门类如绘画等也更是在女性身体上投注了更多的目光，也由此引发了很多具有争议性的话题，可以说，女性身体在艺术与道德、传统与西方、审美与商业之间被各种话语所争夺，而这一切，都是西方现代文明影响下中国现代都市文化兴起的表征。

苏滨的《艺术形象的社会构造：以20世纪二三十年代上海女性身体形象为例》一文由"上海美专模特儿风波"事件入手，分析了受西方影响的中国现代人体绘画艺术与封建道德观之间的对抗。同时，本文也进一步分析了二三十年代的都市文化对女性身体美的提倡和消费，这其中实际上包含着新的一轮性别统治。

张英进的《中国早期画报对女性身体的表现与消费》一文则针对一些西方学者认为中国艺术中女性裸体缺席的观点，提出了相反的看法。作者认为女性身体在中国现代艺术中是高度可见的，并存在三种模式：女性身体作为艺术品、女性身体作为商品、女性身体作为重要文化事件的能指。作者指出,现代中国画报中的女性身体既被建构成提供视觉享受的奇观,又是文化消费和话语形成的场域,还是表达私人幻想、公众焦虑、难解压力和矛盾的文本空间。

与以上两篇文章关注的是现代绘画艺术对女性身体的表现不同,王儒年的《〈申报〉广告中的都市享乐主义:美食、佳酿、香烟》一文主要研究了《申报》关于美食、佳酿、香烟的广告中所反映出来的都市文化对享乐主义的鼓吹和提倡。值得注意的是,在现今有关身体的研究中,对日常的衣食住行的关注是远远不够的,日常生活作为身体存在的基本方式,是不容遗漏的,这一问题不仅在注重衣食住行的都市文化中值得关注,实际上"身体"的日常性问题在任何一个历史时期的文化中都具有值得重视的学术价值。

选文一

艺术形象的社会构造：
以20世纪二三十年代上海女性身体形象为例

苏 滨

尽管从形式上看，艺术形象俨然取决于艺术家的独立创作和个性化的表现，但是从根本上看，其实质却是特定社会文化的产物。其中，女性身体形象通常是反映社会变迁的极佳窗口。本文以20世纪二三十年代上海女性身体形象为例，通过研究社会性别关系对女性身体形象的建构与影响，试图举一反三地折射社会文化对艺术形象的构造过程。

一、女性裸体与道德冲突：
20世纪20年代上海美专模特儿事件

作为较早实行"对外开放"的中国城市，有"十里洋场"之称的上海首先兴起了近现代形态的都市社会。与中国其他地区相比，发生于此的文化碰撞与社会变迁往往显得更为频繁而强烈。正是在这个特殊的场域里，爆发了20世纪20年代著名的社会事件之一——上海美专模特儿风波。

尽管我们可以从诸多角度来审视这一历史案例，但是如果忽略了性别研究的视角，就难以阐明其中的本质，即女性裸体在近现代中国男性统治（男性比女性拥有更多的权力和声望的社会状态，它植根于文化并潜移默化地塑造着社会成员的认知和行为，其中作为统治集团的男性可以限制妇女接近由男性分享的社会经济和政治权力的机会）下的审美化和色情化，以及由此引发的道德冲突。

在上海美专模特儿风波中，上海美专校长刘海粟是不可回避的当事人和首当其冲的关键性角色。透过其关于"模特儿应运始末"的个人陈述（先于1925年9月23日在上海美专公开讲演一次，由门人宋寿昌、杨枝移录，同时由"开洛公司"以无线电传达四方，此后又发表于《时事新报》1925年10月10日增刊），我们可以从中了解当事人的立场和事件的发端及前段经过。

关于事件的发端，刘海粟是这样叙述的：

> ……越年夏季（1916年），上海美专举行成绩展览会，有数室皆陈列人体实习成绩……一日，某女校校长某偕其夫人、小姐皆来参观，校长亦画家也。然至人体成绩陈列室，惊骇不能自持，大斥曰："刘海粟真艺术叛徒也，亦教育界之蟊贼也，公然陈列裸画，大伤风化，必有以惩之。"翌日，即为文投之《时报》盛其题曰：《丧心病狂崇拜生殖之展览会》，其文意欲激动大众群起攻讦。……此乃模特儿问题反动之第一次。八年（1919）八月愚与友人江新、汪亚尘、王济远诸子，集近作在寰球学生会开会展览，亦陈裸体画，报纸斥为狂妄，菲薄不道。以书来责骂者不绝。最后一海关监督来观，亦以为有关风化，行文工部局请禁，工部局派碧眼儿来观，未加责言，盖已知其所以然也。此乃模特儿问题反动之第二次。九年（1920）七月，吾等乃设法雇用女模特儿，先雇一俄人为例，于是继续为模特儿者，亦不以为奇。……①

显而易见，如果新式艺术教学中的模特仅仅采用男性人体模特，无论怎样大张旗鼓都不至于引起极端化的社会反应；如果在新式艺术教学中采用女性人体模特而使之封闭于狭窄的学科专业范围，那么与之相系的道德冲突也不会骤然爆发。这是因为，长期实行一夫多妻制所形成的社会道德，主要反对的是那些危及男性统治秩序的行为，而不是裸体本身。因而，就当时的历史情况而言，通过绘画作品再现的女性裸体形象一旦暴露于大庭广众，

---

① 刘海粟：《人体模特儿》，载《时事新报》，1925年10月10日增刊。

道德冲突必然就会发生——当然其发生方式及激烈程度要依具体的矛盾因素而定。

众所周知，在实行一夫多妻制度的中国封建社会，处于男性统治下的女性角色，基本上以无性的爱和无爱的性为属性，几乎只是男权制度神话中的陪衬物，她们不仅没有经济独立的权力与意识，而且在性生活及性文化上也从来没有女性主体意识和权力。清末民初，伴随着西学东渐与本土内部对传统文化的冲决，女性个人主体性的复苏渐渐成为一股风潮。以从封建意识形态的桎梏下解放人、解放个性为其精神价值取向的新文化运动，开始赋予妇女解放以新的含义。五四运动后，男女平权、妇女解放的呼声日益高涨，新女性开始致力于挣脱旧式婚姻束缚、争取恋爱自由、谋求教育与职业的权利。由于提倡裸体艺术的理由与反封建的道德观往往是联系在一起的，而封建的道德观与反裸体艺术的理由亦常常形影不离，以西学面目出现的裸体艺术必须借变革图强之时潮而张目，而以礼教为名的反裸体艺术措施必须依赖于强大的社会保守舆论。因此，在反封建风潮格外强劲的五四时期大倡裸体艺术，才可能暂时出现这样的局面——"社会司空见惯，亦不以为怪，群众亦似是而非，有以人体美为流行之风尚矣"。

但这种情况只能是暂时的，因为深刻的矛盾依然存在：

> 不谓十三年（1924）十月，门人饶桂举在南昌举行绘画展览会。陈其人体习作，江西警厅勒令禁闭，桂举失措，告急于愚，并录警厅禁示，其文如下：
>
> ……裸体系学校诱雇穷汉苦妇，勒逼赤身露体（名为人体模特儿）供男女学生写真者，在学校方面，则忍心害理，有乖人道；在模特儿方面，则含垢忍羞，实逼处此；在社会方面，则有伤风化，较淫戏、淫画等尤甚。江苏省教育会于本年八月陈请官厅通令禁止，现拟呈请内务、教育两部通令全国悬为厉禁。不谓有上海美术专门学校西洋画科画妖刘海粟、汪亚尘、俞寄凡辈孽徒、新近毕业回赣之饶桂举号稚云者，以初出校门，默默无名，急欲献技自

炫……若不禁止，为患滋多等因。……①

刘海粟以为，"此类盲目之禁令，非桂举个人之被诬，亦非南昌一地艺术之摧残，其影响所及，于新艺术之发展，所关至大"，因为"人体美为美中之至美"，只有把女性裸体视为审美对象才是合情合理的，而任何由裸体激起的性欲望都只反映了观看者内心的淫秽，所以裸体的再现不会引发风化堕落。基于这种人体美的本体论逻辑，他认为裸体的再现及裸体画的展示是天经地义、无可厚非的，裸体艺术之所以在中国遭到非议，是因为中国社会错误地将衣冠禽兽当成了道德家。在他看来，只有出于封建礼教的陈腐观念，才会对裸体艺术加以怀疑。

然而，封建礼教作为当时中国社会道德的基础，其惯性毕竟是强大的，庞大无比的社会机器依然需要旧道德作为基本履带，以保证其持续运转并防止崩溃的发生。社会机制为了维持运行，必然会时时动用那些认同旧道德的社会舆论以及更加严厉的社会强制措施，来抑制甚至无情地封杀一切叛逆旧道德的社会行为。漫长的封建社会所造成的意识形态以各种形式对女性进行道德评价，从而构造出合乎礼教的女性，以维护封建的男性统治。在这种环境中，封建秩序深入广大女性的思想，成为她们建构自身价值观的基础，她们不得不以既定的视角来审视自身的行为，因而新女性在自我解放的进程中，必然会遭遇种种道德困境。正是在此意义上，当中国新女性浪漫地把"娜拉"作为其理想化身的时候，鲁迅才会一针见血地指出娜拉出走后"或者也实在只有两条路：不是堕落，就是回来。"作为男性的鲁迅，为女性一语道破了男性统治并没有发生根本性改变的社会现实。如果说，民国的"新女性"，还仅仅是某些思想先行者的理想，那么试图使女性身体形象得到张扬的裸体艺术也只能是某些艺术革命的推动者的理想蓝图——尽管他们也可能建构其他形态的男性统治机制。因此，有悖于性压抑道德原则的裸体艺术，一旦对旧道德的现实秩序构成威胁时，旧道德的既得利益者就会对之横加干预和阻挠。

---

① 刘海粟：《人体模特儿》，载《时事新报》，1925年10月10日增刊。

还值得注意的是，在社会剧烈变迁的历史阶段，社会控制在道德上的实施力度往往会因为社会结构松动而大打折扣。在这样的情况下，刘海粟以新艺术家的角色就有机会在新旧道德的边界大肆宣传裸体艺术，其姿态不仅是主动的，而且明显地带有挑战性。1925年8月24日，即江西当局撤销原令后，他"见报载江苏省教育会大会通过禁止模特儿之议案，乃大忿"，不假思索即作书责之。①

省教育会接书后，复函告明其理解有误：

> 奉函祇悉，见示一节，大约以见报载新闻标题为《本会请禁模特儿》，致有误会。本会请禁者，为现在风行之裸体画，并非模特儿，正与台见相合。……②

但是，刘海粟的函文却被旧道德的卫道士当成挑衅道德秩序的信号。在礼教卫道士的眼中，当时社会上公然出售的裸体画，充斥着刺激性欲的色情因素，完全是所谓"暴露兽性，引诱青年"的"变相之春画"。刘海粟值此裸体画风靡之际，仍公然提倡人体艺术，令礼教卫道士再也无法容忍。闸北市议员姜怀素对之尤为痛心疾首，乃砌词呈请当局严禁之：

> 近年来裸体之画，沿路兜售，或系摄影，或系摹绘，要皆神似其真。青年血气未定之男女，为此种诱惑堕落者，不知凡几。在提倡之者，方美其名为模特儿、曲线美，如上海美术专门学校竟列为专科，利诱少女以人体为诸生范本，无耻妇女迫于生计，贪三四十元之月进，当众裸体，横陈斜倚，曲尽姿态，此情此景，不堪设想。怀素耳闻目见，正深骇怪，不知作俑何人，造恶无量。……今为正本清源之计，欲维持沪埠风化，必先禁止裸体淫画，欲禁淫画，必先查禁堂皇于众之上海美专学校模特儿一科。……③

---

① 《申报》，1925年9月8日。
② 《申报》，1925年9月10日。
③ 刘海粟：《人体模特儿》，载《时事新报》，1925年10月10日增刊。

姜怀素明确地从形态特征上把"神似其真"的裸体画斥为"淫画",从使用功能上把"沿路兜售"的裸体画定性为引诱"血气未定之男女"的色情物,从交易关系上把女性模特儿判断为经不住金钱利诱而"当众裸体"的"无耻妇女",从因果推论上把宣扬裸体艺术的刘海粟控诉为"尤须严惩"的"作俑祸首"。姜论一出,刘海粟随即为文斥之,其措辞之厉,有增无减:

> 9月26日《新闻报》《申报》载有姜怀素呈段执政、章教长、郑省长文,请禁裸体画。……姜君不察,以市侩行为,强纳于艺学尊严之轨而并行,黑白不辨,是非荡然……口仁义而心淫秽。……①

为什么刘海粟要在"模特儿之訾讼纷纭"的时候以洋洋万言大倡人体模特儿呢?其本人的解释是:"愚认为此乃提倡艺学之良机,当鼓吾勇气,诠释真谛,彰艺学以帅天下。"②而且,刘海粟作为他自己一再标榜的"首置模特儿"的领袖人物,其为提倡"艺学上人体模特儿"似乎一向是"虽众人之诟詈备至,而一身之利害罔觉。"然而,如果没有"艺学"的大旗及法租界的保护伞,刘海粟就不会在"变相之春画"公然出售的节骨眼上加大对"人体模特儿"的宣传力度。事实上,他利用多种传播媒介进一步扩大了人体艺术的社会影响,使本已满城风雨的模特事件更加沸沸扬扬。1925年10月,江苏省长令教育厅查禁上海美专模特儿。③1926年,甚至权倾一时的军阀孙传芳也卷入了这场笔墨官司,于是模特儿事件的高潮便随之来临了。

1926年4月17日,刘海粟在《申报》发表了《刘海粟函请孙传芳、陈陶遗两长申斥危道丰》,大骂上海县知事危道丰"不揣冒昧,扬长出令,大言不惭,虚张官架",请求"迅予将该议员姜怀素、该知事危道丰,严加申斥,以儆谬妄,而彰真理……"④1926年5月,市议员姜怀素又上书五省联军总司令孙传芳。姜函陈述了事件经过,将裸体舞与模特儿相提并论,呈请严禁人

---

① 刘海粟:《人体模特儿》,载《时事新报》,1925年10月10日增刊。
② 同上。
③ 参见《姜怀素请禁模特儿》,载《申报》,1926年5月5日。
④ 《申报》,1926年4月17日。

体模特儿。①

同年5月11日,危道丰发令严禁美专裸体画。不久,刘海粟即作出回应,他致函孙传芳、陈陶遗,申辩美专模特儿与伤风败俗的裸体淫画并无关系。②但在"裸体画"异于"春画"的问题上,刘海粟却没有详细论述,倒是有哲学博士身份的张竞生后来在《新文化》杂志上无所顾忌地大做文章:

>……裸体画的用意不在阴部,乃在全身。而春宫图,乃专一在写阴阳具。尚不止此,裸体画乃写男体或女体的表情,不是如春宫图的写男女私处联合为一气,而其联合的作用又使人别有感触也。知此二点的大分别,而可知道裸体画的目的为美,为艺术,为卫生,而春宫图的作用为性欲冲动与房事兴趣。……我们素来看裸体画为春宫图一样,所以社会完全无裸体画这件事,结果,唯有春宫图的发达,不必说到历史上某某人专以擅画春宫图著名,就如今日社会上尚有极多极多的春宫图。他们画得极精细,极好的绢帛上一幅一幅男女的裸体交合,不过十余幅有售至十元之多。愈阔绰愈讲道学之家,愈藏有这样的贵重珍品,所谓礼失而求诸野!谁知裸体画在公开方面的消灭,正在暗中为春宫图助势呢!③

1926年6月3日,孙传芳致函刘海粟,劝其取消美专人体模特儿,大有"先礼后兵"的意味:

>凡事当以适国性为本,不必徇人舍己、依样葫芦。东西各国达者,亦不必以保存衣冠礼教为非是……美亦多术矣,去此模特儿,人必不议贵校美术之不完善……④

随后,刘海粟复孙传芳函,试图借新学制之名抗拒废止人体模特儿的命

---

① 《姜怀素请禁模特儿》,载《申报》,1926年5月5日。
② 《刘海粟为模特儿事致孙陈函》,载《申报》,1926年5月17日、18日。
③ 张竞生:《裸体研究——由裸体画说到许多事》,载《新文化》创刊号,1927年。
④ 《申报》,1926年6月10日。

令。① 同年7月1日,《申报》刊《取缔美专模特儿案近讯》:

> ……孙总司令前数日又下令危知事,催其从速办理。危知事接令后,即会同许交涉员,往法领事署,晋谒法总领事,请其会同办理,当经法总领事允许照办。其办法分为二步:第一步先令该校校长刘海粟,将人体写生一科取消;如不遵行,即实行第二步,将发封停办。法总领事并谓,华界亦须取缔,方称平允。……②

当姜怀素在上海地检厅禀控刘海粟致孙陈两长函之措辞有辱其个人人格、名誉之后,美专模特儿事件遂显露渐近尾声的迹象。7月6日,上海地检厅开庭审理姜刘讼案。法庭审讯中,刘海粟开始收敛昔日锋芒,采取了舍车保帅的撤退战略,而姜怀素则颇有理直气壮的姿态:

> ……先据刘海粟投案供称,在美术学校为校长;问官即将姜怀素呈案之传单及五月十七八之《申报》给阅,问刘:"此项传单,是否为尔校所发?并报载尔致函孙陈两长之所闻,是否为尔送呈?"刘供称:"此项并非传单,因本校共分八课,学生众多,由本校刊印后,发给本校学生阅看。惟海粟其时因病,前往杭州养疴。至于送呈《申报》之函,致孙陈两长新闻一则,并非海粟主张送呈,乃由本校庶务薛贤中送去,所盖之章,为本校校章。"
> ……又命姜怀素至案诉称:"……阳历六月十一号,由县公署走出,行至蓬莱路西首旷地上,见有传单一纸,拾起查阅,始悉乃该校侮辱怀素,为特来案起诉……"③

姜刘讼案表明,扮演传统卫道士的姜氏已经意识到纯粹的道德批判和辩论并不能有效地遏止反道德的言行,于是便抓住刘氏冒犯现代法律的证据,企图通过诉诸法律的手段来惩治既定道德的叛逆者。与此同时,上海

---

① 《申报》,1926年6月10日。
② 同上。
③ 《姜刘讼案辩论终结》,载《申报》,1926年7月7日。

县公署亦不断对法租界当局施加愈来愈大的压力,要求发封停办上海美专。很明显,如果刘继续高举"人体模特儿"的旗帜,必将导致巨大的利益风险,因为原先的道德谴责已然在白热化的道德冲突中升级为强制性的社会控制。在此被动的形势下,作为私立学校校长和西画艺术家的刘海粟面临着两难选择:要么继续宣扬裸体艺术以彪炳其在艺术革命中不可动摇的权威形象,要么偃旗息鼓以保住自己安身立命的学校。最终,曾放言"富贵不能淫,贫贱不能移,威武不能屈,鄙人提倡艺学上模特儿之志不能夺"的刘海粟还是妥协了。1926 年 7 月 15 日,《申报》同时发表了刘海粟与孙传芳的往还函牍。刘海粟致孙传芳函云:

> ……伏读钧座禁止敝校西洋画系生人模型之令文,殆系吾帅政策不得已之一举。夫政术与学术同源而异流,吾帅此举,用意深长。爰即提交教务会议,研讨之下,为学术安宁免生枝节起见,遵命将敝校西洋画系生人模型,于裸体部分,即行停止。……①

孙传芳复刘海粟函云:

> ……知已将西洋画系生人模型裸体部分,遵令停止,甚是。人欲横流,至今已极。美术之关系小,礼教之关系大。防微杜渐,势所当然,并非不得已也。美亦多术,若必取法他人,亦步亦趋,重违国性,亦滋清议,于贵校名誉上未能增重。今既撤消,宜喻此意。……②

回顾这一历史事件可以发现,矛盾的焦点是青年女性裸体,而不在于非青年女性的裸体;冲突的大小取决于女性身体的裸露方式和裸体形象的影响范围。在提倡裸体艺术一方看来,艺术绝对可以成为裸露女性身体的正当理由,裸体画纯粹是裸体的审美化的而不是色情化的,况且西方文化艺术已经证明女性裸体是脱离肉欲的"美中之至美",完全能够超越一切文化差异

---

① 《美专停止裸体画之函牍》,载《申报》,1926 年 7 月 15 日。
② 同上。

和道德教条。但是，在反对裸体艺术一方看来，女性裸体必然具有刺激青年淫欲的危险，公开裸露的女性身体僭越了礼教要求女性身体隐秘化的道德禁忌，女性裸体形象的公然传布等于把必须严加看守的女性身体和私密的性欲彻底公开化，因而裸体艺术是淫秽色情、有违国性的，提倡裸体艺术是不道德的。不过，尽管冲突双方各持己见、势不两立，但是他们都预先肯定了男性拥有定义女性身体的特权，即以男性目光构造女性身体形象的权力。反对裸体艺术一方没有说明，为什么是青年女性裸体而不是非青年女性裸体构成了色情的载体？提倡裸体艺术一方也没有说明，为什么是青年女性裸体而不是非青年女性裸体充当了神圣的裸体艺术的主角？

模特儿事件的结果表明，封建守旧势力的胜利依然是男性统治的胜利，它象征着保守的男权主义暂时箝制了西化的男权主义对既定道德的挑战或颠覆，但女性身体形象依旧折射着性别统治关系。需要补充说明的是，上述新式的男权主义却远未得到应有的审视与反思。这里，我们仅以那张上海美专西画系师生（第17届）与裸体模特儿的合影为例，就能够提示隐蔽在艺术名义之下的性别统治关系。照片中上方，赫然站立着一位一丝不挂的少女，头后扭，身体微侧，大腿以上一览无余，周围是21位衣冠楚楚的男女，人人面露喜色。这是在歌颂裸体模特儿挺身而出奋勇反抗封建礼教还是在赞美她为神圣的裸体艺术敢于献身的精神？都不是。如果我们注意到她与他们的身体对应关系——裸露／遮蔽，还有脸面的对应关系——躲避镜头捕捉／面对镜头微笑，那么就不难判断这是被动与主动的关系，是被看与观看的关系，是忍受象征性权力与施加象征性权力的关系。在这里，女性被迫以僭越裸体禁忌的方式，体验男性化目光对自身的重新构造，其身体形象亦不得不服从某种预先设定的价值规则——这种规则通过展示裸体而不是禁闭身体的方式显示出来。

二、从禁锢到昭彰：女性身体的抽象化与形象化

清末以后，西方的一夫一妻制度及伴侣婚姻观念，对上海社会产生了越来越显著的影响。反对缠足和争取婚姻自由的妇女解放运动，正是在这种

影响下,才成为不可阻挡的时代潮流。随着婚姻的自由,女性的身体逐渐从封建礼教的严酷禁锢中,得到了前所未有的解放。从历时性的角度看,禁锢女性身体体现了以非伴侣婚姻为基础的旧道德,而解放女性身体则反映了以伴侣婚姻为基础的新道德;从共时性的角度讲,禁锢女性身体象征着中国的本土道德,而解放女性身体却折射着外来的西方道德。

在新与旧、中国与西方的价值冲突中,20世纪二三十年代上海女性身体形象,呈现出由禁锢到昭彰的嬗变历程。在此过程中,关于"人体美"和"女体之美"的理论亦初露端倪。

1925年,刘海粟发表了《人体模特儿》一文,认为"人体为美中之至美"。文章首先从形式(包括统一、变化、整齐、对称)方面进行论证:

>……所谓统一,即多数部分归纳于一点,故亦称曰"多样一致"。人体确具统一之美。……然在其他动物方面断不得如此统一之例,因此亦不能有人之端庄直立之势,更不能有人体各部分间如此既明确又协调之区别。所以人体组织,是有机之组织,是多样的统一。换言之,人体统一之美,不假造作,有生以来,即有是美。
>
>……欲破除单调之弊,须有变化。统一是多样之一致,变化是一致之多样。胸与腹,其形虽似,而其间变化确极复杂,曲线之婉曲与平坦,即有深密之变化矣。……其他动物或物象之不及人体美者,亦因无若是微妙之变化故。
>
>……人体既具极度变化之美,同时更是整齐之美。如额之穹窿、颜之卵状,均有一种整齐美之存在。
>
>……所谓对称,为中央一轴,而左右相等。从鼻引直线至脐以当轴,而比较人体之左右,则其形全相等,眼、耳、手、足,左右无不相等而呈对称之趣味。
>
>综观上述之形式,人体确有形式美之存在,其他如"姿势运动之美"及"色"、"触"等诸感觉之解释,俗称为肉体之美,是关于人

体之外形及皮肤色泽上之美。①

接着,文章又试图从表现方面证明人体成为"至美"的原因:

> 人体富有表情之美,固可不言而知之。一切自然美、人工美,从其本身言之,绝无何等感情之存在。人工美所表现之感情,亦无非是限于某种约束以表现自我之感情。自然美之所以有情,亦为吾人将自己之情趣寄托于自然之故。所以情感、情绪之源泉,可说尽在人体方面,因此人体富于表情之美,此所以谓人为"万物之灵"也。

于是,他总结说:

> 人体既充分具有美之两种要素,外有微妙之形式,内具不可思议之灵性,合物质美之极致与精神美之极致而为一体,此人体之所以为美中之至美也。②

可见,刘海粟的"人体为美中之至美"之说,基本属于"人体美"的本体论。在论述"人体美"的过程中,他竭力以讲述真理的口吻来彰显其中性、客观的立场,刻意避免突出女性裸体在人体美中的重要性。这显然与他的名文《艺术叛徒》大异其趣。倘若我们综合考虑一下该文本的写作语境,就不难理解出现这种差异的原因。由于裸体画当时已经背负"暴露兽性,引诱青年"的罪名,这促使他不得不从学术上寻求超越世俗道德的理据,以便维护人体模特儿在美术教学中的正当性。但是,这种企图在理论上超越世俗道德的裸体艺术,实际上却未能够摆脱世俗道德的压制。这就是民国时期中国的社会现实。

民国时期虽号共和时代,但封建道德观念依然弥漫于社会的各个角落,"唱天足者唱其所唱,而缠足者自缠也;剪辫者唱其所唱,而垂辫者自垂

---

① 刘海粟:《人体模特儿》,载《时事新报》,1925年10月10日增刊。
② 同上。

也。"① 是时，空言道理却"谈性色变"者遍于全国，而真正敢于正面研讨女性裸体问题的学人，唯张竞生一人而已。

张竞生是中华民国初期的著名学者。1888年，他出生于广东饶平。1907年，考入黄埔陆军小学。1910年入北京法文高等学校，后又考入京师大学。1912年入巴黎大学哲学系，1916年获学士学位。后入里昂大学哲学系，1919年以《关于卢梭古代教育起源理论之探讨》为题通过论文答辩，获哲学博士学位。1920年春学成归国。1920年冬至1921年夏，任金山中学代理校长。1921年10月至1926年，蔡元培聘其任北大哲学教授，教授西方哲学史、法国唯理论、美的人生观、美的社会组织法、美学和性心理学等课程。其间，张竞生还组建了审美学社，提倡美育；接着又组建了性育社，是中国最早提倡性教育的组织。1925年先后出版《美的人生观》《美的社会组织法》《恋爱与卫生》等著作。1926年5月以性育社的名义出版了《性史》（性育丛书第一集），不久天津市警察局查禁《性史》，接着报章杂志纷纷发表文章，斥张为淫虫，罪名有宣扬淫秽、污浊社会、毒害青年等。② 由于北平政治气氛渐趋紧张，而文化环境也因此不断恶化，1927年张竞生离开处于政治高压下的北平，来到言论相对自由的上海。在上海，张竞生曾担任上海开明书店总编辑，并创办了"中国最有新思想的月刊"——《新文化》杂志（设有"社会建设"、"性育"、"美育"、"文艺杂记"、"批评辩论"、"杂纂"等栏目），后开办"美的书店"。

1927年，张竞生的著作《性史》已经在中国掀起轩然大波，他也因此身被"诲淫"恶名，时人亦多以"性博士"讥之。然而，由于上海政治格局具有特殊性，租界当局和华界当局统治方式各不相同，以至上海思想文化空间要比中国其他地方更为自由，于是张竞生遂在上海继续宣扬他的性学理论。在《新文化》的创刊号上，这位中国性学的先驱提出了"女体之美是一切美的美"的观点：

  ……女体之美是一切美的美，任何大势力与怎样去抑制，但

---

① 刘海粟：《人体模特儿》，载《时事新报》，1925年10月10日增刊。
② 参见张竞生：《张竞生文集》，广州出版社，1998年。

终不能禁止这个爱美天性的欲望。但因人们不能在正面宣泄这欲望，遂不免暗中进行，由暗中进行遂不免出生春宫图的兜售了。……欧美妇女服装及跳舞装大开其胸而露其臂与膝部以为美，而我们的民俗则何如者，把美的奶部用内窄衣压束到平胸才为美丽！这样使女子变为男人，而使男人不会见奶部而冲动，虽算是礼教的成功，但结果的恶劣不堪言说，这不但是丑的，而且不卫生……凡女子之善审美者，当如欧美人的能善现其身体美的部分而掩其丑。奶部实为女体美的重要部分，应该表现出来。其不发育与下垂者应用方法使他挺起，又如臀部与阴部的发展实在是美丽的，应当使这些部分隐约间能够表现出来……这些习惯的养成，我以为当从裸体画入手。使人多见裸体画，由多见而使裸体者不以为耻反以为美，其半裸者与外衣而内实裸者，更不以为羞而以为荣了。……①

对于裸体画，张竞生不仅不避讳，而且还不遗余力地证明它的艺术价值：

……裸体画之美，举其要点可得数端：（一）自然——人是赤裸裸而来的，末后因气候及风俗与为装饰才穿衣服。由此可知穿衣服不是自然。若把他画出来，除面部外，余的皆是假的不是自然的了。世上岂有假装而成为艺术品吗？……（二）完全——面部固是表情的重要部分，但总不如把全体与面部一齐画出来为完善。……美人所以美最要的在其奶部的发展，臀部的丰满，与阴部的光润。……唯有裸体画之美，才能达到这样的希望的，他把英雄豪杰与夫名姬美女的全体精神，按这个分部表现出来，而使人由身体的全部而愈觉得他们面部之美。反之，由面部之美，而愈证明他们全体之美。（三）动情——美之观念有一部分属于"性别的"。男子所以见得女子美，固由于美貌与美体，但底里意义仍

---

① 张竞生：《裸体研究——由裸体画说到许多事——为晓江氏女体速写而作》，载《新文化》创刊号，1927年。

然在于性念。女子见得男子美处，也与性念大有关系。裸体画的美处就在使女子的女性，与男子的男性，完全能够表现出来。……（四）谐和——裸体画的美处，在使全身中得到谐和的结果。大家已经知道女体的美全靠曲线形。这整个的曲线形非把身体的各部连成一气不能表现此部与彼部的和谐。又如男子以直线美见称的，他的骨骼着实与筋络坚韧，皆足以表示男性之美，但此也非用全身表示不可。总之裸体美自有他真正艺术的价值。他是自然的，完美的，和谐的，以及动情的，尤以动情一项为最特色。……①

以性学研究为基础，张竞生不仅大胆提出"女体之美是一切美的美"的观点，并且公然提倡裸体画和裸体化。这种明显浸淫西方现代价值观的理论，一时间产生了惊世骇俗的影响。当时，《新文化》月刊的印数曾高达两万份，可见其畅销程度非同寻常。还值得一提的是，张竞生出版的《性育小丛书》也非常畅销。丛书每个专题约两万字，编译自蔼理斯著作中所论性问题，书籍装帧采用平装本，封面印有从巴黎书刊翻版的女性裸体像。但是，张竞生基于性学而的提出的那些有关女性身体的知识理论毕竟过于"超前"了，而且他的阐述又极其大胆露骨、毫无避讳，这引来了越来越多的恶意倾轧。由于不法书商冒其名炮制《性史》续集，张竞生竟至身败名裂，随之而来的书禁，则使之倾家荡产。无论如何，《新文化》《性育小丛书》的畅销充分表明，一种基于伴侣婚姻的新型的男性统治欲望正在急剧膨胀。

实际上，这种新型的男性统治欲望，已经在借助西化的商品经济机制，来建构某种使女性自愿驯从的价值体系和身体符号。许多新女性乐观地以为，赢得人身和婚姻自由就已经意味着摆脱了男性统治的压迫，甚至连保守的封建卫道士也沮丧地以为，男性的权威地位和统治秩序也将因此土崩瓦解，而真正的现实却并非如此。在当时的商品经济机制下，社会分工及职业竞争普遍有利于男性，这从政治、经济的根本上限制了新女性获得独立地位的可能性。她们唯一真正获得的，几乎只有选择丈夫的权利，即选择隶属于

---

① 张竞生：《裸体研究——由裸体画说到许多事——为晓江氏女体速写而作》，载《新文化》创刊号，1927年。

某个男子的权利。无论怎样选择,都难以摆脱宿命般的社会角色——家庭妇女。男性优越性的等级残余牢固地控制着社会消费的思想模式。难怪林语堂在《婚姻与职业》一文中说:

> 现在的经济制度,你们都明白,是两性极不平等的。……唯一没有男子竞争的职业,就是婚姻。在婚姻内,女子处处占了便宜。这是现行的经济制度。出嫁是女子最好、最相宜、最称心的职业。①

这样,新女性的命运仍然为男性所支配,尽管支配者不再是迷恋"三寸金莲"或"乌丝三丈"的旧男性,而是赞美"六寸玉笋"或"发䰄如云"的新男性。新的男性社会对女性的角色规定,使得女性不得不接受社会为其设定的价值标准,心甘情愿地把自身塑造成合乎角色规定的女性形象。于是,新的男性社会创造了美丽的女人,女性对其身体的每一部分,如五官、手臂、胸部、腰部、臀部、大腿甚至指甲、趾甲,都必须不遗余力地加以美化,以成为符合男性审美标准的"美人",从而在赢得男性青睐的过程中提升自身的社会地位。表面看来,女性拥有了自主的地位,她们有自由把自己修饰得楚楚动人。然而,作为消费客体,女性对自身的塑造仍是为了在男性世界享有一定的地位。据曙山的《论美人》一文所载,由国际贸易局所统计的香水脂粉进口的价值,仅1933年一年内,竟达1 398 664元。②女性求美之心切,"美人"形象成本之高,由此可见一斑。而动员女性美化身体形象的话语,在民国报刊中简直俯拾皆是。1928年《申报》上的双妹化妆品的广告词堪称典型:

> 天下本无十全十美之人,皆由于装饰得法……故姿色平庸者,只需将双妹老牌化妆品常常敷用,则皮肤娇嫩,容光焕发,虽仅有三分姿容,俨若十分美人。③

---

① 林语堂:《婚姻与职业》,载《论语》半月刊,第24期。
② 曙山:《论美人》,《论语》半月刊,第41期。
③ 《申报》,1928年5月15日。

20世纪二三十年代，为满足男性欲望而繁荣发展起来的上海文化产业，在本质上反映了新型的男性统治关系，女性在视觉呈现中是被动的，形象变化被控制在父权秩序变化中。只有在出版工业发达的时代，反映男性欲望的出版物才成为文化消费的一部分。其中，《时代画报》《万象》《时代电影》《良友画报》《唯美》《上海漫画》《时代漫画》等许多上海杂志中，出现了大量女性身体形象。

这里，姑且以《时代漫画》上的漫画作品为例进行说明。《时代漫画》创刊于1934年1月，由上海时代图书公司出版兼发行，鲁少飞主编，张光宇为发行人。1937年6月出版第39期后停刊。20世纪30年代是我国漫画期刊出版的高峰时期，全国各地漫画期刊层出不穷，其中《时代漫画》在出版时间和社会影响上名列前茅。该刊内容丰富，栏目众多，作者队伍中名家如云，例如鲁少飞、张光宇、华君武、丁聪、叶浅予、张仃、汪子美、黄苗子、陶谋基、张乐平、梁白波。

在《时代漫画》中，女性身体作为男性欲望的形象投射，在男性话语和目光的构造下，生产出一系列丰乳、肥臀、蜂腰的性感女性裸体的摩登样式，她们矫揉造作的身体为男人的欲望所吞噬。在一定程度上，性感女性裸体的摩登样式暗示了男性权力与男性自我的扩张。也就是说，在男性支配女性、女性取悦男性的符号系统中，男性的权力以自我迷恋的方式对女性进行奴役，而女性则俨然应该崇拜和服从男性的权力。女性存在的意义，只是为挑动男人的情欲而存在的被动性主体，女性只作为男性欲望的投射而被男性所消费。通过张扬男性权力并贬低女性身体，性感女性裸体的摩登样式构建了情欲领域的意识形态，强化了男性的绝对统治和女性的屈从地位。这种虚构的欲望世界不断地生产男性话语，使女性成为男性欲望的服从者，甚至沦为性的象征物。

例如郭建英所作的插图《黑、红，残忍性与女性》（1934）[①]绘有三个袒胸露乳、身姿婀娜的青年女子。配文为："娇萨芬培克（Josephine Baker，现译为约瑟芬·贝克）黑色之魅力，梅蕙丝脱（Mae West）桃色之魅力，如黑

---

① 《时代漫画》第1期，1934年。

蛇般，如红蛇般，爬进了都市女人的细胞里……黑与红曲线之错杂，绕着，透入男子生命中，于是男子们喘息了，疲乏了，而上海的色情文化又展开了新的方向。"在此，男性权威操控着女性的身体模式，她被动地遵循着男人制造的女性形象标准——某种正在被日益扩大生产的标准美。

鲁少飞所绘的《时代漫画》第3期封面（1934）表现了这样的情景：画面右上部分，绘女性裸体仰卧于环状物上，丰乳美腿，脚著高跟鞋，其左绘一秀发裸女，昂首、挺胸、翘臀而立，足踏高跟鞋。在这里，女人是被动的，她们的形象只是乳房、臀部和大腿的程式化的组装。

张超英的插图《1934年的奇迹——"回复自然"的白热化》（1934）中，[1]右下绘长发裸女，张臂直立，左上绘裸女若干，嬉戏林间。配文为："看到白兰花（Ballyhoo之音译）给梅蕙丝脱（Mae West）特地出了专号以后，Sex Appeal一个名词在年轻人心里意外地憧憬起来。从银幕上野姑娘Hocpla与飞燕惊鸿Dancing Lady的出演又深深给我们的印象了。……也就是驱除了一切色情的邪魔，不再鬼祟祟地留在身边，统认为把肉体上的Sex Appeal一切的映显，极平凡地与常见的脸面、手臂、嘴唇、大腿的赤裸裸同样平凡。到那时候，环境向'真善美'推进。一切都'真''善''美'化了。期待这真善美的莅临。让我们来歌颂这1934年的奇迹。'回复自然'的白热化！"

在陶谋基作的插图《唯心的嗅觉》（1934）里，[2]描绘一摩登女郎分腿斜坐草坡之上，赤身裸乳，下体短裤，左手持果，腿间长出花朵一支；右边一男士探头入画面，作嗅花状。配文："不贪果味甜，只信花有香！"显然，这个摩登女郎是美和性感的化身，她呈现的是一种被男性欲望扭曲的色情姿势，其中的性、权力、色情、身体被混合为一体。

还有一些漫画大胆地针砭时弊，反映了丑陋黑暗的社会现实。如鲁少飞所作的插图《有效的劝募（名媛表演）》，[3]画一妖娆女子，临街摇铎劝募，上身仅遮胸罩，下体只蔽内裤，其前有一绅士，衣冠楚楚，扬手投币；背景

---

[1] 《时代漫画》第3期，1934年。
[2] 《时代漫画》第5期，1934年。
[3] 《时代漫画》第2期，1934年。

有海报一张,其上标语:"为饥寒难民求援!",下绘一饥妇哺婴。在这类作品中,香艳肉感的女性形象所暗示的色情因素、个人自由主义,以及批判性的激进思想往往杂糅并置,颇显怪诞。

结　语

"人体美"、"女体之美"的理论,以及民国时期上海女性形象由禁锢到昭彰的变化,都充分表明:艺术作品或者色情材料中与日俱增的女性裸体形象,象征着新型男性统治关系的出现。这种新男权主义在鼓励妇女解放的同时,也制造了女性身体形象的总体性标准。性别统治关系对女性身体形象的建构与影响,实质上反映了社会文化对艺术形象的构造过程。

从根本上讲,对男性统治下的非伴侣婚姻社会而言,其控制女性的手段是通过禁锢女性身体而使之成为一种缺失主体意识的私有物;而对男性统治下的伴侣婚姻社会而言,其支配女性的主要方式,则是凭借制造女性身体的总体标准,使之成为自愿驯从男性欲望的被动性主体。前者的道德体系严禁女性暴露身体,女性裸体形象只有在秘而不宣的春宫图中才会出现,而且仅仅限于示意性的工具价值;后者的道德体系则鼓励女性暴露身体,女性裸体形象可以堂而皇之地再现于艺术作品中,甚至沦为色情材料里的主角。这样,女性身体遂由道德意义上的客体转化成为生理意义上的被动主体,其形象亦难以避免地变成了遭受新型男性统治的象征性符号。

(选自陶东风、金元浦、高丙中主编的《文化研究》第5辑,广西师范大学出版社,2005年)

选文二
中国早期画报对女性身体的表现与消费

张英进

约翰·海伊（John Hay）指出东亚艺术中女性裸体的普遍缺席这一现象时，提出了令人深思的问题："为什么在这样一个有着两千年以上悠久历史的美术传统中几乎没有对身体的表现？"[①] 他认为传统中国艺术中的人体"借由隐喻而产生离散：通过浑然一体的回应和笔触，把人体融入自然世界，以体现气在宇宙人间的现实"。[②] 海伊的离散身体论与西方古典绘画中常见的"实体身体"的概念相反，但与伊懋可（Mark Elvin）对中国文艺中"身、心"两个范畴的观察不谋而合。伊懋可比较晚清、民初和社会主义时期的三部小说，引用数十幅插图，强调指出在中国绘画艺术中人体普遍被层层衣物遮蔽。唯一例外是包天笑的《上海春秋》（1924—1926）第75章的插图。画中，一位裸体女模特儿抽着烟在美术学校的教室中踱步，对自身全裸毫无不适之感。伊懋可在图片说明中直言："在大都市里，中国人的审美品位未受西方影响前，裸体在中国不被视为审美对象。"[③]

伊懋可和海伊大概不会承认在中国艺术中人体真的完全"不可见"，只是其可见性被一些常规的象征、母题和技法遮蔽，而这些象征、母题和技法表达了中国人特有的身体观。从中国艺术中常规化的身体受控的可见性出

[①] 约翰·海伊：《中国艺术中身体不可见？》，司徒安、塔尼·巴罗合编，《中国的身体，主体与权力》，芝加哥大学出版社，1994年，第42—43页。
[②] 同上书，第44页。
[③] 伊懋可：《身、心的故事：近150年中国的身体与心灵》，米歇尔·费禾编，《人体历史的片段》，第2卷，纽约地域图书，1989年，第312页。

发，本文研究晚清和民国时期中国画报中对女性身体的多种表现及消费方式。文中大多例子出自两个主要来源：一是《吴友如画宝》（1908），它收集了《点石斋画报》（1884—1898）和《飞影阁画报》（1890—1894）刊登过的许多石版画；二是《良友》（1926—1945），这份画报提供了丰富的图像和文字材料。① 本文还援引这个时期的文学作品和其他的画报、漫画和电影杂志，特别是《北洋画报》（1926—1937）、《独立画报》（1935—1936），以期在现代中国视觉文化的大背景下开展本项研究。②

为了整理现代中国画报中繁多的图像资料，并为在视觉性、城市现代性和性别观赏经验等方面的后续研究开路，我探讨三种不同但相关的中国女性身体表现模式：艺术品、商品和重要文化事件的"能指"。首先，女性身体作为艺术品，一直被看作女性美的精髓和男性审美品位的体现，虽然晚清以来男性审美品位已经多次变更。在这种表现模式中，女性身体起到了双重作用：一方面，用来提醒女性观者她们既定的家庭角色和她们吻合男性理想的性吸引力；另一方面，用以获取男性观者私下观看的审美凝视，并最终提升他在情色鉴赏方面的信心。其次，作为商品，女性身体以图像形式成为男性和女性的大众消费品，并常被用来刺激画报的发行量。20世纪20年代末到30年代末的《良友》频频刊载裸女照片和绘画，发挥了双重功效：既刺激杂志的销售量（商品化），又提升该画报作为中国艺术"先锋"的声誉。最后，作为重要文化事件的能指，女性身体被置于中间性空间中，这里，"传统性"（视觉上呈现为女性）不得不暗暗羡慕"现代性"（被想象成技术的优越），或是和现代性公开调情；"弱者"（中国）可以想象自己智胜乃至战胜了"强者"（西方）。这种表现模式中的女性身体不可避免地成为缺席的男性身体的替代品，为男性观者提供适量的安抚和保障，这样男性观者就觉得在和西方的话语斡旋和象征性对抗中，中国人的尊严得到了维护。

---

① 吴友如：《吴友如画宝》，上海古籍书店，1983年。下文简称 WYRHB。《良友》的主编相继为伍联德、周瘦鹃、梁得所和马国亮，上海良友图书公司出版，下文简称 LY。
② 《北洋画报》由吴秋尘主编，天津出版；本文所用的版本是北京书目文献出版社1985年出版的重印本，以下简称 BYHB。《独立漫画》由张光宇主编，上海独立出版社出版，以下简称 DLMH。

显然，以上三种表现模式是在晚清、民国时期各种文化、社会经济和心理因素的交互作用下产生的。因此每种表现模式都不是孤立自足的，它们受到意识形态和商业利益的支配，常常和其他表现模式交互渗透。

一、作为艺术品的女性身体

在晚清石印画《吹气如兰》中，两位美丽的中国女子正在吸鸦片烟，其中一位弯腰填烟筒，另一位伸着懒腰，显得兴奋。她们置身于一扇精美的圆形雕花门内，面朝观众，一名女仆随侍左右。门边小几上的花盆栽种兰花，隐喻仕女吐气"如兰"。在这幅私人家居场景中，女子柔媚多姿的曲线身形和沙发、挂毯图案的笔直线条形成鲜明对照。时髦的服装和头饰把二女的身体遮蔽得严严实实，然而她们潜藏的性臆想通过伸腰女子膝上的猫得到了阐发（WYRHB，第3集上册：第6页）。

我们需要进一步分析《吹气如兰》的两处细节。其一，女性身体的正面展示暗示了观者的存在，画中女子对这位观者主动展示她们的身体。其二，沙发这一典型道具在晚清反复出现，用来展现女性身体性感、挑逗的姿态。吴友如的《挟妾同嫖》就画了一名女扮男装的女子醉卧于妓院的沙发上，一群曾和她嬉戏数周的妓女吃惊地发现脱下她靴子后露出的"三寸金莲"。①

沙发和正面姿势作为艺术要素，很快就被中国摄影和电影吸收采纳。一幅晚清妓女的照片就以相似的横卧姿势展现女性身体，并题为诗意的《春睡图》。②把这些照片和吴友如的石印画比较，我们会发现一个显著差别。吴友如画中的女性常常出神地闭着眼睛或者矜持地侧目而视，而照片中的妓女则直视照相机镜头，确认缺席观者的存在并与之主动交流。约翰·伯格（John Berger）比较安格尔（Ingres）著名画作和一幅现代杂志摄影中的两个女性形象时说："她们的表情难道不是相似得出奇吗？这是女人对她想象中正在注视她的男人刻意展现魅力的表情——尽管她不认识他。她提供自己

---

① 堂·寇思编译：《中国的图像：上海19世纪末的石版画》，香港中文大学翻译丛书1987年，第100页。
② 《小说大观》，1916年6月号，彩页。

的女性特质作为他的观看对象。"①伯格谈论的虽是西方艺术中独特的观看方式,他的论述还是捕捉到女性对象和缺席(男性)观者之间的交流。

虽然中国现代画报中女性身体的观者应该以男性为多数,但我们并不排除女性读者群的存在。事实上,那些刊登时尚绘画和活跃、健康女性照片的画报就恰恰以女性为预期的主要读者。不过,在艺术史和电影研究领域,男性对女性身体的观看模式早已为主要的视觉理论所确认。这种男性观看模式在沈西苓导演的电影《船家女》中,通过"模特儿造型"一场得到了充分表现。三个"艺术家"指导一名年轻的船家女摆各种"艺术"造型让他们拍照、画像。他们先是让她端坐、然后依卧在沙发上,要她摆出"著名法国绘画中有的"的造型。这种颇具挑逗性的正面姿势和对观者的直视,可能是中国艺术家有意效仿西方绘画、摄影的结果。证据可见《北洋画报》于1927年12月10日刊登的一幅素描,画中的女模特儿和上文提到的晚清妓女一样,面朝观众,只不过这位巴黎女士是全裸的。该画的中文说明问道:"这样好么?"这一问题明确地把画中的女性形象和画外的男性艺术家或观者直接联系起来。

自信的西方裸体模特儿和着装严实、仪态端庄的中国模特儿形成了鲜明的对比,这本身就强调了晚清、民初中国传统审美情趣的延续。吴友如的石印画大都反映了中国传统仕女画的文化取向。在《欧孟仪型》中,两位母亲忙着教孩子练毛笔字(WYRHB,第3集上册:第17页)。在《更唱迭和》中,一群美丽的女子正举办一场家庭演奏会,展现她们的音乐才华(WYRHB,第3集上册:第21页)。表面上看,这种绘画似乎通过视觉呈现来规劝女性观者当好贤妻良母,培养可取悦男性的艺术才能。可是在更深一层来看,我认为这些绘画巧妙地以画内缺席的男性为取悦对象。这名男性是一家之主,他虽"不可见",却又无所不在。画中的女子正是作为他的观看对象而展现身体、演示才艺的。很明显,吴友如这两幅以传统室内场景为主的插画指出一种典型的男性想象:这里,女性身体被用来表达文人理想中的女性美、个人才能和家庭和睦。这样看来,吴友如的画一方面可以提

---

① 约翰·伯格:《观看之道》,戴行钺译,广西师范大学出版社,2005年,第55页。

升文人作为"一家之主"的信心,同时也加深了他们对女性美的鉴赏力,提升了他们的文化修养。

在某种程度上,伊懋可对晚清小说家李汝珍的《镜花缘》(1828)所作的评述,对于认识吴友如石印画中女性身体的表现也有借鉴价值。他说:"理想的女性美主要关注的是表面(香水、妆扮和发型)、人工(眉毛和裹脚)、外围(指甲和脚)和服饰。"① 另外,海伊对中国艺术中离散身体的论述也适用于吴友如的绘画,因为在他的画中,女性身体的性感常常通过猫、鸦片烟管、毛笔和乐器等器物得到暗示。根据离散的审美定律,《更唱迭和》的观者会欣赏以下这些特定的女性肢体部位:歌唱的嘴、含笑的眼、悬荡的耳坠、露额的发型、合身的服饰、拨弦的手指、裤管下若隐若现的腿。

即便在民国时期,当摄影术已开始取代石印画成为制作插画主要手段时,这种传统的离散身体观还是保留了下来,成为现代中国视觉艺术的显著特征之一。1928年7月7日《北洋画报》刊登了以《美人十五美图》为题的摄影作品,一一呈现女性身上迷人的部位:发、眉、目、鼻、齿、口、耳、项、肩、臂、手、膝、足、腰、乳。附加的解说中使用诗意的文字,以唤起缺席的男性观者对女体的联想。例如,"端相久,待嫣然一笑,密意将成"解说"目";"粉妆玉琢,掩映两段秋波"解说"鼻";"乍尝樱颗,嚼碎红绒"解说"口";"春来病,把芳心捧罢,百遍摩挲"解说"手"。这些诗意的解说不仅揭示了文人理想中的女性美,同时也增加了他们在家私下观看这些图片的快感,并把对女性身体的表现升华为可在公共领域展览的艺术品。

有趣的是,《良友》于1934年4月刊登黑婴的现代派超短篇小说《当春天来到的时候》,编者用几幅刻意展现女性身体部位的照片搭配小说中的男性漫游者沿街即兴作诗,抒发类似诗人戴望舒式的都市情调:

> 当春天来到的时候,
> 带着丁香的忧愁而来的
> 是十九岁的少女苏西。

---

① 伊懋可:《身、心的故事》,第285页。

以"有个苗条的身影移到面前来"为题的照片上，一位都市女子身着时髦的大衣，足蹬高跟鞋，但她的头部被照片除去。接下来的两行诗更是这样图文并茂：

> 她有对懂事的眼珠子
>
> 她有张会说话的嘴……

尽管对女性身体的局部呈现可能增强黑婴小说的现代派审美情趣，[①]晚清、民国时期中国画报中延续传统的离散身体观却也不容忽视。

把女性身体作为艺术品的呈现模式也能在民国时期两份畅销画报中找到。天津的《北洋画报》致力于推行作为新知识的艺术。它的二周年庆专刊在封面正中刊登了雷根劳特（Regnault）的油画《真善美》，画上呈现了三位西方裸女（BYHB，1928年7月7日）。《北洋画报》经常刊登表现西方裸女的图画或照片。《良友》也一样，很快成为中国画报从文人鉴赏趣味向现代审美观品味渐变的决定性标志。1927年3月梁得所从周瘦鹃手中接过画报主编之职，立即在随后几期封面上骄傲地用英文宣称《良友》为"中国最具魅力、最为畅销的杂志"。一方面，《良友》刊登了精选的西方绘画、欧洲沙龙动向、摄影作品和美国的选美，并按章刊登了梁得所翻译的《美术大纲》。另一方面，《良友》以显要位置报导了当时中国代表性的油画、水彩、雕塑、艺术设计和摄影作品。截至1932年底，该画报每期印量4万份，据称每月在海内外拥有读者50万（LY，1932年12月：封底）。

《良友》虽不是第一家刊登中国裸女的出版物，但它庞大的发行量及中国现代艺术先锋的地位，使它可能诱导读者把新展露的中国女性身体看作高雅艺术的表达。该画报因此回应了海因茨·冯·帕克海默（Heinz von perckhammer）于1928年在柏林出版的《中国裸体文化》中提出的双重目的："展现真正裸体的中国女性"和"使人们认识到各个民族对美的概念是不同

[①] 张英进：《都市的线条：三十年代现代派笔下的上海》，《中国现代文学研究丛刊》，1997年第3期，第93—108页。

的"。① 刊登在《良友》上最早的中国裸女照片之一因此名为"人体美写真",这也就不奇怪了。照片中女模特左臂朝上,面向镜子,镜中正面映出了她的脸庞和胸部(LY,1929 年 10 月:第 29 页)。作者张建文以新颖的视角展现了中国女性的裸体,他试图表现的是实体的女体,而不是传统艺术中离散的身体。

以下我将继续分析几幅现代风格的艺术作品,进一步说明女性身体在艺术表现上的显著转变。第一个例子是朱丽生的艺术摄影《清凉的意境》(LY,1933 年 8 月),其中一个全裸的中国女子背对观者,裸露出强健的背部和臀部。她站在荷花盛开的浅池中,头朝左侧,弯着腰,所以对观者的注视几无所察。这幅照片依然受到中国审美观的影响,标题中的"意境"不仅传达了把年轻女子比作鲜花的诗意暗示,还突出了中国人喜欢把女性置于自然景物中的审美偏好。第二个例子是"白鹅西画会"创始人潘思同的彩画《少女》。画中,中国裸女端坐在画室浅色背景前,一片薄绸遮蔽了下身,左手中握着团扇(LY,1931 年 10 月:第 21 页)。潘思同作品的构图比较西化,将女性身体作为审美对象,可裸女的端庄造型还是迎合了中国的审美心态:女子侧着脸,避免和观看她裸体的人直接照面。

第三个例子是方雪鸪的水彩装饰画《留不住的青春》。画的前景是两位裸女,背景是一张放大的女性侧面。裸女之一侧身俯跪在地上,掩面哭泣,这个姿势把她和她上方放大的脸孔联系在一起,她屈服的姿态勾勒出她丰满却饱含痛苦的身体。另一个裸女以一种诱人的姿势正面而立,手中握着一只大玻璃杯,接住背景中那张脸上滑落的泪水。她的头部微微右倾,斜眼看向观者,看似对同伴落泪而幸灾乐祸,同时对其脚边骷髅头骨象征的青春将逝的威胁充满不屑(LY,1933 年 8 月)。方雪鸪的画通过对画内寓言式情境和画外观者的存在的默认,揭示了艺术表现中的权力结构。尽管站立的裸女持一幅胜利姿态,她仅被当作供人观看的审美对象。对女性裸体这一对象的审美化既可使男性理想中的女性美得到投射和升华,也可节制神秘的女性性态可能对男性观者的主体性作出的任何威胁:站立的裸女作为

---

① 海因茨·冯·帕克海默:《中国裸体文化》,柏林:维拉格,1928 年,第 5—6 页。

诱惑者的失败，已经通过她身边俯跪的哭泣的女性形象得以确认。在很多方面，伯格的话适用于解读方雪鸪的画和本节讨论的其他作品中的女性形象："她的身体以方便男性观看的样子呈现。这幅画是用于取悦男性性态的，和女性性态毫无关系……女性是用来满足需要的，而不能有自己的需要。"①

二、作为商品的女性身体

伯格敏锐的观察提醒我们必须走出艺术的界限，揭示现代中国视觉文化中存在的市场机制。从20世纪初开始，这种机制就通过利用男性对女性身体的欲望把艺术创作转化为商品生产。从这个角度看，我们会发现民国时期裸女画像和摄影的出版不仅仅出于审美目的。《良友》不但在画报上大量印制女性身体图像，还定期为其出版商良友图书公司作广告推销书籍。这些书籍包括1933年出版的方雪鸪和潘思同的艺术作品集，以及《裸体名画写真集》《女性人体美写真集》《男性人体美写真集》等等。

《良友》的广告揭示了现代中国视觉艺术的另一层面，即女性身体被表现为商品而消费。这种表现模式在30年代达到高峰，不过在那之前就已存在。早在晚清，吴友如的插画就不仅用以刺激他的画报的发行量，也用来刺激他其他画作在市场上的销售。期刊出版业和通俗文化在晚清同时得到迅速发展，《点石斋画报》效仿《伦敦新闻画报》和《图像》等西方杂志，取得了巨大的商业成功，并极大地影响了现代中国的通俗文化，所以它被誉为"在摄影时代未到之前在中国扮演着《生活》杂志那样的角色，通过图像和文字记录了一百年前中国城市绅士阶层的世纪末意识"。②

从商品生产的角度重新检视吴友如的插画，我们会看到时尚成了一个主要的卖点。他笔下的中国女子总是打扮时髦，偶尔还穿着西式服装。《灿灿异服》一画中，两名中国女子穿戴时髦的维多利亚时代的服装帽子，悠闲地待在传统中式庭院中，服侍她们的女仆则穿着传统中式服装（WYRHB，

---

① 伯格：《观看之道》，第55页。
② 寇恩：《中国的图像：上海19世纪末的石版画》，第iv页。

第3集上册：第24页）。《我见犹怜》中两位中国女子穿着色彩缤纷的连衣裙在照相机前摆姿势。和30年代方雪鸪和潘思同等人作品中或漠然或轻佻的裸体模特不同，吴友如笔下的女子们面对西方引进的新科技往往神色不安，甚至"可怜"（WYRHB，第3集上册：第16页）。

吴友如对晚清照相馆的描画预见了民初几种畅销杂志常用的促销手段。例如，《小说大观》（1915—1921）和《半月》（1921—1925）常常在前面的插图页上刊登著名妓女或交际花的时尚摄影。据《小说大观》的主编包天笑说，《时报》（1904—1939）主人狄平子在上海投资一家照相馆，曾邀请该市妓女免费照相，以便他的刊物能有一个可靠渠道提供漂亮的面孔来吸引读者。狄平子的计划当即见效，手头照片用不完，他很快出版了一个摄影集《惊鸿艳影》。①

时装画和照片继续出现在20到30年代的画报上。《良友》不仅展示西方时尚，还刊登了叶浅予、万籁鸣和方雪鸪等中国画家描绘的当季流行时装。另一更有效展现穿着时髦的女性身体的途径就是刊登穿着最新时装的电影明星照。《良友》邀请大批中国明星作它耀眼的"封面女郎"，如黄柳霜、黎明晖、阮玲玉、谈瑛、王汉伦和杨爱丽。另外，女明星还定期出现在该画报的摄影专页上，如胡蝶、阮玲玉、杨爱丽和徐琴芳的"人像姿态"（LY，1928年7月），胡蝶、谈瑛及其他明星的"时装表演"（LY，1933年11月：第24页）。这些电影明星往往化了浓妆、摆出诱人的正面姿势，恰如民初妓女曾为畅销杂志所作的那样，展示她们可人的身体和脸蛋。时尚和女性美的标准虽然随着时代不断变迁，女性身体作为大众消费的商品却总保持基本的商业价值。

女性身体和商品的视觉及观念联系也可在民国时期出版的月份牌和香烟、香皂、香水、药品等日用品广告上得到印证。这些商业活动和我们前文提及的艺术摄影的相似之处在于，它们都把注意力放在女性身体上，而这些女性总乐于以最时髦的姿态展现自己。强烈的商业动机促使印刷品，特别是画报等大众传媒纷纷刊载女性身体图像。总之，女性消费形象最适合用

---

① 包天笑：《钏影楼回忆录》，香港大华出版社，1971年，第359—361页。

来向女性读者推销商品，引导她们自我定位为热情的现代时尚的消费者。

在当时的城市文学中，商品化的影响可见于许多新创杂志。前卫作家们公开卖弄现代派，甚至颓废派的审美情调，他们笔下的城市风情装点着娇嫩而性感的女性身体形象。在叶灵凤笔下，上海高楼大厦的灯火正如神秘女子诱惑的眼眸般闪烁。①女性身体的商品化最终使部分作家开始陷入情欲，甚至色情地带。自诩为上海颓废派诗人的邵洵美以大量华丽的意象描写女性的身体部位，在他的浪漫诗歌中不时提到处女、尤物及她们的泪水、汗水、香水等。②在穆时英的小说《Craven A》中，叙述者津津乐道地谈论他想象中的异域之旅，而实际上这异域乃是对丰满女体的暗喻。③汪铭竹的《乳底赞礼》更把中国文人的审美情趣和现代派审美观融合在他的香艳诗中。④

汪铭竹诗歌的色情本质可从《良友》艺术摄影专刊中收入的一张裸女照片得以印证。陈嗣德的摄影简单地命名为《裸女》，是一名"忘形"状态的裸体模特的特写：她闭着眼，仰起下巴，张大着嘴显得非常满足（LY，1933年12月）。《裸女》投射出一个男性幻想的世界，这里，模特儿正是因为其裸体，通过展示和窥视的机制得到观赏而兴奋不已。

色情漫画和它在文学、摄影上的同类一样，在30年代流行于中国，出版商和画家们都期望通过满足城市居民对娱乐享受日益增长的需求来发财。《时代漫画》（1934—1937）、《漫画界》（1936年4—12月）、《独立漫画》、萧剑青的《漫画上海》（1936）、《社会漫画》（1936）和张正宇编的《漫画名作选》（1937），这类低成本漫画杂志和漫画集迅速充斥市场，女性身体的商品化成为赚钱的生意。⑤甚至像叶浅予和鲁少飞这样的名画家，当年也为情色

---

① 张英进：《中国现代文学与电影中的城市形象》，斯坦福大学出版社，1996年，第219页。
② 李欧梵：《中国现代文学的"颓废"及作家》，台湾地区《当代》第93期（1994年1月），第37—39页。
③ 穆时英：《公墓》，现代书局，1933年，第108—110页。
④ 张同道：《都市风景与田园乡愁》，《文艺研究》1997年第2期，第98页。
⑤ 萧剑青：《漫画上海》，经纬书局，1936年；《社会漫画》，经纬书局，1936年；张正宇：《漫画名作选》，中央书店，1937年。

幻想而心动。如《上海漫画》(1928—1939)一册封面上,就曾经刊登叶浅予的《蛇与女人》,"画的是一个丰满的裸体女人正爱抚一条蟒蛇"。①

30年代色情漫画的两个主题是民间爱情故事和裸体造型。最能说明第一个主题的是《民间情歌》,这组为张光宇收集的民间色情小调搭配的轻口味的色情插图,在《独立漫画》上连载(DLMH,1935年12月10日;1936年1月15日)。张光宇作为《独立漫画》的编者,把他描绘民间求爱场景的插图汇编成集,重新单册发行,并在杂志上反复宣传。色情漫画的第二个主题是裸体造型,漫画业似乎以打击上海流行的道德败坏、堕落颓废为己任。②在这种新体裁中,画家可能创造可亲的漫画人物而取得滑稽效果,如黄尧笔下迂腐的小人物"牛鼻子"和张乐平笔下的孤儿"三毛"(DLMH,1935年9月25日)。这些色情漫画不论幽默与否,都把女性身体商品化,并用于促销刊载它们的书刊。

毫不奇怪,在30年代中期许多批评家眼中,色情漫画成为一个社会"警告",他们把色情漫画"斥为颓废的艺术,并呼吁杜绝色情"。③因为中国文艺批评常常从维护道德的角度出发,所以当年鲜有为色情辩护者。尽管如此,色情漫画并未一夜绝迹,商品化女性身体的牟利产业也依然运转。在钱敦志的一幅画中,一个新受雇的保姆目瞪口呆地发现自己进入了一间裸体公寓,迎接她的两位女士除了高跟鞋外什么也没穿。这两位裸女抽着烟背朝观众,但她们参与"裸体运动"的现代生活品味从墙上挂的三大幅诱惑性裸体画中可见一斑。④

除了漫画和书刊广告以外,提到中国30年代所谓的"裸体运动"可靠资料不多,但其西方影响显而易见,如德国魏玛共和国时期就曾出现以裸体

---

① 洪长泰:《战争与通俗文化:现代中国的抗战,1937—1945》,加州大学出版社,1993年,第34页。
② 萧剑青:《社会漫画》,第10页;张正宇:《漫画名作选》,第94页。
③ 洪长泰:《战争与通俗文化:现代中国的抗战,1937—1945》,第34页。
④ 张正宇:《漫画名作选》,第85页。

舞（Nackttanz）和裸体芭蕾（Nacktballett）形式为主的裸体运动。①且不论裸体，西式舞蹈在上海和南京这样的通商口岸极为盛行，所以民国时期中国的画报同电影、文学等媒介一样，自然对新兴的商业舞蹈极为关注。《北洋画报》创刊头几年经常定期刊印欧洲裸体或半裸体舞者的照片，发布主要舞厅的消息，并刊登讨论社交舞道德问题的文章（BYHB，1928年5月26日：第8页）。

女性身体的商业化在商业舞蹈和社交舞中得到了充分的展现，这种现象通过画报获得了相对的知名度。1930年《北洋画报》对"明月歌舞团"的报道就属此例。明月歌舞团成立于1928年，经理黎锦晖是颇有争议的流行音乐先驱。该歌舞团擅长新兴的城市娱乐节目，结合了小曲和舞蹈，以浪漫的歌曲和青春少女的娇艳形象出名。②《北洋画报》的照片上，这些朝气蓬勃的少女穿着无袖上装和短裙短裤出现在台上，展露天真笑颜，挥舞纤细的手臂，踢动光裸的腿，弯腰扭转，用身体构成了各种悦目美观的机械图案（BYHB，1930年8月19日：第2页；1930年9月4日：第2页；1930年10月30日：第2页）。

正如色情漫画一样，这种明显卖弄少女身体的行为，引起了中国道德卫士们愤怒的谴责。他们指责黎锦晖剥削女学生，让她们受严苛的体能训练、唱轻佻的小调，并在公众场合以不雅姿势展示身体。黎锦晖的辩护者则把他称赞为从中国古典诗词、民间文学和西方音乐艺术中汲取灵感的先驱（BYHB，1930年8月19日：第2页）。黎锦晖对现代中国娱乐业的影响颇深，他的几位得意门徒（如黎莉莉和王人美）都在30年代中期成为著名的电影明星。黎锦晖通过音乐创作和舞蹈编创，不仅把女性身体转变为"活动"的艺术和商品化身，还揭示了视觉表现的另一层面，即作为重要文化事件的能指来建构的女性身体。

---

① 卡尔·托仆法：《狂喜的帝国：德国身体文化中的裸体与运动，1910—1935》，加州大学出版社，1997年。
② 画报的英文说明中使用德语"Musikverein"（音乐俱乐部），反映了来自魏玛德国身体文化的影响。

三、作为重要文化事件能指的女性身体

让我们回到明月歌舞团1930年在天津的演出,来进一步探索女性身体是如何被建构为重要文化事件的能指的。新闻界对这个少女舞蹈团的巡回演出非常期待。当地的同盛照相馆抓住明月歌舞团的演出这一罕见时机大作自我宣传。一方面,它邀请舞蹈团少女们拍照,声明要把这些照片印制成明信片,把迷人的女性面孔和身体机械复制为商品。另一方面,这家照相馆还派出摄影师拍摄演出现场,舞台照在《北洋画报》上署名刊登。除了在现代科技方面的投资,明月歌舞团的演出还引发了另一文化事件:文人以传统方式作诗抒怀,赞美少女舞者体现的理想女性美。《北洋画报》上刊登了四首七绝诗,分别献给黎明晖、黎莉莉、薛玲仙和王人美。这些诗句右侧加了圈点,并带有小字附注进一步解释诗中表达的意思。明月歌舞团的天津巡演,本来就是为营利而办的文化活动,但也确实引发了几项文化事件,不仅促成相关的商品生产(明信片),也重温了古老的诗文传统。

黎锦晖对女性身体的建构和文化事件也有联系。《北洋画报》的照片表明黎锦晖的舞蹈编排借鉴了西方舞蹈类型,特别是善于展示女性优美身段的美国音乐剧。黎锦晖的舞蹈也促进了中国歌舞片的成型。从艺华影业有限公司的歌舞片《人间仙子》(1934)的一幅剧照看,女舞者面朝后台,头部偏向右侧,半露笑颜。这种姿势也常见于黎锦晖的舞台演出,只不过片中的女演员的着装更为暴露,只穿着薄纱衣裙。她右手扶着大提琴,支在臀部,左手握弓从背后拉动提琴,因此也更显艺术。[①]

让我们回到民国时期的画报,以分析女性身体被建构为重要文化事件能指的另一领域,也就是体育。我们很容易看出现代舞蹈和体育在视觉、观念上的联系,因为二者都强调运动,并宣传健康活跃的身体形象。正如视觉表现的情况一样,最受中国画报关注的不是男性,而是女性身体。除了刊登过一些强壮的男性运动员照片外,《良友》中有关体育锻炼的部分充满了穿着泳装或运动短裤的健康女性。《良友》1933年6月期在封面刊登杨秀琼的

---

① 张骏祥、程季华主编:《中国电影大辞典》,上海辞书出版社,1995年,第793页。

大幅正面照片，照片上她裸露着手臂和大腿，自信地微笑着。和那些总现矜持的晚清妓女不同，杨秀琼是位香港游泳运动员，1933年五次在全国比赛上夺冠，并五次打破全国纪录，她自豪地展现健康的身姿，成为新时代理想女性美的完美典范：形体健康、朝气蓬勃。《良友》的"康健美"版面也呈现一个女学生坐在游泳池旁，一位女游泳运动员在演奏曼陀琳琴，另一位站在栏杆边摆着"维纳斯再世"的姿势（LY，1931年9月）。

不容忽视的是，几乎所有这些健康活跃的女性总是衣着时髦，面向观者微笑。对《良友》而言，"青春底欢笑"成了展现新时代理想女性美的特别主题。在冠以"Is She Charming？"（她迷人吗？）和"Pleased in Her Swimming Suit"（穿着泳装真快乐）之类的英文标题的照片中，年轻女子摆着"快乐"的姿态展示身体，微笑着直视观者（LY，1933年7月：第29页）。在另一展示年轻身体和笑容这一新形象的专页"笑的总动员"中，一个穿着运动短裤的年轻女子双腿勾在横杆上"倒悬"着。中文说明写道："世事颠倒不堪问，不如做个快活狂人"（LY，1933年9月：第29页）。

表面上看，《良友》通过刊载这些新的形象，提供观看女性身体新的视角和新的象征意义，把女性身体重构为艺术品以外重要文化事件的能指。这些照片不再仅供鉴赏家私人收藏和观赏，而用以全民"总动员"，要求年轻女性通过锻炼、微笑，获得强健的身体，变得更加摩登。通过参与建构这一新的话语和视像，《良友》敏锐地捕获30年代有关中国女性身体的新品味和新理想。

事实上，吴友如的石印画在半个世纪前也记录了类似的审美眼光和理想的转变。例如，《视远惟明》这幅画反映出中国人对西方文明的向往。画中，三位着传统服饰的中国女子站在二楼阳台上，轮番用望远镜观看远处西式教堂的尖塔。中国与西方的差异通过空间间隔（中国是室内的、近处的，而西方是室外的、远处的）、建筑风格（中国房子装饰着雕刻的凤凰）、性别差异（服装、凤凰等女性标志，对照尖塔和十字架等男性法勒斯标志）得到象征性呈现。但通过望远镜观看，这一重要事件本身就在上述二元对立之间搭起了跨越分界的桥梁（WYRHB，第3集上册：第14页）。特别值得一提的是，这幅画中展示的是中国女性，而不是男性，中国女性成为历史转折期赞赏西方文明的中介。

这种中介的性别选择也能从吴友如的其他作品中反映出来。《有女同车》表达了乘坐西式马车的欣喜心情：两位中国女士穿着传统服装，却打着西式阳伞，甚至中国车夫也戴着西式帽子，显得专业（WYRHB，第3集上册：第19页）。另一幅画《一鞭残照》中，三位梳着传统发型的中国女士乘坐西式马车，从铁栏杆围护的西式住宅前经过（WYRHB，第3集上册：第25页）。和《视远惟明》不同，这两幅画中的中国女子已然置身于西方文明产物中。

即使在室内场景中，西方的存在也是显见的。在《别饶风情》中，吴友如画了一群着装华丽的中国女子聚集在一张椭圆长餐桌边，试用玻璃杯和餐具及西式酱料调味品。餐厅中还设有壁炉和枝型吊灯（WYRHB，第3集上册：第10页）。在《明眸皓腕》中，吴友如画的中国女子依然穿着传统服装，围在一张弹子台前，其中一位弯腰瞄准台球。和中国传统审美一致的是，吴友如并没有把画面重心放在西式娱乐上，而是放在欣赏女性的身体部位——"明眸皓腕"——上面（WYRHB，第3集上册：第9页）。

然而，吴友如插画的诗意命名并不妨碍他把女性身体建构为紧迫的文化事件——遭遇西方——的能指，并格外小心地确保这一事件能安全发生。我特别强调"安全"字样是为了表达其中的讽刺意味，因为这一试验所用的"小白鼠"是无辜的中国女性。如果稍有偏差，这些女人就要承担责任；如果一切顺利，这些女人的"主子"就可以安全地享用各种西式生活，从在公共场所乘坐马车到品尝西餐和享受西式家庭娱乐活动。不必误会，中国绅士们其实和他们的女人一样为西方着迷，这从吴友如插画中表现出的对西式物品的熟悉程度就可看出。然而，通过让女性成为与西方想象性接触的中介，晚清的男性艺术家和观者学会了为急迫的现实需要而建构女性身体图像。女性身体的复制不仅仅是艺术品或商品，还可以是想象性事件的田野试验。

四、四处可见的身体的矛盾

回头看海伊对中国艺术中"不可见身体"的疑问，我们现在可以回答：这身体不仅在中国现代艺术中高度可见，而且女性身体还在画报和多种商业产品的宣传中频频出现。现在更值得我们关注的是，现代中国对女性身体各种复杂的观看、理解、表现、传播、商品化和消费方式中不可避免地存在的矛盾。

《良友》在 1933 年 10 月用整版彩页刊登了一位无名画家的画《反抗》。画中所谓的"女英雄"（英文标题）是位正面呈现的脆弱的西方式裸女。她的脆弱不仅反映在她悲哀，甚而惊惶的表情上，还因为她的身姿表明她正要避开某种近在咫尺的身体伤害。她的头向右倾，臀部突向左侧，似乎把身体的重量都支撑在她右手握着的大刀上（LY，1933 年 10 月）。这种动态而又暴露的姿态使模特儿和大刀的关系耐人寻味。一方面，这把大刀作为男性象征似乎应该用来保护女性的裸体；另一方面，模特儿手中的大刀刀尖点地，似乎表明她对这把刀的无能或无力感到失望。在没有其他"男性"护卫的情况下，裸女只能自我保护：既保护自己的裸露的身体，也保护这身体所代表的观念（如美貌、真理、青春等），从而建构了"英雄"形象。

可是她要"反抗"的敌人又是谁呢？对这幅画的语境解读使我们注意到《良友》上报道的两则历史事件。在登载潘思同《裸女》的那期《良友》上刊登了 1931 年 9 月日本侵略中国东北（LY，1931 年 10 月：第 14—15 页）。1932 年 1 月日军入沪，上海战役严重破坏了该市的文化设施，包括电影公司、出版社和书店。《良友》于 1932 年 5 月复刊的时候，向读者致歉：由于日军轰炸摧毁了他们交付商务印书馆印制的 1 月号，该刊不得不停刊 4 个月。复刊这期的《良友》不仅刊登了多幅新闻图片，报道战况和对城市的破坏，还以整版彩页刊登了《人体》，英国艺术家伯特伦·帕克的"天然彩色"裸体摄影，以及上海美术学院学生创作的两幅裸体画（LY，1932 年 5 月：第 32 页，第 46—47 页）。裸女反映的审美情趣和战争新闻似乎并无矛盾。

回到《反抗》这幅画来，我们现在面对的是海伊认为中国传统艺术中缺席的东西："身体作为完整的物体，……是有骨架支撑、有血有肉、实实在在、形态健全的整体。"①换言之，我们在这里看到的是在中国传统视觉表现中缺席的"实体身体"。然而，如果进一步观察，我们会发现，《反抗》中的女性身体并不完全是"实体的"，因为它的意义取决于众多存在于文本中、文本间和文本外的因素。

综合各种因素来看，裸体的"女英雄"在某种程度上象征性地反抗日本侵略，但她的裸露使她反抗的意义摇摆不定。作为主要的欲望对象，她怎么能够代表"英勇地"自我防卫的国家呢？《反抗》中裸女的脆弱因为她的异族面貌更显复杂。拥有金色短发和古希腊雕像般的身躯，她怎么可能代替中国女性作为国家的象征呢？此外，如果她代表的是西方英雄主义，她为什么又拿着一柄中国大刀呢？尽管她的身体展示了西方雕像般的造型，但她拿大刀的样子却使观众联想到另一种形象，即在中国传统戏曲中常见的层层着装的女演员以类似的威武姿态手持大刀。在这个意义上，《反抗》中裸女造型的戏剧性似乎超越我们以上的综合解读，而强调裸体本身即为意义的唯一来源，但是这种"纯艺术"的象征还是受到了商品化潮流的威胁。

通过考察视觉表现的文本中、文本间和文本外的因素，我们在《反抗》中看到了复杂的指义过程，在此过程中，观者在多层意义（有时互相矛盾）中取舍：裸女的纯真、女性美的视觉呈现、性诱惑的力量、健康和现代性、艺术和商品生产的共谋、艺术对商品化的抵抗、身体及道德侵犯的威胁、视觉表现中跨种族和跨文化的张力等等。观看裸女可能引发的不同理解正如海伊精辟评论所言："身体是各种话语汇集的场域，一座真正的肉体巴别塔。"②本文证明，女性身体正是这多种话语和实践交锋的场域，在这里，男性艺术家施展惊人才华，男性文人展露其高雅的鉴赏力、男性企业家投资逐利、男性冒险家想象与西方的遭遇。在详细展开对三种相关表现模式的研究之后，我的结论是：作为艺术品、商品、重要文化事件的能指，或以上任两种或三种的组合，现代中国画报中的女性身体既被建构成提供视觉享受的奇观，又是文化消费和话语形成的场域，也是表达私人幻想、公众焦虑、

---

① 海伊：《中国艺术中身体不可见？》，第51页。
② 同上书，第46页。

难解压力和矛盾的文本空间。

最后,我想澄清的是,这里的结论并没有解决所有围绕着现代中国女性身体的表现可能出现的其他问题,尤其性别观赏问题。比如前面反复强调的以男性为中心的安排引发了一个重要问题:我们怎么想象或界定视觉文化中女性身体的女性观者?可以肯定的是,我这里提到的三种表现模式都围绕着男性观者而展开,这类支配性男性观否定或忽略了女性欲望和女性主体。在画报对交际舞和现代体育的表现中,我们能否假设中国城市女性和她们在20世纪初的西方姐妹一样,在公共活动中拥有了一个想象性的主体,并表明"女性想要摆脱资产阶级家庭束缚的愿望,而创造其他不同的身份,这些身份富于那些使社会保守人士不安的新女性特质"?① 相似的,在时尚方面,我们可否设想中国女性通过购物的消费欲望,积极地参与建构自己的审美观,并最终参与创造民国时期中国的通俗文化?从这种性别特定的视角来看,现代中国画报似乎为女性欲望和女性主体提供了空间,尽管这空间可能还很局限。我希望有进一步的研究来探索这些可能性,帮助我们理解女性观者群对女性身体表现的意义构造。②

(选自姜进主编的《都市文化中的现代中国》,华东师范大学出版社,2007年版。)

---

① 马修·伯恩斯坦、盖琳·斯图勒合编:《东方的形象:电影中的东方主义》,拉特格斯大学出版社,1997年,第105—106页。
② 参见张英进:《审视中国:从学科史角度观察中国电影与文学研究》,南京大学出版社,2006年。

选文三

《申报》广告中的都市享乐主义：美食、佳酿、香烟

王儒年

在1920—1930年代的《申报》广告中，举凡同人们衣食住行有关的商品和服务类广告，无不包含着官能享受的话语。所有的广告都关心着你身体的舒适、健康；所有的广告都在努力为你提供各种官能刺激和满足；所有的广告都在告诉你，你的幸福快乐、你的人生意义就存在于各种官能的满足之中。

一、吃

一直不承认自己是"京派"文人而又一直被公认为"京派"文人的沈从文，曾对他的朋友发表过他对上海的看法："我过去不喜欢这个地方，现在还是不喜欢。"不喜欢的原因有多种，其中一种就是看不惯上海人的"吃"。为了吃，上海妇女凌晨5点就进小菜场买菜；为了吃，使得先施公司食品商店人满为患。他不无讥讽地指出上海人吃零食的习惯，说："和苏州许多人一样，吃零碎！永远是什么采芝香，采芝春，采芝什么的忠实群众"，"一部分人并且口中国国有声，原来什么吃的都可以零包出售，所以一面走、一面看、一面吃的人就越来越多。这个大城市过去是现在仍旧是有百万计的人，都不怎么用脑子想生活以外的事情，而对吃穿却有浓厚兴致的"①。在沈从文，

---

① 《1957年4月30日，致张兆和》，载吴福辉：《京海晚眺》，江苏人民出版社，1997年7月，第9—11页。

他是无法理解上海人"为一张嘴巴奔忙,何至于此"①的。

1930年代有名的漫画家兼作家丰子恺有一篇《吃瓜子》的文章登在《论语》半月刊第41期上。同一时期的文人有若,写了《香瓜子的猖獗》②也登在《论语》半月刊上。他们和沈从文一样,同样无法理解那时的上海,小小的香瓜子何以会那样的猖獗。

如果我们回到1920—1930年代的上海,看一看那时的《申报》广告,就可以找到上海人热衷于吃的原因了。

1922年3月12日精益眼镜公司的广告中明确指出:

> 人身上的福分,就是眼福和口福。

它非常具有代表性地概括了此一时期的广告话语的一个中心含义,而大量的广告正是围绕着如何为消费者提供眼福和口福展开的③。

所谓"口福",无非是同人的嘴巴有关的各种感官刺激和由此带来的享受。在《申报》中,各类食品、饭店、菜馆的广告,都对你的"口福"做出了充分的许诺。

1921年11月4日,冠生园食品广告中写道:

> 冠生园结汁牛肉、果汁牛肉,食之美味快乐,吃了又想吃。

1927年2月8日,致美斋秀记京川菜馆的广告说:

> 本馆不惜重资,扩充十数楼间,特在北京礼聘清帝膳房御用厨司,本主人又远在四川访觅优等厨司,均皆来沪申,精制京川特别席面,随意小酌,菜色道地……烹调与众不同,口味格外鲜美。

1928年7月1日,沙利文餐厅的广告用"惟君所好"为题写道:

---

① 吴福辉:《京海晚眺》,第9页。
② 载《论语》半月刊,第85期。
③ 在一则"双叶牌宝玉霜"的广告中则指出,人的福分无非是口福和艳福。《申报》,1927年1月23日。

> 沙利文之大餐小食，品质精良，最卫生，烹制美，最悦口，尚有午后茶，冷饮品，甜饼细点，惟君所好，随点随到。

1930年1月21日，美商吉时洋行的留兰香糖广告这样写道：

> 新式留兰香糖，更甜更香，余味更长，最耐细嚼。欧美各国，人人喜嚼此糖，即在中国，留兰香糖亦早闻名。一度咀嚼，立知其味之妙；留兰香糖，味美香甜，愈嚼愈有滋味，常嚼口气芬芳，齿颊生香。譬如嚼兰，香留不散，故有留兰之名。

在这类数不清的广告中，不仅对你"口福"的需求给予了充分的保证，而且多方面证明了"吃"对于人的重要性和必要性。"吃"不仅是维持生命的必须，是身体健康的保证，还是人生有无意义的关键。

桂阁麦片广告中说：

> 讲究食物，为健强身体之唯一途径。[①]

上海中法大药房的黄雌童鸡汁广告中明确指出：

> 人生大要，无过于食，盖食物乃天赋吾人一种生理官能。[②]

上海中国天厨味精厂的广告指出：

> 饮食之关于人身，至重至大，人尽知之。[③]

瑞商华嘉洋行的华福麦乳精广告则称：

> 自襁褓婴孩以致龙钟老叟，康健问题即如此，其至重且大——君之生计——君之幸福——君之一生之希望——全恃乎食品问题之满意与否为断案。[④]

[①] 《申报》，1926年10月21日。
[②] 《申报》，1922年12月4日。
[③] 《申报》，1928年7月5日。
[④] 《申报》，1928年7月10日。

这样的广告话语，为"吃"提供了充分的理由，使得上海市民对口腹之欲的追求有了坚实的伦理基础，它不再是道德伦理上的一种忌讳，反而成了一种自豪。1920—1930 年代的上海，就有许多食客自称为"饕餮家"、"老饕餮"，并有专门的文章为饕餮家唱赞歌。在第 52 期的《红杂志》上，就刊有枫隐的一篇文章，题目叫做"饕餮家言"，文中写道：

> 左氏传载太史克之言，以饕餮列于四凶，余窃不平之。夫食不厌精，脍不厌细，乡党记之。式饮庶几，式食庶几，风诗咏之。是知饮食乃人生之大欲。……设或佳肴在御，竟食而不知其味，不几令人有心不在焉之讥乎。

在"吃"被赋予了重大的意义之后，连原来用来讥讽他人的词汇"饭桶"也有了新解。1927 年 10 月 27 日九福公司的百龄机广告中说：

> 客有兼人之量，即以饭桶嘲之，人无干练之才，亦以饭桶讥之，故饭桶二字，寓笑骂之意，所以无人愿意受焉。夫饭乃养命之宝，试观康健多寿者，饭量必高人一等，而大病前后，饭量亦必锐减。饭之有益于人，故显而易见。古人云：药补不如食补，由此而解，体溺少食，欲求饭桶之资格而不获。是以饭桶之称，实有祝颂对方健饭多寿之美意矣。

在广告文字赋予了"吃"以诸多意义的同时，许多食品广告中的插图，以家人、朋友、夫妻、恋人等为主题，不断渲染"吃"为人们带来的家庭温馨、朋友的友谊、夫妻感情和恋人的浪漫，让"吃"变得更具价值和诱惑力。

于是上海市民对于"吃"也就有了新的理解，对于"吃"也就分外讲究。上海的饭店、菜馆也就经常是人满为患①。"白宫饭店道歉"②、"惠而康西菜馆

---

① 有关上海社会在吃方面的情况，吴承联所著的《旧上海茶馆酒楼》（华东师范大学出版社，1989 年）中，罗列了上海数不清的酒楼饭店，并对一些著名酒楼的特色和营业情况做了介绍，书中的一段"食谱开篇"，把上海一地的各种美味佳肴以及上海人对于"吃"的热情描写的淋漓尽致。
② 《申报》，1928 年 7 月 1 日。

的礼拜六"①，都是因为饭店、菜馆过于拥挤，以致许多顾客不能入座就餐而向外界表示歉意的广告。由此可见那时的饭店、菜馆是如何的红火。

1920—1930年代，姑且不论那些富贾大户每日山珍海味，在"吃"上极尽奢华，就是一般的市民，也在尽可能地从"吃"中享受人生的乐趣。"绸缎庄的伙计出店吃盘冷馄饨加一客赤豆刨冰"②也算是从"吃"中获得的一种乐趣，至于他们能够到菜馆吃一两次"大菜"③，那更被当成是人生幸福的体验了。

二、喝

同吃一样，"喝"，在"口福"中也是一项重要的内容。中国的饮食文化中，"吃"与"喝"是不可分离的。上海人大吃特吃的时候，"喝"也是他们追求享乐的一种手段和方式。在1920—1930年代上海文人的作品中，以喝酒为主题的不在少数。翻开《论语》半月刊，我们会发现有不少题目带有"酒"字的文章。刘大杰就有一篇名为《喝酒》的文章，刊于《论语》第50期上，文中谈了喝酒的许多好处，如"若有一两道下酒菜，几个好朋友，边谈边酌，真是趣味油然。若在自己的寝室里，同美貌的太太，剥着栗子、花生米等类的东西，谈谈过去的恋爱，谈谈故乡的情形，谈谈自己心爱的书，浅斟低酌，亦是闺房中乐事"。他还谈到他和郁达夫、何鲁二人，只要"我们袋子里有了钱，就到馆子里去，两三样菜，三四斤酒，喝得昏昏大醉……有时袋子里空了，就叫茶房到学校门外的小店里去赊一瓶酒……喝一个痛快④"。寄萍在《论语》第63期上有一篇《提倡喝酒》的文章，文中对喝酒大加赞美。他说："这年头喝酒是有益处的，有诗意……喝酒是浪漫派，抽大烟是古典派；这年头古典派要不得，浪漫派是非学不可，人不浪漫，等于白活，火炉子都会变成喜马拉耶山上的冰。浪漫固然不仅是喝酒，而喝酒亦为浪漫中之一。

---

① 《申报》，1928年3月3日。
② 吴福辉：《京海晚眺》，第11页。
③ "吃大菜"也被称为"吃大餐"，是指到正规的西餐馆吃西餐，这在1920—1930年代的上海是一种时尚。由于西餐的价格对一般市民来说比较昂贵，偶尔有机会吃上一次，就像是人生有了一大经历一样感到自豪和满足。
④ 刘大杰：《喝酒》，《论语》半月刊，第50期。

所以要浪漫非先喝酒不可。……喝酒也可以说是艺术，美、艺术、诗意、浪漫，要什么有什么。"同一时期的其他刊物如《太白》《红玫瑰》(原名《红杂志》)等，都常有以酒为主题的文章。可见那时的上海，喝酒不仅极为普遍，并且对酒有着深刻的理解。

如同对吃一样，1920—1930年代的《申报》广告在大量的酒饮料的广告中，存在着官能消费的话语。

1921年6月3日，上海顺发洋行的人头马白兰地广告称：

> 人头马白兰地，销路最广，年代最老，色香味皆上上，凡饮之者，莫不称赞。

1924年5月1日，维尔趣葡萄酒广告称：

> 一杯常在手，其乐乐无穷。

1927年1月1日，禅臣洋行的蜜蜂牌三星白兰地广告这样写道：

> 本行经售之蜜蜂牌三星白兰地，久已风行全球，此酒质美味醇，芬芳馥郁，无辛烈刺激之患，有提神补脑之功效，此佳酿有益卫生，各界尝试之后当知言下无虚。

1927年9月7日，维尔趣葡萄汁广告称：

> 晨兴略进果汁少许，顿觉通体爽适，证诸医理与经验皆然，维尔趣葡萄汁，系取新鲜之康考特葡萄制成，质醇而味美，为饮料之上品，而且补血健胃，轻泻助泄，于健康之增进，亦大有裨益。日饮数次，佳美无比，以觞宾客，合座欢谢。

所有这些广告，都向你保证，广告产品能够为您带来满意的口感，愉悦的精神和健康的身体。更为重要的是你能够从喝酒中体验到人生的快乐，正所谓"一生几经月当头，万事不如杯在手"[①]，只要有酒可喝，你的人生就是快

[①] 上海英商源和有限公司蓝牌三星白兰地酒广告，《申报》，1923年10月4日。

乐的、美满的。在这里，中国传统的酒文化也被纳入到广告的语言技术中，构成了广告话语的资源，使得"喝"同吃、吸一起共同建构了上海市民的幸福生活。

三、吸

1920—1930年代的上海，吸烟在市民中是最为普遍的现象。男人吸烟，女人也吸烟；有钱的人吸烟，没有钱的人也吸烟；穿长袍的吸烟，穿西装的也吸烟；吃饭时吸烟，喝酒时吸烟，写作时吸烟，跳舞时也吸烟。吸烟成了上海市民生活中不可或缺的内容。据上海市政府社会局1934年的调查，上海市民家庭中，有吸烟支出的家庭占92.5%[①]。《论语》半月刊创刊号上登出的"论语社同仁戒条"中，把"不戒癖好（如吸烟，啜茗，看梅，读书等），并不劝人戒烟"作为他们的第九条。由此可以想见，吸烟在当时上海社会的普及和影响力。

吸烟之所以如此流行如此普遍如此具有影响力，同样与1920—1930年代的《申报》广告有着密切的关系。

1920—1930年代的《申报》上，香烟广告之多，是所有翻开过《申报》的人都能感觉得到的。广告插图中的男性，吞云吐雾，满面笑容；女性的纤纤玉手也优雅地夹着各种牌子的香烟，神情愉悦。在《申报》上到底有多少香烟广告，这怕是一个难以统计的数字，唯一可做的是对在《申报》上做广告的烟草公司作一个粗略的统计。在《申报》上做广告的烟草公司首推中国南洋兄弟烟草有限公司和大美烟公司，其他有驻华英美烟公司、中美烟公司、花旗烟公司、大昌烟公司、华成烟公司、雅达烟公司、中国烟公司、永泰和烟草股份有限公司、三北烟草公司、利商烟公司、华生雪茄烟公司、元华烟草公司、瑞伦烟草公司、福昌烟公司、美利烟公司、益华烟公司、三兴烟公司、丽华烟公司、大有烟公司、中南烟草股份有限公司、中国华达烟草

---

① 上海市政府社会局编：《上海工人的生活程度》，《上海工人杂项收费用表》，中华书局，1934年，第78页。

公司、东亚烟公司、兴业烟草股份有限公司、中国大陆烟草公司、中国警醒烟草公司、振胜烟公司等近30家。每一家公司都拥有几种、十几种甚至几十种牌子的香烟出品，而一种牌子的香烟有可能连续做出多种不同版本的广告。以南洋兄弟烟草公司为例，其出品的香烟有几十种。1923年4月9日，南洋兄弟烟草公司的广告中，用其公司出品的香烟名称谱写了一首新道情，新道情这样写道：

> 香烟厂，推南洋。原料好，制法良。振兴国货声名广。"联珠""钻石"烟枝大，"爱国""鸳鸯"气味香，"金钟"出品夸无上。挽利权神州幸福。补漏厄邦国荣光。驾"飞机"，过"长城"，"白熊"出，"嘉禾"生，天边"百雀"飞成阵。旅行"兄弟"胸襟豁，探险男儿志愿成。大家喜得威名振。"自由钟"声声入耳，大可以压倒强邻。有"美女"，性"和平"，乘"飞艇"，貌娉婷，秋波妙曼观风景。高山隐隐环流水，"宝塔"层层映茂林。飘飘好似登仙境。意中人并肩轻语，"鸳鸯"侣共结同心。"喜鹊"鸣，瑞兆符，乐"四喜"，祝"九如"，光阴如蜜欣然度。华堂福寿同声颂，"金马"荣光信口呼，"鸳鸯""福禄"真堪贺。更有那"马车"安稳，旅行时仆从盈途。①

在这首新道情中镶嵌了南洋出品的24种香烟。除了这24种品牌的香烟之外，南洋出品的香烟还有"梅兰芳"、"白金龙"、"华丽"、"银行"等牌子，也都在《申报》上大做广告。

这样的一种状况，使得《申报》上到处充斥着香烟广告。在随处可见的香烟广告中，充满了各种各样的话语。

南洋兄弟烟草公司的香烟广告中说：

> 无竹令人俗，无烟令人闷，大长城香烟乃消闲解闷之清品。②

---

① 文中引号内的词为香烟牌子。
② 南洋兄弟烟草股份有限公司广告，《申报》，1922年5月3日。

吸联珠烟，能使精神上得着充分的安慰。①

你看她多么写意，一面吸着大连珠香烟，一面看着儿女英雄传，这滋味真比吃燕莱席还好啊。②

有美一人，巧笑倩兮，美目盼兮，金闺无俚，吸香烟兮，藉以消遣兮。③

寒夜围炉吸金马牌香烟，与室人喁喁谈话，亦人生之乐事也。④

吉士香烟广告中说：

吉士之味，丰富醇和，愈吸愈有乐趣。⑤
囊中有吉士时常为伴，可以永不寂寞。⑥
工余之暇吸之，可以心旷神怡，⑦
吸吉士香烟，其味无穷，如观妙舞，得最深刻之美感。⑧

美女牌香烟为了突显吸烟给人带来的愉悦，用"一墙之隔，苦乐悬殊"为广告标题，来渲染有香烟吸和无香烟吸的不同。在此幅广告的插图中，两个男子各坐一室，一个愁眉不展，一个神采飞扬。广告词写道：

（一个是）烟已吸罄，偶忘续购，一时无以消遣，以故双眉愁蹙，如有隐忧。（另一个是）此君事积如山，乃能眉飞色舞者，以有美女牌香烟助兴也。⑨

---

① 大长城牌香烟广告，《申报》，1928年3月13日。
② 大联珠牌香烟广告，《申报》，1927年10月18日。
③ 同上，1923年5月20日。
④ 宝塔牌香烟广告，《申报》，1922年2月8日。
⑤ 吉士香烟广告，《申报》，1921年3月29日。
⑥ 同上，1921年4月5日。
⑦ 同上，1921年4月14日。
⑧ 同上，1928年10月10日。
⑨ 《申报》，1928年10月13日。

此外，很多广告还把吸烟同身体健康联系起来。如1921年5月1日，华成公司的双婴孩牌香烟广告中称：

> 吸双婴孩牌香烟之功效：平日间吸之……精神活泼；宴会时吸之……开胃健脾；聚餐后吸之……消化积食；办事时吸之……文思大增；疲倦时吸之……精神一振；沉闷时吸之……百愁尽解；旅行时吸之……避瘴辟疫；演讲时吸之……润喉提音；看戏时吸之……久坐不倦；卧病时吸之……引起乐观。

1922年1月15日，尚武牌香烟广告称：

> 世界日日进步，凡吾人类皆日日在奋斗之中。本公司应时事之需要，特发行香烟一种，色黄质洁气厚味醇，名曰尚武。诸君处此竞争社会，若于百忙之中吸一支，必能唤起精神，鼓起余勇，为再度之奋斗。诸君欲为一奋斗之健儿乎，请勿忘尚武牌之香烟。

同时，尚武牌香烟还把吸尚武牌香烟同改变中华民族"东亚病夫"的形象连在一起，称：

> 吾国素好文弱，泰西每目我以东方老大病夫之名。处今日竞争激烈时代，若长此萎靡，其将何以存立乎？本公司有鉴于此，特发行尚武牌香烟，诸君吸此，当能发挥尚武精神，以雪东方老大病夫之耻。是则本公司所馨香顶祝者也。①

哈德门香烟广告中，把家庭幸福与吸烟联系在一起，宣称：

> 凡家庭中吸哈德门香烟，可以使一门和顺，合家欢乐。②

钻石牌香烟广告也用诗词的形式渲染了吸烟给夫妻间带来的和谐与美满。广告写道：

---

① 《申报》，1922年2月14日。
② 《申报》，1923年8月1日。

卿御钻,我吸烟,乐如羽化而登仙,卿小坐,我旁立,妇随夫唱真和辑。①

1920年5月到7月间,双六牌香烟在《申报》上做出系列广告,竟把吸烟同人生各种各样的快乐紧密地联系在一起。广告如下:

1920年5月17日,双六香烟,"君子有二乐,吸双六牌香烟,看梅兰芳演戏。"

1920年5月26日,双六香烟,"君子有二乐,吸双六牌香烟,娶得美妻。"

1920年5月29日,双六香烟,"君子有二乐,吸双六香烟,穿新衣服。"

1920年6月4日,双六香烟,"君子有二乐,吸双六香烟,双生贵子。"

1920年6月15日,双六香烟,"君子有二乐,吸双六牌香烟,中头彩。"

1920年6月30日,双六香烟,"君子有二乐,吸双六牌香烟,坐新式汽车。"

1920年7月16日,双六香烟,"广交际,增友谊"。

所有这些广告话语都让你相信,吸烟是你追求快乐的重要内容之一,它能为你消愁解闷,令你心情愉快;吸烟能使你身体健康,充满活力,藉此可以改变中华民族"东亚病夫"的形象;吸烟可以振奋你的精神、陶冶你的性情;吸烟还能令你家庭幸福,生活美满。吸烟还有其他许多许多的功能,诸如追求平等、体现身份、成名成家等。在广告话语中,吸烟成了一项无所不能的消费。

正是广告的话语,使得香烟成为上海市民的必需。香烟不仅进入到上海市民的日常生活中,也进入到上海文人的作品中。在文人的作品中,香烟

---

① 《申报》,1922年5月17日。

又被赋予了更深刻、更抽象的意义。在1930年代的小说、散文及小品文中，存在着大量的对香烟的描写。香烟或成为表现人物的道具，或成为作品的主题。

《良友》画报的编辑梁得所，就写过一篇《烟和酒》的文章。在文章中梁指出了"烟"的种种功用，说它在交际中能使"宾主皆大欢喜"，能使孤独寂寞的人得到安慰。认为"何以解闷，惟有烟斗"的说法是不会错的[①]。

1930年代极负盛名的"新感觉派"作家穆时英的作品中经常提到《申报》广告中出现过的香烟品牌，他在《被当做消遣品的男子》中，描写主人翁意识到自己只是女主角的消遣品的时候，第二天就去买了一支手杖，"它伴着我，和吉士牌的烟一同地，成天地，一步一步地在人生的路彳亍着"[②]。

在他的另一篇小说《骆驼、尼采主义者与女人》中，男主人公漫步经过回力球馆、舞厅、赌场、情调迷人的酒吧和咖啡馆，一路上都吸着他最钟爱的骆驼牌香烟[③]。穆时英的其他小说如《夜》《黑牡丹》《夜总会里的五个人》等，到处都有描写吸烟的情节。在刘呐鸥的小说《两个时间的不感症者》中，两个男性在知道他们感兴趣的女性并不真正爱他们的时候，"他们饮，抽，谈，舞得过了一个多钟头"[④]，借此来排解心中的无聊和精神的空虚。在这里，香烟成了上海都市生活中空虚的人们生活目标和意义的替代品。他们"蔑视着恋爱，痛爱着纸烟，把烟卷当成恋人"，让自己的生命"攀牢着纸烟"[⑤]。

徐訏在《人间世》杂志第一期上有一篇《论烟》的文章，文中写道：

> 如果要把烟的美从外面的鉴赏，到内心的享受，吸烟是最能收此效之事。……惟有烟，多至十万个人与少至一个人，都有意义。斗室里旷野中，都可以享受；坐也好，立也好，卧也好，真是无往而不便当；而意味之长更非他物所能代替。

---

① 见梁得所：《烟与酒》，选自《烟与酒》，良友图书公司，1933年。
② 李欧梵编选：《新感觉派小说选》，允晨文化事业股份有限公司，1988年，第56—57页。
③ 同上书，第192页。
④ 严家炎选编：《新感觉派小说选》，人民文学出版社，1985年，第16页。
⑤ 参阅李今：《海派小说与现代都市文化》，安徽教育出版社，2000年，第60页。

陈子展在《人间世》第 20 期上的《中国人吸烟考》中则宣称：

> 吸烟！差不多都成了现代中国人的日常功课。不晓得吸烟，除非他是绝顶聪明的圣人，格外愚蠢的傻子。

由此可见，在香烟广告的强大攻势下，吸烟几乎成了上海市民人人必须的生活内容，成了追求愉悦、健康和人生意义的手段。市民们从吸烟中获得味觉、嗅觉的感官刺激，从吸烟中获得心理上的愉悦和享受，并在吸烟中获得话语宣传下的模糊的、虚幻的人生意义。

（选自王儒年《欲望的想象——1920—1930 年代〈申报〉广告的文化史研究》，第三章《享乐主义人生观》中的部分内容，上海人民出版社，2007 年）

■ **进一步阅读的文章和书目**

坂元弘子：《民国时期画报里的"摩登女郎"》，姜进主编，《都市文化中的现代中国》，华东师范大学出版社，2007年。

吴方正：《裸的理由——二十世纪初期中国人体写生问题的讨论》，台湾《新史学》15卷2期（2004年6月）。

倪伟：《商品镜阵中的女性身体——论"月份牌"女郎》，《枣庄学院学报》，2008年第1期。

徐虹：《"月份牌年画"与"新兴版画"中的女性想象》，荒林主编，《两性视野》，知识出版社，2003年。

蒋建国：《符号、身体与治疗性消费文化——以近代广州报刊医药、保健品广告为例》，《甘肃社会科学》，2007年第6期。

［日］深町英夫：《身体美学、公共意识与新生活运动》，载中国社会科学院近代史研究所编，《中华民国史研究三十年（1972—2002）》中卷，社会科学文献出版社，2008年。

■ **进一步思考的问题**

1. 都市文化中的女性身体只能是符号化、功能化的吗？女性身体作为被表现和被观看的对象，与女性的现实存在是何关系？

2. 民国时期艺术作品对女性身体形象的绘制对于现代女性审美趣味的形成有何影响？

3. 如果说身体在消费文化中的凸现是必然的，那么，如何评价其具有的意义？

■ **相关性阅读的书目**

［英］西美尔著，顾仁明译：《金钱、性别、现代生活风格》，学林出版社，2000年。

［英］齐奥尔格·西美尔，费勇、吴燕译：《时尚的哲学》，文化艺术出版社，2001年。

［英］约翰·伯格著，戴行钺译：《观看之道》，广西师范大学出版社，2005年。

［法］米歇尔·昂弗莱著，刘汉全译：《享乐的艺术》，生活·读书·新知三联书店，2003年。

高宣扬：《流行文化社会学》，中国人民大学出版社，2006年。

李孝悌：《恋恋红尘：中国的城市、欲望和生活》，上海人民出版社，2007年。

罗苏文：《近代上海——都市社会与生活》，中华书局，2006年。

乐正：《近代上海人社会心态》，上海人民出版社，1991年。

■ **相关文献、作品举要**

刘海粟：《人体模特儿》

张竞生：《裸体研究——由裸体画说到许多事》

第三节 娼妓问题

导 读

娼妓问题作为一个悠久而广泛的社会问题,既与道德、伦理、政治和经济等问题紧密相连,又与人性的基本问题不可分割,因而具有非常复杂的特性,特别是在城市商业文化中,这一问题会显得更为突出。

自晚清以来,"废娼"都是社会改革和妇女解放的一个重要内容。和其他女性解放运动如"废缠足"、"不束胸"一样,娼妓问题也被改革人士看成是现代化的重要问题之一,因此也被卷入了关于国家富强、民族独立的现代化的论说之中。和妇女缠足被看成是导致人口身体素质下降的原因一样,卖淫嫖娼问题也被看成导致国家孱弱、落后和民族危机的根源。思想家、改革家们对禁娼问题具有比较一致的看法,即一方面认为娼妓问题是关系到妇女解放的人道主义的问题,另一方面又是一个关系到社会风气和文明道德的问题,娼妓业繁盛往往是世风败坏的标志。因此,废除娼妓业被认为是国家从落后走向先进的保证之一。

然而,当我们重新审视近代以来关于废娼的历史时,我们会发现我们所能看到的、听到的都是一些来自男性思想家和改革者的声音，女性的声音特别是妓女群体自己的声音却非常稀少，探究民国时期妓女生活本身的历史真实就成为了一些研究者的目标。

本节选文的第一篇是贺萧的一篇文章，该文选自她的《危险的愉悦：20世纪上海的娼妓问题与现代性》一书，该书的写作动机是发现被淹没的没有话语权的妓女这一特殊的性别群体自身的声音，并与改革人士的声音进行对照和比较。本选文选择的是她的这一专著中第一部第二章中的内容，主要对晚清到民国时期上海妓女的等级和类型等状况进行了具体的分析和说明，由此，读者可以大致把握当时妓女行业的基本面貌。

王娟的《清末民国时期北京的"救娼"与"废娼"》一文提供的是同一时期北京娼妓业的面貌以及北京地区对娼妓的社会救助与废止的情况，该文最后的落脚点落在当时关于"废娼"和"救娼"的两种不同意见的争论上。与贺萧这样的海外学者采取的"自下而上"的研究方式不同，这篇文章采取的是"自上而下"的研究方式。非常明显的是，大陆学者的研究更多地受到了晚清以来知识分子和国家意识形态关于娼妓问题的主流话语的影响。通过对这两篇文章对同一问题采取的不同研究方式的比较，读者或许会受到一些启发。

选文一
20世纪上海的娼妓问题与现代性：分类与统计

贺 萧

上海妓女多为贫寒的做工人家和家道中落的中上等人家的妻女，虽说其境况不一定太差，可无论在当时还是从前，她们基本上总是处于阶级等级和社会性别等级的底层。然而要论她们的从业条件、生活境遇以及个人在上海风流场中的地位和名声，其间的差异甚巨，乃至用"妓女"一言概之显得有失妥切。上海的娼门依嫖客的阶级地位、买卖双方的原籍以及妓女的品貌年龄等，分出了高下档次。旅游指南和改革者都描述了妇女从事娼妓业的一系列安排：女人可以被卖给或抵押给开妓院的业主，可以事先讲好怎样与老鸨拆账，或者自己行业。同"自由"经营自家身体的私娼相比，卖给妓院或典押给妓院的女人自然是不大好拒绝接客的。高等妓女提供陪伴侑酒、歌舞表演等社交服务，虽说也有卖身之事，但并非总是以性服务直接取酬。与之形成对照的是居于行业下段的妇女，她们的主要服务内容便是经常的不讲究形式的性交了。20世纪上半叶，行内等级发生了很大的变化，高档的长三妓院也好，街头拉客的也好，都面对着向导社、按摩院和舞厅等诸多新建场馆的竞争。要谈这一阶段的娼妓业，必须跨等级、跨时段地探究各种不同的从业环境才是。

娼门并无清晰可见、各有确定地界的等次之分。如有等级，不如说那是一系列作者共同的或交叉重叠的想象性描绘之产物，是男人（或以男人为主）的认识、回忆、分类、统计的结果。对许多作者、尤其对书写名妓者而言，划分等级的举动本身就是一种怀旧，就是分门别类地记载他们感到业已消逝或已岌岌可危的生活方式。他们在感怀旧时、历数上层妓女生活的同时，也透出对数量激增的下层卖淫女的鄙弃或惊恐的态度。对另一些作者、尤其是书写马路拉客女的人而言，分类行动本身便成了揭露丑恶的手段，用来警醒市民，令其关注并采取行动解决社会问题。

说娼妓业的分类存在于人们共同的想象之中，并不等于否定高级妓女"真的"分出过清晰的等次。她们确有等次，而且有许多证据表明她们自己也明白这个道理，有时相互之间门户森严。当我说分类是想象性的产物时，我想指出的是，那些书写娼妓业的男子在描述业内情况的同时也就为之设定了等级。对他们来说，等级就是次第排序，这不光是给不同的类型命名的问题，而且还必须阐明高等与低等的关系。作者们正是通过建立等级范畴、确定各类别的重要程度、构筑不同等级之间的边界并以话语形式巡视把守这边界，才使不同的等级得以凸现，并使之成为上海生活的一大特色。等级的构建又是通过一些现成的叙述步骤实现的，作家之间亦步亦趋，互相印证，反复叙说，往往一字不差。有四个步骤最为重要，即划分地界、统计数字、区别类型、区分地域。然而，即使最详尽的分类也无法穷尽五花八门的上海性劳务状况。来自各种不同背景的妇女在性劳务市场进进出出，形成了非正式的临短工队伍，而新形式的色情服务则在按摩院和舞厅等场所迅速扩展。因等级遭到破坏而产生的焦虑沮丧始终是民国晚期文字中的一个主题。等级制度虽不是稳定的范畴，但已成为人们的一套共识，并对上海妓女的生活产生了实在的社会影响；本章要探讨的就是这样的一种等级制度。

这里出现了我们能否听到下属群体说话的问题。人们其实不可能脱离开等级所划定的范畴来揭示妓女平时"真正的"工作和生活条件，因为这样的条件本身几乎总是被说成为等级的注定结果。例如，虽然在有关高等妓院的描写中有时也会出现严厉的或霸道的鸨母，但"恶老鸨"在有关下等妓女的文字中出现得频繁得多。老鸨狠毒多与贪婪有关；妓女拉不到足够的生意或不肯多拉客便遭老鸨殴打摧残的事例，在回忆录、俗语切口汇编、新闻报道、旅游指南、黑幕故事等中多有描述。下等娼妓被逼迫着时常卖淫，加上受虐待，无怪一位指南书作者想象她们是层层压在地狱中了。

娼妓的身心健康，无疑依情形不同而有别，如老鸨狠毒还是好心，她们是否要多接客，是否生病或者怀孕等。不过，但凡提到娼妓身心状况的，却几乎总是为了论证改革的必要，或悲叹十里洋场淫风日炽。有社会工作者报道说，一些妓女说出了抑郁的心情，感到自己低贱，心中疑惑。①做救援工作的在访谈报道中，亦称她们"已经失足而至麻醉……灵魂麻醉"②。一位指南书作者在评论下等妓女的处境时感到震惊，说"这般人工泄欲器，也已成了日常功课，已由苦而乐了"③。如果说，文章中描写的妓女接客愈频繁，地位便愈低下，那就意味着，在许多观察者的眼中，衡量堕落的最终标准是看女人对卖身变得麻木不仁了，还是看上去甚至当作乐事。然此种种说法所揭示的，其实是推进现代化的改革人士及怀旧文人的心声，而远非妓女的真实生活。

一、划分地界："此地风光不再"

妓女的等级部分地通过地界的区划表现出来，什么样的地段就有什么样的等级。民国期间出版的大多数欢场指南以及同时期的小报文字，都以大量篇幅关注娼妓业的空间分布。作者们开列马路街道、巷子里弄的翔实名单，指明各种等级的妓院的位置，还有的记载了一些等级的妓女从一处搬迁到另一处的情形。对这些作者来说，登录场所的乐趣看来并不只在收集和重现地名，而是在诵念地名的过程中唤起那已经消逝的世界。

写于20世纪10年代和20年代的作品中，作者回忆起19世纪初叶的情形。那时黄浦江上有船舶载妓应客；妓艘游弋于停泊在港口的汽船间，舟子高声唤客，有意的商贾便请上船来。描写妓艘的文字总会提到女人之美艳，衣衫之讲究，以及江面上飘过的悠扬笙笛。到了19世纪中叶，不知何因，船妓登岸，群居于老城区的虹桥一带，所应的嫖客为广东福建的商贾。1860年间，太平军围城，许多妓女因迁出老城区，搬到了租界（公共租界始建于1845年，法租界建于1849年）。百年间长三、幺二妓院等不停地迁徙租界，有些资料称这种现象与西洋人来后上海日胜一日的繁华有关。

---

① 郁维：《上海娼妓五百个案调查》，《市政评论》第10卷第10期，1948年，第12—13页。
② 陈露薇：《收容妇女的经过》，《上海妇女》第1卷第1期，1938年，第21—22页。
③ 王定九：《上海门径》，中央书店，第51页。

在民国作家的忆旧文字中，19世纪最后的二三十年一般被标以上海名妓的"黄金时代"。1917年时有位作者写道，从前富豪们在青楼挥金如土，故市面兴旺；对比之下，他生活的时代虽说妓院和妓女的数量大增，光景却是大不如先前，按他的说法，是白银外流的缘故。往日里，男宾云集青楼，据称只为笙箫欢歌，名流聚首；性事不说没有，却非采撷之重，倘使发生，也说成是一桩柔乡韵事，而非赤裸裸的钱性交易。19世纪后期，上海老城区内挨着北墙的里坊为妓院麇集之所。文人们笔下收进了那里的花园、围篱、竹帘掩映中的"红衫绿袖"，还有那顾盼之间的万种风情。最高档的长三妓院亦荟萃于公共租界的四马路（现福州路）和宝善街（现广东路）上的弄堂街坊，许多文章怀着深情历数了这些里弄的名字。民国时期，那一带是公共租界的商业中心，就在青楼近处，绸布庄、服装店、药房、报亭书店、戏馆、影院、酒楼和旅社鳞次栉比，沿街排开。隔了几个街区的妓院，就低了一档了，也是几经迁徙过来的：先是从老城区搬到小东门，后来一场大火烧了许多堂子，再后来搬到公共租界，在河南路、北京路、东西棋盘街和鸡鸭弄（老北门外）等处安顿下来。1920年后，公共租界开始禁娼，妓院遂逐渐移向法租界，沿着爱多亚路（即"爱德华七世路"，现名延安东路）两侧开设起来。作者们以诱人的笔墨勾画海上风月场，只道那是僻静、雅致、隐蔽的去处，富绅巨贾会粉黛，丝竹袅袅，绕室盘桓。描写的青楼女子，无不衣着得体，颇懂自爱，全然没有暴露在人们视线下的一般娼妓行径。

自19世纪末，属于公共租界的南京路一带便聚合着拼命拉客的马路娼妓（一则文字痛斥"冶叶倡条"，称之为"鸠盘荼不足当雅人一盼"），而城外临河一带，"亦多娼家，编竹为篱，持泥成壁，湫隘殊甚。稍自爱者每不屑处。"① 公共租界北面虹口区内的北四川路，则集中了广州、东洋、韩国和（十月革命后的）白俄妓院，厕足其间的还有舞厅、影院、茶室、餐馆、澡堂、美容院和按摩院，其中自有许多打临工性质的娼妓。到了20世纪，"大世界"（1917年开张）一类的游乐场和永安公司等百货公司的屋顶花园开始有女子弹奏琵琶，演唱戏段子，而端茶送水的女招待也兼做陪伴女郎出卖色相，

---

① 徐珂：《清稗类钞》，商务印书馆，1920年，第20页。

收取一份额外的报酬。

据说高级妓女十分注意身份，与野鸡掰扯得一清二楚，为此不惜迁徙搬家，"以示不与同流合污，以为区别"[①]。无论长三、幺二们本人是否真的以门户决定栖息地，几代作者所作的地界区划却表明，曾是高等妓院渊薮的福州路（四马路）到了30年代已是鱼龙混杂，什么样等次的堂子都有了。甚至在书场中，倡优在台上弹奏说唱，台下就有娼妓巡游于听众间拉客。时光流逝，旧时的高级青楼区衰败下来，档次一降再降，由此指南书中便常能听到"此地风光不再"的喟叹。当作者们说起浙江路上原先是青楼胜地的迎春坊现在却为"三等野鸡的窝场"，曾经赫赫有名的虹桥也变成"担菜负薪者的征逐场所"[②]，无不唏嘘黯然。"花底沧桑"、"陵谷变迁"之评说，确立起书写高等妓女文字的一大主题：怀恋逝去的风光。

二、统计数字

上海娼妓业于史学家之所以重要，所涉妇女的人数之众至少是部分原因。然而要说出上海卖淫女子的确切数目是不可能的。公共租界对娼妓时禁时容，而在法租界，妓院则有营业许可证。各种市政府态度不一，这意味着没有系统地收集统计资料。妓院老板哪怕只为省下贿赂官员的费用，往往也会有意隐瞒生意的性质和规模。计数一事，和分类、管理一样，并非中性的活动。在上海和在其他地方一样，创建统计资料是国家政体法度建设过程的有机部分，体现了现代性工程所具有的侵扰特征，常受到被调查人群的抵制。统计数字貌似准确，然其搜集者为各种不同的团体，之所以要搞统计的理由也时时在变，至于统计对象，更是有十足的理由不说实话。

现能找到的残缺不全的统计资料表明，社会上的卖淫队伍呈不稳定增长的态势。据公共租界一位西洋卫生检察官1871年的统计，租界内有1632名中国妓女，而法租界公董局估计在法租界内有2600名。两处的青楼据说

---

① 孙玉声：《妓女的生活》，春明书店，1939年，第3页。
② 同上书，第4页。

多为国人而非洋人所设。1908年的一部指南列了1219名妓女（其中最高档的969人，次之146人，广州妓女42人，东洋妓女62人）。低等的妓女未列入，或许因为作者是在指点冶游高档青楼的门径，而非监测公共卫生情况。到了20世纪10年代后期，公共租界当局对卖淫比较关注了，遂发现妓女人数在增长，恐慌心理和勤勉的统计互推互动，两者都在升温。上海市工部局正俗科在1915年进行的一项调查显示妓女总数已达7791人，其中差不多五分之四是马路拉客的野鸡。1920年间，租界任命的淫风调查会的一项报告中提到，仅在公共租界就有4522名中国妓女，也就是说租界中每147个中国居民中就有一个妓女。报告还指出，若大上海以150万人口计，并算上在法租界活动的妓女，则上海每300个中国居民中就有一个女人以卖身为生。这些数字还不包括报告中所说的"偷偷摸摸的"妓女。事实上另外一组差不多同时进行的统计显示，在两个租界有六万多名娼妓，其中多数是被称为"雉妓"的街头拉客女，或更低等的卖淫者。

实际上每一个观察过上海滩景象的人都会说到，没有营业许可的娼妓以及有其他职业掩护的卖淫人数大大超过了有营业执照的妓院。20世纪，舞场内计时付费的职业舞女、按摩院里的按摩女郎、歌舞杂耍场里的女招待、旅行社的向导女、卖报纸香烟和水果的小商贩、巡回为水手织补衣服的补衣女等等——或是因职业需要，或是因收入微薄需要补贴，这些女人实际上都在从事卖淫活动。虽然当时的调查统计很少将她们计入妓女队伍，但在估算提供性服务部门的规模和理解妇女的从业选择时，必须考虑这些兼职的或"有伪装"的妓女。

20世纪20和30年代发表的数字与其说是统计的结果，不如说是社会科学学者和改革家所提出的粗略见解。他们拿出来的往往是大数，约数，是有伸缩性的数字；它们引导读者，使他们去想象有越来越多的、根本无以计数的妓女活跃在上海的大街小巷。1927年的一项估算称有执照的和无执照的娼妓数字为120000人，到了1935年，估计达100000人，减少的部分主要归因于农村的自然灾害和萧条时期工厂的倒闭。1937年，在日本入侵前夕发表的一份英文报告称公共租界有25000名妇女从事卖淫活动，也就是说，租界的每14名妇女中就有一个妓女。妓女中有五分之一是"已知的职业卖淫者",但作者们最忧虑的是百分之八十的非正式从事卖淫活动的人,她们在百货公司的屋顶庭院,在旅馆、公园、电车、影院以及在街头拉客。战后的一项研究将专职妓女的数字定在50 000人,但也指出这数字应增加一倍,以包括"行为接近娼妓"的妇女。①

这些数字意味着,在中国最大的工业城市上海,在一些时段,妓女的人数超过了棉纺女工数。按照1935年公布的10万妓女的数字推算,大约每13名妇女中就有一个妓女;按照战后的数字看,则是每15至20名妇女中有一个,如果只考虑年轻的成年妇女,则比例还要提高。调查报告的作者在探讨娼妓数字上升的原因时,最经常提到的是上海人口的增加,大量流动人口(贫富都有)从其他地区进入上海,以及男女人口比例不均。1910年到1930年间,包括公共租界和法租界在内的上海人口增长了将近两倍。第二次世界大战结束时的人口与1930年大体持平,可1945年至1947年,人口再次增长了三分之一。1910年时外来人口占总人口的82%以上,到1930年时已超过90%。流入上海的女性人口在工厂、尤其是纺织厂找到工作;有的当了佣人或奶妈,还有的进入娱乐行业,或当了娼妓。

但是流入上海的男人数目大大超过女人。30年代初,在租界以外华人管辖的城区里,男女性别比一般是135∶100,到了二战以后的三年间,这比例已下降到124∶100。而在租界,中国成年男女的人口比例更加失调,1930年公共租界的男女之比为156∶100,法租界是164∶100。民国时期的社会改革家总爱指出,城市人口中婚姻无着的男性过多造成了性交易需求的增长。虽说可能情况属实,但是在20世纪上半叶的大多数年份里,公共租界和法租界内的成年男女性别比却稳步趋向比较均衡。正是在这同一期间,报告出来的娼妓数目却在稳步上升。

归根到底,数字的意义不在于准确指示娼妓业的增长情况,而是引导人们看到变化着的统计方法和统计目的。要对什么进行统计,为何统计,由谁来作统计,这些在上海是经常发生变化的。社会科学的调查研究继回忆录之后成为书写娼妓业的主要文类,改革代替了原先的赞赏而成为作家的主

---

① 郁维:《上海娼妓五百个案调查》,《市政评论》第10卷第10期,1948年,第10页。

要议题，这时调查报告也就置换了原先的登记造册而成为娼妓业统计的主要手段。看似确凿的调查数字很快就过时，代之而起的是援用模糊的大数字的做法，所传达的意思是，卖淫已成为无法控制的、五花八门的并日益具有危险性的现象。当国家和改革者坚持实行对娼妓的监控时，统计成为大家都使用的一种手段。如此产生的统计数字与其说明对娼妓业的限制已见成效，不如看作是表现了上层人士越来越强烈的忧虑。

三、区分类型

从晚清到20世纪40年代，几乎所有关于上海娼妓业的长篇描述，诸如冶游见闻、指南向导、通俗小报以及宣传改革的出版物等，无不详述娼妓门户及与此行业有关的匪夷所思的名称和名堂。嫖客也是从知书识礼的名门之后到暂靠码头的外国水手，无所不包。这些妓女的名目中许多是上海特有的。别的城市同样也有当地的各种类型，也以差不多的方式作了分组归类，列数详述。但这些叙述并不仅仅在搞妓女分类，而是作为历史讲叙出来。历史的叙述通常隐指三种主题：一是娼妓在中国源远流长，二是娼妓史与士大夫的历史有千丝万缕的联系，三是当代娼妓业的发展与中国近代史平行，讲述了从文明到压迫与危险的一部衰落史。

20世纪初上海娼妓行当的术语渗透着早期历史的印迹以及对官场的讽喻。"倌人"是高等妓女的一种称谓，本意"为官之人"。1891年一位游览向导作者说，"倌人"出处无从查考，但认为用"倌人"称妓女或许因妓如官，均可视为"公共之物"。他还提出另一种解释，说该词出自元朝和明朝的"官妓"。① 另一种说书妓的常用称谓是"先生"。"先生"原是对学者、长者和受尊崇者的尊称，后来演变为说书艺人的行业俗名。英语中往往将这样的艺人译作"说唱女"或"歌姬"（sing-song girl）。1935年有一部《上海俗语图说》词典，编者遍查《礼记》《论语》等多种儒家经典搜寻"先生"的意思之后，苦笑着说未见一例称女子为先生的。正如上海妓女自成一统，未有先例

---

① 半痴生：《海上冶游备览》卷一，1891年，第5页。

一样,"先生"这个用语也没有先例(于是亦暗示其不合常规,甚至不合法)。"倌人"和"先生"两个称谓都挪用自有脸面的男性官僚士大夫阶层,于是产生了一个绵绵不绝的话题,即20世纪士大夫和高等妓女传统的式微。

书寓:从献艺到卖身

20世纪中,几乎所有写到娼门等第的文字都会感伤地从"书寓"说起,那是妓中的最高品格,当时已淘汰无存。19世纪后半叶会弹唱、善说白的妓称书寓,专门接待当地的文人学士。通常亦称她们为"书史"(说书倌人)、"词史"(诗词倌人)和"先生",其表演的场所为"书楼"(说书的书场),所栖息的寓所便称"书寓"(说书人的寓所)。"书寓"亦指这一等级群体。

指南书的作者将书寓妓的艺涯谱系上推了一千年。在上海,据说男说书人为吸引听众,曾起用女性来说书,到头来女人说书说红了,男人便退居后台,操弦为说唱女伴奏。19世纪六七十年代书寓风气大盛。说书的女子演出时,其红纸名牌高悬书楼外。男人付一元点唱,便算是热客了。演出后,有些说书艺妓也在自己的寓所应酬客人。19世纪早期,每年都有一次(也有说一年两次)会唱,相当于考核,来认证书寓资格;彼时书寓妓展示各自的唱、说白和操弦之技艺,通过者方得继续谓之书寓。书寓不独花容玉质,华服美饰,其酬宾的烟枪同样出名,更因工于说唱操弦而蜚声沪上。与等级稍低的长三等不同的是,书寓并不侑酒陪席。书寓的艺名(入行时取的名)不惟赏心悦目,且均有诗画的意韵。

依照书寓销声匿迹后出现的怀旧文字看,书寓等级自视清高,以艺技而非色相谋生,所谓"卖嘴不卖身"。民国时期有文章说,书寓门第管教森严,凡有妓与心上人苟且者,一经发现,必焚其卧具,扫地出门。

另一些文章则说书寓确在住所"卖色",只不过是陈仓暗度,公开身份仍是说唱艺人。后来,靠艺为生的妓类渐走下坡,史料暗示说,概因此类女子不愿与客有狎昵之举("过清高拔俗"了)。及至20年代,书寓已全部融入长三等级。长三自不及书寓品格高尚,多处文章提到长三妓女"对狎客有求必应"。"书寓"一词断断续续一直用到1948年,大多数情况下指长三妓女;长三亦接过了"先生"的尊称。

20世纪的作者叙述书寓之消逝，唱出了往昔的挽歌。从前妓与客之间以艺为纽带，并不靠性。由此，"书寓"等级也成为追本逐原的载体，用来讲述优雅文明的昔日故事。与此相对照，一位指南书作者痛斥他置身其中的30年代，说"现在人欲横流，随潮流的趋向，而娼门中人，遂亦不得不松裤子带，为其招揽生意的不二法门了"。[①]

书寓是否限制与顾客的性关系，毕竟是无法证实的了，至于她们如何看待自己的技艺、生意与性活动的关系，则更是无从查考。史料中清晰可辨的是男性作者面对变迁的错愕和沮丧：过去只有饱学优雅之士方可享用的无以言喻的欢乐，现在已变成粗俗的商业买卖，变成任何人只要有钱就可买到的性。文中不只哀悼独特的书寓之退隐，而且还为旧文人曾共享的男性愉悦之消逝而扼腕长叹。

长三与幺二

本书第二部将详述高等妓院的经营方式与各种关系，事实上这部分内容在传统的分类中所占的比重远大于低等妓女的营生。高等妓院既是抒发忆旧情绪的中介，也是生发出男儿气概的场所。"长三"本指牌面为两排三点的骨牌。老规矩招长三侑酒三元，夜度三元，后来虽例规早变，称呼却是沿用下来。整个民国时期，长三居于娼妓等级之最。与书寓相仿，长三亦能歌曲，只是节目花样不如书寓繁多。她们服饰豪华，擅长空席赌局的应酬，周旋于富商达贵之间。先前出租车还不怎么流行时，长三妓出堂差搭乘马车，或坐"肩车"，即由堂子里的仆役扛在肩头上送去，也等于给妓家的生意做了活广告。民国后期，福州路会乐里的长三妓院颇有名气。阔气的可招妓陪同看戏或游玩娱乐。诸如此类的差事，妓院收费均有定规。

长三一般年纪很轻。许多姑娘进长三妓院时还是孩子，是老鸨买来当"养女"的。过了青春期的女子，上等妓院就不肯收了。老鸨自有理由，一来人大了不好调教，二来在她身上花费不少，能干的年头却不多，不上算。

要结识长三，不靠她的一位常客介绍是很难的。长三姑娘日日接待应

---

① 孙玉声：《妓女的生活》，春明书店，1939年，第11页。

酬，不过一般却不能指望她与客人发生性关系，即便完全卖给老鸨的亦然。虽说要得到她的人需煞费苦心，但只要客人苦苦"追求"已久，又在妓与老鸨那里抛掷了千金，那么一亲芳泽也非不能。与书寓不同的是，长三并不避讳与狎客的性关系，民国时她们常与客人同往旅馆开房间过夜。长三妓院一直维持到40年代，为沪上生活一大特色。

再下来就是"二三"和"幺二"妓女了，两种称呼也都来自骨牌名。民国时期，二三逐渐消失，后一律统称长三了，然幺二却仍是分明的等级。民国时她们的资费说是打茶园、招待瓜子水果一元（俗称"干湿盆"），侑酒二元（故以"幺二"即"一二"谓之）。在通货变化的年代，幺二们实际的收费标准如何不清楚，不过民国年间要让妓女晚上陪伴助兴，耗费肯定大大高于"幺二"名字所示。众口一致的是幺二唱功不如长三，卖色费用也低于长三。幺二妓院规模一般较长三妓院大得多，每个妓院还下设许多小的堂子。

幺二妓院对生客熟客一视同仁，来者不拒。一则文字直露地评述道，"只要你袋里有六块大洋钱，便可教她跌倒在你铁蹄之下，元宝翻身，任你摆布。"① 有一部指南书写到有的女子离开长三队伍去当幺二，或是被管她的人（一般是养父或养母）逼着去当幺二，皆因幺二卖身钱来得快，不似长三堂子名堂繁多，耗时耗力，不容易来快钱。作者评道，长三姑娘去当幺二，弯子不太好转，感情上身体上对于说卖就卖难以适应。作者们在历数上等妓女类别时，尤突出妓女因经济所迫而不得不多松裤带的时刻，以为那正说明妓业悲惨的滑坡。例如，1922年有一部花界编年史记述道，市面上突然出现了一个"青楼救济团"，观察家想当然认为成立该组织是为给工部局施加压力，使其取消禁娼的决议（详见第十一章），可不久就发现事实不然。该组织其实掩护了一个从事秘密皮肉生意的窝点，狎客经过筛选，价格亦十分昂贵。如今生活费用上涨，只有极少数的妓女能洁身自好，不以身取钱了。报道到此，作者不禁唏嘘慨然。

---

① 汪仲贤：《上海俗语图说》，上海社会出版社，1935年，第388页。

韩庄与咸肉庄

如果说在长三妓院,性交媾只是次要的或偷偷摸摸的勾当,那么针对着阔绰商户的"韩庄"(从"台基"一词演变而来)就是专做私底下男女苟合的生意了。从书写韩庄的回忆录、新闻报道、警世檄文、历史传奇等等看来,其滋味与危险均在于打破了严谨的家庭防守线:到了庄内,男人可以睡他人的小妾或体面人家的大小姐。这些文字意味着,只有在淫乱迷醉的大都市里,如此不轨才能自树一帜,合法生存下来。

韩庄风气从 19 世纪中期一直沿袭至 20 世纪 10 年代。除了官姨太和大小姐(她们中不乏来韩庄与家里反对的情人幽会者),韩庄也有一定数目的妓女,供客人包夜、包月或更长期的租用。女庄主起劲地罗致女人与狎客,庄花收了费与庄主拆账。写到"新党"男女如"新式学校"安排课程似的给自己的幽会做计划,文章作者不免露出嘲讽的意味。随着旅馆业的兴起,韩庄营生衰落下来。旅馆又提供了一处私会的场所。

20 世纪,韩庄渐为更加公开的公娼堂子——"咸肉庄"——所替代。与各等级的高级妓院相仿,民国时期的咸肉庄也是公开的设施,也纳税并领取执照;但与韩庄类似,目的只在让情急的男人立即满足淫欲。客人来了只给上一杯茶,而不是头等妓院里的各色点心,也不讲究交际。1932 年的一部指南书写道,咸肉庄

> 完全以肉欲为前提,所以最受急色儿的欢迎。因为没有妓院的虚伪周折,痛快的纳了相当的代价,便可满足欲望。①

这里的女人是"咸肉",指南书的作者写她们的时候尽情把玩文字游戏,说什么生意清淡的小肉庄里"未尝没有火腿家乡肉在里面,既可便宜,且招待殷勤",谈"肉味的美恶"与价格的关系,介绍"斩一刀"的花费(20 世纪 30 年代 3 元,全夜 5—8 元)。说起令人谈虎色变的性病,一部 30 年代的向导书用了"咸肉臭"的字眼,另一位则提醒读者说,"食肉自以新鲜为贵,加过盐的咸肉,非但失却肉的真味,并且多少总还带些臭气,非胃口好的朋友,

---

① 王定九:《嫖》,上海:中央书店,1932 年,第 26 页。

终有些不敢承教。"① 咸肉还作为一种转喻,指明了上海作为外埠人聚居地的性质:

> 咸肉虽不清鲜,却耐贮藏,旅客携作路菜,最为相宜,整块煮熟后带在身旁,随时可以取用,割下一块,送到嘴里就吃,便利极了。上海是活码头,出门人最多,"咸肉庄"就为便利旅客而设。②

不讲社交,只管解决性欲,这是咸肉庄的共同点,但别的方面咸肉庄之间却有很大差别,高档的"贵族屠门"装饰华丽,寻常的也就是基本设备。普通肉庄的妓女接客的房间俗称"鸽子棚",小得只够放一张床。接客时间的长短按付费多少而定,一个完事再接下一个。老鸨们被毫不留情地形容为"一种剽悍凶暴的老妪"或是"一般风骚尖刻的徐娘"③,标志着这一类堂子相对属低层次,因为说到高等妓院的业主是从不用如此粗俗的字眼的。

或许因为咸肉庄是在公共租界开始禁娼的时候兴盛起来的,所以大部分都开在法租界的八仙桥附近。到20世纪30年代,指南作者开始评论说"'咸肉'营业跟着上海旅馆事业,一同突飞猛进,近年来大有压倒长三幺二之势"④。这些描述只是沧海一粟,反映了当时弥漫着的情绪,即娼门等级界限打破,原先以书寓长三幺二为中心的妓院文化败落了,直截了当地变成了拿钱换性的生意;随之大滑坡的,是原先那个有序的社会。追忆长三和蔑视"咸肉"在这类文字中总是联系在一起。

雉 妓

清末和民国时期的上海,最大的妓女群体叫做"野鸡"或"雉妓",其人数远远超过其他等级。文章写到咸肉庄,有关疾病和性的商业化的调子就已很普遍了;写到野鸡,更是有顾客遭遇人身危险的恐怖描叙。那些找马路拉客女的男人被说成"打野鸡",可事实上在史料中看到的分明是女人在当

---

① 汪仲贤:《上海俗语图说》,上海社会出版社,1935年,第23页。
② 同上书,第24页。
③ 乙枫:《娼妓问题研究》,《妇女共鸣》第2卷第2期,1933年,第40页。
④ 汪仲贤:《上海俗语图说》,上海社会出版社,1935年,第24页。

捕手。每当夜幕降临，公共租界和法租界的大马路两边可看到一群群的野鸡，拼命在小商人和走街穿巷的贩夫走卒中拉客。那个时期的指南向导书反复告诫来沪旅客千万小心野鸡，她们见路人就上，所做近乎偷盗勾当。最不堪一击的是乡下人：

>倘客虽乡愚而似有钱者则以钓鱼之法使其心神迷乱身不由主平日一文如命此时千金不惜。①

有一作者错杂地使用了禽鸟的比方，他警告说，野鸡"好像老鹰抓小鸡"似的紧抓捕食对象不放。还有将野鸡的方法形容得如团伙打劫：

>上海野鸡拉客人，都半是三个人服侍一个。……在马路上还客气些，若被它们诱进了暗弄堂，那是野鸡老鸨一窝蜂的上前，将他围困垓心，他若还要倔强，那就实行绑票手段，将他像戏台上的活擒张任似地，四胸朝天的抬进鸡窝，乡下人常常被她们摆布得唤救命。②

这位作者还说，更糟糕的是野鸡还有一种方法，把客人拉到黑暗弄堂里，"实行抬乡下人的麻糕，以引起男子的性欲狂"（麻糕形似阴茎）。至于野鸡的索费，按1932年来说，所谓"一炮主义"一元，夜度则七元。

与其他的妓女类型相仿，野鸡内部也有种种区别，并非写到野鸡就只有贪婪二字。有的野鸡专门乘坐三轮车在南京路兜风拉客，有的去茶楼戏院，看到有意思的男人装出羞答答的样子。还有的名字听着就怪，叫"住家野鸡"，她们从不外出拉客。20世纪女性的装束有了很大变化，野鸡于是开始学样，脚登皮鞋，戴着金丝边眼镜，修着短发，打扮成女学生的模样。然而抛头露面乃是野鸡的整体特征；与其他等级的专职妓女相比，野鸡主要是在马路上游荡。

从年龄看，野鸡和下等娼妓总是被程式化地描述为两极，要么十分年

---

① 黎床卧读生：《绘图上海杂记》卷七，文宝书局石印本，1905年，第6页。
② 汪仲贤：《上海俗语图说》，上海社会出版社，1935年，第422页。

轻,"未成年",要么就是年纪大了,"迟暮佳人","营养窳劣"。所谓"年纪大"通常是指 20 岁到 30 岁之间,这个年龄段的高等妓女不多,但野鸡的人数却很多。从支离破碎的史料中可看出,随着下等妓女队伍的扩大,妓女的平均年龄也在往上走。

虽然野鸡的活动范围是马路街道,她们却并未脱离妓院这个制度。雉妓堂子远不如长三幺二妓院那样讲究社交礼仪,不过打茶园的嫖客象征性地付点钱,也会上两盘点心(装干湿),他便可以坐着与妓女打趣说笑。但这只是小插曲,有指南书写道,"不等你坐到一刻钟,她就要求你住夜,你如不允她就要行逐客令,实在没有味道。"①

所有有关娼妓的史料都将野鸡写成受老鸨虐待之典型。尽管她们荡马路,站弄堂,并不关在堂子内,而且从整体上说,年纪也长于高等妓女,但这些并没有使得她们对自己的职业生涯有更多的自主权。她们站马路时,娘姨或老鸨就在一旁监视,拉到客人就领回堂子。欧内斯特·豪泽在 1940 年出版的《上海:待售之城》中回忆了战前的情形:

> 入夜,电影院散场出来,便可看见穿着整脚衣服的年轻中国姑娘同年长的阿妈手挽手的,一对对沿着南京路上闲荡。这些姑娘看上去很不开心,可想而知,若不是因为那些讨厌的阿妈,本来她们中间会有人想方设法回到乡下去的。②

1923 年一个外国人的改革组织做的调查报告中写得更明白:

> 不论天冷天热,不论下雨、霜冻还是下雷,只要一到晚上就得扎堆站着招呼男人,路人稍有反应便一拥而上,非哄着他答应了不可。拉不到客人,姑娘就要挨打了。③

此类评述不限于主张改革的西洋人。一部指南书写道,迫于老鸨的压力,"在

---

① 孙玉声:《妓女的生活》,春明书店,1939 年,第 164 页。
② 豪泽(Hauser):*Shanghai: City for Sale*,《上海:待售之城》,New York:Harcourt, Brace and Co, 1940 年,第 268—269 页。
③ 孙玉声:《妓女的生活》,春明书店,1939 年,第 166 页。

深夜三四点钟尚站在马路上的野鸡,她们不教人去'住夜',往往向路人哀告说:'对勿住帮帮倪格忙罢!'"

在改革者和社会学者的笔下,更能说明野鸡的低下境遇的,是她们与客人性交的频繁程度。1948年对500名各阶层妓女的调查中发现,大多数女人平均每个月性交活动10次至30次,有的甚至说有60次。改革者的文章中还列举过更高的数字,说有的老鸨逼着雉妓一夜接客4人至20人不等。改革者还将低等妓女视为性病的主要来源,因为同其他人群相比,妓女传播性病更广泛也更迅速。

此外,和其他类型的妓女相比,雉妓至少还有一个方面遭遇更为悲惨:她们平时不呆在妓院里,而市政法令是禁止街头拉客的,因此她们也就时常与执法的警察发生冲突摩擦。有的指南书给上海游客出主意说,摆脱纠缠不休的雉妓的惟一办法就是把她拉到大街上去,因为她怕巡捕干预,于是乎也就松了劲。到了20世纪30年代,几乎所有关于雉妓的文字(不论何种文类)一概唱起了可怜苦命的调子。一位指南作者写道,野鸡拉客若不够放肆,便要讨鸨母的打骂,"但是一放肆,巡捕的哭丧棒那是毫不留情的赏她几下。"拉来了嫖客固然躲过了毒打,但是觉也睡不成了,因为这些男人会"缠扰一夜",直到他们的"性欲发泄到无可再发的时候"。用这样的眼光来看问题,野鸡放肆拉客的做法也就不怎么具有威胁性了,1935年一位指南作者已操起了改革者的表述:野鸡"这副凶如虎狼的状态,实在可恨可怜,因为她们受了环境的支配,生活的逼迫"[①]。

花烟间和钉棚

最低等级的要数在"花烟间"和"钉棚"卖身的娼妓了。花烟间即客人边吸鸦片烟边嫖妓("花")的地方。与高等妓院一样,开始它们也在老城区内(小东门一带),后来迁到了租界,散落在各处。此类堂子淘汰得最迟的是打狗桥附近的三五家。1893年一部回忆录的作者将雉妓堂子和花烟间进行了比较,说前者要花三四元,破衣烂衫的还拦住,花烟间则贩夫走卒都让

[①] 郁慕侠:《上海鳞爪》上集,上海沪报馆出版社,1935年,第24页。

进,抽烟玩女人两不误,全算上也就一百钿。

指南书一般不描写高等妓院的常客,也许因为这些书好像就是直接为经常光顾那里的人而写的。对比之下,作者们写到雉妓堂子和花烟间一类的低贱场所,便往往露出鄙夷不屑的样子,不遗余力地将自己同那里的狎客分开。书中描写的花烟间又小又脏,没什么家具,被子臭烘烘的。花烟间同周围房舍的区别在于靠在门口的一张梯子,那是它的"特别标帜"。"花儿"们在门口有坐有立,唱着"十杯酒"之类的淫调,看见有人走过,便叫住他,使个眼色,然后一拥上前,将那人像"俘虏般"搞上楼去。

到花烟间去嫖,俗称"跳老虫";何以叫做跳老虫,解释也是形形色色。一部指南说"跳"指的是女人见有人过来便从梯子上一跳而下的习惯。另一书则定义得更加直白:

> 这也是一种象形名词,老虫当然是象征某种器官,此虫无长劲,一跳即完,"跳老虫"者言其特别快也。①

白天的买卖俗称"关房间",1910年以后关房间的价格是两三角,可"住夜厢"即夜度则要二元。有的资料说,1933年禁烟后,花烟间就销声匿迹了,另一些则认为花烟间的名称照常使用,皮肉生意照做,只是不再开灯点烟了。

钉棚散落在城北的闸北、虹口一带,是极其简陋的堂子,嫖客都是些"头脑简单经济力弱的劳工们"。价格也贱,一炮式的一角,夜度也就一元。这种场所的性交易被赤裸裸地称作"打钉",顾客全然不必如在高等妓院那样去做花头或懂得开条斧等等的规矩。

洋娼妓与"冒险家的乐园"

上海云集了来自世界各地的妓女,她们由被改革者称为"白奴贩子"的拐卖妇女者贩运来沪。洋妓的客源主要是洋人群体和靠岸的水手,有些也做华人嫖客的生意。上海有"冒险家的乐园"之称,至少部分是受了欧洲人写的游记的影响,书中绘声绘色地描写了沪上欧美妇女的妓馆中所能享受

---

① 汪仲贤:《上海俗语图说》,上海社会出版社,1935年,第116页。

的声色之娱及其危险性。同中国人写的指南相仿，这些据说是亲历见闻的叙述其实也是你抄我我抄你的，每说一遍都会添枝加叶。不少外国作者构造出他们想象中白种女子遭受中国男人摧残的可怕故事：

> 站在车杠间的黄包车夫听说要拉我们去施高塔路时便咧开嘴笑了。那是个臭名昭著的地方，听说开着三百所妓院，每所约十至十五名女人，各国的都有……这类妓院主要是外籍妓女管理，有俄国和波兰来的犹太女人，还有许多罗马尼亚人。那是罪恶的渊薮，是中国杀人魔王、外国凶手和拉皮条人的围猎场和总部，其中大多是漏网的罪犯。数百个姑娘经他们的手转来转去，从一个妓院到了另一个妓院。妓女中有许多美国姑娘。那些家伙会讲出他们在美国的城市里如何不择手段地引姑娘们上钩，也有女人受了魔鬼操纵，自己愿来，总之将她们弄到手后转口到此挣大钱，因为有东方人情愿出高价玩弄来自遥远国度的白种女人。①

有作者认为，在一个危机四伏、毫无人情关爱可言的大都市里，白种女子与东方人的接触必然以女人受伤害告终：

> 当然，结果就是疾病与死亡；那是无可避免的。再严谨的预防措施也无法保护妓女，使之不染疾；一旦得病，在妓院里就没用了，就必须离开，要么拖着垮掉的身子悲惨地回到远方的故乡，一辈子就这么打发了，要么就是死亡，其惨状无法记录，因为她死在这座对她的命运毫无兴趣的城市中某个阴暗肮脏的角落。②

外国人对在沪欧洲妓女的描写侧重于有梅毒的非白种人对白种女人的威胁，但中文资料则比较杂，且很少有将洋妓写成受害者的。1905 年的一则叙述对白人妓女毫不客气："其人大都龋齿蓬头无异药义变相狮王一吼见者寒心。"后来的报道好得多，或许反映出公众已对卫生和经济问题比较关注了。

---

① 德力乌（De Leeuw）：*Cities of Sin*（《罪恶之城》），New York：Harrison Smith and Robert Haas，1933 年，第 121 页。
② 同上书，第 138 页。

高等妓院中西洋妓女洁净无毒，工作环境良好，每夜收费50元也能积攒下一大笔钱，对此种种三四十代的文字都予以肯定。

欧美妓女中人数最众、地位最低的要数俄妓。最早的一批于1904—1905年日俄战争后就来上海了，由此引发了传教士杂志《中国记事录》的愤怒之声。记录者是位洋人，他深恐大批白人妓女的到来会打乱半殖民地上海的社会秩序，还可能有辱所有白人的身份地位：

> 如果不采取什么行动的话，那么我们的文明的好名声，是的，连我们的家园的安全，都会受到威胁……自从日本人占了满洲南部的省份、将这些地方的妓女统统赶出去后，中国沿海的通商口岸就充斥着这类劫掠成性的货色。

尽管"出以公心的公民"努力组织"治安维持会"来驱逐这些妇女，以使街道马路不再受到"这些轻佻女郎侮辱性举止"的骚扰，然而俄妓的人数持续增加，十月革命后更是如此。30年代一位观察者估计住在上海的俄国妓女达8000人之多，而其他国籍的白人妓女也就2000人。许多人来自北方城市哈尔滨，她们或公开在法租界和虹口区的"罗宋堂子"卖淫，或在舞厅当舞女兼卖淫赚点外快。有的俄国女人在虹口的酒吧间工作，客人买10元一瓶的酒她们就能得1元，一个外籍观察者这样描写道：

> 这些女人也许并非娼妓，但与之接触的男人没几个会否认她们中的多数在酒的作用下也很情愿干点卖身的副业，而饮酒是她们的正业。……与其让她们一瓶酒挣一元，毁了身体，最后变得比最低贱的畜生还低下，还不如让这些可怜的女人正经去当妓女（如果可以用这样的字眼的话），钱财上可挣足了买卖的好处。①

白俄堂子为招徕顾客，雇用了华人无赖做"领港"，他们给路人赏览"西洋百美图"，并领着穿街走巷至深处的堂子。无论中外作者笔下的这些女子都可怜兮兮；与其他的西洋妓女相比，俄妓更容易成为狠心人口贩子的牺牲品，

---

① 《字林西报》，1923年9月1日，第618页。

长相又差（一中文指南形容说"俄妓论姿色臃肿如蠢猪，骚臭不堪向迩"），也更容易染杨梅疮。一位作者规劝道，"不若直截痛快的实行一炮主义"，也不要同俄妓过夜，语言隔膜，终是无趣。

日妓也在虹口一带营业，尤以北四川路居多，20世纪都知道那地方叫"神秘的北四川路"，路两边全是粤妓馆、日妓馆、俄妓馆、赌场和按摩院。日妓中有艺妓，19世纪的资料中形容艺妓是"艳如桃李冷若冰霜"，其不易近身这点有时会同长三幺二比较。同一些资料还说要宿日妓相对更容易些。有些日妓兼职做侍女、茶馆招待，或开小饭馆；还有的靠走街穿巷的小贩和黄包车夫为她们拉生意，"一炮"收费几元。

对在沪日妓的描写受到中日之间政治矛盾的影响。例如，1919年底发表的一篇写艺妓的文章中就提到，《晶报》说自"五四"以来学生一味地"调查死日货"（为了抵制日货），却忽略了活日货。北四川路说得如日本侨居地（原文只说"××侨居地"，因30年代初曾时不时地禁止在可能被解释成抨击性言论的内容中提到日本）。沪上的日本艺妓馆被说成是日本侵略政策的一个组成部分，日本"有以色欲麻醉其他民族的方针"。同时，日妓又被说成"别有风味，因为日本一切倭化"，陈设简单而索酬不菲。30年代的一位作者认为嫖东洋妓院的好处是无染病之虞。未行交媾之前，嫖客必先行淋浴，由日本女佣伺应洗拭并检查有无毒疮溃烂等状。文章告诉华人狎客说，假如因就浴时赤裸裸的与侍女调笑感到不自在，反而会被人家看成"洋盘"。再者，因日俗是席地而坐，进门必须脱鞋，所以应注意不穿有洞的袜子，免得让日本女人讥笑。这些警示性的用语都带有民族主义情绪，于是日妓一方面受到嘲笑，另一方面又被视为洁净和精致的标准。

归根说来，书写娼妓业的中国作者对在华外籍娼妓很少注意，无非是说到有东洋西洋妓女存在，并将她们的状况、地位与其国籍联系起来（如卑贱的俄妓、强大的日妓之说）。令外国作者和读者神往的"冒险家的乐园"故事将上海描写成各色人群汇集的异域大都会，那里有心怀叵测的欧美人，还有不可知的他者。这样的世界对中国作者和读者没有什么意义，他们所关心的主要是详述社会类型并分出等级高下，点出社会问题，建立行为规范等。在中国人为国人所写的文字中，上海再现为巨大、复杂而危机四伏的地方——但并非不可知。在中文语境中,洋娼妓处于娼妓等级之外,不在中国人的思虑之内。

四、区分地域及原籍等级

和上海其他经济部门的劳动者一样,大多数娼妓并非上海本地出身。这在一定程度上反映出上海在不断扩大并吸引乡下人到来的现实:在乡村的危机和战乱逼得农民离乡背井时,很多乡下人怀着找到工作的希望来上海闯荡。妓女的籍贯构成也映射出沪上商界和官场的强大地方派系势力,如有广东帮、宁波帮和长江下游城市的帮派等,从这些地方来的男人似乎也偏爱来自原籍的娼妓。娼妓的籍贯还反映出这一行当中人口买卖的特殊性质:买了女人的贩子都情愿在离她们老家很远的地方再卖,如此才可摆脱她们家人要财物回报或分得赚头的纠缠。对于妓院老板来说,买外地女人也意味着对她们更大的控制权,因为"一旦离开了老家的社群,妓女就完全只好任由管她的人去摆布了"。出于同样的理由,如当时有人所说,"给卖掉的或典押的上海女子通常也运往很远的地方。"

和上海大多数行业一样,妓女的原籍也是决定娼妓业等级的重要因素。书寓和长三妓院的妓女据说主要产自江南城镇,尤其是苏州(有名的美人乡)、无锡、南京、杭州、常州等地。长三妓院讲的是酥软的吴语,即使上海本地的土娼也会强效苏白,至少用苏州口音装点门面,冒充苏帮。

苏帮雄视业界,故在作家笔下苏州出身便自然就是天生丽质了。当年会乐里有一家规模不大却生意兴旺的妓院,据曾在附近居住的人回忆说,馆内有两名妓女,分别是苏州和山东人,"那第二位美艳无比,根本看不出是山东人。"自幺二以下便不是清一色的,有长江下游的,有扬州和苏北各地的,还有江西、湖北、天津、广东等省的。雉妓和花烟间据说都是扬州、苏北人,光顾这种堂子的嫖客也是苏北籍的劳工。苏北帮在市场上也有自己的地盘,如有的专门划船到停泊在黄浦江上的舢板边,在中国船员中搭客。娼妓中以苏北人为底层的等级与籍贯交叉的现象,也从一个侧面反映出上海的职业结构。

地域的区别还在其他方面影响了上海的娼妓业。20世纪20年代军阀混战，许多有钱的广州人只好移居上海，做起大生意，如开设了先施公司和永安公司等。由此，粤妓的地位也相应提高。在沪的粤帮有自己的一套复杂用语指涉性活跃女子、童女子、宴请等，有自己的房间装潢习惯，自唱自弹的表演风格，在北四川路也有他们的地盘。

粤妓馆是上海广东帮错综复杂的商业利益的组成部分：妓女设宴从粤菜馆点菜，陪伴客人去的也是广东人开的饭馆和旅馆。和苏州妓院的许多女人不同的是，粤妓并没有卖给妓院老板，一般说来她们对自己的工作有自主权。整个民国期间，长三已不是那么难以接近，粤妓亦然，她们接待的圈子已扩大。20世纪之初，顾客要一名粤妓陪坐斟酒必须通过熟客介绍，可到了30年代只需在广东餐馆前的彩牌上点名，随时约她出来便是。

宁波帮也常出现在民国时期的小报和指南中。管理宁波堂子的是宁波老鸨和宁波堂差，宁波娼妓栖息并出没于五马路和大新街一带的旅馆里。尽管宁波堂子公然做生意，但并不纳捐，也不领照会，所以实际应算非法经营的私娼。同长三幺二一样，她们也在住处摆酒待客，欢迎客人去"做花头"，但若客人想同哪个女人销魂，就必须另开房间，因为她们的住处地方小，摆着厨房的家什更是拥挤，还散发着阵阵夜壶的尿臊臭以及给客人当点心用的宁波咸鱼咸螃蟹的浓烈气味。至少有一位上海作者评论说宁波堂子的饭菜闻着刺鼻，音乐听着刺耳。档次高的粤妓和宁波娼妓只认同乡，一般不与其他地方的客人打交道，起码语言不通造成了一定的障碍。据说凡是迷恋苏帮和扬帮高等妓女的人都瞧不起粤帮。指南书中提到广东宁波娼妓必着重于怪异的地域特点，她们的衣饰、饭菜、乐曲、表演都略显古怪离奇。

广东帮里还有原籍广东东部的女人。追溯起来，19世纪初期那里就已有女人来上海谋生了，在虹口一带和法租界专门做外国水手的生意。一则文字写道，在这些地区，"每到薄暮深宵，尝见白衣白冠之水兵，在该处踱躞徘徊，意有所属。而她们亦浪声秽语，媚眼横飞，以施起勾搭手段。"[①] 每月卅号为水手领薪饷的日子，生意便格外火爆。这些女人有个特别的称呼，叫

---

① 郁慕侠：《上海鳞爪》上集，上海沪报馆出版社，1935年，第46页。

"咸水妹"，对此有种种不同的解释，有说指专接海员，有说她们出身船家，有说是广东话中漂亮妹子的音译。中文材料里有说她们身着奇装的，有说丑陋的，有说打扮精致的，有称道美丽的，真是说什么的都有。晚清时期的一部回忆录中提到咸水妹们"赤头大脚"，与那时穿着讲究、缠足的长三相去甚远。

20世纪30年代以前，咸水妹只接水手。也许正因此，她们一出现在上海，其传播性病的可能性就引起外国作者的注意。1871年公共租界的卫生官员爱德华·亨德森一面谴责外国水手光顾的妓院肮脏不堪，一面辱骂外籍嫖客中的非白种人。他说这种设施"黑暗、肮脏、简陋，而在一切方面最最蹩脚的恰是马来人和黑人等常去的地方"。后来一则外文材料则与此相反，说是接近（白种）洋人才使她们干净，说咸水妹"比别种娼妓讲卫生，因为广东人爱干净，也因为她们希望招徕外国人"。尽管如此，她们与外籍水手的接触以及由此引起的性病蔓延还是引起了英国海军司令的注意。1877年时他要求上海开设一家性病医院，对广东娼妓进行检查和登记。这些女人没有被吓倒，她们反进一步利用贴着自己照片的医院注册卡当招牌，给自己拉生意。检查持续至1920年，此后持照的娼妓业从公共租界淡出，尽管废娼实际有多大成效很难说。

外国作者认为，如咸水妹不通过卫生检查的话，对外国人是很危险的；话里的意思是，咸水妹正因是华人，才携带病毒。中国作者则有相反的立场，他们认为妓女得性病是因为同太多的外国烂水手睡觉。有指南书说咸水妹一夜接客竟多达二三十人。还有作者将传染一词的词义扩大，不仅用以指传染性病，还指染上了坏作风："因终日与外国水手交接，因此一切都染了洋化。"他告诫问津者说，咸水妹会处处作弄不懂英文和广东话的嫖客，对睡熟的客人会乘机抄靶，偷盗其钱财；还有，她们不说恚、至少也坐观外国水手与华人争风打架，于是他规劝去那里玩的客人定要先问明退身之路。从指南书上可看出，咸水妹是陪衬，衬托出中国高等妓女的风雅：她们有一套套讲究的社交花样，让客人玩得开心；这些客人不只好赌、讲究吃的排场并期待着欢合，他们也爱好戏曲，喜欢清谈说笑。接触外国人并没有提高咸水妹在娼妓等级中的地位。

五、门户森严

　　指南作者在描述娼门等第时并不将这当作自己的创建,而认为那是娼妓本身所懂得并严格实行的一种制度。在许多以上海为背景并拥有本地读者群的娼妓小说中,作者们所表现的妓女都清醒地认识到门第等级的存在,无不处心积虑地想维持自己的地位。一部研究娼妓小说的著作如此刻画那些虚构的名妓的"等级意识":长三瞧不起幺二,谓之"粗俗不堪为伍;……急吼吼,心黑,一副俗相";幺二回敬长三,称她们"摆噱头,绷空场面,那点礼数不过是掏客人腰包的伎俩而已"。这也是野鸡瞧不起幺二的道理:她们"一味地虚伪,骗人"。无论长三幺二还是野鸡统统看不起粤妓。

　　陈定山在回忆战前上海生活的书中讲了一个名叫素珍的雉妓的故事。素珍长得很美,有"野鸡大王"之称。她是"住家"野鸡,有一所独院,外出搭客时乘坐镶银嵌铜的车辆,刻意不走寻常野鸡出没的地段。《晶报》常报道素珍的行踪,给予她往往只有长三们才享有的关注。画家郑曼陀与之过从甚密,用她做模特来画日历牌上用的美人肖像,没想画卖得出奇地好,画家出了大名,公众亦很想探听画上的女子何许人也。从前郑曼陀用的模特大多为高等妓女。等小报将他与素珍的韵事公诸于世,曝露了他使用野鸡做模特的事实,不要说好人家的年轻女子,就连长三幺二也一概不肯再让他画了,他上门也不见,还不买他的日历牌。商人也不从他那里买肖像做日历牌,转而去找他的两个学生。郑曼陀受到如此打击,改画风景,收入急剧下降。按陈定山的说法,长三幺二认为自己的肖像若是与低级得多的妓女的肖像在同一出版物中面世,太有辱自己的身份。那妓女再漂亮、再有钱也不行。

　　就如讲述妓女生活的其他方面时一样,讲述者所关心的事与故事中人关心的事不可能分开。指南书中的高等妓女之所以有很高的地位,正因为她们懂得如何严把门户。客人是见多识广还是乡巴佬,谈话是妙语连珠、充满机锋还是戆大的闲扯,是精美地展示自己还是俗不可耐的招摇,这些在她们是泾渭分明。书中说她们与低等妓女冰炭不容,她们如此热切地作出这种区分,可能出自内心的忧虑,想保持住已在下滑的地位。但这也可能是缠结着旧时情怀的文人所用的修辞手段,借以道出他们自己的忧虑:现在的世界上,旧有的界限在松动,再也不稳固,一切等级制度都在摇动。无论妓女是否与嫖客一起把守着娼妓等级的疆界,那等级却已经被流动的摩登的娼妓业冲得摇摇欲坠了。

六、零工式卖淫与摩登卖淫

想在一种等级体系内囊括形形色色的上海娼妓业是不大可能的。许多妇女并不在妓院体制内从业。她们是性劳务市场的零散工,按需要在这里进进出出,挣些外快作为工资收入的补贴。这样做是违法的,因为她们没有得到上海市政机关发的执照。所有的观察家一致认为当局对于在妓院内外从事性服务的妇女进行注册登记方面做得很不成功。无照经营的娼妓人数等于或超过了长三幺二雉妓等等有执照的妓女。无照者有种种名称,如"私娼""暗娼""私窝点子"或"半开门"等。打零散工的妓女如其他的妓女群体一样,成分很复杂。有的差不多可以算小贩,有的是女裁缝,还有韩庄的庄花一类,衣着打扮像体面的上等人家人,在戏院里搭讪男人。此外,一般都知道通过中介人雇来的女佣同东家的关系是"日里主仆,夜里夫妻,一物两用"[①]。

指南书谈到高等妓女时,教顾客如何言行得体,免得出洋相。说到野鸡和其他低等妓女,重点便挪到如何规避纠缠和预防染病。假如指南的分类中包括兼职的和临工性质的娼妓,那么主题又有所变化。作者会用这些娼妓来告诫人们说,偌大的上海环境复杂,事情往往不是表面所看到的那样。社会地位是模糊不清的,想要在社交场上行为得体,就必须具备都市中人的本事,能透过表象看清实质。指南作者就派发自己充当知情者,传授要紧的知识。

考虑到茶室女招待、舞女、按摩女、向导女、脱衣舞女等附带卖淫的职业激增,就需要对娼妓等级不断进行修订更新,在20世纪三四十年代尤其必要。女招待、舞女等收取费用,做陪伴、娱乐招待及提供性服务;从事这

[①] 《上海的特殊职业》,1946年,第13页。

些新兴职业的女子穿着西式衣裙,俨然一副新式的人上人的派头,迥异于旧时的名妓做派。她们做的是"摩登"的娼妓业,强调为工商阶级的人士提供实用的高效的服务。

女茶役又叫"玻璃杯",因所端饮料而得名;20世纪三四十年代时她们为下等游艺场的茶客提供陪伴服务。当年福州路一家游艺场的经营者发现雇佣女招待很能招徕顾客,于是这种特殊工种应运而生,对女性开放。互相竞争的游艺场纷纷辞退男招待,雇佣女招待。30年代时,客人要一杯茶,女茶役收取一两角的茶资,外加一角小费。指南作者说大多茶客心思都不在茶上,而女招待也被说成专长于抛媚眼,打情骂俏,"卖春",给人捏来捏去。一位给妇女杂志撰文的作者间接地道出了这些女子与斥责其处境的改革者之间的隔膜。她说,"午夜,游艺场里的灯火熄了。……被玩弄的女子们终究去被玩弄了,在我们旁观的第三者,当然不明白被玩弄者的心绪。"① 一则文字声言大多女茶役有十来个常客,30年代时每月可净收数百元,生意清淡时,还可与客人过夜挣到额外收入。还有些人则没那么高调,他们描述的女茶役不拿薪水,卖出的头六杯茶还需向账房倒贴钱,因工作性质关系,她们必须花钱买衣服和化妆品,经济上不堪重负,因此才同男人睡觉,可从他处"得到几块钱,或丝袜子高跟鞋旗袍料一类的东西的"。关于咖啡馆女招待和酒吧女的报道中也有同样的描述。

好几篇文章特别提到,女茶役不受妓院保护,而在公共场所工作,所以不得不同直接控制她们的营生的地痞或曰"老公"维持良好的关系(包括性关系)。有时女茶役的故事还讲到她们原先是工厂的女工,同日本人关系紧张以后那些雇佣她们的厂子倒了,她们被迫走入现在这个行当,天天同男人打交道,而男人对之不过是始乱终弃。此类故事将个人所受的羞辱与民族的耻辱联系起来,虽说两者究竟是怎样的联系并非总能说得很清楚。

20世纪30年代跳舞场在上海时兴起来,不少妇女也就应运当了计时舞女,其工作就是同买了门票进场的客人跳舞,还要劝客人买昂贵的香槟酒,她们从中可稍提点成。自有舞场以来,形形色色的女人都被吸引来做伴

---

① 绿荷:《中国妇女写真》,生活丛书之一,广益书局,1934年,第99—107页。

舞女郎，其中包括出完夜间的堂差来舞场挣外快的高等妓女，也包括下等娼妓，她们将舞场当作搭客的主要场所。

　　刻画舞女生活的文字中最常见的是她们的辛酸与卑微。跳舞本身在西欧并没有什么恶劣的意思，"不过一到了我们东方，就给一般色情狂，或图利的商人，视作一种色情营业。"① 许多文章提到舞女的家庭往往在风雨飘摇的经济和战乱中备受磨难，她们只好选择此业以养活父母和兄弟姐妹。文中常会提到不时有舞客对她们动手动脚，她们只得忍气吞声；有的拼命想读点书，好离开舞厅；舞女时刻面临直接步入卖淫的危险。书中有时也写她们与其他一些出卖色相的"摩登"女郎一样，捏在老板娘或契约人手里，备受虐待，因此处境同那些有明确的妓女身份者并无二致。有的虽不直言，却用类比的方式委婉地暗示舞女的卑贱地位，如一篇文章就称："舞女和倒粪夫，在绝不相同的上海环境中求生存，前者结束上海之夜，后者开始上海之晨。"②

　　一般认为，按摩女系又一类以服务业装点门面的变相娼妓。上海首批按摩院开在法租界、公共租界和北四川路，请的是法国和俄国的女郎。中国的指南作者告诉读者说，那里所谓的按摩"完全是淫妓的一种。所异于操皮肉生涯的，一则以手接触，一则以？接触而已"（问号为原文所有）。按摩院讲究卫生，一尘不染，因为"西人爱洁是天性"。华客或还可盼望"有意外的艳福哩"："若是长得俊秀翩翩，我们在想尝洋味，她们也未尝不在想尝中味。"然该指南又下结论说，若是沉湎其中，"那无异简直作西洋浪女的玩物"，受她们的欺骗、耻笑，不谙西语音还"处处居于被动地位，活受罪做傀儡"。与"冒险家的乐园"一类作品中谈论洋妓的情形相仿，人们对西方的认识和探讨是通过关注西洋性工作人员的肉体而进行的。书中写到的欧美按摩女既是清洁卫生的典范，又会导致危险和屈辱，与之接触的中国人只有放弃主动性和控制权才有可能享受愉悦。

　　中国按摩院仿效西式做法，按摩女多在西洋按摩院中做过助手女侍，有过训练。这些按摩院用"晶宫"、"迷宫"等名义在小报上刊登广告，按摩女

---

① 萧剑青：《上海向导》，上海经纬书局，1937年，第88—89页。
② 绿荷：《中国妇女写真》，生活丛书之一，广益书局，1934年，第107页。

也同长三们似的，取了香艳的名字。吹捧文字说"按摩女都是国产品，所以最合国人的胃口"。中国按摩院分土耳其派、俄国派、巴黎派和中国派等等不同的按摩方式，然其主业乃是性。据说按摩女为客人提供"清"或"浊"两类按摩，"浊"也就是"开炮"或"手淫"。一指南书讥讽地说，"也有几家专门在按摩上用功夫……不过是少数而已。"

按摩院成了激烈的警世言论的议题。一部指南警告说，按摩院只是将客人的病痛转移到身体的另一地方去，害他得了"风流病"[①]；另一作者指责按摩院"挂羊头卖狗肉"。[②]雇佣欧洲人的西洋按摩院公认十分洁净，与之适成对比的是，各大报纸所报道的中国按摩院则是设施肮脏，按摩女的白色工作服已变成了"土灰色"。有一篇妇女杂志上的文章声斥"一个丑陋畸形的社会制度"，说帝国主义和资本主义使按摩女郎成了"变相的娼妓"。文章解释说，在按摩院做的女子生活还不如公开的娼妓，因为她们没有正式的薪金，只靠一点小费。描写她们的文字与描写雏妓类似，说她们也受到狠心的"变相老鸨"的榨取，如果没做到生意或挣不到什么钱，"皮鞭沾水就会光顾到她们头上。"写中国按摩院的文章与描写洋按摩院的文字成为对照，将按摩女和顾客轮替写成受害者。

还有一种打擦边球的卖淫服务，提供者为女向导，她们受雇于20世纪30年代中期兴起的向导社。到了40年代，上海已有好几百家向导社。开始的时候小报的报道还着重描写其"正当"性以及男女向导的斯文体面，但是到了1937年，有的书干脆说向导对上海一无所知，根本不像广告上说的那样漂亮，简直就是变相的娼妓等等。舞厅和妓院的业主视向导女为竞争对象，他们显然向工部局施加了压力，故向导社是不准在报纸上登广告的，于是它们就将自己的名称和电话号码印在餐馆和酒吧的纸巾上。还有一种宣传自己服务范围的方法，那就是雇佣推销员到酒楼和旅馆去，发广告卡，把向导员的照相簿送到客人眼前让他们看。等向导女叫来了，"她正正经经地坐在你的对面，或是坐在你旁边，沉默似地等待着你的举动，你的企求，当

[①] 王定九：《玩》，《上海门径》，中央书局，1932年，第8页。
[②] 萧剑青：《上海向导》，上海经纬书局，1937年，第90页。

然啰,这门玩意儿总得你自己先开口,先动手,嬉皮笑脸的搭讪上去,甚至无聊的问她几岁?生意好哦?侬欢喜我哦!等,她们才会跟着你说笑,跟着你玩……她们也不像红舞女一样的应酬功夫那么好,能够玲朗乖巧的会说会笑。"40年代一名向导女每日可能挣10元,她自己只能留下三分之一左右,其余的要分给跑堂的、推销员和向导社老板。向导女和茶役一样,挣的还不够糊口,买衣服和化妆品的,只好靠同客人睡觉赚些外快。开向导社的许多是小地痞流氓,书中说他们恶待向导女,同老鸨和堂子老板虐待下等娼妓没有什么两样。日本占领以前,公共租界的向导社必须在工部局登记,取得营业执照。

20世纪30年代大量涌向游艺场、电影院和百货公司的有一种叫做"淌排"("淌牌")或"淌白"的女人。"上海人谓之'淌排',言其在路上淌来淌去,颇像浮于水面之无主木排。……略施勾引,她顺着水势便淌到你身边来了,此之谓'捞淌排'。"她们与雉妓不同,后者在马路拉客受到市政府种种法令条规的限制,但她们却在新建的公共场所游来荡去,不受官方干涉。指南书告诫说捞淌排有危险,一定要仔细鉴别。她们看上去就像女学生,着装时髦,脚蹬高跟鞋,脸上施着脂粉唇膏。大多淌排自立门户,也有的一望便知有跟包娘姨监视着。不知情者难免搞错,"每有一般急色儿,误捞人家人,吃耳光挨毒打。"指南作者细细教会粗心人识别的招数:如一个女子独自一人在百货公司或游艺场等公共场所走动,那她多半是单放的淌白了,"因为好好的人家人,决没有单独一人,必有亲属陪同的。"最难辨别的是"双挡",即成对出行的女人。书中告诫男人要注意她们走路时"是否回眸斜睐",同她们搭讪时对方有无回应。倘若女人似乎有意,她起身定时就应盯上,到百货公司楼顶花园的僻静处去谈话,将事情定妥。淌排在游艺场游荡,还有的流动卖娼妇女则蹀躞往来于旅馆的走廊,旅馆的茶房会相帮着一起物色嫖客。大旅馆中还有"流动的按摩",一部指南说她们是"衣衫华美,皮鞋囊囊的摩登女子",提供全身按摩,发挥手的才艺。旅馆里还可让茶房去叫算命女,来了就算命或当即做皮肉生意。二战以后,还出现了一个所谓"吉普女郎"的新卖淫群体,她们乘坐着美国士兵巡游上海的车辆,专门为盟军提供性服务。

舞场中的脱衣舞表演亦是顺带性服务的新形式。作为戏剧演出剧目的脱衣表演名义上有个故事，一般都发生在诸如向导社之类的地方。例如，有一出戏名叫《洋人查访女向导》，戏中一个讲瞥脚中文的外国人说出了他的愿望，他要检查他雇用的向导女的身体，看看她们是否受到梅毒感染。这就引出了脱衣的需要，于是脱衣舞就在聚光灯下展开。如果说外国观察家将上海写得富有异国情调，那么上海人则以域外风情作为这些表演的背景。例如，有一个故事发生在夏威夷群岛；另一个 1938 年上演的剧目《野人袭击美女》在中文小报上登广告，称戏里有篝火，并有"红种印第安蛮人和裸露的女郎"。第二年上演的舞剧剧目包括《夏夜露天浴》《我想干那事》《沉闷的春日》《神圣玉体》《四马乱奔》《贞女的酥胸》《桃红色内裤》《巴黎夜生活》《她的裤带》和《让我们宽衣吧》等等。这些表演每一个都在各种中文小报上刊登了广告或有报道，这些绘声绘色的故事与报道名妓和著名影星行踪的闲话专栏齐头并肩。故事本身写得十分详尽露骨，形成了黄色文学的别类，激怒了公共租界当局，于是当局会周期性地查封此类小报或收回其出版许可证。

20 世纪三四十年代的作者在详述性服务新形式时对其繁衍迅速无不感到沮丧，这些新的卖淫方式冲击、破坏了原先使性买卖井然有序的等级制度。作者们隐含的意思是，上海生活中性色之泛滥不仅模糊了娼妓与其他妇女的界线，而且威胁到男人和女人的性别属性的稳定性。在少数探讨同性恋的资料中，有人将出现同性恋的原因归结为性的泛滥："沪市淫风炽盛，以致发生性的变态。"作者争辩说，"若在内地，终可少见。"他看到这股"淫风"随时间的推移愈演愈烈：20 年前，"那时沪上的淫风，不及现在炽盛，卖娼的花样，也不如现在的多。"然而及至 30 年代，不仅有了名堂繁多的女性卖娼者，而且"男风"也大盛起来。"人兔"者，系投龙阳所好的男妓，"在那游戏场、各公园里蹀躞往来，飞眼媚人"："他们的装饰，几已完全女化，且也涂脂抹粉，骚形怪状，乍见之下，殊不易辨别雌雄。"讨论用语与主张改革者谈论妇女卖淫的语言惊人地相似，作者的结论也是，男人去做"人兔"，"原因于生活的逼迫,或其他恶劣环境所造成。"① 作者们越来越多地将卖淫现象,尤其是新式的迅速扩张的卖淫形式,同中国的民族不幸联系起来。

娼妓的生活艰辛、没有保障,但对于上海的穷苦妇女来说,她们的景况恐怕不是最惨的。20 世纪 30 年代的评论员在调查妇女就业机会的时候发现,展示色相和出卖性普遍提高了收入:

> 说一句老实话,中国真正的女子职业,惟有工厂女工才是用血汗换饭吃,其他的什么女店员等职业,已有几分"活招牌"性质,妓女更是挂招牌出卖性欲的,调胡丝的女工每日工作十二小时,所得的报酬只有几毛钱,最便宜的庄上小姐,陪客一宿,也能获得袁头三五枚。两相比较,工女确比妓女苦得多!

然而,这位作者继续用典型的 30 年代谈论娼妓问题时的矛盾态度说,这职业却不能只凭收入多少来评价的:

> 物质的报酬,工女虽不及妓女,而精神的愉快,妓女却万不及工女,因为工女不必去挨胡椿的刺痛,不必去承受酒气醺天的接吻,不必装了笑脸去应酬她所不愿意见的人,不必去挨老鸨们的毒打,不必去受工部局的检验。②

妓女越来越多地从事性的、而不是社交的活动,中国观察者的著述越来越显著地写到性的贬值和堕落;伴随着这样的变化,娼妓业也日益被再现为肉体和精神的苦难。

尽管如此,在困苦之中还是有很大的区别。最上层的妓女有时在相当程度上可以掌握自己的工作环境,还往往能嫁给有权势的人,从而走出妓院。自主权则谈不上,从一切方面来说,她们有权力其实只因为她们同有权有势的人相好;然而,凭着技艺和运气,她们的光景以及把握自己人生的灵活度则胜于工厂女工和多数为人妻者。处于社会底层的卖淫业并非一种严

---

① 郁慕侠:《上海鳞爪》上集,上海沪报馆出版社,1935 年,第 42 页。
② 汪仲贤:《上海俗语图说》,上海社会出版社,1935 年,第 253—254 页。

格意义上的独立职别，而是呈现不固定的流动的形态，可以让经济上处于窘境的妇女找到临时的谋生手段。这时娼妓业往往与其他工种和婚姻形成交叉关系。从社会类别看，娼妓业的人员构成有进有出，并无恒定性。

最没有自主权和灵活性的是身陷妓院制度的娼妓，嫖客的阶级地位高下对她们不起作用。她们的工作乃至人身都给妓院的老鸨或老板管着，在一些方面地位同奴隶差不多。但是，我们在看到她们被当作商品一样对待的同时，却也不应忽略另一方面，即她们以各种手段抗争着，对自己的娼妓生涯取得了一定的控制权。这些在以后的章节中将会详细论说。

20世纪上半叶，上海发展成为经济、政治和文化重镇，娼妓业的行市和性质也随之发生变化。从前找名妓，主要为精美奢华的享乐，现在城里经商做工的人群激增，这些人有未婚的，也有离开了乡下的妻子进城的，于是娼妓业也适应市况，为这些人提供性服务。需求刺激供给，出现了供需两旺的局面，越来越多的逃难人、养不活女儿的乡下人，源源不断提供了人员之需。随着卖淫的"普及"，娼妓的处境便也每况愈下，越来越多的女人从事各类无执照的地下卖淫或有各种"摩登"职业为掩护的变相卖淫，地位卑贱而且没有任何保障。这种趋向同上海的洋人和华人中发展成长的各类各派改革潮流结合起来，便产生了一系列有关治理或取缔娼妓业的呼吁，然见效甚微。娼妓不论以何种面目出现，都已被公认为一种社会类型，也成为一种社会问题。但是一直到50年代初，市政府才成功地取缔了这一特殊的做妇女生意的市场。

娼妓业政治经济结构的变化也反映在话语层面的变化上，但不能将话语的变化只看作是对马路上、游乐场里下层妓女和变相妓女人数激增的现象所作的简单反应。话语的变化也必须同时看作是一张指路的交通图，它表明社会的上层自身处于变化之中，他们所关心和担忧的问题也在不断变化；正是变化的上层之变化着的思虑在许多方面造成了娼妓每日所面对的有形环境，而且也以多种方式影响了她们作出回应的诸多可能性。

（选自[美]贺萧：《危险的愉悦——20世纪上海的娼妓问题与现代性》，韩敏中、盛宁译，江苏人民出版社，2003年6月，本选文对原文注释有删节。）

选文二
清末民国时期北京的"救娼"与"废娼"

王　娟

　　娼妓现象一直是中国社会躯体内的痼疾与恶瘤,是一个不容回避的客观事实。然而,长期以来"中国人是不大愿意谈论娼妓问题的,谈论这么一个话题,他们会觉得很不自在"。[①] 尽管如此,如果回顾一下民国以来的相关学术历程,我们仍然可以发现一些颇具分量的研究成果,尤其是近年来国内外又涌现出一批娼妓史研究力作,不过它们大多以较早迈入近代化运动的沿海城市与地区(如上海等)作为切入点。其实,若将考察视野投放在"天子脚下"的皇城北京,不仅同样可以深刻折射出近代中国的苦难历程与风云变迁,而且能够弥补娼妓史研究区域性不均衡的缺憾。有鉴于此,本文将在描述晚清及民国时期北京娼妓业发展概况的基础上,着重考量政府与社会对娼妓群体的态度变化,以及对娼妓群体所进行的救助与最终的废除,分析作为首善之区的北京在内外交困的时局中,如何救助弱势群体与消除病态群体,以对今天沉渣泛起、甚至畸形"繁荣"的现代"卖淫"现象,提供强烈的警戒意义并发挥历史借鉴作用。

---

① [法]安克强,袁燮铭,夏俊霞译:《上海妓女——19—20世纪中国的卖淫与性》,上海古籍出版社,2004年,第388页。

一、清末民国时期北京地区娼妓业的发展演变

娼妓的存在自古既有。北京在清代中前期，宠幸男色为时尚风气，"道光以前，京师最重像姑（即男娼），绝少妓寮"。① 只是到了晚清，王亲贵族转而"狎昵女娼"，像姑才渐趋衰微，"像姑堂子久驰名，一旦沧桑有变更，试看樱桃斜巷裹，当门不见角灯明。"② 社会上对娼妓的评价取向也由乐舞技能逐渐倾向于色情肉欲方面。③ 不过整体而言，清代中前期北京的娼妓业不如江南地区发达。例如，1871年上海英、法租界内的妓院分别为27家、250家，妓女分别有92人、2600人；华洋兼接的妓院和妓女数额分别为25家、131人；专接华人的妓院与妓女数额为382所、1352人。④ 而清光绪二十三、四年间（1887—1898年），京城妓院仅有37家，每家都不过10人左右。⑤

京城妓院本来多寓内城，到光绪31年（1905），京师巡警厅饬令内城妓院迁至城外，同时发给营业执照，准其公开营业，并按期抽收妓捐。当时经官方许可的妓院共有373家。这些妓院有级别之分，分为小班、茶室、下处、老妈堂等四等，等级依次下降。由于头等和二等妓院多集中在前门外的八条胡同，即韩家潭、陕西营、纱帽胡同等，故称"八大胡同"。民国时期娼妓活动范围继续扩大，发展为"十条胡同"。⑥ 在晚清和民国时期，"八大胡同"与"十条胡同"俨然成为京城路人皆知的"妓院"的代名词。后来，由北洋军阀张勋、奉系张宗昌与皖系张敬尧等出资，在天桥西侧香厂路范围的"新世界"游艺厂南面，修建了两栋灰色的二层楼房，名曰"大森里"。此为北京旧日"八大胡同"与"十条胡同"以外又一处妓院集中地。⑦

民国时期，北京登记在册的各等公娼人数基本维持在3000人以上。⑧

---

① 徐珂：《清稗类钞（第11册）》，中华书局，1984年，第5155页。
② 杨米人等著，路工编选：《清代北京竹枝词》，北京古籍出版社，1982年，第137页。
③ 单光鼐：《中国娼妓——过去和现在》，法律出版社，1995年，第175页。
④ 同上书，第103页。
⑤ 徐珂：《清稗类钞（第11册）》，中华书局，1984年，第5153—5154页。
⑥ 单光鼐：《中国娼妓——过去和现在》，法律出版社，1995年，第302—303页。
⑦ 成善卿：《天桥史话》，三联书店，1990年，第364页。
⑧ 鲍祖宣：《娼妓问题》，上海女子书店，1935年，第20—22页。

见表1。民国时期北平市捐税种类共有29项,按数额大小排列,妓捐竟然位列17。① 除公娼之外,私娼数目更多,据估计当在万人上下。② 另外,还有大量各类暗娼。1919年,英国人甘博(Gamble)经过实际调查,得出北平妓女与全部人口的大致比率为1∶258。③ 由此可对民国时期北京娼业之兴盛管窥一斑。

表1　民国年间北京公娼人数

年　份	娼妓人数	年　份	娼妓人数
1912	3096	1928	3593
1913	3184	1929	3373
1915	3491	1930	3003
1917	3899	……	……
1919	3130	1949	1316

这些操持"皮肉"生意的妓女群体,年龄多集中在青壮年阶段。根据1949年11月21日夜北京封闭妓院的统计结果显示,所收容的1287名妓女中,青壮年妓女占绝大多数。她们从事娼业的妓龄不等,多为5年左右。④

表2　1949年北平封闭妓院妓女年龄构成

年龄阶段	人　数	所占全部妓女的比重(%)	年龄阶段	人　数	所占全部妓女的比重(%)
青年	776	60	壮年	339	31
少年	105	8	老年	7	1

她们除来自北京本地及近畿地区,还有许多是从南方及东北各地流落至京。"自联军入城后,南妓翩来迄今十余年"。⑤ 在以上统计的1287名妓女中,其籍贯在河北者826人,占61%;江苏籍102人,占8%;山西籍93

---

① 林颂河等:《北平社会概况统计图》,北平社会调查所,民国20年(1922),第8页。
② 王书奴:《中国娼妓史》,生活书店,民国23年(1925),第330页。
③ 鲍祖宣:《娼妓问题》,上海女子书店,1935年8月9日,第19页。
④ 《北京封闭妓院纪实》,中国和平出版社,1988年,第322—323页。
⑤ 老羞校印:《最新京都竹枝词》(石印本),民国2年,第5页。

人，占 7.2%；河南籍 84 人，占 7%；东北籍 75 人，占 6%；余皆不足 1% 左右。① 日军侵华期间，在战乱与灾荒的重迫之下，大批良家女子被人口贩子拐骗而落入烟花。据 1936 年前后的调查显示，北京人口贩子的职业构成中，妓院老板占 4.2%；北京地区被拐女子的最终结局中，成为妓女者占 76%。②

由于北京的特殊政治功能，其嫖客来源主要是军政界人物，其次是富商大贾。③ 在日军侵华期间，除了汉奸权贵经常出入妓院，还有相当数量的投机商人，妓院成为他们交际应酬的场所。④ 另外也有一些落魄的文人骚客，还有下层的各种贩夫走卒等。

二、娼妓产生的原因及其社会危害

娼妓的产生，并不单纯是"烟花"女性自身的问题，不能简单地归咎为她们的自甘沉沦；相反，它是一个值得关注的社会现象，有其深刻的社会背景与历史根源，民国年间，曾浪荡于扬州娼界、得风月黑幕的王书奴，后来著就中国首部娼妓史。他在《自序》中明确指出："娼妓问题，乃整个的社会问题……，确为现代社会病态之一。但推究其起源及兴盛，与文化、社会、经济……无不有密切关系"。⑤ 应该说，不论中国与西方、中国的南方与北方，或者城市与乡村，这是对娼妓现象深中肯綮的揭露与评价。

不过相对而言，灯红酒绿的城市更是孳生娼业的罪恶温床。民国时期北平市社会局局长周震鳞曾深有感触地说："娼妓为现今社会最难解决之问题，而大都市辄为娼妓之渊薮"。他在《北平市社会局救济事业小史》中，这样总结娼妓的发生原由："经济之压迫；男性或女性之不贞；妇女被略诱拐卖；其他环境驱使；男女关于性之道德观念标准不一；城市之人口过多

---

① 《北京封闭妓院纪实》，中国和平出版社，1988 年，第 326 页。
② [法] 安克强，袁燮铭，夏俊霞译：《上海妓女——19—20 世纪中国的卖淫与性》，上海古籍出版社，2004 年，第 3 页。
③ 成善卿：《天桥史话》，三联书店，1990 年，第 364 页。
④ 卞修跃：《稗海精粹：近代中国社会面面观》，四川人民出版社，1999 年，第 303 页。
⑤ 王书奴：《中国娼妓史》，生活书店，民国 23 年（1925），自序。

等".① 尽管没有明确的主次之分与主客观之别，但是基本涵盖了导致娼妓产生的关键因素。

近代中国，"正是社会病态行为最容易发生的背景"。② 概而言之，近代社会重要病态群体之一的娼妓，产生原因主要包括政治制度的不合理、社会生产力的落后、自然灾害的肆虐、西方殖民主义的入侵与战争连绵等客观因素，以及由此造成的个体家庭经济困难以及民众尤其是女性受教育程度低下等。另外就是，偏狭的社会风俗如重男轻女封建思想意识导致人口比例失调，社会范围内的生理与心理需求无法得到满足；拐骗女性、包办婚姻等恶风陋习长盛不衰；再者，社会道德与价值观念败坏，个人贪图享受与懒惰等主观因素等，也会产生不可小觑的消极影响。当然，深入而全面探讨娼妓产生的原因远非本文力可所及，已有相关文章进行专门论述，这里仅予简要概括而止。

具体到北京而言，除却众所周知的时代背景而外，较为突出的几个现实因素如下：其一是各地的战争难民、自然灾害灾民与失业群体等源源不断地涌入京城。为谋生计，他们与本土人口就土地、粮食及职业等基本生存资源展开无形而激烈的竞争。从而导致社会贫困化的加剧。其二是男女人口比例严重失衡。据统计，1917年北京男女比例为62∶36。③ 其三是女性接受教育程度不够，缺乏基本的自立与自卫意识。如前述被封禁收容的1287名妓女中，文化程度为文盲者1037人，占80%；初中3人，占1%；其他247人，占19%。④ 另外值得注意的是，民国时期已经有人指出"淫秽的出版物与影片相片图画书籍等"也是引发娼妓的重要因素。⑤ 因此说，西方新式资本主义生活与生产方式的传入与传播，像一柄双刃剑，既繁荣了京城民众的休闲生活，也加速玷污了他们脆弱的娱乐空间，催生了近代色情业的畸形繁荣。

---

① 周震鳞：《北平市社会局救济事业小史》，北平特别市社会局第一习艺工厂，民国18年，第69页。
② 鲍祖宣：《娼妓问题》，上海女子书店，1935年，第16页。
③ 同上书，第23页。
④ 《北京封闭妓院纪实》，中国和平出版社，1988年，第323页。
⑤ 鲍祖宣：《娼妓问题》，上海女子书店，1935年，第23页。

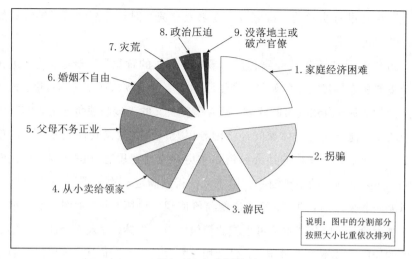

图1　妓女来源统计

北京市在1949年封闭了全部妓院,人们对这些妓女来源所作的统计结果,基本可以印证上述判断,见图1。①

如上"这些社会的种种现象,足以增加妓女的数量";"而娼的增加又足以造成社会的病态现状。"② 如此而来,娼妓与社会病态陷入无尽的恶性循环当中。

北平市社会局局长周震鳞曾这样总结娼妓的弊害:"玷污道德风纪;破坏家庭和平;堕落男女意志及人格;牺牲社会经济;引起恶疾,流毒人群;妇女多属不能生育;所生子女多系夭亡;妨碍女权;影响民族。"③ 这些弊害上可危及民族命运、经济发展及社会道德,下可腐蚀家庭幸福与个体健康,令人触目惊心。例如,当时人们这样讥讽娼妓及娼妓群体中流行的梅毒等恶疾,"风流事业称八埠,金钱抛却不论数。一朝山穷与水尽,净赚一身洋

---

① 《北京封闭妓院纪实》,中国和平出版社,1988年,第323页。
② 鲍祖宣:《娼妓问题》,上海女子书店,1935年,第3页。
③ 周震鳞:《北平市社会局救济事业小史》,北平特别市社会局第一习艺工厂,民国18年,第69页。

梅毒"。① 它不仅使得个人与周围人群遭受难言的生理痛苦，而且长此以往整体国民身体素质必然下降，进而殃及社会机体的健康运行，"娼妓之落，其结果不仅毁害个人，且足以毁坏社会"。②

娼妓、贫穷与犯罪，"三者常互为因果，关系至为密切"。③ 陷入恶性循环泥淖中的近代北京娼业，亟须政府与社会寻求相应的解决对策。

三、北京地区对娼妓的社会救助与废止

随着历史的发展，北京对娼妓的态度经历了收容管理、教养救护与废止（根除）的演变过程。具体而言，晚清时期，设立官督商办性质的京师济良所，对妓女进行收容管理，并开始实行教养结合的新型救济手段；民国时期，政府合并晚清遗留下来的各类救济妇女的教养组织，成立北平市社会局妇女救济院，并特设救娼部，以渐次达到最终废娼之目的。到 1949 年 11 月 21 日一夜之间，北平市取缔所有妓院，自此迎来崭新的纪元。由救助到废止这个过程并非一帆风顺，而是伴随着不断的斗争、反思甚至是反复。

1. 晚清时期的京师济良所

清光绪 33 年（1907）9 月 10 日，民政部批准了原由"巡警部督同绅士"管理的京师济良所，并制定章程。④ 下面将济良所的收容条件、经费来源与开支、组织管理、教养、奖罚、择配等方面的规定予以简要介绍。

被允收容之条件为：诱拐抑勒、来历不明之妓女；被领家需索重价、肯阻从良之妓女；被领家凌辱之妓女；不愿为娼之妓女；无宗可归、无亲可给之妓女。⑤ 由此可见，济良所收容妓女是基本秉承自愿而非强制性的原则。

经费来源分为 5 种，包括工巡捐局拨款（每月银一百圆）、领娶者之捐

---

① 《燕京百怪·怪七十六·八埠》，胡朴安，《中华全国风俗志》（下编），河北人民出版社，1988 年，第 34 页。
② 邝震鸣：《贫穷与妓女》，北方印刷所，民国 19 年，自序。
③ 同上。
④ 《重定济良所章程》，田涛等，清末北京城市管理法规，北京燕山出版社，1996 年，第 451 页。
⑤ 同上书，第 452 页。

助、特别捐助（无定数）、房屋赁银，另外不足时由巡警总厅临时补助。同时要按月造具收支清册，呈报总厅查复批准后按月登报，以示公开。①

济良所设经理绅士1人，女董事、女检察、男司事各1人，教习人数临时酌定。经理绅士一年一任，由市政公议会投票共举。满任绅士如得票多数即可连任；未满任之绅士，若有舞弊及违犯章程情事，可由总厅撤消，另投票公举。女董事与男司事分管济良所内外庶务；女检察负责约束所女行止出入及工作眠食诸事；教习则专管教育。②

济良所对所女教以浅近学科，如国文、伦理、算学、手工、烹饪、图画、体操、音乐。③每天的时间划分为晨起、早饭、午饭、晚饭与夜卧五个阶段，④每个阶段均需严格遵照。否则，依据情节轻重予以各种惩罚，如训诫、记小过、记大过、面壁端坐一点钟至三点钟、食无菜之饭一餐等；情节稍重者禀官究治。⑤

所中房屋包括讲堂、工作室、烹饪室、体操场、食堂、寝室、女董事室、女检察室、女教习室、官绅休息室、男司事室、接待室、栉沐室、浴室、休息室、相片陈列室、养病室、厨房、储藏室、曝衣场、男女仆室、厕屋等，⑥设备齐全一应俱有。

关于所女择配规则为，将各女照片注明姓名及号数，挂于照片陈列室。由总厅制备入观券，编号盖戳，分别存厅发所。愿娶所女者在相片陈列室观看、认明相片后，可到总厅或所绅处陈明指定愿娶之女姓名号数，请求入观券，持券到所，由男司事收券引至接待室，由女检察导引该女士，在接待室相见面商，以彼此情愿为准。经批准后，领娶人须自拍照片二张交所呈厅备查。最后由官绅监督，二人当面签字，即可发放。⑦对妓女的择配事项，是

---

① 《重定济良所章程》，田涛等，清末北京城市管理法规，北京燕山出版社，1996年，第451页。
② 同上书，第453—454页。
③ 同上书，第459页。
④ 同上书，第463页。
⑤ 同上书，第456页。
⑥ 同上书，第460—462页。
⑦ 同上书，第464—466页。

济良所在日常教养工作之外最重要、也是最终极的理想目标,因此规定极尽详备与慎谨。

对于济良所的创办,晚清京城社会颇有回应与赞誉:"几人本意乐为倡?立所于今有济良。但出污泥即不染,莲花万朵在池塘"。① 富有戏剧性的是光绪 32 年(1906),巡警厅把北京城内各妓院的掌班召集起来,对他们大谈济良所的宗旨,以期开通风气、祛除陋习。到场的北京大中小堂掌班共有 600 余人。②

不过,晚清妓院公开化、妓女救助公开化的做法是政府迫于压力从现实主义出发的权宜之计。③ 而且济良所的效果并不显著,多得后人讥抨:"以往济良所弊端殊多:论其收容妓女无独立处理之权,凡娼妓到所请求救济者,非呈报前警察厅不得受领;加以该所一切之设施、所女之待遇,异常恶劣;请领所女规则又多缺点,以致不愿为娼之妇女裹足不前"。④ 因此综合多种因素,民国时遂弃济良所而改设救娼部。

2. 民国时期的社会局救济院救娼部

民国 23 年(1935),北平市将各教养机构统并为社会局救济院,⑤ 院址在西四牌楼石碑胡同路北,占地约 11 亩,计有平房 190 余间。由以下救济院的题词之一,我们可以清楚地看出其宗旨所在:"维护人权,提倡女工,扶持残老,救济贫穷,泽及孤寡,德被儿童,禁制娼婢,矫正世风,感化教养,社会推崇"。⑥

社会局救济院分为工作、残老、儿童、救娼、临时收容 5 部。其中救娼部目的为"一洗青楼风气,养成良家风范"。设有家政科,设班传习技艺。其院训为"循规蹈矩、勤俭耐劳"。经费由社会局每月发给经常费 1200 余

---

① 杨米人等:《路工编选。清代北京竹枝词》,北京古籍出版社,1982 年,第 127 页。
② 李孝悌:《清末的下层社会启蒙运动》,河北教育出版社,1996 年,第 112 页。
③ 左松涛:《试论清代色情业的发展与政府应对》,福建论坛(人文社会科学版),2003,(4)。
④ 周震鳞:《北平市社会局救济事业小史》,北平特别市社会局第一习艺工厂,民国 18 年,第 71 页。
⑤ 吴廷燮等:《北京市志稿(民政志)》,北京燕山出版社,1989 年,第 132—133 页。
⑥ 《北平市社会局妇女救济院概况》,民国 21 年,第 1 页。

元。①救济院制定有详细的各类规则，如收容妇女请领规则、院女接见家属亲友规则、参观规则、相看择配妇女规则、文书股办事规则、疗病室规则等。②客观地讲，它们基本上是沿袭晚清济良所章程的主体部分而进行补删。

相比于清末济良所，民国时期的北平社会局救济院救娼部表现出这样几大进步：其一，救娼部以"维护人道、提倡女权"为宗旨，已经超越济良所"代为择配"的单纯目标。其二，救娼部的救济对象是面向北平社会中的全体娼妓，呼吁并鼓励这个特殊的弱势群体接受教养，以求自身解放与自立自强；而济良所仅持自愿原则，救助范围必定有限，效力亦必定微弱。其三，全面实行大规模的教养兼施手段，除传授谋生技能如工艺、刺绣、裁缝、纺织、理发，还传播大量近代社会科学与自然科学知识，如国语、国文、数学常识、商业、音乐、美术、体育，以及输灌积极的道德思想观念，贯彻救人救彻的先进救济理念。其四，救娼部虽附设于妇女救济院，但规定在合适地点可设临时收容所，这种灵活的组织方式，明显优于济良所的呆板、单调与文牍主义。最后，救济院设有专职工作人员，她（他）们大多受到系统和全面的专业培训，具备较强的社会责任感，从而显示出近代救济事业的职业化与体系化倾向；而济良所完全处于晚清政府行政机构的附庸地位，行政与救济功能不分，导致自主性低下。③

民国时期，除了政府开展救济事业之外，社会上也有救护妓女的慈善活动举行。如姚瑞亭在梁家园开办济良所，收养妓女51名等。④这些公私救娼设施与组织，以保护和救助娼妓为目标，自然受到激进"废娼"派的批判和反对。民国时期的救娼与废娼之争在中国近代娼妓史上占据着引人注目的重要地位。

---

① 《北平市社会局妇女救济院概况》，民国21年，第1页。
② 同上书，第15—52页。
③ 北平市政府参事室编：《北平市市政法规汇编（第一辑）》（1928年7月—1934年12月），民国23年（1925），第45页。
④ 刘锡廉：《京师第一监狱》，《北京慈善汇编》，民国12年，第35页。

3. 救娼与废娼之争

在"公私娼寮几遍城市"的严峻形势下，有识之士针对娼妓造成的严重社会危害，高举"废娼"大旗，推行废娼运动，并敦促政府采取根绝措施。近代太平天国时期也曾下令取缔娼妓，但是纯属不平等与非彻底的禁欲与废娼。从辛亥革命到"五四"前后，废娼运动从更多地对娼妓现象的指责与攻击，之后则从社会制度层面上对娼妓产生的根本原因与解决途径进行深入探讨。例如在1919年4月27日的《每周评论》上发表"废娼问题"一文，坚决主张废除娼妓，并提出详致的五大理由与四大办法。废娼呼声的高涨，实际上是和妇女解放运动密切相连。它既是近代女权运动的表现和产物，也反过来推进了妇女解放的进展。1922年8月23日，女权运动同盟会在北京成立，其中"禁止公娼"即为成立宣言中提出的七大纲领之一。除了先进的知识分子等有识之士以外，北平广大民众亦痛感娼妓之危害，强烈要求废除娼妓制度。1922年北京师范大学教授张耀翔开展了一项民意测验，第8个问题是"北京地方亟应取缔什么"？在931份答案中，绝大多数人填写的是"取缔娼妓和欺压平民的警察"，①由此可见北平废娼思潮拥有广泛的社会基础。

和北京一样，全国各大城市尤其是东南各省纷纷举行废娼运动，一时间"大有雷厉风行之概"。然而，北平当局却反其道而行之，主张以"救娼"代"废娼"。②此意究竟何在？

北平社会局局长周震鳞认为，"欲达废娼之目的，可渐而不可骤，宜寓废娼于救娼之中"。原来，其救娼仅为手段，废娼乃为目标，主张缓进、反对骤废。因为，"妓女之操此业，多为环境所迫。若即时驱逐或迳行废除，则由公娼而转为私娼。此处被逐之娼妓，必贻害彼处。若全国同时举行，则娼妓必流离颠沛，遂生无方，势将委为沟壑。爱之亦适害之"。因此，他的结论是"废娼不能救娼，救娼则可废娼。废娼为治标，而救娼则为治本"。他还

---

① 《北京封闭妓院纪实》，中国和平出版社，1988年，第208页。
② 周震鳞：《北平市社会局救济事业小史》，北平特别市社会局第一习艺工厂，民国18年，第70页。

特意强调一种具体的救娼措施,即"本市之八埠范围,最宜集娼制度"。具体而言,"凡已注册之娼妓,或确知其营卖身生活者,令其徒往区内,不得籍故抗拒,环集集处,不许轻自迁移"。这样做的有利之处在于:"良家妇女与娼妓隔绝,不致良莠杂糅,以免相习效尤之弊;娼妓恶疾不致易于传播;娼区一定,狎客或顾清议,不致显然趋赴;便于管辖监督,易于调查娼妓状况,以求解放之道。"①客观而言,这种观点确有其合理性,并具备相当的可行性。在娼妓比率较高的北京,在时局维艰的形势下,没有合理的社会制度予以保障,如果采取骤然废除的做法,可能会导致社会秩序的混乱,甚至可能出现娼妓"复辟"的可怕倒退现象。

然而,废娼派毫不相让,痛斥救娼的虚伪与危险。例如救娼派认为,就娼妓自身及与其联系紧密的相关人群的生计而言,娼妓还是有暂时留存的余地。针对于此,废娼派针锋相对,一针见血地指出:"要是拿(娼妓)来维持大众生活,完全是自杀,是万万靠不住的。"②还有人不仅坚决主张废娼,而且提出一套相当系统的废娼方案。这套方案包括自然和社会两个方面。自然方面提倡节欲和节育。社会方面包括改良教育状况;平均地权,解决土地问题;从生理学与心理学的角度,改良娱乐环境;防止淫秽出版物;舆论的制裁;家庭的教育等。③时至今日,这些详细的废娼设想仍然具有突出的现实意义。尤其是娱乐环境的改良、淫秽出版物的防止、舆论的制裁,值得当今人们的深思与借鉴。更为值得一提的是,该方案还明确指出:"如何才能将娼妓制度根本消灭,我想除出经济状况的改造和两性道德观念的改变外,实没有其他好的方法。"④王书奴亦言:"社会经济制度一日不改,而言废娼妓,是缘木求鱼而已。"⑤这类论断在当时无疑具有振聋发聩的作用。总体来看,近代中国包括北京在内的救娼与废娼之争的关键,并不在于要不要废

---

① 周震鳞:《北平市社会局救济事业小史》,北平特别市社会局第一习艺工厂,民国18年,第71—72页。
② 王书奴:《中国娼妓史》,生活书店,民国23年(1925),第342页。
③ 鲍祖宣:《娼妓问题》,上海女子书店,1935年,第116页。
④ 同上书,第114页。
⑤ 王书奴:《中国娼妓史》,生活书店,民国23年(1925),第328页。

止娼妓，因为废娼实为二者的终极目标，这也是时代发展赋予他们的共同社会责任和时代使命；他们的论辩实质在于要不要立即废止娼妓，骤然废除娼妓有无可能性和实际利益收获何在。因此，救娼与废娼之争背后实际反映出娼妓在近代中国社会的严峻恶化趋势，体现出近代中国人在救助弱势群体与消除社会病态群体过程中的艰难探索与斗争。

四、结　语

历史的车轮滑到公元 1949 年 11 月 21 日晚上，随着公安局局长罗瑞卿的一声令下，北平 224 家妓院全部予以封闭，北平结束了罪恶娼妓的旧时代，自此掀开全新篇章。在北平妇女生产教养院里，这些曾经遭遇不幸的女性得到政府与社会的深切关注与热情救助，她们脱胎换骨，改造自新，成为自己命运的主人，开始享受生活带来的欢乐，然而，同全国其他城市的娼妓废除与改造运动一样，由于各种历史的与现实的因素，"这一次也不是一劳永逸"。[①] 并且令人深为担忧和痛心的是，作为新中国的首都北京，更为丑陋而隐蔽的娼妓现象近年来有死灰复燃之迹象与趋势，这是今天构建和谐社会历程中极其尴尬的不和谐乐章。读史而鉴今，但愿人们能从历史中获取教训与启迪。

（原载《妇女研究论丛》，2006 年第 3 期）

---

① 贺萧：《危险的愉悦：20 世纪上海的娼妓问题与现代性》，韩敏中、盛宁译，江苏人民出版社，2003 年，第 336 页。

■ 进一步阅读的书目

[美]盖儿·赫夏特：《性与现代的交融：20世纪初上海的卖淫现象》，李小江等主编，《性别与中国》，北京三联书店，1994年。

张百庆：《中国城市早期现代化过程中的娼妓问题》，《史学月刊》，1999年第1期。

杨洁曾、贺宛男：《上海娼妓改造史话》，上海三联书店，1998年。

王书奴：《中国娼妓史》，岳麓书社，1998年。

《文史精华》编辑部编：《近代中国娼妓史料》，河北人民出版社，1997年。

■ 进一步思考的问题

1、当我们试图寻找和描述被历史淹没的妓女个人的身体经验时，是否就能真正展现她们的声音？研究者与旧的研究相对抗的思维是否也会参与新的娼妓叙事的建构？

2、为什么会存在完全相对立的关于娼妓的"愉悦"和"苦难"的历史叙事？

3、"救娼"与"废娼"事件能引起我们对性别问题的哪些进一步思考？

■ 相关性阅读的书目

[法]福柯著，佘碧平译：《性经验史》，上海世纪出版集团、上海人民出版社，2002年。

[美]海登·怀特著，陈永国、张万娟译：《后现代历史叙事学》，中国社会科学出版社，2003年。

■ 相关文献、作品举要

丁玲：《庆云里中的一间小房里》

老舍：《月牙儿》

李大钊：《废娼问题》

周作人：《资本主义的禁娼》《宿娼之害》《文人之娼妓观》《娼女礼赞》

胡安定：《国家与社会之妇女卫生问题》

韶懿：《论娼妓之有害而无一利》

第四编 身体与审美

导 读

身体不仅具有社会、思想、文化层面的意义，同时也具有审美本体层面的意义。由于言说的焦虑是文学表达的普遍困境，所以一些作家最后都不约而同地选择用身体的出场来化解言说的焦虑。身体的出场是在语言的无力之处，产生出的一种新的言说通道。在中国现代文学中，鲁迅、穆旦、沈从文等作家都非常注重借助于身体来表达他们的文学经验。身体的这一功能是融审美的形式与意义为一体的，特别是在表达具有哲学意味的诗性体验时，身体的这种融合具体的审美形式和抽象的生命意义的功能就更为突出。

鲁迅对身体的思考多表现在他的小说和杂文中，"身体"主要是他透视历史、政治、文化、民族心理和个人心理的一个外在基点，表现为一种文化政治学意义上的身体视角，不过，这并不能体现他身体书写的全部。在《野草》这样诗性的文字中，鲁迅就把他对生命、死亡、存在等形而上问题的思考借助身体予以表达，如果说《野草》表现了鲁迅的个体哲学，那么，在对这一个体哲学的表达过程中，"身体"就是一个核心的意象，对人的存在的追问就是对身体以及身体与精神的关系的追问，而对于难以言说的形而上的生命体验来说，还应该包含对身体在语言中表达意义的可能性的追问。也就是说，鲁迅在《野草》的身体书写中表现出本体性的追求，这一"本体"是生命和审美的双重意义上的。

而沈从文对"身体"的重视是与他的艺术追求分不开的。40年代他试图取得艺术上的突破，他把他的这种艺术探索命名为"抽象的抒情"，以《看虹录》为代表，沈从文力图在文字中借助于一切与音乐精神相通的感官意象来表达他个人所体验的美的极致，身体就是其重要表达之一。因此，"身体"在沈从文40年代小说中的出现具有双重意味，它既是沈从文对生命体验的一种审美化呈现，同时也是沈从文所力图展现的"抽象的形式"本身。

穆旦诗歌富于肉感的诗歌表达方式已经受到广泛的注意，具有肉感的诗思呈现方式建立在穆旦对身体对于存在的意义的深刻认识的基础上。穆旦对生命体验的书写从来就是与肉体的感受连接在一起的，可以说他的诗歌中所包含的思想是从冒着血和汗的肉体中鞭打出来的，带着生命的呼吸和节奏、痛感和快感，特别是在他的爱情诗如《诗八首》《春》《发现》等诗中，这种肉体和灵魂的搏斗达到了极致，也正是通过这样一种诗思方式，穆旦应对着言说的焦虑。

这一编主要选择了三篇从身体视角研究上述作家创作的文章：郜元宝的《〈野草〉的身体语言》、李俏梅的《穆旦诗歌写作的身体维度》和贺桂梅的《沈从文〈看虹录〉研读》，这些研究都表明了这三位作家倚重于身体的思维方式和表达方式，也触及了文学创作中的语言与身体、审美与身体的关系问题。当然，表现出对"身体"化的文学表达方式倚重的远不只这三位作家，需要我们从文本出发进一步展开这一研究。

选文一
《野草》中的身体语言

郜元宝

一、言语道断,身体出场

《野草》,这本中国现代独一无二的散文诗集发挥作者本人的"哲学",往往就依靠一种特别醒目的身体语言。

譬如那两篇《复仇》。

《复仇》其一,写"一男一女"裸立于旷野,各执一柄利刃,好像要有所行动,引来很多路人围观;但他们终于不动,也并无任何动作的意思,围观者渐渐觉得无聊,并在无聊中散去。鲁迅将这一篇题为"复仇",意思是被看的两个裸者不肯"做戏"给旁观者们看,让他们在无聊中走开,就等于向他们"复仇"了。中国现代先觉者们的言行因为超出现实太远,在仍然愚昧而彼此生气不能相接的国民眼里,很容易变成"做戏"。这很可悲。怎么办?鲁迅认为一方面要知其不可而为之,强聒不舍,更其尖锐地说出真相来,使旁观者们警醒。这是不怕"做戏"的态度。其次是干脆不"做戏",或许也能警醒他们。《复仇》用了后一种策略。"复仇"和"做戏",都是鲁迅文学的重要主题,而其表达,则主要仰仗于身体语言:这篇极短的故事的中心人物——旷野里两个裸者——始终未发一言,然而他们都以各自的身体及其无词的言语,巧妙地实现了拒绝"做戏"和向喜欢看戏的旁观者们"复仇"的意志。

鲁迅有时说中国文化本身就有强烈的做戏因素,或者叫"宣传"。实事不见得做了多少,事先事后的宣传却务求热闹,总之是做戏,不真做事情。

他批评年轻人逢到节日喜欢搞活动,宣传抗战了,就穿着童子军制服上街游行一番,回家后洗净、叠好,放在箱子底下便忘记了;鲁迅说日本人可不这样,他们很认真,万一打进来,搜查到童子军们自己都已遗忘的衣服,可就倒霉了。强敌认真,被强敌攻击的人却还在"做戏",岂不危哉①!鲁迅还说中国是个"文字游戏国",一切都用好听的文字来打发,而无实际内容②。"做戏"是鲁迅所痛恨的中国文化的痼症,他的许多小说或杂文就是报复性地针砭这种现象,而其方式,往往是对身体的某种巧妙讲述,如上述童子军制服一事,再如在讽刺"面子"文化时,利用一则社会新闻,说一些酷爱"面子"的人彼此争吵,撕破对方脸皮,从爱面子走到不要面子的反面去了。

《复仇》中不想让"路人"看的"戏",是两个无名者之间同样无名的紧张关系,这在喜欢看热闹的群众眼里便是"有戏"了。群众的特点是不把人间社会的事作为自己分内事来看待,也不把自己的事和人间社会联系起来;一切都很有趣,又都和自己无关,只满足于做个单纯的看客。看见牺牲献上去,在被宰杀之前发抖,就无端地舒服。推而广之,一切都可以这么看,不只看牛羊献祭,看阿Q被斩。看客最大的乐趣就是傻乎乎地看,忘了自己和被看者的关系,忘了自己应有的生存目标。抨击看客,鲁迅也喜欢抓住他们的身体特征如脸部表情。他说人的咬肌一般都很厉害,轻易能咬碎核桃,一旦看戏,却松弛下来,连下巴都托不住,"仿佛精神上缺少着一样什么机件"③。

"群众,——尤其是中国的,——永远是戏剧的看客","对于这样的群众没有法,只好使他们无戏可看倒是疗救"④,但这就有矛盾:启蒙的文学家和进步思想者必须对人说话,而他一开口,不明就里的人就以为又在"做戏"了。获得这种自觉,就意味着无论说话还是动作都失去了根据,甚至无言而无为地《复仇》式的策略也无济于事,因为裸立者毕竟还是在众人之前摆出了某种姿态,近乎一种哑剧,而哑剧仍然是做戏。

---

① 参看《二心集·新的"女将"》《二心集·宣传与做戏》《伪自由书·最艺术的国家》等。
② 《且介亭杂文二集·逃名》。
③ 《而已集·略论中国人的脸》。
④ 《坟·娜拉走后怎样》。

也许正因为如此,《求乞者》中那个执拗的追问者就在自问自答中被一路逼到了死角：

> 我想着我将用什么方法求乞：发声，用怎样声调？装哑，用怎样手势？……我将用无所为和沉默求乞……我至少将得到虚无。

完全放弃"做戏"，除了在所谓非宗教的宗教性体验中以无为和沉默向不知道什么地方求乞自己也不知道是何物的虚空之外，在现实的挣扎中只能归于失败和不负责任，而这是鲁迅无法接受的，因此惟一的出路还是做戏，只不过同时也给看客一点颜色，让他们一边看戏，一边得到并不愉快的刺激。《复仇》中两个裸者就是这样，他们不说话，不行动，但就在围观者无意识的时候，一直说着，一直行动着，即一直用他们静止的身体把要说的话说出来了，把要做的事做成了。《复仇》是标准的身体语言，人物没有一句对话，旁观者却无不受到极大的打击。《复仇》的身体言说，是从《求乞者》宗教性的虚空的求乞折回，重新进入一种持久的肉体挣扎和忍受：

> 人的皮肤之厚，大概不到半分，鲜红的热血，就循着那后面，在比密密层层地爬在墙壁上的槐蚕更其密的血管里奔流，散出温热。于是各以这温热互相蛊惑，煽动，牵引，拼命地希求偎倚，接吻，拥抱，以得生命的沉酣的大欢喜。
>
> 但倘若用一柄尖锐的利刃，只一击，穿透这桃红色的，菲薄的皮肤，将见那鲜红的热血激箭似的以所有温热直接灌溉杀戮者；其次，则给以冰冷的呼吸，示以淡白的嘴唇，使之人性茫然，得到生命的飞扬的极致的大欢喜；而其自身，则永远沉浸于生命的飞扬的极致的大欢喜中。……他们俩这样地至于永久，圆活的身体，已将干枯……

由圆活变干枯，说明他们仍然是生死对决的关系，内耗很厉害，只是不让别人看出罢了，所以静止只是相对的，是通过身体的相对静止而把"做戏"降至最低限度，从而对喜欢看戏的人进行"复仇"。鲁迅将这形容为"无血的大戮"，而这"无血的大戮"对围观者产生的作用也直接针对身体——身体的"复仇"必在复仇对象的身体上引起相当的反应,正如鲁迅在论及他的杂文时所说的,他的目的乃是让"憎恶我的文字的东西得到一点呕吐"[①]:

> 路人们于是乎无聊;觉得有无聊钻进他们的毛孔,觉得有无聊从他们自己的心中由毛孔钻出,爬满旷野,又钻进别人的毛孔中。他们于是觉得喉舌干燥,脖子也乏了;终至于面面相觑,慢慢走散;甚而至于居然觉得干枯到失了生趣。

至此,一场无言的"复仇"游戏全部诉诸裸立者与旁观者的身体。一切语言失效之际,就只剩下身体的如此静立了,但这绝非表达的终结,毋宁乃是表达的极致。

我在"复仇"、"做戏"这两个主题背后,清楚地看到了作为言说者、忍受者、经历者、思索者、行动者、求乞者、反抗者的裸体的矗立。

《颓败线的颤动》也是一出无言之戏,但身体在这个更加凄厉的场景中毕竟打破平静而"颤动"了。其始,是年轻的女性的裸体"在初不相识的披毛的强悍的肉块底下"的"颤动",表达了年轻卖淫者的"羞辱"与"欢欣"的交织,而这是任何语言都无法表达的;其终,是垂老女性裸体的"颤动",她"石像似的站在荒野的中央","举两手尽量向天,口唇间漏出人与兽的,非人间所有,所以无词的言语"——也是一种身体语言,但这回要表达的乃是更加难以表达的过往生命的一切。言语道断,身体出场;或者说,言语彻底转化为身体姿态,由身体来说出精神本身无法说出的言语——身体诉说是被某种语言的失败逼出来的,它是语言的替代,也是语言的转换与升华。

二、"分明地玩味"

鲁迅早期论文提倡"立人",他所不满的人的状态,是"躯壳虽存,灵觉且失",这样的"躯壳",正如那些"仿佛精神上缺少着一样什么机件"的"中国人的脸",大概是无法表达什么积极内容的罢。我们在鲁迅的著作中,能

---

① 《坟·写在〈坟〉后面》。

够很容易感到他对纯粹从"养身"、"惜身"的目的出发而照顾身体的庸人的轻蔑,早期的几篇文言论文可能最清楚地表明了这点重精神而轻肉体的倾向,后来这种倾向也基本没有改变,比如他曾经同情那些"勇于思索的人们,五十年的中寿就恨过久",而极度蔑视那些"面团团地活到八十九十"的人,说他们是"专为来受中国内务部的褒扬而生的人物"①。不关心精神的身体的幸福,在他看来是如此可笑,相对地,在文学上具有表达力的身体,一定是灵魂回归或有所觉醒或正在觉醒的"躯壳",文学中对这样的"躯壳"及其姿态与动作的描绘,或者对其相反状态的讽刺性"白描",乃是要求灵与肉对同一种东西的共同承当,而反对灵与肉的分离。

也就是说,鲁迅赞赏的是灵肉一元的理想,而反对灵肉分裂的二元论。当一个人在思想感情上要承担什么、追问什么、忍受什么时,身体也须一道出场,扮演同等重要的角色;身体没有自外于精神的理由。如果身体陷入麻木、迟钝,或者在精神看来,如果身体"堕落"了,那么精神就有权力向它发出警告,作出提醒,甚至向它"告别",就像《影的告别》中的精神之"影"对那个麻木迟钝的"你"——身体——所说的那样。

但是,就《影的告别》来说,那个扬言要离开身体而"独自远行"乃至"彷徨于无地"的精神之"影",又实在说得太多了,而它之所以似乎难以控制地一直唠叨下去,不正显示了某种难言的虚弱吗?和麻木迟钝的身体比起来,这个轻灵的"影"实在太缺乏定力了,而且它的虚弱与缺乏定力,也主要是因为受到了身体的执拗的沉默的刺激所致——身体在这种情况下一直掌控着貌似强大的精神之"影","影的告别"其实是被身体引逗出来的,是身体自己希望说出的。这样被对象化的精神之"影",它要么真的离开了身体,被黑暗所吞没,要么就只好像出走的娜拉一样,最后仍旧回归身体,而这两种结果都不是身体所愿意看到的。也许身体一开始就看穿了"影"的收场,所以它才将"影的告别"作为一种试验展示出来,并冷漠而嘲弄地观看着这种展示。沉默无言的身体和昂奋唠叨的精神之"影"的单向对话,几乎概括了"狂人"和狂人所要劝说的周围的庸众、创造社诸君子与被他们宣

---

① 《译文序跋集·〈出了象牙之塔〉后记》。

布为落后反动的鲁迅、钱玄同与被钱力劝而仍然犹豫不决的鲁迅以及所有现代中国自以为先进的启蒙者与普遍认为的落后者之间的关系模式。

在《影的告别》中，活跃着的是精神之"影"，更加稳重有力的却是一直沉默着的清醒而无奈的身体。它沉默着，耐心等待"影"把自己的话说完，等待着在激昂亢奋之后略微清醒的"影"回过神来，那时候，身体就可以和精神之"影"合作，共同完成对整体的自我的拷问，而在这种拷问完成之前（或许永远无法完成），整体的"自我"一直分裂为惰性的身体（被教训被劝说的"你"）和活跃的精神之"影"彼此隔绝的两元。并且，即使在这两元真可以进入对话的情况下，身体也仍然将是一个比精神更加务实而谦卑的存在，因为它将自觉地充当精神认识自我的一个手段，一个过程，一个不管什么都只能默默承受的无可推诿的试验品，一个被捐献出去而接受无情的拷问和挖掘的对象。这是身体之我的更加酷烈的自觉捐献。《墓碣文》中那个"游魂"想知道自己是什么，这个古希腊人的命题并未驱使它凭借一套纯粹精神性的话语而到外部世界去"上下求索"，相反倒是引导他返回自身，"反求诸己"，由此令人惊骇地转换为一种身体语言，即"抉心自食，欲知本味"——精神的探索转嫁为肉体的痛苦。鲁迅的杂文经常说他要"深味"人世的悲凉，"深味"之"味"乃味觉化的身体语言——对历史和现实的思考转换为身体语言，这和"抉心自食"，意思相同。

不论自我解剖，还是批评现实，关键都是要让身体一起站出来，用存在主义者的话讲，就是要让身体和精神一道"出场"——鲁迅比较喜欢用佛家的概念"现身"，比如说他的老师太炎先生"先前也以革命家现身，后来却退居于宁静的学者"[①]。精神活动需要身体同时站出来，如果没有身体的出场，抽象的精神将无所寄托，将会变成真正的空喊、宣传和做戏；精神受煎熬的时候，肉体必将同时经历磨难，甚至"自啮其身，终以殒颠"——《墓碣文》讲述的正是这样一种精神之我与身体之我"合作"的故事。

可惜这种"合作"并不成功：在身体经受了极大的痛楚之后，精神还没有搞清楚自我的真味，却因其过分活跃的禀性，或者因其过于轻佻的品行，

---

① 《且介亭杂文末编·关于太炎先生二三事》。

在身体付出了惨重代价之后，不肯与身体一起承担失败的局面，而以漂亮的借口背叛了身体，从墓穴的"大阙口"逃逸而去，只剩下死去的无"心"的身体（"死尸"）躺在墓穴里独自回味失败和被出卖的滋味，不过这倒也由此反证了身体在面对精神之"影"傲慢而自恋的"告别"时始终保持沉默的明智。

但这死去的身体毕竟不甘，而且愤怒了，所以当精神之"我"在梦里假装成另一个不相干的"我"恬然地散步到墓穴之前来鉴赏身体之我的惨状时，死去的身体之我还是让他看见了"……答我。否则，离开！"的愤言，甚至不禁"在坟中坐起"，吓得那个假装不相干的精神之"我""疾走，不敢反顾，生怕看见他的追随"。《墓碣文》中的身体（死尸）所谓的"离开！"，不正是《影的告别》中精神之"影"扬言的"告别"吗？被出卖被抛弃的身体的愤激在此照亮了精神之"影"的本不足恃。

精神要求发展，最终必须超越身体的约束，而身体以其固有的尘俗性质，也注定要被超越。就最广泛的隐喻意义来说，一切注定要被超越的东西（历史、民族、此时、现实、俗世、经验等等）都和身体有关，都是绝对精神必须超越的对象，但在最终被超越之前，身体又是绝对不可以超越因而只能诚实地去面对的真实存在，身体只有穿越身体而不能单方面地以"告别"和"离开"的方式绕过身体；绕过身体的精神的超越是虚妄的超越。鲁迅确实以轻蔑的口气谈起"灵魂要离开肉体"这回事，把它等同于"仰慕往古的，回往古去罢！想出世的，快出世罢！想上天的，快上天罢！"之类的肤浅虚妄，而他提醒人们"留心"的，倒是类似被精神之"影"面命耳提的身体的那种"酷烈的沉默"[①]。

沉默、镇定、坚忍、粗糙乃至落后的身体始终衬托着、提醒着、拷问着、帮助着聒噪、惊慌、脆薄、浮薄而且似乎总是先锋的精神，这不正是鲁迅作品所浮现出来的一种整体意象吗？

很难想象，鲁迅的作品倘没有这种身体言说，其表达力量会打多大的折扣。鲁迅文学的一个至今被忽略的地方，鲁迅文学在整个中国现代文学体系中的独异之处，就是他几乎固执地坚持将现代中国思想感情的全部困境

---

① 《华盖集·杂感》。

尽量拉向自身并予以身体化的呈现，在直接的身体感觉的充分玩味中探询可能的出路，而不是把身体抛在一旁，任由本不足恃的精神之"影"一意孤行。但我觉得，几十年来的《野草》阐释者们在阅读《影的告别》时，过分看重那个扬言要"独自远行"的"影"的话语，而过分轻视乃至无视身体之我的无言的存在了，其结果，就是把灵肉二元的思想硬塞给了竭力想统一灵与肉的鲁迅。

事实上，就鲁迅一生的文学实践来说，精神之"影"扬言的所谓"独自远行"那种事也并没有发生。立意要"独自远行"的精神之"影"最终还是回到它所谓"不想跟随"、"不愿住"的身体，"影"和身体既保持一定的张力，又从来不曾决然相离，二者如此纠葛缠绕，这才呈现出完整的自我。

也可以从这个角度来理解《复仇（其二）》。这一篇是对《圣经·新约全书》讲述的耶稣被钉在十字架上的过程的改写，目的是将这个被改写的过程更加明确而尖锐地指向耶稣被钉时的身体感觉。《马可福音》里有好几个地方记录耶稣被捕、受辱和钉十字架事，但都没有涉及耶稣被钉时的身体感受。鲁迅省略了前前后后许多细节，惟独突出耶稣被钉时的身体感觉，强调这感觉一方面是痛感，另一方面亦有比痛感更高的快意。钉之前，行刑的人要给耶稣喝一种用"没药"调和的酒，以减少痛苦，但被耶稣拒绝了，他这样做的目的，就是要"分明地玩味以色列人怎样对付他们的神之子，而且较永久地悲悯他们的前途，然而仇恨他们的现在"，他一边痛着一边玩味着：

> 丁丁地响，钉尖从掌心穿透，他们要钉杀他们的神之子了，可悯的人们啊，使他痛得柔和。丁丁地响，钉尖从脚背穿透，钉碎了一块骨，痛楚也透到心髓中，……

鲁迅把钉的细节放大，每钉一次的感觉都写出来了，最后到达高潮：

> 突然间，碎骨的大痛楚透到心髓了，他即沉酣于大欢喜和大悲悯中。

耶稣临死时说了两个字："成了"，他作为"神之子"向人世传播上帝的福音、"道成肉身"的使命圆满了，他感到无上的快乐，但作为人的肉身，又毕竟非常痛楚，而倘若回避这种必然的痛楚，就不能得到"成了"的快慰，因为那快慰只有穿越身体的极度痛楚，才能被分明而确凿地经验到。这一痛一快犹如骨肉不能分离的奇怪交织，是由灵与肉共同承担、共同表达的。身体内部极致的痛楚并非精神升华的代价，而是精神升华不可选择的必然方式。精神之花只能从肉体深处趋于极致的"痛""快"交织的感受中绽放出来。

《影的告别》说的是精神之"影"要单方面"告别"身体而身体并不理睬它的傲慢而自恋的告别演说，《墓碣文》说的是精神之"影"在和身体的一度合作失败之后不肯承担失败的结果却伶俐地假装成另一个不相干的"我"而"离开"身体，《复仇》（其二）说的是精神和肉体成功的"合作"，《野草》这三篇怪异的文字实际上依次展开了精神和身体的三种关系状态。

三、《野草》：身体书写的自忏之书

在中国文学和日常讲谈中，身体几乎无处不在，但这种现象并不能掩盖一个令人沮丧的事实：中国文化中身体概念的更深刻的宗教依据，好像已经有点失传了。我不知道中国文化中有没有关于身体的最朴素最本真的概念。什么是人的身体？可能我们还一直未曾单独思考过这个根本问题。对极度迷乱的现代中国心灵来说，身体不仅是最熟悉的存在，也是最陌生的现象，正如诗人穆旦所说：

> 但是我们害怕它，歪曲它，幽禁它，因为我们还没有把它的生命认为我们的生命，还没有把它的发展纳入我们的历史，因为它的秘密还远在我们所有的语言之外①。

在基督教文化中，身体有一个非常清楚的定义。诸如男人的身体是怎么来的，女人的身体又如何诞生，《圣经》都有清楚的记载——男人的身体

---

① 穆旦：《我歌颂肉体》，引自曹元勇编，《蛇的诱惑》，珠海出版社，1997年4月第1版，第127页。

是上帝照自己的形象创造的,女人的身体则由男人的肋骨制成。鲁迅《野草》所用的"身体"概念非常复杂,掺和着基督教、佛教以及中国民间对身体的各种概念与想象,这种复杂的身体概念与想象所讲述的,乃是讲述者自己有历史的身体以及身体的历史性自觉:

> 生命的泥委弃在地面上,不生乔木,只生野草,这是我的罪过。

《野草》主要诉说的"过去的生命"被落实为"生命的泥",此即"已经朽腐"的"身体"。"泥"的概念掺和了基督教理念和中国神话传说的两种因素。身体与"泥"如何连在一起?鲁迅对中国上古神话很有研究,《呐喊》(第一版)最后一篇《不周山》讲的就是女娲用泥捏造了人,所以人的生命最初是泥。生命不断死去,就好像作为生命的基本材料的泥不断被"委弃在地面上",复归尘土。基督教对于死亡的描述也是如此:"你来自尘土,今又复归于尘土。"鲁迅的《野草》讲"过去的生命已经死亡。我对于这死亡有大欢喜,因为我借此知道它曾经存活",也就是说,"过去的生命"即"泥"死去了,重新回到地面,完成一种轮回,这便使反思者由此可以因死而悟生。"我"深深地去体验、去玩味这"过去的生命"(泥)的"朽腐",我有大欢喜,因为我借此知道它曾经存活,它还并非空虚。人生的意义,最终不得不诉诸这种最近的无可替代的身体的玩味。"死亡的生命已经朽腐,我对于这朽腐有大欢喜。"如果仅仅说"死亡",读者或许还未必知道这是身体的"死亡",但"朽腐"却只能是身体现象了。《野草》是自我忏悔之书,全部诉说无非围绕"这是我的罪过"而发,其所针对的则是"过去的生命",而"过去的生命"又被具体化为不断委弃于地面的"泥"。全部忏悔最后回到了一种和身体朽腐的必然过程密切相关的悲剧。

即如用做书名的"野草",也包含了作者从身体意识出发的自况。古人自述"身世",往往以"转蓬"为喻体,而这不就是一种"野草"吗?鲁迅说托尔斯泰有大才,看到一丛野草就写出了中篇《哈泽·穆拉特》,这种由物及人的工夫也正是中国文学之所长。创作《野草》时,鲁迅在强烈的失败意识驱使下,很自然地将自己从过去的理想跌落到今日的现实的过程概括为"不生乔木,只生野草"的一种"罪过","野草"云云,隐喻了今日之我对其生存状态的觉悟，而此觉悟也几乎必然地不得不借助关于"野草"的身体描写：

> 野草，根本不深，花叶不美，然而吸取露，吸取水，吸取陈死人的血和肉，各各夺取它的生存。当生存时，还是将遭践踏，将遭删刈，直至于死亡而朽腐。

第一个"生存"指"露"、"水"和"陈死人"，第二个"生存"才是"野草"。以他者的"生存"换取自己的"生存"，自己的"生存"又将为别个的"生存"所"践踏"，所"删刈"，个体在《摩罗诗力说》所谓"无物不秉杀机"的残酷壮观的宇宙图景中获得这种自觉，完全是身体性的；人类相互之间生死置换和由此构成的生与死的循环，被描写为身体之间相互"吸取"、"践踏"和"删刈"的关系了。

《野草》这部身体诉说的自忏之书，通过直面有生命的身体的"朽腐"而"分明地玩味"个己的存在及其与周围世界的关系，如同耶稣在肉身被钉的痛苦中玩味人类的命运（人类是他自己身体的延伸）。也就是说，通过身体，《野草》和周作人所谓的"圣书"建立了某种微弱的联系。

四、结论：从身体的舍弃到身体的承受

鲁迅谈文学翻译和文学创作，都用身体作比喻，这和他的创作是相通的。然而当我们说鲁迅著作中弥漫着一种鲁迅式的身体语言时，究竟想说什么呢？这里面不是有诸多混杂甚至相反意义的缠绕吗？1908年左右，当鲁迅心仪19世纪末"神思新宗"的"主观意力"之说，不满中国社会的"一切无不质化"，因而强烈谴责"季世士夫"碌碌以生计为至上的"躯壳虽存，灵觉且失"的现状，主张发扬人的"主观内面生活"时，他对于身体是贬抑的。20年代初，当他总结自己从《文化偏至论》到《呐喊》的创作过程时，再一次强调这个重精神而贬身体的思想主线："凡是愚弱的国民，即使体格如何健全，如何苕壮，也只能做毫无意义的示众的材料和看客，病死多少是不必以为不幸的。所以我们的第一要著，是在改变他们的精神……"[①] 不难

---

① 《呐喊·自序》。

理解，鲁迅的文学，应该是以贬抑身体在意识形态中的地位为起点的。

但是，为什么贬抑身体的文学却如此全面而深入地回复到中国文学的身体诉说的传统，并试图以此寻求精神的出路呢？我想，鲁迅的这种无可奈何的选择，实在触及了中国现代文学话语的根本。

就鲁迅个人的文学系统来说，他最初是以中国传统的"心学"来翻译和迎接19世纪末叶"神思新宗"的精神哲学之气脉的[①]，然而以"心学"术语翻译和迎接"神思新宗"，这只不过确立了鲁迅思想和文学的逻辑起点，并没有在事实上获得一整套中国传统"心学"或"神思新宗"的精神哲学在探索"主观内面生活"时所形成的一整套词汇和语法。不仅鲁迅没有，中国现代其他重要作家也都没有在各自的古今中外的矛盾纠葛中为自己赢获一套内心诉说的恰当的语言。在这种青黄不接的情况下，中国文学固有的身体诉说的传统就很容易乘虚而入。这样说来，鲁迅的投入身体诉说的传统，是含有无可奈何的被动性因素的，因为以其鄙视身体的初衷来说，理想的文学语言大概不应该是这样的罢？

其次，现代中国思想的特征，是自身传统的崩坏和西方思想的泛滥，这对正在建设中的中国新文学来说，就好像一个被剥夺了过去习惯的衣装之后的尴尬的裸体面对一大堆新的从来没有穿过的别人的衣服而不得不从中有所挑选，有所赞同。别林斯基在谈到"习俗"问题时说过，当一个民族的固有"习俗"（其实就是我们今天所说的"文化"）面临根本的被剥夺和被改造时（别林斯基特别提到其中的一项重要内容即"服装"），当这个民族"必须自愿地废弃一些习俗，然后接受一些新的"时，会出现拼死反抗甚至必须进行"决死的激战"[②]，但问题是现代中国的这种反抗如此不堪一击，迅速失败了，反抗者最后所能倚赖的就只剩下他那具被剥夺了或主动抛弃了旧衣服而又尚未找到一套合适的新装的裸体。当强弱太不成比例的思想较量迅

[①] 鲁迅早期文言论文中"神思新宗"和"心学"术语的相互借用和杂糅，以及鲁迅后来全部著作中"心"字的用法，笔者在《"为天地立心"——鲁迅著作所见"心"字通诠》一文中有所探索，该文原刊《鲁迅研究月刊》2000年10期，并收入拙著《鲁迅六讲》。

[②] 别林斯基：《文学的幻想》，《别林斯基选集》第1卷，上海译文出版社，1979年，第26—27页。

速完成之后，身体就被彻底暴露在外面，一无遮挡，身体的出场不可避免，即使意识形态和思想文化上的挑选、拒绝、认可、鉴赏和验证——这个后来被鲁迅概括为"拿来"的过程——所能运用的价值标尺，也往往只能由如此不得不主动迎上去的身体来作出最后决定，这也实在是自然而然的事。换言之，在本己的语言/服装尚未获得之前，主体就只好挺身而出了。相反，如果在这个过程中身体不出场，那才是更加彻底的失败，是更加彻底的虚空而虚伪的"无物之阵"。

在五花八门的现代意识的交战中，裸露的身体被推到了核心，各种意识诉求都有权力和必要通过这具可怜的身体说出它们自己的话来。我觉得在这方面，鲁迅的身体语言，的确触到了汉语"身体"的核心意义。汉语中的"身"或"身体"一词，除了指人的身体躯干之外，其引申意义，还指事物的主要部分，亲自、亲身以及人称代词"我"①，而"身体"的所有这些克罗齐所谓"意义的涟漪"，或者说支持"身体"的意识错综，潜伏在"身体"下面的引申意义，不正是中国现代文学努力逼问的对象吗？所以，身体的出场，实在是中国现代文学的一种内在呼唤。但这就造成了一个根本性的矛盾：一方面，是高扬精神而贬抑身体，一方面，被高扬的精神又不得不通过身体的出场来诉说自己。个体的精神探求不得不借助于一度被精神所贬抑的身体的语言来完成，不得不通过被自己宣布为代表死亡、堕落和罪恶的"躯壳"来说话，也就是说，一方面是基于强调精神的重要而对身体的舍弃，一方面是反过来对身体承受的无可选择的必要性的突出强调：这，就是鲁迅所面临的一个重要的文学难题。

他自己是这样表述这个难题的："当我沉默的时候，我觉得充实；我将开口，同时感到空虚。""沉默"，是精神性的话语被围困在身体中而尚未说出的状态，此时，身体以其全部的能量和忠诚为着精神的问题而消耗着自己，精神在这种不表达的表达状态——直言之，在非精神性的身体语言中——"感到充实"，但这种充实的代价又是精神的本己语言的缺失。"开口"，则是精神要离开身体自己表达出来，这时候它发现一旦离开身体，就

---

① 参见《辞海》，上海辞书出版社，2000年，第2375页。

不再有切实而有力的表达了，原来在身体内部感到充实的精神一旦冲出唇吻之间，顿时消失在空虚之中。这就是《野草》"题辞"为什么像上文分析的那样，在作出这种矛盾的表白之后，不得不立即投入身体诉说，并且在此前正文的单篇诉说中，身体语言的充实和试图跨越身体的精神话语的空虚，始终那样强烈地并置着。

身体既然是被改造了的精神诉说的替代性语言，我们就不难理解，鲁迅著作所描写的何以基本上是一个精神化和隐喻化的身体，是"灵明"、"灵觉"的载体，和欲望化身体或欲望目标没有什么直接联系。有时候，这个身体和个人的思想挣扎、忍受、"玩味"联系在一起（《野草》时期），更多的时候（《野草》以外），则是国民集体精神状态的一个象征，是思想的近距离交锋几乎必然导致和必然包括的身体之间的"肉搏"或"死缠烂打"（胡风语）。鲁迅的思想决定了他的身体描写的目的是要达到灵肉一致的承担与生命整体的"出场"，对肉体本身的形状、功能、冲动、欲望、过失、愉悦以及这一切所关涉的审美想象、情色吸引和精神升华等问题，考虑得并不多——身体在鲁迅这里并没有被还原为单纯的肉身，甚至可以说，对单纯的肉身，鲁迅并不认为有持久探索的必要。《伤逝》的男主人公对新婚的妻子不到三个星期就自以为"清醒地读遍了她的身体"，《补天》中即使现身于"古衣冠的小丈夫"眼里的女娲的裸体，也不过是精力弥满的创造之神的象征。鲁迅只是把中国现代性的精神和思想问题"具体化"为一系列身体的隐喻，他坚信精神和思想问题一旦置入个人或群体的身体里面来锤炼、煎熬、追问，对凡人来说，就不再那么遥远、隔膜了。身体的参与，首先是思想的真诚与深刻的一种保证，至于身体和公共言说空间无关的更其隐秘的诸多方面，他还来不及去勘察，也没有兴趣。在鲁迅笔下，身体往往被置于公共领域而精神化，隐喻化了，在私密空间追求享乐的身体，则始终处于被贬抑与被遮蔽状态：或者被妥善保存于不自觉的身体禁忌之中，或者将身体的欲望视为无须言说的自然现象而风趣地肯定在沉默中，而将阿Q式的情欲的愚蠢发动与四铭、高老夫子式的曲意掩饰作为嘲弄和讽刺的对象加以无情地暴露。一定要单独说到身体本身，那么鲁迅也许可以说是一个冷静的以生理和心理科学为至上原则的人道主义者，或者说是一个绝对鄙视纵欲却并不主张禁欲的身体的肯定者——但对于身体的这种单独的思考,显然并非鲁迅著作中身体言说的第一位内容,身体在鲁迅著作中是和单独的身体本身无关的,鲁迅著作中的身体,主要是捐献者、受苦者、忍耐者、承担者、探索者的精神隐喻,因此身体主要是被描写的对象,而非言说的主体,所谓身体语言也并不是身体言说自己的语言,而是意识和精神主体借助于身体的言说。精神化和隐喻化的身体在鲁迅著作中尽管呈示了几乎所有的部件,但其功能主要还是一种手段,以完成言说主体作为思索者、求乞者、承担者、反抗者、捐献者的精神形象的塑造,并非真的肉身的出场。

为了寻求本己的表达,精神必须鄙视身体;为了避免流于虚空或被虚空所攫获,精神又不得不重新回到身体内部,让身体和自己一道出场,在身体的真实而丰富的体验中保障自己的充实。这种情况,按照鲁迅自己的话来说,就是只有把精神从某种远离身体的"世界苦恼"中抽回来,回到蚊虫叮咬大腿的那种切近的身体感受,才能解决"怎么写"的难题①。总之,精神的表达不能直接运用已经准备好了的始终在手边的非身体的精神性语言,而只能通过将本来被鄙视的非精神的身体彻底精神化,从而使之成为精神诉说的一种可用和合用的替代性语言。只有这样,"精神的丝缕"才能够伴随着肉体的挣扎而一同呈现出来。肉体不能离开精神而获得独立的意义,精神也无法出离身体而直接说出自己的话来。鲁迅的文学就这样不断消解着精神与身体任何一方的片面的自足,从而充分验证了现代中国身体和精神在语言中的命定纠缠。

(选自郜元宝《从舍身到身受——略谈鲁迅著作的身体语言》一文中的部分内容,题目为编者所加,原载《鲁迅研究月刊》,2004年第4期。)

---

① 《三闲集·怎么写——夜记之一》。

选文二
沈从文《看虹录》研读

贺桂梅

《看虹录》是沈从文40年代寄居昆明时期的重要小说，也是长期以来引起很大争议的作品。作为沈从文40年代创作新追求的代表作品，它显示了与此前的《边城》《八骏图》等小说非常不同的风格。由于作家颇为艰涩的思想追求，更因其涉及敏感的写作对象，同时也因为当时和稍后战时政治氛围的紧缩和文化环境的渐趋一体化，这篇代表沈从文一个时期思想追求和创作实验的诗化小说，不仅给作家带来极大厄运，作品本身也长期被人遗忘。《看虹录》创作于1941年7月，经过重写后发表于1943年7月桂林《新文学》杂志的创刊号，1945年收入沈从文小说集《看虹摘星录》。沈从文的朋友金隄曾将《看虹录》译成英文，名为《我们是火的精灵》。1951年，沈从文的作品在大陆与台湾均遭销毁，《看虹录》几至散佚。80年代后重版沈从文作品，收入内容较为全面的《沈从文文集》（花城出版社、三联书店香港分店1982年1月初版）和《沈从文别集》（岳麓书社1992年12月初版），均未选入这篇作品。1992年9月《吉首大学学报（社会科学版）》第13卷"旧作新发"栏中重新发表这篇作品，《看虹录》才得以重见天日，为愈来愈多的人注目。

《看虹录》分三部分，第一部分写"我"在月下寂静牌楼下嗅到梅花清香，因而走向"空虚""素朴小小"的屋中，开始阅读一部"奇书"；第二部分以第三人称的客观手法描叙男客人与女主人所度过的一个美好而微妙的雪夜，并以同构隐喻的手法引入男客人所写的"我"在雪中猎鹿的故事，极其精微地展示鹿的身体，最后是女主人阅读男客人写来的信，信中以极精致的笔法展示他对女人身体的感受；第三部分写的是现实中的"我"由夜而昼、由昼而夜感受到的焦灼心情。小说发表之初便引起轰动，但读者多持批判态度。很多人以为作品"晦涩难懂"，认为沈从文的创作走上了弯路；更有人从沈从文的生活本事出发，以为这是一篇自传性的夫子自道小说；更严厉的批评则认为小说中"艳佚不庄"的身体描绘有"色情"之嫌；基本上都无法理解沈从文的创作意图。比较有代表性并见诸文字的看法有以下三种：一是《新文学》编辑，他们在刊物编后记中指出"沈从文近来的作风，似乎都想用人生问题的讨论开头，而后装入他那一贯的肉欲追求，'生命的诗与火的赞美'来结束。这作兴就是他的人生态度人生观的基本的流露了吧！"另一是许杰在《现代小说过眼录》中严厉指责《看虹录》是"色情文学"，"虽运用纯熟的心理分析和象征手法，鲜丽到了极点，但其实只是肉欲的赞美"，"姑不论这是抗战的年头，就是在平时、在太平年代，还不怕毒害了青年吗？"最为严厉的是郭沫若发表于《大众文艺丛刊》1948年3月的《斥反动文艺》一文，指斥沈从文的《看虹录》一类作品是"作文字的裸体画，甚至写文字上的春宫"，给沈从文冠以"桃红色"作家的称呼，并进而上升到政治身份定性："特别是沈从文，他一直是有意识地作为反动派而活动着"——这篇檄文几乎左右了沈从文整个后半生的命运。到目前为止，对《看虹录》的分析除了在传记书中作简单介绍，如金介甫的《沈从文传》（时事出版社1991年版）、吴立昌的《"人性的治疗者"·沈从文传》（上海文艺出版社1993年版）外，基本上没有什么详尽的分析与评价。今天重读这篇小说，我们将淡化文化环境、政治氛围、作家私人生活经历等方面的外在干扰，直接从文本出发，分析这篇小说从思想内容、文体形式到语言风格所做的努力及呈现的特质。

《看虹录》有一个醒目的题记："一个人二十四点钟内生命的一种形式"，而小说中的"奇书"亦有一反复提到的题词："神在我们生命里"。在整体结构上，第二部分是一个情爱故事的描述，充满抽象意味的比喻和隐喻色彩的叙述以及扑朔迷离的意境的营造，作家以此暗示读者这决不是一个世俗层面上的两情相悦的情爱故事。第一、三部分则是有时间连续性的第一人称的抒发，一种无法从回忆与书写中把握神圣本质的焦虑充斥其间——以散漫、敞开的抒情包裹一个精致完整的故事，使故事变为充满诗意的情境，使小说上升为诗。作者在文体形式上所做的这些努力，显然是在力图传达一种超越故事本身的东西，深藏（也是作家力图突显）于故事蕴含之中的意义成为这篇作品的重心。

读解《看虹录》必须与沈从文一个时期的创作追求相联系。由于抗日战争爆发，1938—1946年沈从文随北京大学南迁云南，在昆明郊区的呈贡县生活了八年时间。1946年底回北平后，沈从文在一篇回顾性长文《从现实学习》中将这八年称为自己人生经历的"第四段"，"相当长，相当寂寞，相当苦辛"。1951年在检讨性文章《我的学习》中他重复了这种看法。可以说，昆明八年，对于沈从文而言不仅仅是居住地、生活环境上的变更，更是人生阅历、思想追求、相应地在创作上有自觉追求和突破的特殊阶段。事实上，在逃亡南方的前一两年，在写出他前期风格最为成熟的《边城》等之后，沈从文经历了两年短暂的创作停顿。这一点在他的散文《沉默》《水云——我怎么创造故事，故事怎么创造我》等中有明确表露。思想上的危机和自我苛求驱使他寻求新的创作方法与风格。到昆明后他除了写作《长河》《湘西》等延续前期写实性风格的作品外，极大部分精力都花在思考、创作《看虹录》一类作品上。而后者便是他创作新追求的实践。这类作品的写作集中于1940—1946年间。1940—1943年他创作了散文集《烛虚》、自传性长篇散文《水云——我怎么创造故事，故事怎么创造我》以及小说集《看虹摘星录》，这一段侧重的是生命本体的理解感悟和个体体验。1943—1946年他主要写了散文集《七色魇》，侧重文化批判和社会思考。1946年他发表小说《虹桥》，似乎得出一个总结性同时也是终结性的命题："真正的美只能产生宗教而不能产生艺术"，此后基本上中断了这类创作。从作品题目上也可看出这类作品的风格："看虹录"、"摘星录"、"烛虚"等，皆以一个空灵、虚幻的喻体为题目，与写实性的《边城》《贵生》《如蕤》等比，显然具有一种象征色彩。这些作品基本具有统一的思想主旨和共同的现代色彩。沈从文有意通过这些作品确立一种具有诗人气质的思想体系，在世界本体（生命本体）、审美主体、社会文化批判等方面都力图做出独特的具有感性体验的表述，从而使作品具有浓厚的哲理色彩和象征意味。同时，为了寻求合适的表达方式,他进行了多种文本实验,既有隐喻语言模式的极致表达,转喻式多种故事结构方式的尝试,也有心理现实主义和弗洛伊德思想影响下的心理分析小说的实践。其创作多以个人体验为主,不同于前期创作的具象化色彩而趋于抽象化。但是,总的来说,在思想的系统化、明确化和文字表达的精确化这一点上,他并没有获得满意结果。

系统地阅读沈从文这一时期的作品,可以看出,早已确立北方文坛领袖地位的沈从文,在非常自觉地追求"大师"级的创作。首先,他力图确立一种有个性的类似尼采风格的深厚庞博的思想与世界观。他提出了他的三个基本概念:"生命"、"美"、"爱",力图以此统一从个体生存到社会文化建构的宏大体系。悬置一切文化存在、社会现象,从个人体验出发,确立或发现一个抽象而永恒的"生命"本质,是沈从文这一时期全力以赴的总主题。《看虹录》对女性身体与鹿身体极端精微的凝视和呈现,正是出于表现生命本质的企图,他悬置了任何关于身体的"情欲"、"道德"等的理解,而仅将其看成"生命的形与线"的"形式","那本身的形与线即代表了最高德性"即神性,人由此获得与上帝造物相通的处境。《看虹录》第三部分的焦虑不仅来自体验与书写语言之间的矛盾,更因为经验本身的偶发、短暂性因而感受到生命本体的无可捉摸。沈从文竭力从形形色色的生命现象中归纳出一种永远处于"燃烧状态"的至纯至美的生命本质。我们可以想见,个人生活经历与海天山水间的流连,的确有一种巨大的幸福体验打动了沈从文,他感悟到这其中隐含了一种神化的生命本质,从而启发他作形而上的终极追思。这个本质不仅成为个体生存的根本("爱"就是生的一种方式),同时也是社会文化存在以及民族精神重铸的根本。因此,他以极为执著的庄严感往返于近乎迷狂的体验与失语的焦虑之中。

形形色色的生命存在可以剥离出一种带神性的"形式",它以"美"的方式存在并体现了"神"的意志——这一纵向思维方式决定了《看虹录》(尤其是第二部分)更像一首诗而不是一个故事。关于诗和小说的区分,形式主义和结构主义理论的研究最为精细与深入,他们认为小说的话语构成基本上是横组合的、水平向度的,而诗的话语构成则基本上是纵组合的、垂直向度的。如果转述罗曼·雅各布森的著名论断则是:小说是转喻的而诗是隐喻的。沈从文这篇小说第二部分显得十分扑朔迷离:身份不明的客人与主人,与世隔绝的炉火小屋,单纯素净的雪夜,雪中猎鹿的奇事,典雅诗化的书信以及众多抽象雅致的比喻——人物、环境、语词都抽象化了,氛围、情境、意象都在指向抽象的隐在的本质。一切具象都不再确定,而成为某种更内在东西的化身。与其说这是一个写实的故事,不如说它是充满暗示的隐喻。小说的诗化、哲理化是40年代小说的一种趋势,但表现形式各异。如冯至的《伍子胥》,全篇可凝结为一句或一段深刻的人生哲理或人生境遇;如萧红的《后花园》,主旨集中于一个中心意象;如汪曾祺的小说,则以写实的故事或人物营造一种雅致的氛围……《看虹录》则不同,它在如真似幻的类故事描绘中处处"引人向抽象凝眸",具体经验与身份被淡化或模糊了,而抽象的本质被突显出来:没有身份的处于与世隔绝的小屋中的男人和女人,正是所有男人和女人的化身,他们的爱悦体现了"神"的意志,因为神使男女相爱;鹿与女人远不是作为欲望对象被凝视,典雅精致的语言使她们庄重,超常规的细部呈现使她们成为"美的化身"、一种物化了的"形式"、生命极美的造型。

总之,"神"的指向使第二部分仿佛一个有关"生命形式"的寓言故事。从文体上来看,第二部分是第三人称的叙事,第一、三部分是第一人称的抒情,叙事本应是小说的特色,然它传达的是诗的意义;抒情本是诗的特权,而在此传达的是小说化的以时间过程("二十四点钟")联结的一种追求而不得的心境。可以说,第二部分是叙事的诗化,第一、三部分是抒情的故事化,前者通过隐喻手法暗示抽象本质,后者则以对时间的明确标志达到叙事化——因此,在形式与内容之间存在张力。作者为何要使诗故事化,故事诗化?事实上,这正是为了对应小说开始时的题记"神在我们生命里"。一切故事都是具体的,它讲的是"我们"、"我";而一切诗则是抽象的,它指示的是本质化的本体,是"神"。我们不妨说,第一、三部分的故事化的抒情正如"神在我们里",第二部分诗化的故事则如"我们在神里"——形式与内容上的精致对应是这篇小说极其精巧的地方。

《看虹录》是一篇有非常大容量的作品。这不仅指沈从文在思想主旨上极富个性的宏大追求,更指叙述上的异常复杂的组合。除了上面分析的形式与内容之间的微妙张力关系,还有许多叙述技巧:第一部分将回忆心理与奇遇故事叠合,把心理过程外化为一个戏剧化动作;第二部分中的外物细节(如"炉火"、"奔马"等)对心理推进的暗示、潜对话、同构故事(男人/女人、"我"/鹿)、书信补叙等;第三部分回忆、向往、感叹、抒情、焦虑等复杂心态的准确表叙。而月下牌楼、炉火小屋与单人书房三个空间的转换,与二十四点钟时间标志造成的叙事流向,以及两者共同造成的叙述情绪的流动和转换,将小说的三个部分糅合在一起,传达其主旨。与沈从文同类作品比,《看虹录》是将"抽象抒情"和小说叙事结合得最好也是最着力的一篇。

然而在反复阅读中,我们仍可感觉到这篇小说有不和谐的东西,有一种说不出的"生涩"。这种缺憾不仅是因为小说技巧使用得过于繁复而有生硬、不自然之感,更多的原因来自作家过分明确的意图使得故事成了不堪其重的寓言,抒情变成有些直露的告白。作家纯熟、华丽的语词和老到的叙述手笔在很大程度上弥补、遮掩了这一缺憾。无法获得适当的形式来传达复杂的思想内涵,始终是沈从文昆明时期的一大焦虑。一方面宏大的思想建构极其困难而且很难达到完备的程度,另一方面叙事与抒情越来越不平衡,抒情得到了极大限度的膨胀而叙事则极其萎缩。这也正是沈从文昆明时期创作以散文和诗为主,小说减少的原因。与沈从文其他作品相比,《边城》是在"小说/诗"、"故事/象征"之间获得最为自然天成效果的作品;《长河》愈来愈明显地倾向后者,而《看虹录》则基本丧失了大故事的布局,仅保留了故事的原型或元素。与其说《看虹录》有一般意义上的故事,不如说它有的是一些抽象出来的叙事元素。猎鹿故事仅仅保存了外壳,鹿的形体占据了故事的全部光辉;男女相悦多少带有经验性叙述,然而人物来历不明,并且具有与世俗经验很不相同的神圣动机和节制神态……而到底是什么使小说三个部分如此紧张地组合在一起?从何处寻找人物"我"的动机?这是小说所无法告诉读者的。一种不属于这篇小说的极其焦灼的情绪附着于《看虹录》。这种焦灼不是《看虹录》的,而是沈从文的,他不能完全摆脱这种情绪投入小说或将这种情绪很好地组织到小说中,因而打破了小说自身的完整,使意义大于故事,使小说表现出来的跟不上试图表达的。可以说,是思想的巨大压力破坏了以"小说家"著称的沈从文的叙事能力。但是从另一方面说,对叙事的压制和对抒情的追求，也许正是沈从文这一时期的自觉选择。

应该说《看虹录》是一篇并不成熟的作品。它因过于博杂而不成熟，带有一种实验色彩。然而《看虹录》又是一篇非常有特色的小说，它的博杂中包容了现、当代小说发展的众多"资源"性因素：它首先将思想的叙事提上了日程。理念与小说的紧密结合，从1949年（甚至更早如20年代的"革命文学"）开始主宰当代文坛三十多年，尽管其所要表述的，是另一种与沈从文追求的性质全然相反的"理念"；身体的语言呈现与写"性题材"所带来的厄运，《看虹录》为许多作品作了前车之鉴，然而沈从文的思想追求又使之显示了很大的气魄；小说的诗化和诗的小说化，正出于对"怎么写"的自觉，而这一点在沈从文40年代停笔后，当代小说80年代才得以重提……更值得重视的是，沈从文在这篇小说中所努力呈现的思想。历来的评论都认为这种思想是沈从文为自己"不检点"的婚外恋经历作辩护或为自己写"性"打掩护——这不能不说是过于简单化和道德化的判断。沈从文40年代的思想追求固然会受到个人生活经历的启发和影响，但作为一个已具有成熟风格并且忠诚于写作的中国现代小说的代表作家，他的追求不应当被简单化理解。他希望由个体体验和思索出发，达到一种中西交融的、世界观化的宏大思想境界，这对于新小说摆脱政治理念、西方文化理念的笼罩，摆脱单薄化而获得深厚、宏大的思想底蕴，应该说不无启发。至少，如此成熟的小说家而来追求小说的思想厚度和现代风格，沈从文迄今也是第一人。因而《看虹录》的思想主旨不应看轻。

（选自贺桂梅：《历史与现实之间》，山东文艺出版社，2008年）

选文三
穆旦诗歌写作的身体维度

李俏梅

目前,"身体"无论在文学领域还是在哲学领域,似乎都已经成为了一个关键性的词。在这样的氛围中讨论穆旦诗歌中的身体,既是得了一个契机,又似乎在赶时髦。但对穆旦诗歌中身体性因素的关注,确乎已经不是一个新话题。早在40年代,穆旦的好友、也是穆旦诗歌的权威评论者王佐良就说过:"他总给人那么一点肉体的感觉,这感觉,所以存在是因为他不仅用头脑思想,他还'用身体思想'"①;九叶诗人之一的唐湜也说穆旦是"中国有肉感与思想的感性的抒情诗人之一",是"一个以'带电的肉体'去搏求的诗人"②;而蓝棣之则干脆以《穆旦:用身体思考》做了他90年代一篇论文的题目。但是,无论是王佐良还是唐湜,对穆旦诗的这个特点都只是点到即止,并没有具体深入的剖析;而蓝棣之的文章则主要是将穆旦一生的创作分三个阶段(1937—1949)、(1950—1975)、(1976—1977)做了评述,内容实则与"用身体思考"的题目关系甚微。所以在目前这样的契机中,对穆旦诗歌中的身体思想和蕴涵的"身体诗学"进行更深入细致的研究是非常有必要的,不但可以使我们更深刻地理解穆旦这个诗人本身,或许对当前的诗歌写作以及诗的理论建设也有所裨益。

---

① 王佐良:《一个中国诗人》,《蛇的诱惑——穆旦作品集(代序)》,珠海出版社,1999年,第6页。
② 唐湜:《九叶诗人:中国诗人的中兴》,上海教育出版社,2003年。

一、穆旦对身体理解的集中表达

穆旦对身体的理解表现出一种全面的反传统气质,这种反传统气质我们可以在那首集中地表达了穆旦的身体思想的《我歌颂肉体》中看得十分清楚。

把"我歌颂肉体"这个题目放在中国历史上、中国文化史上哪怕是新文学史上来考察,都有点惊世骇俗的味道,因为尽管不少人书写过肉体的体验,但像穆旦这样高声地表达这样的思想立场的可说绝无仅有。当然,如果放到西方文化的背景中,我们就会很容易地联想到惠特曼在19世纪中叶写过的那首《我歌颂那带电的肉体》。穆旦早年深爱惠特曼,据他西南联大的同学赵瑞蕻先生回忆,"他爱《草叶集》到了一个发疯的地步,时常念,时常大声朗诵","他(指惠特曼——笔者)的新内容,新形式,新语言,对这时期的穆旦,甚至在以后的岁月中的影响都是实实在在的,是深刻的",[①]那么说穆旦的身体思想受到惠特曼的影响应该是毫无疑问的了。但是真正比较两诗,就会发现两者的艺术风格和思想深度是有极大的区别的,惠特曼的诗是对于男人的身体、女人的身体、男女交合的身体做热情洋溢的铺陈式赞美,穆旦却是对身体及身体的历史遭遇做穆旦式的哲学沉思,在思想的复杂性和现代意味上远远超过了惠特曼。

这首诗以双向对立的形式展开。对立的双方一方面是历史上(现实中)对待身体的态度,另一方面是诗人所认为的应该如此的态度。在穆旦的描写中,历史上(包括中西方的历史)对待身体的态度无非是:幽禁、蹂躏和蔑视。所谓幽禁就是不让身体天然的能量释放出来,因为身体的能量的确是带有某种恶魔性、反秩序性的,人类历史上任何一个社会都必然追求秩序性,为了秩序的获得,我们会用种种的话语和价值观念(如基督教的)幽禁它的可怕能量,这就使"我们畏惧它而且给它封以一种律条","我们幻化了它的实体而后伤害它";至于对身体的蹂躏那更是五花八门、司空见惯的,总的来说是把它完全的物化、工具化,这种物化和工具化可以是无尽的劳作

[①] 赵瑞蕻:《南岳山中》,《蒙自湖畔(下)》,《新文学史料》,1997(4):107。

和苦役，可以是饥寒交迫、食不果腹的生活，也可以是规训和惩罚的各种样式，还可以是性的奴役和被奴役；至于对身体的蔑视，那是一个西方思想史上的悠久传统，无论是柏拉图、亚里士多德还是中世纪基督教时期的奥古斯都，都把身体看作是灵魂的一个不体面的对立面，到笛卡尔，对身体的极力贬低似乎没有了，但"我想，所以我存在"（穆旦诗中语，一般译为"我思故我在"）的自我定义，将"思想"——理性定义为人的本质存在，使得他完全忽略了人作为"身体的存在"这一事实。所以穆旦又用了一个词（这个词在他很多的诗里都用过）"黑暗"来描述身体在文明史上的状况。"黑暗"就是未被认明、未被语言和意识照亮的一种状态，穆旦说："这里是黑暗的憩息"，"因为我们还没有把它的生命认为是我们的生命，还没有把它的发展纳入我们的历史，因为它的秘密还远在我们所有的语言之外。"但他坚信，这个黑暗是最值得挖掘的岩层，因为"光明要从黑暗里出来"。

　　穆旦在批判人类文化史上对待肉体的错误态度之同时，用了优美而丰富的比喻赞美他所理解的肉体。一个比喻是"种子"——"它原是一颗种子而不是我们的掩蔽"。什么是种子？种子是外表平凡却蕴蓄着无限的生机与活力的，是有着无限的创生力和可能性的东西。另一个比喻是"大树的根"——"摇吧，缤纷的树叶，这里是你坚固的根基"。在这里，穆旦是把肉体当作生命最根本的东西，当作它的基础和出发点来看的。与肉体相比，"思想不过是穿破的衣裳越穿越薄弱越褪色"，"自由而丰富的是那肉体"，穆旦说它"自由的和那远山的花一样，丰富如同蕴藏的煤一样，把平凡的轮廓露在外面"。除此而外，穆旦还用了一个很费解的比喻来描写肉体——"岩石"。在诗的开头他这样写："我歌颂肉体，因为它是岩石／在我们的不肯定中肯定的岛屿"。而在诗的后半部分他又呼应了这个比喻。显然，穆旦在此并不是想说明我们的身体坚如岩石，而是领悟到我们辨认自我，肯定自我存在的唯一方式——不是飘来忽去的思想，不是身边变来变去的人事，在一切的流变中肯定自我同一性的，不是别的，正是我们的身体，只能是我们的身体。身体是边界，身体是岛屿，身体是自然意志的蕴藏者，正如穆旦的表达："是在这个岩石上，成立我们和世界的距离，是在这个岩石上，自然存放一点东西"。

穆旦的这一首诗从诗艺上讲不能说十分的完美，思辨过多而语言带有散文化的缺陷，但是如果单看它表达的思想的话，那是非常深刻而现代的，在40年代的中国，还从没有人对身体（或者说人的肉身性存在）做过如此严肃的思考和大声的礼赞。当然穆旦的身体思考的痕迹不仅仅留在这首诗里，还以更丰富和更感性的方式体现在他的众多诗篇中，并且他对于身体的活力表现也并不一贯乐观，在很多的诗篇中，毋宁说他表现了一种对于肉身脆弱性、易控制性的悲观，而这些为统治术留下了地盘。下面我们分别来看穆旦爱情诗和社会诗中的身体。

二、穆旦爱情诗中的身体

穆旦的爱情诗在现代诗歌史上有其独特的地位，这种地位来自于身体在穆旦爱情诗中的根基性地位。身体因素的加入，既更新了诗人的爱情观念，又改造了诗的语言的质地和肌理，使其智性与感性相结合的特点鲜明显露。

认为穆旦对爱情的生理基础的毫不隐晦的表现，颠覆了浪漫主义的爱情神话，这一点已经是穆旦研究中的共识。比如《诗八首》之第一首在描绘了爱情引起的"火灾"之后，诗人感叹道："唉，那燃烧着的不过是成熟的年代，/你底，我底。我们相隔如重山！"而在那首著名的短诗《春》里，穆旦也歌唱了欲望痛苦而甜蜜的觉醒："蓝天下，为永远的谜迷惑着的／是我们二十岁的紧闭的肉体"。但是我们往往有一个误会，以为穆旦是在以身体的欲望摧毁爱情的浪漫假象。其实在穆旦看来，爱情的肉体性从不减少爱情的神圣性。毋宁说在发现了爱情的肉体基础之后，穆旦对爱情的信仰更其深刻了，与浪漫主义诗人比，他在这一点上毫不逊色。在《诗八首》的第七首，穆旦写道：

> 风暴，远路，寂寞的夜晚，
> 丢失，记忆，永续的时间，
> 所有科学不能祛除的恐惧
> 让我在你底怀里得到安憩——

作为一个致力要表达人和世界的秘密真理的现代诗人，穆旦对爱情的信仰源自哪里？源于他对爱情的另一理解。正因为爱情不是纯精神的，是在最深邃的肉体基础上生发出来的，所以它的到来才能摇撼我们的生命的"根"，更新我们整个的生命感觉和活力，从而成为一种抵抗社会异化力量的惟一事物。在这里我想分析一首穆旦很少被人提及的诗《发现》。穆旦曾经说诗要写出"发现的惊异"，所谓"发现的惊异"是指从未被人认识到的，突然之间被写作者洞悉并表达。那么这种"发现的惊异"是什么呢？正是对于爱的一个全新的理解。他把爱情的过程写成了一个对肉体，对自己的肉体的重新发现和构建的过程。

> 在你走过和我们相爱以前，
> 我不过是水，和水一样无形的沙粒，
> 你拥抱我才突然凝结为肉体：
> 流着春天的浆液或擦过冬天的冰霜，
> 一片积累着时空的坚实的土地，

在穆旦之前我们在现代诗歌史上从未看到有人如此歌颂爱情的神奇作用：它不是使我们化为轻飘的灵的存在，而是使我们重新发现自己的肉体，以一双新奇之眼重新审视和体验自己的肉体。爱情首先起的一个作用就是重新塑形的作用，将散漫的无形的"我"——类似水和沙粒的，"凝结"为生气勃勃的有力的"肉体"，类似于上帝抟土造人，爱人的拥抱将生命之精气与活力传达给了"我"，过去的一切突然屹立为一个充满意义的积累过程，而肉体——"我"的肉体成为如此醒目的存在，以至穆旦用了"坚实的土地"这样巨大厚重的意象来描写它，而尤其是"流着浆液的"、"擦过冰霜的"土地，更给人以一种充满生命力的、有无穷的潜能的感觉，这种感觉是对于自身肉体的崭新体验。

如果说诗的第一节以一种创世神话般的格调赞美了爱情对肉体的重新生成作用，紧接着第二节就歌颂了爱情对肉体的解放作用：

> 在你的肌肉和荒年歌唱我以前，

> 我不过是没有翅膀的喑哑的字句，
> 从没有张开它腋下的狂风，
> 当你以全身的笑声解开我的睡眠，
> 使我奇异的充满又迅速关闭，

"肌肉和荒年"这两个意象表达了我们所熟悉的穆旦的爱情思想。穆旦从来不认为爱情是纯粹的情感作用，它有一个肉体的基础和内驱力。但是爱情使爱者的肉体苏醒，使他们达到自我解放和自由的生命状态却是穆旦在其他诗中未曾明确表达过的新思想。解放与自由是每一个现代人理想的生命境界，在穆旦看来，这种境界在压抑的、虚伪的现代社会生活中是难以实现的，但也许爱情打开了一个缺口，可以"解开我的睡眠"，张开"我""腋下的狂风"，获得一种自由飞翔的感觉。

诗的第三节一开始就是一个非常温柔、非常优美的比喻：

> 你把我轻轻的打开，一如春天
> 一瓣又一瓣的打开花朵，

这个比喻非常优美，但却有强烈的肉体意味。这种肉体的意味在随后的诗句中继续并迅速升华：

> 你把我打开像幽暗的甬道
> 直达死的面前：在虚伪的日子的下面，
> 摇醒那被一切纠缠着的生命的根，

身体与精神之间有着多么复杂微妙的互动，在这首诗中，穆旦把爱情理解为从身体出发经过灵的升华最后再灌注回身体的过程，正因为这样，爱情才触及了"生命的根"，并且成为拯救生命、复原生命的惟一方式，它像宗教但又高于了宗教。这是穆旦的生命诗学，它以微弱而顽强的力量抵抗着庞大的社会政治对身体的塑造和管理。但是，像所有的现代人一样，穆旦信仰爱情的力量却并不总是信任所拥有的现实爱情，他在《华参先生的疲倦》等诗里对现代人的爱情游戏给予了微妙的嘲讽，并且他说"它（指爱情——笔者)永远随着错误而诞生"(《诗》),"零星的知识已使我们不再信任／血里的爱情"(《控诉》),因此爱情始终是现代人生活中的稀有物质,它被各种因素压挤和毁灭,社会"教给我们应有的爱情又把它毁掉"。

三、穆旦诗中的社会性身体

如上所析,穆旦爱情诗中的身体更多是一种积极的、有活力的,能返回自然克服异化的身体,不过,穆旦其他诗中的身体,或者说穆旦诗中的社会性身体则要被动、疲弱得多,身体由于它的基本的欲望需要,由于它的易破损性而产生的安全需要,在现代这样一个饥荒、战争、瘟疫横行的世界里,它是暴力、饥馑和一切压迫最终的落脚点,是被围困的对象,社会以各样的力量使它趋于变形和异化。

身体最基本的需要首先是"食"的需要,"食"的需要当然也是可以无限开掘的,但在穆旦的长诗《饥饿的中国》里,我们看到的是最基本的吃食都得不到满足的惨状:

> 在街头的一隅,一个孩子勇敢的
> 向路人求乞,而另一个倒下了,
> 在他弱小的,绝望的身上,
> 缩短了你的,我的未来。

他在以嘲讽的笔调描绘了昨天的理想和诺言,明天的意义重大时,一遍又一遍地写着固执地浮现上来的,在荒年残酷地折磨着人们的尖锐感觉:

> 然而今天是饥饿……然而今天是饥饿……今天是饥饿。

这种普遍的饥饿是扼杀一切美好东西最有力的工具:"罪恶"是"它得意的兄弟";爱、理想、希望、意义等等体面的、充满诱惑力的词语都失去了效力,荒年中的人们寻思的是"怎样得到狼的胜利":

> 但最豪华的残害就在你我之间,
> 道德,法律,和每人一份的贫困

  就使我们彼此扼住了咽喉

  在通货膨胀和饥饿的追击中,"我们跌倒又爬起,爬起又缩小","我们正要起来发威,一切又把我们吓倒"。

  与饥饿一样磨噬掉人的尊严的,还有得不到保障的安全。

> 我想起大街上疯狂的跑着的人们,
> 那些个残酷的,为死亡恫吓的人们,
> 像是蜂拥的昆虫,向我们的洞里挤
>
> ——《防空洞里的抒情诗》
>
> 世界是广大的然而现在很窄小,
> 很窄小,我们不知道怎样来俯顺,
> 创造各样的耻辱不过为了安全,
>
> ——《饥饿的中国》

  而那些农民兵们,则在各种漂亮谎言的幌子下,在各种动听的"名词"里,成了被利用的战争工具:

> 他们向前以我们遗弃的躯体,
> 去迎受二十世纪的杀伤。
>
> ——《农民兵》
>
> 知道了"人"不够,我们再学习
> 蹂躏他的方法,排成机械的阵势,
> 智力体力蠕动着像一群野兽
>
> ——《出发》

  在战争中是最能深刻地体验到身体的工具性的,它不顾你自己的感受、恐惧和价值观念,唯一的天职是服从,当然为了激发服从者的动力,官方总是会制造许多动听的意义话语,于是"在一次人类的错误里,……你得到难忘的光荣"。而对于普通的城市平民来说呢,身体被锁入毫无个性化发展的空间:

> 把我们这样切，那样切，等一会就磨成同一颜色的细粉，
> 死去了不同意义的个体，和泥土里的生命
>
> ——《城市的舞》

> 八小时躲开阳光和泥土，
> 十年二十年在一件事的末梢上，
> 在人世的窨菖里，要找到安全！
> 那无神的眼！那陷落的双肩！
> 痛苦的头脑现在已经安分！
> 那就要燃尽的蜡烛的火焰！
>
> ——《线上》

我们的身体作为谋生的工具，作为法律伦理规范的服从者，作为"创造社会给我们划定的一些前途"的实践者，自然要遭受种种的限制、蹂躏和异化。那美的、充满活力的身体冲动呢？

> 历史的矛盾压着我们，
> 平衡，毒戕我们每一个冲动。
> 那些盲目的会发泄他们所想的，
> 而智慧使我们懦弱无能。

所以最终的结果是"三千年的丰富枯死在种子里／而我们是在继续"。

穆旦对身体的社会性的描写，使我们看到身体的能量是怎样被幽禁、变形和利用的，他这一方面的描写使我们看到了身体的另一面：它的脆弱性、易变形性，易被统治锻造的性质。这与20世纪80年代以来有着最广泛影响的福柯的身体哲学是颇为相通的，而他对于身体的里比多能量的赞美，对那种无形的、无定质的、有着流动性和创造力的身体暗流的赞美，则与尼采的哲学达到了共鸣。穆旦当然不可能是在为他们的哲学写注脚，至少可以肯定的是他无法看到福柯的著作，然而一个深思的诗人，凭借他的个体生命体验，是完全有可能达到深刻的思想境界的。

尽管福柯继承了尼采，但是福柯与尼采毕竟是有着根本的矛盾的，正

如有论者指出的,"在尼采那里,身体是主动而积极地对世界的评估和测量,而福柯的身体则是被动而驯服地对世界的铭写。这个差异的原因是:尼采将身体视做权力意志本身,是一种自我反复扩充的能量,而福柯没有将身体内部的能量,将身体内部的力加以考虑,因而,他也没有考虑到身体的外溢、生成和主动之力,也就没有考虑到身体的积极性和主动性。"① 从这个意义上说,穆旦是比他们两位更为辨证的,他不以体系,而以诗的零散形式,达到了现代哲学的高度。正因为此,当社会的结构戕害本能的冲动时,穆旦是非常强烈地呼唤着"生命的根"的回归的:

> 然而我的沉重、幽暗的岩层,
> 我久已深埋的光热的源泉,
> 却不断地迸裂,翻转,燃烧,
> 当旷野上掠过了诱惑的歌声,
> 仁慈的死神啊,给我宁静。

四、身体性的思与诗——对身体诗学的断想

从身体的角度理解人、理解社会、历史和政治,是穆旦的一个重要的思想角度。李荣明在《穆旦诗歌中的"异化"主题》一文中说"他的思想在当时环境下显得非常奇特"②,其实这种"奇特性"就与穆旦总喜欢从肉体的角度去思考人与社会相关。李荣明在这篇文章里也提到穆旦很早就认识到统治对于暴力的依赖,在他思想的成熟期,他更认识到一切动人的词汇比如正义、公理、爱国、理想包裹着的都是一种统治术,最终落实于对人的肉体的压迫和管制。这样的思想不但在当时显得"奇特",就算在今天看来,也依然是奇崛深邃的。当然除了是社会压制的最终对象之外,我们在前面更分析到穆旦对于身体中所潜藏的"黑暗"能量的信心,尤其是在爱情中,爱情

---

① 汪民安:《身体的文化政治学(导言)》,开封:河南大学出版社,2004年,第8页。
② 李荣明:《论穆旦诗歌中的"异化"主题》,《现代文学研究丛刊》,2001(3),第249页。

对于肉体的创生作用是抵制生命异化的良方。从这个角度出发，穆旦抵达了对于人的全新认识。人就是一个身体的存在，这个身体由自然赋予，但它生活在社会的整体结构中，在历史与文化的流中，一切社会的规训和历史的制约、文化的调教都会在它的身上打上烙印，使它成为自然与社会文化的共同作品。而这样的一个身体，就是文学的源泉，也是文学所要表现的一个重要对象，是所有对象中最重要的对象，因为其他一切的对象都是围绕着这一对象的。正如尼采所言："没有什么是美的，只有人是美的：在这一简单的基础上建立了全部美学，它是美学的第一真理"，"我们立刻补上美学的第二真理：没有什么比衰退的人更丑了——审美判断的领域就此被限定了。"① 如所周知，尼采是一个（在反基督教的意义上）最彻底的身体主义者，他把人理解为"完完全全是身体，此外无有，灵魂不过是身体上某物的称呼"。②

当然身体在穆旦诗歌中的存在并不仅仅在作为写作对象的意义上存在，作为写作的对象，它在他的部分诗作中存在，可是作为写作的主体，它在穆旦的诗歌中无所不在。我们经常在他的诗中遭遇"血"、"肉"、"子宫"、"幽暗混沌的岩层"、"黑暗"等意象，这些意象都是写作主体最深生命体验的投射。穆旦诗歌中的思想，不是来自虚空，不是来自主义，而是来自最刻骨的身体体验。正因为穆旦的诗歌不是出自对某一思想的逻辑演绎或形象还原，而是来自最深邃的地方——身体，是身体体验过的、感觉过的，带有体温的思想，带有肉身的磨砺印记的思想，他的思想才富有真正的个人性和原创性，他才如此地追求精确与复杂，以至于常常充满了悖论性，抵达了西方现代派诗论所推崇的"最大量的意识状态"的效果。而要表达这种混沌复杂的思想与体验，语言也必须是富有创造性的，带有肉身肌体的。老诗人郑敏对于穆旦的语言特色曾经做过一个精彩的表述，她说"穆旦的语言只能是诗人界临疯狂边缘的强烈的痛苦、热情的化身。它扭曲，多节，内涵几乎要突破文字，满载到几乎超载，然而这正是艺术的协调"。③ 穆旦语言和思想的奇异的身

---

① 尼采：《偶像的黄昏》，周国平译，北京：光明日报出版社，1996年，第67页。
② 尼采：《苏鲁支语录》，徐梵澄译，北京：商务印书馆，2002年，第27页。
③ 郑敏：《诗歌与哲学是近邻》，北京大学出版社，1999年。

体性，使他站到了现代诗歌艺术的探险者的行列。

诗的语言和思维从本质上讲，应该说都是身体性的。原始的神话思维就是一种"拟身思维"，维柯的《新科学》、卡西尔在《语言与神话》都对此作了详细的考察和论证。而随着人类社会的发展，我们的语言和思维越来越趋向逻辑化，概念化，诗性的语言就需要不断地向这种语言的概念化、教条化、陈词滥调化进攻，抵制它，爆破它，带回我们初次见到事物时的那种惊喜，让语言直接抓住读者的"大脑皮层、神经系统和消化道"，使之"带有伸向最深层的恐惧和欲望的网状须根"，这才是理想的诗歌语言。这不但是穆旦致力为之的，也是今天真正理解了身体写作的诗人们努力的一个方向。当代诗人翟永明在《面对词语的写作》中曾说她"深知唤醒它（词语）的活力、灵气的秘密方法。我，同时也相信与我一样的那些女诗人们，只是默默地、像握住一把火似的握住那些在我们体内燃烧的，呼之欲出的词语，并按照我们各自的敏感、或对美的要求，把它们贯注在我们的诗里"；① 老诗人郑敏则说 1985 年以后她的诗有了很大转变，因为她"意识到自己的原始的生命力受到'超我'的过分压制，已逃到无意识里去，于是我开始和它联系、交谈。""多种多样的压抑能在创作过程中自身体的笼子中，无意识的黑洞中冲出来，然后化成力量重新回到艺术家的自我中，带给它丰富的生命力……暗喻从无意识中涌现，摆脱了超我的控制，走入诗行"。所有那种看起来带有神秘感的写作经验，那种无法解释的"神秘"，其实就源于身体——这混沌的、我们无法用理性完全把握的、永远处于生成过程中的身体，生成语言，也生成思想。

但当我们说原创性语言与思想的根在身体的时候，很多人有一个误会，以为只要把身体的动作、神态、官能感觉细细捕捉写在诗歌或小说里就可以了，这正是今天的"身体写作"的流行风格，其实这是一种非常表象的理解，也是对于身体理解的表象化所致。要写身体，就要写出身体的全部复杂性，写出身体卷入世界（现实、历史和文化）的程度，写出身体在这卷入中依然

---

① 翟永明：《面对词语本身》，现代汉诗百年演变课题组，《现代汉诗：反思与求索》，北京：作家出版社，1998 年，第 253 页。

像火种一样保存的原始力量,或者说写出这身体中自然与文化的幽深冲突,这样的写作才既是伦理的,又是美学的,却不是一谈身体写作,就是句句话要看到器官。当代的很多身体写作者就犯了这样的平面化理解的错误。应该说,身体是隐而不现的井,我们可以从每句话中感到生命的热力,却不要无节制的感官主义。这种感官主义艺术甚至也是鼓吹身体力量的尼采最讨厌的,他称它们是在对神经"施暴政",是非常粗劣的。他欣赏的是希腊悲剧式的古典风格的宁静、单纯、简洁、凝练,这才是真正的力感和形式,官能刺激的泛滥完全是缺乏形式感的伪艺术。但是日神化的完美形式的基础是狂放的酒神精神,是被文明的盔甲压抑到了最底层的原始生灵的觉醒,尼采在《查拉图斯特拉如是说》里想要"永恒回归"的就是这种精神。

所以身体的诗学,说到底,并不鼓吹对于身体私人经验的无节制描写,尤其不主张将身体从世界中孤立出来,描写所谓未受文明污染的身体,它描写的是身体与世界之间的复杂关系,是被世界打上烙印的身体与被身体所穿越的世界。它认为,真正的诗歌,它的原动力在于身体,它的创造性的语言来自于身体,它的富有冲击力的思想来自于身体,身体是真正的诗歌的母胎。

(原载《海南师范大学学报》,2008年第3期)

■ **进一步阅读的文章**

张桃洲：《轻盈与涩重——新诗的身体叙写》，《新诗评论》，2005年第1辑，北京大学出版社，2005年。

杨经建：《"身体叙事"：一种存在主义的文学创作症候》，《文学评论》，2009年第2期。

吴晓东：《中国现代审美主体的创生——郁达夫小说再解读》，《中国现代文学研究丛刊》，2007年第3期。

■ **进一步思考的问题**

1. 鲁迅作品中的身体观念与他的个人经验有何关系？
2. 40年代沈从文作品中出现的"身体"与他早期湘西小说中的"身体"的意义有何区别？
3. 在中国现代诗歌中，除了穆旦以外，还有哪些诗人的创作表现出对"身体"的明显重视？他们所表达的"身体"与穆旦诗歌中的"身体"有何不同？

■ **相关性阅读的书目**

［美］马尔库塞著，黄勇、薛民译：《爱欲与文明》，上海译文出版社，1987年。

［法］莫里斯·梅洛-庞蒂：《作为表达和言语的身体》(节选)，莫里斯·梅洛-庞蒂著，姜志辉译，《知觉现象学》，商务印书馆，2001年。

刘小枫：《沉重的肉身——现代性伦理的叙事纬语》，上海人民出版社，1999年。

刘小枫：《现代性社会理论绪论》，上海三联书店，1998年。

［美］宇文所安：《迷楼》，生活·读书·新知三联书店，2003年。

于坚、谢有顺：《写作是身体的语言史》，于坚、谢有顺，《于坚谢有顺对话录》，苏州大学出版社，2003年。

解志熙：《美的偏至——中国现代唯美-颓废主义文学思潮研究》，上海文艺出版社，1997年。

■ **相关文献、作品举要**

鲁迅：《野草》

沈从文：《看虹录》《摘星录》《水云》《潜渊》《烛虚》

穆旦：《我歌颂肉体》《发现》《春》《诗八首》

邵洵美：《花一般的罪恶》

冯至：《十四行集》

附录 其他相关书籍及论文选目

[法] 莫里斯·梅洛－庞蒂著, 姜志辉译:《知觉现象学》, 商务印书馆, 2001 年。

[法] 莫里斯·梅洛－庞蒂著, 刘韵涵译:《眼与心》, 中国社会科学出版社, 1992 年。

[美] 普里莫兹克著, 关群德译:《梅洛－庞蒂》, 中华书局, 2003 年。

[美] 约翰·奥尼尔著, 张旭春译:《身体形态——现代社会的五种身体》, 春风文艺出版社, 1999 年。

[美] 安德鲁·斯特拉桑著, 王业伟、赵国新译:《身体思想》, 春风文艺出版社, 1999 年。

[德]《尼采文集》, 漓江出版社, 2000 年。

[法] 米歇尔·福柯著, 莫伟民译:《词与物——人文科学考古学》, 上海三联书店, 2001 年。

[法] 米歇尔·福柯著, 刘北成、杨远婴译:《规训与惩罚》, 生活·读书·新知三联书店, 1999 年。

[法] 米歇尔·福柯著, 刘北成、杨远婴译:《疯癫与文明》, 生活·读书·新知三联书店, 1999 年。

[法] 米歇尔·福柯著, 刘北成译:《临床医学的诞生》, 译林出版社, 2001 年。

[美] 苏珊·桑塔格著, 程巍译:《疾病的隐喻》, 上海译文出版社, 2003 年。

［美］费侠莉著，甄橙主译：《繁盛的阴：中国医学史中的性，960—1665》，江苏人民出版社，2006年。

［英］凯伦·法林顿著，陈丽红、李臻译：《刑罚的历史》，希望出版社，2003年。

［法］乔治·维伽雷罗著，许宁舒译：《洗浴的历史》，广西师范大学出版社，2005年。

［美］瓦莱丽·斯蒂尔著，师英译：《内衣：一部文化史》，百花文艺出版社，2004年。

［法］菲利浦·阿利埃斯、乔治·杜比主编：《私人生活史》第一卷《古代人的私生活——从古罗马到拜占廷》，李群等译，三环出版社、北方文艺出版社，2007年。

［法］菲利浦·阿利埃斯、乔治·杜比主编：《私人生活史》第二卷《肖像——中世纪》，洪庆明等译，北方文艺出版社，2007年。

［法］菲利浦·阿利埃斯、乔治·杜比主编：《私人生活史》第三卷《激情——文艺复兴》，杨家勤等译，北方文艺出版社，2008年。

巴赫金：《巴赫金全集》，钱中文主编，李兆林、夏忠宪等译，河北教育出版社，1998年。

［美］理查德·沃林著，张国清译：《文化批评的观念》，商务印书馆，2000年。

［英］特里·伊格尔顿著，马海良译：《历史中的政治、哲学、爱欲》，中国社会科学出版社，1999年。

［美］马泰·卡林内斯库著，顾爱彬、李瑞华译：《现代性的五副面孔》，商务印书馆，2002年。

［英］安东尼·吉登斯著，赵旭东、方文译，王铭铭校：《现代性与自我认同》，生活·读书·新知三联书店，1998年。

［美］杜赞奇著，王宪明译：《从民族国家拯救历史》，社会科学文献出版社，2003年。

［美］简·盖洛普著，杨莉馨译：《通过身体思考》，江苏人民出版社，2005年。

［法］托尼·阿纳特勒拉著，刘伟、许均译：《被遗忘的性》，广西师范大学出版社，2003年。

［英］杰佛瑞·威克斯著，宋文伟、侯萍译：《20世纪的性理论和性观念》，江苏人民出版社，2002年。

［美］彼得·布鲁克斯著，朱生坚译：《身体活——现代叙述中的欲望对象》，新星出版社，2005年。

［英］乔万尼·恩特维斯特尔著，郜元宝等译：《时髦的身体》，广西师范大

学出版社，2005年。

包亚明主编，严锋译：《权力的眼睛——福柯访谈录》，上海人民出版社，1997年。

赵汀阳：《没有世界观的世界》，中国人民大学出版社，2003年。

杨大春：《感性的诗学：梅洛-庞蒂与法国哲学主流》，人民出版社，2005年。

杨大春：《语言 身体 他者——当代法国哲学的三大主题》，生活·读书·新知三联书店，2007年。

汪民安主编：《身体的文化政治学》，河南大学出版社，2004年。

汪民安、陈永国编：《后身体——文化、权力和生命政治学》，吉林人民出版社，2003年。

汪民安：《身体、空间与后现代性》，凤凰出版传媒集团、江苏人民出版社，2006年。

汪民安：《福柯的界限》，中国社会科学出版社，2002年。

汪民安、陈永国编：《尼采的幽灵》，社会科学文献出版社，2001年。

杨念群：《再造"病人"——中西医冲突下的空间政治（1832—1985）》，中国人民大学出版社，2006年。

余新忠：《清代江南的瘟疫与社会：一项医疗社会史的研究》，中国人民大学出版社，2003年。

金惠敏、薛晓源编：《评说"超人"》，社会科学文献出版社，2001年。

郜元宝编：《尼采在中国》，上海三联书店，2001年。

刘小枫：《这一代人的怕和爱》，生活·读书·新知三联书店，1996年。

王晓华：《个体哲学》，上海三联书店，2002年。

叶舒宪主编：《性别诗学》，社会科学文献出版社，1999年。

叶舒宪主编：《文学与治疗》，社会科学文献出版社，1999年。

康正果：《身体和情欲》，上海文艺出版社，2001年。

陈平原：《陈平原小说史论集》，河北人民出版社，1997年。

王德威：《想象中国的方法》，生活·读书·新知三联书店，1998年。

李欧梵：《现代性的追求》，生活·读书·新知三联书店，2000年。

李欧梵：《中国现代作家的浪漫一代》，新星出版社，2005年。

唐小兵：《英雄与凡人的时代：解读20世纪》，上海文艺出版社，2001年。

[美]周蕾：《妇女与中国现代性：西方与东方之间的阅读政治》，蔡青松译，上海三联书店，2008年。

程文超：《欲望的重新叙述——20世纪中国的文学叙事与文艺精神》，广西师范大学出版社,2005年。

葛红兵:《卑贱的真理》,中国文联出版社,2003年。
葛红兵、宋耕:《身体政治》,上海三联书店,2005年。
南帆:《叩访感觉》,东方出版中心,1999年。
艾云:《用身体思想》,江苏人民出版社,2003年。
许纪霖编:《二十世纪中国思想史论》,东方出版中心,2000年。
许纪霖、陈达凯主编:《中国现代化史第一卷 1800—1949》,上海三联书店,1995年。
王一川:《中国现代性体验的发生》,北京师范大学出版社,2001年。
严昌洪:《中国近代社会风俗史》,浙江人民出版社,1992年。
秦永洲:《中国社会风俗史》,山东人民出版社,2008年。
郑永福、吕美颐:《近代中国妇女生活》,湖南人民出版社,1993年。
夏晓虹:《晚清女性与近代中国》,北京大学出版社,2004年。
王绯:《空前之迹——1851—1930:中国妇女思想与文学发展史论》,商务印书馆,2004年。
刘慧英编著:《遭遇解放:1890—1930年代的中国女性》,中央编译出版社,2005年。
李蓉:《中国现代文学的身体阐释》,中国社会科学出版社,2009年。
艾云:《用身体思想》,江苏人民出版社,2003年。
郑震:《作为存在的身体——一项社会本体论研究》,南京大学出版社,2007年。
黄华:《权力,身体与自我——福柯与女性主义文学批评》,北京大学出版社,2005年。
文洁华:《美学与性别冲突:女性主义审美革命的中国境遇》,北京大学出版社,2005年。
黄晓华:《现代人建构身体的维度:中国现代文学身体意识论》,中国社会科学出版社,2008年。

其他相关期刊论文选目

杨兴梅:《南京国民政府禁止妇女缠足的努力及其成效》,《历史研究》,1998年第3期。
南帆:《躯体修辞学:肖像与性》,《文艺争鸣》,1996年第4期。
王琳:《被"借用"与"误读"的"身体写作"》,《当代文坛》,2000年第6期。

谢有顺:《文学身体学》,《花城》,2001年第6期。
苏宏斌:《作为存在哲学的现象学》,《浙江社会科学》,2001年第5期。
王岳川:《梅洛-庞蒂的现象学与社会理论研究》,《求是学刊》,2001年第6期。
叶舒宪:《身体人类学随想》,《民族艺术》,2002年第2期。
黄俊杰:《中国思想史中"身体观"研究的新视野》,《现代哲学》,2002年第3期。
韩敏:《大众文化时代的身体话语批评》,《文艺理论与批评》,2002年第5期。
吴宏凯:《自我镜像的言说——论90年代女性写作中的身体书写》,《福建论坛(人文社会科学版)》,2002年第5期。
陶东风:《身体意象与文化规训》,《文艺研究》,2003年第5期。
蒋小波、李文芳:《国家话语与个人欲望》,《江南大学学报》,2003年第1期。
谢有顺:《身体伦理的变迁》,《作家》,2003年第1期。
冉小平:《从书写身体到身体书写——90年代新生代女作家创作漫论》,《北京大学学报(哲学社会科学版)》,2003年第1期。
侯杰、姜海龙:《身体史研究刍议》,《南方文丛》,2004年第3期。
毛崇杰:《后现代美学转向——日常生活审美化与身体美学》,《杭州师范学院学报》(社会科学版),2004年第6期。
复光:《"身体"辩证》,《江海学刊》,2004年第2期。
彭富春:《身体与身体美学》,《哲学研究》,2004年第4期。
梁竞男:《论女性文学中"身体叙事"的缺失》,《洛阳师范学院学报》,2004年第1期。
林幸谦:《萧红早期小说中的女体书写与隐喻》,《南京师范大学文学院学报》,2004年第4期。
陶东风:《新时期文学身体叙事的变迁及其文化意味》,《求是学刊》,2004年第6期。
汪民安、陈永国:《身体转向》,《外国文学》,2004年第1期。
萧武:《身体政治的乌托邦》,《读书》,2004年第3期。
张尧均:《舍勒与梅洛-庞蒂心身关系论之比较》,《浙江学刊》,2004年第5期。
钟立:《试析"身体叙事"小说的身体意象》,《文艺评论》,2004年第1期。
邹忠民:《疾病与文学》,《江西社会科学》,2004年第12期。
张立波:《身体在实践话语中的位置》,《天津社会科学》,2004年第4期。
张念:《身体政治与女性公民》,《天涯》,2004年第3期。
黄应全:《解构"身体写作"的女权主义颠覆神话》,《求是学刊》,2004年第

4期。

彭亚非:《"身体写作"质疑》,《求是学刊》,2004年第4期。

阎真:《身体写作的历史语境评析》,《文艺争鸣》,2004年第5期。

范国英:《身体隐喻与中国文论的存在形态》,《云南社会科学》,2004年第6期。

林树明:《关于"身体书写"》,《文艺争鸣》,2004年第6期。

吴思敬、张立群:《对话:当代诗歌创作中的"身体写作"》,《南方文坛》,2004年第6期。

朱国华:《关于身体写作的诘问》,《文艺争鸣》,2004年第6期。

魏天真:《慎重对待身体》,《读书》,2004年第9期。

葛红兵:《现代文学叙事体系中"阶级的身体"——革命时代的身体意识形态》,《郧阳师范高等专科学校学报》,2005年2期。

葛红兵:《身体写作——启蒙叙事、革命叙事之后:"身体"的当下处境》,《当代文坛》,2005年第3期。

黄晓娟:《从精神到身体:论"五四"时期与20世纪90年代女性小说的话语变迁》,《江海学刊》,2005年第3期。

王晓华:《身体美学:回归身体主体的美学——以西方美学史为例》,《江海学刊》,2005年第3期。

席格:《身体美学与美学史写作》,《中州学刊》,2005年第3期。

张晶:《"身体"的凸显:美学转向的哲学缘起》,《北方论丛》,2005年第5期。

彭锋:《身体美学的理论进展》,《中州学刊》,2005年第3期。

范周:《由身体写作而想到的——兼谈身体美学建构中的几个问题》,《北方论丛》,2005年第5期。

宋洁:《游戏、自恋与救赎——解读消费时代女性身体写作》,《北方论丛》,2005年第5期。

张国涛:《"身体写作"批判断语》,《北方论丛》,2005年第5期。

何宇温:《近年文坛"身体写作"研究概观》,《海南师范学院学报(社会科学版)》,2005年第3期。

陶东风、罗靖:《身体叙事:前先锋、先锋、后先锋》,《文艺研究》,2005年第10期。

李宪堂:《身体的政治与政治的身体——儒家身体观的专制主义精神》,《中国人民大学学报》,2005年第6期。

刘成纪:《身体美学的一个当代案例》,《中州学刊》,2005年第3期。

彭富春:《身体美学的基本问题》,《中州学刊》,2005年第3期。

金丹元、王莹莹:《后现代消费语境下当代身体文化的审美观照与理性超越》,《中州学刊》,2006年第5期。

罗靖:《身体叙事的文学"人性论"考察》,《湖南师范大学社会科学学报》,2006年第2期。

赵淳:《文化研究中身体话语的背后》,《文艺理论与批评》,2006年第2期。

戚学英:《女性身体·五四话语·革命救赎》,《湖南大学学报(社会科学版)》,2006年第3期。

张光芒:《欲望叙事的溃败:从"个体写作"到"身体写作"》,《湘潭大学学报(哲学社会科学版)》,2006年第4期。

李凤亮、孔锐才:《身体修辞学——文学身体理论的批判与重建》,《天津社会科学》,2006年第6期。

谢有顺:《文学叙事中的身体伦理》,《小说评论》,2006年第2期。

代迅:《压抑与反抗:身体美学及其进展》,《西南大学学报》(人文社会科学版),2006年第5期。

张红翠:《身体转向与肉身化叙事》,《郑州大学学报》(哲学社会科学版),2007年第3期。

张贤根:《论服饰符码与身体美学》,《武汉科技学院学报》,2007年第1期。

姜彩燕:《疾病的隐喻与中国现代文学》,《西北大学学报》,2007年第4期。

何林军:《身体的叙事逻辑》,《理论与创作》,2007年第1期。

李梅:《我们的身体就是社会的肉身——论"身体叙事"的文学含义》,《理论与创作》,2007年第1期。

赵炎秋:《从被看到示看——女性身体写作对意识形态的冲击》,《理论与创作》,2007年第1期。

谭光辉:《晚清小说中的疾病隐喻与中国小说的现代化进程》,《中华文化论坛》,2007年第2期。

胡沛萍:《身体写作:从追求解放到走向堕落——当代文学中"身体写作"的嬗变》,《当代文坛》,2007年第2期。

田皓:《论消费文化时代的"身体写作"及对女性文学创作的思考》,《中国文学研究》,2007年第2期。

禹建湘:《女性主义与身体美学化双重语境下的身体写作》,《山西师大学报(社会科学版)》,2007年第3期。

刘文:《身体、自我与社会》,《学术界》,2007年第4期。

张再林:《身体·对话·交融——身体哲学视阈中的中国传统文化的现代阐

释问题》,《西北大学学报(哲学社会科学版)》,2007年第4期。

刘彦顺:《"身体"的觉醒——中国近现代美育理论中的"身体"概念》,《文艺争鸣》,2007年第5期。

陶东风:《消费文化语境中的身体研究热》,《当代文坛》,2007年第5期。

李蓉:《身体阐释和新的文学史空间的建构》,《天津社会科学》,2007年第6期。

肖朗:《消费时代的身体文化解读》,《文艺理论与批评》,2007年第6期。

郑震:《论梅洛-庞蒂的身体思想》,《南京社会科学》,2007年第8期。

李蓉:《现当代文学"身体"研究的问题及其反思》,《文艺争鸣》,2007年第11期。

杨念群:《如何从"医疗史"的视角理解现代政治》,《中国社会历史评论》第八卷(2007年)。

乔以钢、李振:《当身体不再成为"武器"——"80后"部分女作家身体书写初探》,《天津师范大学学报(社会科学版)》,2008年第1期。

高小弘:《两性视野中女性成长的困境与突围——以20世纪90年代女性成长小说为例》,《海南大学学报(人文社会科学版)》,2008年第2期。

葛红兵:《中国当代文学中的身体话语》,《社会科学》,2008年第3期。

刘彦顺:《身体快感与生态审美哲学的逻辑起点》,《天津社会科学》,2008年第3期。

谢玉娥:《当代女性写作中有关"身体写作"研究综述》,《河南大学学报(社会科学版)》,2008年第3期。

高小弘:《压制与抗争——论20世纪90年代女性成长小说中的身体叙事》,《文艺评论》,2008年第4期。

许德金、王莲香:《身体、身份与叙事——身体叙事学刍议》,《江西社会科学》,2008年第4期。

李蓉:《论"五四"时期的身体话语及其历史处境》,《云南社会科学》,2008年第6期。

李蓉:《用身体想象革命——论早期革命文学中的身体书写》,《文艺争鸣》,2008年第7期。

徐肖楠、施军:《中国式身体叙事》,《文学自由谈》,2008年第1期。

杨春时:《超越意识美学与身体美学的对立》,《文艺研究》,2008年第5期。

刘彦顺:《论后现代美学对现代美学的"身体"拓展——从康德美学的身体缺失谈起》,《文艺争鸣》,2008年5期。

欧阳灿灿、于琦:《"身体写作"在中国的影响与变异——从性别身体的角度》,《西南民族大学学报(人文社科版)》,2008年第5期。

王敏:《消费文化语境中小说的身体叙事》,《小说评论》,2008年第5期。

胡沛萍:《变动的内涵——多元语境下的"身体写作"》,《广西社会科学》,2008年第8期。

王晓华:《主体缺位的当代身体叙事》,《文艺争鸣》,2008年第9期。

齐红、林舟:《从性别到身体——对"60后"与"70后"女性写作的比较》,《文艺争鸣》,2008年第10期。

张春梅:《身体的辩证法——20世纪90年代以来的"身体叙事"》,《文艺研究》,2008年第12期。

雷诺·巴尔巴拉、张尧均:《梅洛·庞蒂:意识与身体》,《同济大学学报》(社会科学版),2009年第1期。

杨秀芝、何锡章:《欲望书写时代的女性身体修辞——20世纪八十、九十年代中国小说研究》,《世界文学评论》,2009年第1期。

黄晓华:《身体与权力的博弈——论解放区文学的身体修辞》,《湖北社会科学》,2009年第2期。

许放、孙义龙:《试论身体与艺术的关系》,《艺术研究》,2009年第3期。

顾广梅:《革命文学中女性身体的生成故事》,《山东社会科学》,2009年第4期。

张晓红:《"内视"和"外视"中的"身体写作"》,《文学评论》,2009年第4期。

郑崇选:《女性身体的诱惑与恐惧——二三十年代上海漫画中的性别想象》,《济宁学院学报》,2009年第4期。

吉志鹏:《消费文化对身体的建构》,《学术交流》,2009年第5期。

陈卫:《身体的秘密——由鲁迅作品中的身体意象看身体写作史》,《鲁迅研究月刊》,2009年第6期。

陈思和:《文学中的"身体"象征了什么?——序朱崇科〈身体意识形态〉》,《文艺争鸣》,2009年第7期。

傅守祥:《大众文化时代的审美范式与身体美学》,《社会科学战线》,2009年第9期。

李蓉:《中国现代诗歌的"身体学"漫议》,《文艺争鸣》,2009年第9期。

杨经建:《"身体叙事":一种存在主义的文学创作症候》,《文学评论》,2009年第2期。

刘宗灵:《身体史与近代中国研究——兼评黄金麟的身体史论著》,《史学月刊》,2009年第3期。

燕连福:《"挺身于世界"的中国古代哲学——张再林〈作为身体哲学的中国

古代哲学〉一书中的身体之喻》,《世界哲学》,2009 年第 3 期。

黄俊杰:《先秦儒家身体观中的两个功能性概念》,《文史哲》,2009 年第 4 期。

杜丽红:《西方身体史研究述评》,《史学理论研究》,2009 年第 3 期。

冯学勤:《身体美学的系谱学流派研究》,《社会科学辑刊》,2009 年第 2 期。

向云驹:《身体的痛史及其文化批判——冯骥才〈三寸金莲〉新论》,《文艺争鸣》,2010 年第 17 期。

程亚丽:《新身体·新民·新国家——论晚清民族危机中现代身体话语的生成》,《社会科学辑刊》,2010 年第 6 期。

董丽敏:《身体、历史与想象的政治——作为文学事件的"50 年代妓女改造"》,《文学评论》,2010 年第 1 期。

李雷:《消费文化语境下的身体美学》,《文艺争鸣》,2010 年第 17 期。

麻国庆:《身体的多元表达:身体人类学的思考》,《广西民族大学学报》(哲学社会科学版),2010 年第 3 期。

孟庆涛:《身体在后现代的遭遇——以福柯的刑罚哲学为例》,《学术交流》,2010 年第 3 期。

李美皆:《当乳房从身体上消失的时候》,《作家》,2010 年第 1 期。

柳冬妩:《身体:事件的烙印——"打工诗歌"的身体叙事》,《文艺理论与批评》,2010 年第 2 期。

余夏云:《性别·身体·写作——海外中国现代文学研究论》,《当代作家评论》,2010 年第 2 期。

袁晓玲:《遮蔽抑或显现——论艺术中的身体》,《武汉理工大学学报》(社会科学版),2010 年第 2 期。

杨乃乔:《无主义时代的女性身体绘画及后波普艺术》,《文艺争鸣》,2010 年第 4 期。

程相占:《身体美学与日常生活中的审美活动——从舒斯特曼的"身体美学"谈起》,《文艺争鸣》,2010 年第 9 期。

张曙光:《身体哲学:反身性、超越性和亲在性》,《学术月刊》,2010 年第 10 期。

骆晓戈:《"身体写作"的三个故事》,《文艺争鸣》,2010 年第 11 期。

陆璐:《自恋 物化 身体——消费文化语境中女性书写的权力与思考》,《大家》,2010 年第 12 期。

张之沧:《身体认知的结构和功能分析》,《南京师大报》(社会科学版),2010 年第 3 期。

赵一平:《身体研究的生活品相》,《文艺争鸣》,2010 年第 17 期。

硕士、博士论文选目

周瑾：《多元文化视野中的身体》（博士论文，浙江大学，2003年）
孟岗：《消费时代的身体乌托邦》（博士论文，浙江大学，2004年）
姜宇辉：《审美经验与身体意象》（博士论文，复旦大学，2004年）
张尧均：《隐喻的身体——梅洛-庞蒂的身体现象学研究》（博士论文，浙江大学，2004年）
林季杉：《"现在"写作与"身体"话语》（硕士论文，湖南师范大学，2004年）
秦方：《20世纪50年代以来中国服饰变迁研究》（硕士论文，西北大学，2004年）
黄晓华：《身体的解放与规训》（博士论文，武汉大学，2005年）
张超：《民国娼妓问题研究》（博士论文，武汉大学，2005年）
李自芬：《小说身体：中国现代性体验的特殊视角》（博士论文，四川大学，2005年）
赵桂萍：《身体的在场与精神的迷惘》（硕士论文，辽宁师范大学，2005年）
李蓉：《中国现代文学的身体阐释》（博士论文，华中师范大学，2006年）
刘杰：《论"身体写作"的现代性意义》（硕士论文，华中科技大学，2006年）
付静：《张爱玲的服饰审美》（硕士论文，华中师范大学，2006年）
王健：《"病"的叙事与"身体"的政治学》（硕士论文，华中师范大学，2006年）
任士见：《身体写作的文化价值及其局限》（硕士论文，东北师范大学，2006年）
王敏：《张爱玲小说中的女性身体话语》（硕士论文，贵州师范大学，2006年）
李彦东：《消费文化时代的身体叙事》（硕士论文，吉林大学，2006年）
尚丹露：《身体·审美·意识形态》（硕士论文，江西师范大学，2006年）
吴晓佳：《被强暴的女性身体》（硕士论文，清华大学，2006年）
傅华强：《人性启蒙·反抗压抑·身体游戏》（硕士论文，华中师范大学，2006年）
关红：《旗袍与"三寸金莲"》（硕士论文，中央美术学院，2006年）
戴亚琴：《恶之花——当下作家对娼妓题材的书写》（硕士论文，东北师范大学，2006年）
程亚丽：《从晚清到五四：女性身体的现代想象、建构与叙事》（博士论文，山东师范大学，2007年）
段炜：《晚清至五四时期女性身体观念考》（博士论文，华中师范大学，2007年）
宫爱玲：《现代中国文学疾病叙述研究》（博士论文，山东师范大学，2007年）

任亚荣:《20世纪90年代女性小说身体话语》(博士论文,上海大学,2007年)

李俏梅:《中国当代文学的身体叙写(1949—2006)》(博士论文,中山大学,2007年)

焦敬敏:《论严歌苓小说的身体意象及文化内涵》(硕士论文,贵州师范大学,2007年)

黄月嫦:《论1930年代左翼女作家的女性身体书写》(硕士论文,浙江师范大学,2007年)

隋丁丁:《突破·承载·迷失》(硕士论文,河北师范大学,2007年)

周夏奏:《被模造的身体》(硕士论文,浙江大学,2007年)

尚玮:《身体——讲述女性的成长史》(硕士论文,兰州大学,2007年)

侯艳娜:《二十世纪四十年代海派女作家小说创作中的女性身体叙事》(硕士论文,北京语言大学,2007年)

汪智超:《文学叙事中身体的变迁》(硕士论文,江西师范大学,2007年)

刘艳星:《现代女性命运的疾病叙事主题》(硕士论文,浙江大学,2007年)

汪羽旎:《论沈从文小说中的女性服饰描写》(硕士论文,西南大学,2007年)

孟兰兰:《张爱玲文学创作服饰论》(硕士论文,山西大学,2007年)

宋红岭:《能指的漂移——近三十年文学中的"身体"书写》(博士论文,上海大学,2008年)

刘连杰:《梅洛-庞蒂的身体主体间性美学思想研究》(博士论文,厦门大学,2008年)

杨秀芝:《欲望书写时代女性身体修辞》(博士论文,华中科技大学,2008年)

唐涛:《身体思维论》(博士论文,南京师范大学,2008年)

唐珊:《余华〈许三观卖血记〉的身体叙事研究》(硕士论文,华中科技大学,2008年)

王乒乒:《欲望的狂欢与拯救》(硕士论文,黑龙江大学,2008年)

严昕:《90年代以来"文革叙事"中的"身体"》(硕士论文,厦门大学,2008年)

徐良:《作为隐喻的身体》(硕士论文,厦门大学,2008年)

陈能文:《身体—肉体》(硕士论文,浙江大学,2008年)

汤娴敏:《身体的卑下与写作中的自卑》(硕士论文,苏州大学,2008年)

时璇:《"五四"前后月份牌中"女学生"图像的功能研究》(硕士论文,中央美术学院,2008年)

陈玉:《民国时期女性服饰的历史变迁》(硕士论文,河北师范大学,2008年)

干小倩:《审美视域下的当代电影服饰》(硕士论文,四川师范大学,2008年)

何芳：《清末学堂中的身体规训》（博士论文，华东师范大学，2009年）

李音：《晚清至五四：文学中的疾病言说》（博士论文，华东师范大学，2009年）

赵卫东：《妇女身体：作为"性"符码的生产和消费》（硕士论文，陕西师范大学，2009年）

周晓燕：《十七年小说中的身体叙事》（硕士论文，温州大学，2009年）

武艳伟：《论阎连科小说的身体叙事》（硕士论文，华中科技大学，2009年）

李娜：《女性主义视域中的"身体写作"》（硕士论文，山东师范大学，2009年）

唐晓敏：《身体叙事：新时期女性写作的特征与前景》（硕士论文，华中师范大学，2009年）

宋云芳：《肉身与心魂》（硕士论文，江西师范大学，2009年）

田可新：《试论现代作家对精神疾患的探索》（硕士论文，山东大学，2009年）

张征：《论男性视角下的女性服饰——林语堂女性服饰审美研究》（硕士论文，湖南师范大学，2009年）

季晓峰：《从意识经验到身体经验》（博士论文，华东师范大学，2010年）

邢婧：《略论女性身体与民国上海"摩登"文化意象的关系》（硕士论文，复旦大学，2010年）

袁永彦：《身体书写下的意识形态播撒》（硕士论文，河北师范大学，2010年）

刘立芸：《消费文化语境下"身体叙事"转型研究》（硕士论文，西北大学，2010年）

周妍：《身体，审美的存在——梅洛-庞蒂身体美学研究》（硕士论文，西北大学，2010年）

刘鹏：《身体在现代文学中的呈现与展演》（硕士论文，河南大学，2010年）

张海旭：《中国身体话语中的柏拉图和尼采》（硕士论文，暨南大学，2010年）

陈才文：《论新时期诗歌创作中的身体写作》（硕士论文，暨南大学，2010年）

后记

近些年来，我一直都在从事中国现当代文学的身体问题的研究工作，在此过程中，也不断地接触到了其他人文学科，如哲学、历史、艺术等的身体研究，这些学科的身体研究成果给了我非常多的启发，我同时意识到人文学科的身体研究必须尽量打破学科壁垒，只有这样，我们所获得的对身体的认知和理解才是全面客观的。不过，因为种种客观原因，对它们的接触大都只因一时一地的研究需要，不仅非常有限，也不成系统。感谢张法老师，是他的慧眼看到这是个有意义的"读本"选题，并为我提供了这次机会，使我能将这种已有的想法变成现实。

虽然人文学科的身体研究近些年很热，但除了一些专业的研究人员之外，外围的人并不了解什么是身体以及身体研究的意义是什么，一些人甚至凭想象认为，"身体研究"中的"身体"只是生物性的"性"和"下半身"，带着这样一些先入为主的成见是很难理解身体研究所具有的价值和意义的。身体当然包含"性"，但"身体"又远远不只是"性"，除了生物的身体，我们还关心美学的身体、哲学的身体、文化的身体、性别的身体、艺术的身体、文学的身体等，在这些不同的"身体"中都包含着人类对身体丰富性的无尽思考和探求。因此，"澄清"是我编选这个读本的重要原因。当然，同样重要的是，国内人文学科的身体研究还远未得到充分的重视和发展，我也希望借"读本"的出版，触发更多的人来关注身体研究、重视身体研究。

编选这个"读本"并非原来想象中的那么容易：从最初的酝酿、拟定提纲、查找资料，到按照"读本"出版字数的限制，从各种角度考虑所收集的选文的适用性，并初步确定论文选目，以及把所有的选文转换成 word 文档、对文字进行校对；再到按照字数的限制第二次对选文篇目进行调整和确定，并对过长的选文进行删节，以及选定的文字进行第二次校对；最后再到着手写读本的总导读和每一节的分导读、提供参考文章和书目以及思考的问题等等——前前后后花费了大半年的时间。不过，虽然有些复杂，能编写这样一个选本，心里还是挺欣慰快乐的。还记得在接到张法老师的邀请后我的欣然接受，因为这也可以算是自己这些年在这一研究领域所交的另一份答卷吧。通过这大半年的编写工作，相对从前，我对相邻学科的身体研究有了更加系统、全面的了解，同时，编写的过程也使我有了很多新的发现，原来没有意识到的问题通过这次编写浮现出来。

本读本的编选是在一些在读研究生的协助下完成的，他们为我做了大量的文字校对工作，没有他们，在有限的时间内完成这本书的编选是难以想象的。对于他们的辛勤付出，我深表感谢！

由于各种条件的限制，且由于工作量较大，虽然在编选的过程中力求认真、仔细，但失误、纰漏之处仍然在所难免，还望能得到原文作者和读者的谅解。谢谢！

李蓉　2010 年 8 月于金华

为了编选本研究领域最具代表性的作品，本读本选文作者面广，时间跨度大，尽管我们多方努力，还是有少数作者（译者）无法联系上。敬请作者（译者）或著作权人予以谅解，并与我们编辑部联系（具体联系方式详见版权页），我们将奉寄样书和稿酬。